Das ABC der Träume

Garuda

Das ABC der Träume

Deutung und Bedeutung der Traummotive

Bechtermünz

Genehmigte Lizenzausgabe
für Weltbild Verlag GmbH, Augsburg 2000
Copyright © 1999 Wilhelm Goldmann Verlag
in der Verlagsgruppe Bertelsmann GmbH, München
Grafiken: Konrad Dördelmann
Einbandgestaltung: Renate Lehmacher, Friedberg (Bay.)
Einbandmotive: Mauritius, Mittenwald
Gesamtherstellung: Clausen & Bosse, Leck
Printed in Germany
ISBN 3-8289-1873-5

Inhalt

Einleitung 7
  Die Geschichte des Traums 8
  Psychologie und Traumdeutung 8
  Träume und Gesundheit 9
  Träume als Seelenbotschaften 11
  Träume und Zukunftsvisionen 12
  Die Traumsymbole richtig deuten 14
  Frauenträume 14
  Männerträume 15
  Ein Beispiel aus der Praxis 16
Das Traumlexikon von A – Z 19
Farben im Traum 496
Zahlen im Traum 501
Buchstaben im Traum 510
Schlußwort 511
Literatur 512

»Im Schlaf und Traum verriet und zeigte meine Seele,
was in meinem Herzen war, zeigte es in deutlichen
Bildern, der Wahrheit getreu und in prophetischer Form!«

Dostojewski

Einleitung

Träume begleiten uns von unserer Geburt bis zum Tode. Diese ganz persönlichen »Kinovorstellungen« stammen aus der Tiefe unserer Seele und sind symbolische Bilderschriften, die übersetzt werden müssen, wenn wir ihren Sinn verstehen und ihre Hilfe annehmen wollen. Wir erfahren und erleben in unseren Träumen eine Welt, die ganz anders ist als die unseres Alltag-Bewußtseins. Die Seele eines jeden Menschen ist viel umfassender als die Welt seines Alltags, den die wache Vernunft erkennen kann.

Träume sind Boten unserer Seele, Meldungen aus unserem Unbewußten, die an die Tür unseres Schicksals klopfen. Wir sollten auf diese Zeichen achten und sie zu verstehen lernen. Es ist äußerst hilfreich, diese »innere Stimme« nicht zu überhören – auch wenn es nicht immer ganz leicht ist, ihre Wahrheiten und Botschaften zu entschlüsseln oder zu befolgen.

Träume zu deuten heißt, daß der ganze Mensch mit all seinen Äußerungen ernst genommen wird – nicht nur der aktive Mensch im Alltag mit all seinen überlegten und bewußten Handlungen, sondern auch der passive Mensch mit all seinen unbewußten seelischen Leben, die sich im Traum spiegeln.

Wir verbringen ein Drittel unseres Lebens im Schlaf, und was in diesem Zeitraum geschieht, sollte uns nicht gleichgültig lassen!

Den Träumen selbst ist nichts zu groß oder zu klein: Sie behandeln auch die geringsten Kleinigkeiten des Lebens ebenso deutlich wie die größten Probleme und wichtigsten Fragen der betroffenen Seele. Oft tritt im Traum sogar Verborgenes zutage, das dem Betroffenen vorher gänzlich unbewußt war.

Die Welt des Traums ist deshalb genauso wahr und real wie die Welt unseres alltäglichen Lebens. Wir erfahren unsere Gefühle und Emotionen sowohl bei Tag als auch bei Nacht in all unseren

Beziehungen und in unserem Verhalten zu den Dingen und Mitmenschen.

Die Geschichte des Traums

Das Wissen und der Glaube um die Bedeutung unserer Träume ist uralt, seit Jahrtausenden gehören sie zum großen Mysterium des menschlichen Daseins. Das älteste Zeugnis – eine umfangreiche Papyrusrolle aus Ägypten – wird im Britischen Museum in London aufbewahrt. Man schätzt deren Alter auf fast 4000 Jahre. Ägypter, Assyrer, Chaldäer und Phönizier waren Meister der Traumdeutung, und schon die Urvölker erkannten ihren prophetischen Wert. Auf all diesen Erkenntnisse bauten die Griechen und Römer ihre Forschungen auf.

Im 8. Jh. n. Chr. erlebte die Kunst der Traumdeutung durch die Araber einen neuen Höhepunkt. Nach den Verirrungen des Mittelalters, dem Hexenwahn und den einseitig dämonisch ausgerichteten Traumdeutungen, folgte eine Zeit der Ernüchterung: Man wollte den Schlaf als rein körperliches Phänomen erklären – den Traum dagegen als bloße Folge eines körperlichen Säureüberschusses oder auch mit einer nächtlichen Trockenheit in unserer Hirnsubstanz abtun.

Bedeutende Geister befaßten sich jedoch im 19. Jh. weiterhin mit Traumphänomenen – z. B. der große deutsche Dichter Johann Wolfgang von Goethe, Friedrich Hebbel, der Schweizer Schriftsteller Gottfried Keller, der russische Schriftsteller Fjodor Dostojewski sowie die Philosophen Immanuel Kant, Arthur Schopenhauer und Friedrich Nietzsche.

Psychologie und Traumdeutung

Eine neue Epoche in der Traumdeutung leitete der Wiener Arzt Sigmund Freud (1856–1936) ein, der die verborgenen Gesetzmäßigkeiten und die tiefere Bedeutung der Träume und ihrer Symbole in den Dienst der Heilung von Neurosen stellte. Er zeigte rücksichtslos den damals so verpönten sexuellen Trieb im menschlichen Traum auf. Obwohl er damit etwas übertrieb, bewies er, daß der »manifeste« Traum (an den wir uns erinnern) nur ein Bruchteil des weitaus umfangreicheren »latenten« Traumlebens ist, an das wir uns im Wachzustand nicht mehr erinnern. Freud bezeichnete unser Traumleben als »via regia«, den »Königsweg« zum Unbewußten!

Wir träumen also viel mehr, als uns bewußt ist! Gerade deshalb ist es so wichtig, diese wenigen Mitteilungen unserer Seele sorgfältig zu verarbeiten bzw. zu analysieren.

Nach Freud, der das sexuelle Symbol im Traum überbewertete, befaßte sich zunächst Wilhelm Stekel mit den Zusammenhängen in Traumserien (sich wiederholende Träume). Dann folgte in der Tiefenpsychologie Alfred Adler (1870–1937), der stärker das Individuelle und vor allem unser Macht- und Geltungsstreben als die Triebfeder in all unseren Handlungen und Träumen sah.

Eine noch tiefergreifende Wandlung in der Erforschung unseres unbewußten Seelenlebens wie auch in der Traumdeutung vollzog der Züricher Psychiater C. G. Jung (1875–1961), der über das Individuelle wieder ins Universelle (in das »Kollektive Unbewußte«) vordrang, und dabei nachweisen konnte, daß in unseren Traumsymbolen uralte menschliche Seelenbilder (die »Archetypen«) herrschen. Jetzt wird unser Traum zur Ergänzung: Er will und kann uns sogar warnen, er will und kann Böses oder Negatives abwehren, auf kommende Ereignisse, Möglichkeiten oder Chancen hinweisen.

Träume und Gesundheit

Durch langjährige wissenschaftliche Experimente ist inzwischen nachgewiesen, daß jeder Mensch träumt, und zwar in jeder Nacht – vermutlich sogar in jeder Stunde. Viele Menschen wissen jedoch nach dem Erwachen nichts mehr davon, doch auch dies hat seinen tieferen Grund: Wer nichts von seinen unbewußten Gefühlen, Bedürfnissen, Wünschen oder Trieben wissen will, sich davor vielleicht sogar ängstigt, wird seine Träume leicht vergessen oder gar leugnen.

Bei allen höher entwickelten Tieren (auch der Mensch zählt dazu) gehört Schlafen und Träumen zu den lebenswichtigen Grundbedürfnissen. Inzwischen hat man längst erkannt, daß unsere Träume unentbehrliche Voraussetzung für unsere Gesundheit (seelisch, geistig und körperlich) sind. Verwehrt man einem Menschen das Träumen auf längere Zeit, so wird er unweigerlich krank.

Wissenschaftler an der Universität von Chicago beobachteten zwei Studentengruppen: Die einen durften ungestört träumen, die andere Gruppe wurde ständig daran gehindert, denn sobald der Apparat den Beginn eines Traumes meldete, wurden sie geweckt. Als Folge dieser Aktion bemerkte man, daß die am Träumen gehinderten Menschen ständig nervöser und reizbarer wurden, während die anderen trotz der manchmal notwendigen Schlafunterbrechungen weiterhin ausgeglichen blieben. So weiß man inzwischen, daß wir Menschen unser nächtliches Traumleben dringend benötigen, denn nur so können wir unsere seelischen Spannungen ableiten und alle unverarbeiteten Eindrücke auf natürliche Weise bewältigen.

Wer sich eingehend mit seinen Traumphänomenen beschäftigt, lernt wieder das Staunen! Der Reichtum unserer Seelen ist unbeschreiblich, denn die Seele eines Menschen ist viel umfassender als die Welt seines Alltags. Erst die Erfahrung der eigenen Träume kann die meisten Menschen davon überzeugen, daß sie Kräfte in sich tragen, die ihnen bisher nicht bewußt geworden sind. Sie können viel über sich selbst lernen, wenn Sie Ihre Träume beobachten und analysieren!

Trotzdem steht die Traumforschung immer noch am Anfang eines langen Weges. Die bis jetzt vorliegenden Ansätze reichen jedoch aus, unsere Träume für eine »seelische Gesunderhaltung« verwenden zu können, um über sie den Weg zu uns selbst zu finden!

Träume, die in gewissen Zeitabständen immer wiederkehren, sind besonders bedeutungsvoll. Hier handelt es sich um eine »Seelen-Schwangerschaft«, einen längeren seelischen Prozeß, um ein ganz bestimmtes Problem Stück für Stück zu klären und einer Lösung zuzuführen.

Träume bringen immer eine Entlastung unseres Seelenlebens, weil angestaute Spannungen, Konflikte, Gefühle und Triebe hierdurch abreagiert werden und so der innere Seelenfrieden wieder hergestellt werden kann.

Inzwischen weiß man, daß das Hormon Vasotocin für unser Traumleben verantwortlich ist. Es wird in der Zirbeldrüse unseres Gehirns produziert, und harmonisiert auch einen gestörten Schlaf-Wach-Rhythmus. Die Substanz erzeugt nach bisherigen Erkenntnissen weder unerwünschte Nebenwirkungen noch eine suchtartige Abhängigkeit wie bei chemischen Schlafmitteln. Übrigens unterdrückt Alkohol ganz erheblich unsere Fähigkeit zum Träumen.

In der Praxis haben sich Bachblüten bestens bewährt, um das Traumleben wieder zu aktivieren, doch auch Vitamin B 6 soll das menschliche Erinnerungsvermögen im Traum kräftigen. Wer häufig in Traumdeutungsbüchern liest, aktiviert ebenfalls sein nächtliches Traumleben. Die beste Voraussetzung ist allerdings die Erkenntnis, daß unsere Träume wichtige Hilfsmittel sind, um unsere seelische Gesundheit zu erhalten – und diese positive Grundeinstellung, zusammen mit einer »freudigen Erwartung« des Traums ist die beste Garantie, daß Sie sich an die »Botschaften Ihrer Seele« wieder besser erinnern können.

Träume als Seelenbotschaften

Alle Traumforscher sind sich darin einig, daß unsere Träume aus dem Unbewußten (Es) stammen.

Unser Seelenleben umfaßt drei Bereiche: Das *Ich* (unser Bewußtsein), das *Über-Ich* (unser Gewissen), und das *Es* (unser Unbewußtes). Wesentliche Impulse, die unser Denken, Fühlen und Handeln bestimmen, stammen aus dem unbewußten Bereich, in den wir alle Enttäuschungen, negativen Gefühle und schlechte Erfahrungen hinein verdrängen. All dies verliert jedoch nicht an Einfluß, sondern tritt »maskiert« in anderer Form wieder auf. Diese verdrängten Gefühle erzeugen Ängste, Vorurteile oder bestimmen (unbewußt) unser Denken.

Neigen Sie im Alltag oder Traumleben zu heftigen, manchmal explosiven Reaktionen auf minimal-negative Erlebnisse, dann dürfte ein wunder Punkt in Ihrem Unbewußten berührt worden sein: vielleicht eine frühere Enttäuschung, eine angstbesetzte Erinnerung aus der Kindheit? So setzt die menschliche Seele die Träume als »Mittler« ein, alle Erlebnisse und Gefühle des Alltags, aber auch längst verdrängte Erfahrungen und Erlebnisse abzureagieren.

Unser Unbewußtes ist aber nicht nur »Mülleimer« für negative Lebenserfahrungen, sondern auch positiver Antrieb, um wichtige Ideale und Lebensziele, die eigene Kreativität und angeborene Talente zu beflügeln, und all diese positiven Gaben im Alltagsleben umzusetzen.

Wenn wir nichts über unser Unbewußtes wissen, dann werden wir keine *Selbsterkenntnis* erlangen. Und wer keine Selbsterkenntnis besitzt, wird ein wesentliches menschliches Grundbedürfnis niemals befriedigen können: *Selbstverwirklichung!*

Wir erkennen aus der Deutung unserer Träume, warum wir so sind, wie wir sind, welche Möglichkeiten in uns ruhen, wie wir Probleme und Konflikte im Alltag lösen, und wie wir unsere Ziele am besten verwirklichen können.

Die Traumdeutung ist ein Weg des Menschen zu sich selbst. Sie ist die beste Vorbeugung für Ihre seelische Gesundheit und somit eine wertvolle Lebenshilfe.

Träume und Zukunftsvisionen

Die Bilder des Traums aus den Tiefen der Seele melden uns nicht nur Wünsche, Hoffnungen und Befürchtungen – wir empfangen auch visionäre Botschaften: Hinweise auf kommende Ereignisse oder zukünftige Entwicklungen.

Schöpferische Träume und traumähnliche intuitive Eingebungen sind ebenfalls keine Seltenheit. Für solch schöpferische Träume, in denen Lösungen von Problemen und lang gesuchte Ideen plötzlich kristallklar wurden, gibt es ein paar berühmte Beispiele:

Der Chemiker August Kekulé von Stradonitz hat seine Entdeckung der ringförmigen Molekularstruktur des Benzols (1865) auf ständig wiederkehrende Traumerlebnisse zurückgeführt. Er schildert das Entstehen seiner Benzolformel: »...Immer wieder gaukelten die Atome vor meinen Augen... Mein geistiges Auge unterschied jetzt sogar die größeren Gebilde... Lange Reihen, vielfach dichter zusammengefügt, alles in Bewegung, schlangenartig sich wendend und drehend... Und siehe da: Eine der Schlangen erfaßte den eigenen Schwanz..., blitzartig erwachte ich, und die Lösung war mir Stunden später bewußt!«

Ähnlich erging es Mozart, dem Melodien auf eigenartige Weise intuitiv »zufielen«, und auch Goethe erzählte Eckermann, daß ihm viele seiner Verse auf plötzliche und eigenartige Weise in den Sinn kamen – ohne vorherige Überlegung, in einem schlafähnlichen Zustand!

Auch Georg Friedrich Händel hat den Schluß seines Oratoriums »Der Messias« im Traum ganz deutlich erlebt und konnte es sofort nach dem Erwachen niederschreiben.

In den 15 Jahren meiner Beratertätigkeit konnte ich immer wieder feststellen, daß etwa die Hälfte der mir berichteten Traumerlebnisse aus dem Reich der »visionären Botschaften« stammten und die andere Hälfte der Träume notwendig waren, um seelische Spannungen abzubauen oder Unverdautes zu bewältigen.

Träume gehören zu den allerpersönlichsten Erlebnissen eines Menschen. Im Laufe der Jahrhunderte wichen zwar die Ansichten über das Wesen der Träume oft voneinander ab: Einige vertraten die Auffassung, die Träume seien wirkliche Erlebnisse der Seele, die unseren Leib während des Schlafes verläßt. Andere wiederum glaubten, die Träume kämen von göttlichen oder dämonischen Mächten, und manche hielten Träume für dem Verstand nicht zugängliche Gefühle. Einig war man sich jedoch in der Auffassung, daß unsere Träume Sinn und Bedeutung hätten – auch wenn wir nicht immer fähig wären, diese zu verstehen.

Die Traumsymbole richtig deuten

Wer den Sinn seiner (oft verworrenen) Träume ergründen will, benötigt gewisse Richtlinien, die im Laufe der Jahrhunderte entwickelt worden sind: einen Schlüssel zu ihrer Dechiffrierung.

Um dem an der Deutung seiner Träume interessierten Leser ein hilfreiches Werkzeug an die Hand zu geben, wurden in diesem Buch die wesentlichen Stichpunkte und Traumsymbole alphabetisch zusammengestellt und verständlich erklärt.

Es wäre jedoch falsch, sich allzu streng an das geschriebene Wort zu klammern, denn die bildhafte Symbolik eines Traums muß ähnlich einem Mosaik zusammengesetzt werden – auch nebensächlich erscheinende Dinge sollten stets berücksichtigt werden.

Ein Symbol kann stets Verschiedenes bedeuten; die persönliche Lebenssituation des Träumers spielt hier eine entscheidende Rolle. Wenn Sie das Traumlexikon benutzen, empfiehlt es sich deshalb, nicht wahllos Symbol an Symbol zu reihen, sondern auf die feinen Zusammenhänge zu achten.

Damit Sie Ihre Träume »nicht verlieren«, empfiehlt es sich, einen Notizblock mit Stift neben dem Bett zu plazieren. Es reicht, wenn Sie sich nach dem Erwachen ein paar Stichpunkte Ihres Traumerlebnisses aufschreiben, damit die Erinnerung daran wachbleibt und Sie sich in einer ruhigen Phase intensiver damit auseinandersetzen können.

Frauenträume

Großangelegte Studien amerikanischer Traumforschungsinstitute belegen es schwarz auf weiß: Frauen sind wahre »Traumakrobaten«.

Ihre Träume sind viel bunter und reicher als die der Männer. Die Netzhaut der Frauen ist für Farben wesentlich empfindsamer – deshalb sind Frauenträume oft sehr farbenfroh, und sie können auch Musik hören. Frauen leben mehr nach ihren Gefühlen, sie sind viel phantasievoller – all das zeigt sich in äußerst lebendigen, gefühlsstarken Traumbildern.

Die Traumerlebnisse werden bei Frauen (auch bei hochintelligenten) viel mehr von der Seele her verarbeitet als vom reinen Verstand. Frauen besitzen einen intensiveren Biorhythmus als Männer; deshalb wird ihr Traumverhalten sehr stark von den Mondphasen beeinflußt und ist um die Zeit des Vollmonds wesentlich lebhafter als bei abnehmendem Mond.

Frauen träumen viel öfter von vertrauten oder geliebten Menschen: vom Ehemann, Freund, der Freundin, den eigenen Kindern. Viele Frauen berichten, daß sie einige Tage vor der Periode besonders unruhig schlafen und sehr intensiv träumen. Danach wird ihr Traumverhalten wieder ausgeglichener. Da ihr Schlaf leichter ist als der von Männern, können Frauen im Traum wesentlich mehr Alltagsgeschehen verarbeiten.

Ein Tip für Männer: Träumt Ihre Frau oder Freundin des öfteren von Röhren, schmalen Gängen und anderen Verengungen, dann sollten Sie Ihr Beziehungsverhalten schleunigst ändern: Ihre Geliebte fühlt sich durch Sie sehr eingeengt, und sie ist sexuell frustriert!

Männerträume

Männer werden weit weniger von Alpträumen geplagt. Sie sind in ihren Träumen viel aktiver als die Frau; sie träumen sehr gerne und oft von Autos, von Motorrädern, von Eisenbahnen oder von Flugzeugen.

Männer werden im Traum oft handgreiflich oder müssen sich verteidigen. Sie wollen siegen und benutzen ihre Ellbogen; hier geht es meist ums Überleben, um den Kampf oder um den Sieg. Die häufigsten Themen im Traumgeschehen eines Mannes sind Beruf, Konkurrenz, soziale Stellung, Ansehen, Geld und Besitz.

Auch Erfindungen oder technische Verbesserungen sind Themen in ihren Träumen. Der Wunsch, berühmt oder bekannt zu werden, ist bei Männern viel stärker ausgeprägt als bei Frauen.

Wenn Männer behaupten, nicht vom Sex zu träumen, dann lügen sie – behauptet C. G. Jung. Auch aus meiner Praxiserfahrung kann ich dies bestätigen: Männer träumen viel häufiger als Frauen von sexuellen Wünschen oder Begierden. Und bei diesen symbolischen Liebeserlebnissen im Traum geht es bei Männern viel aggressiver zu als in den romantischen und gefühlsintensiven Träumen einer Frau.

Männer können – besser als Frauen – Unangenehmes verdrängen, und zwar so gründlich, daß es nicht einmal im Traum wiederkehrt. Schwierige Alltagssituationen verarbeiten sie eher vom Verstand her – selbst diese Probleme tauchen nur selten nachts im Traum wieder auf.

Ein Tip für Frauen: Träumt Ihr Mann oder Freund von vielen leeren Zimmern, deren Türen weit geöffnet sind, dann müssen Sie damit rechnen, daß es noch mehr Frauen in seinem Leben gibt, die ihm »die Türen aufhalten«, und er sich kaum oder nur schwer für nur eine (Sie) entscheiden kann.

Ein Beispiel aus der Praxis

Eine Klientin erzählt: »Ich stand vor einem See. Am Ufer lag ein Boot. Da ich keinen anderen Weg sah und unbedingt an das gegenüberliegende Ufer wollte, an dem mein Mann wartete (ich konnte sein Gesicht nicht erkennen), stieg ich nach einigem Zögern in das etwas morsche Boot ein, um den See zu überqueren. Als ich schon mitten auf dem See war, sah ich, daß über mir und über dem See eine Folie gespannt war. Das Wasser wurde immer trüber, und plötzlich konnte ich meinen Mann am anderen Ufer nicht mehr entdecken. Ich geriet in Panik und sprang in das undurchsichtige Wasser. Schlingpflanzen zogen an meinen Beinen. Irgendwie befreite ich mich davon.

Dann sah ich, daß ich auf dem Rücken lag und im trüben Wasser trieb. Neben mir tauchte plötzlich eine Wasserleiche auf, die mir unheimlich ähnlich war.

Erschrocken und in Panik, wachte ich jedesmal nach diesem Traum auf (er kam in den letzten Monaten öfters) und konnte danach nicht mehr einschlafen!«

Die aktuelle Lebenssituation der Klientin ist hier wichtig für die Deutung dieses Traums. Das Boot versinnbildlicht ihren Lebensweg – der ist schon etwas »morsch« geworden.

Sie will ans andere Ufer zu ihrem Mann. Das Ufer wird tiefenpsychologisch als das »Zaudern« betrachtet. Man weiß nicht genau, wohin man will und welchen Weg man einschlagen soll. Das Ufer ist aber auch ein Hinweis, daß es auf dem alten Weg nicht mehr weitergeht. Die Klientin kann das Gesicht ihres Mannes nicht erkennen (sie weiß nicht, was er denkt und fühlt) – in ihrer Ehe wurden nur noch Alltagsdinge besprochen. Der See (ihre Gefühle und Empfindungen, ihre Seele) ist von einer Plane bedeckt (sie nimmt ihre Gefühle nicht mehr wahr, deckt sie zu), die einem Schleier ähnelt (was verschleiert sie vor sich selbst und vor anderen?). So kann sie weder den Himmel (Trost und Hilfe) erkennen noch die Sonne (Lebenskraft, Tatkraft) sehen.

Tiefenpsychologisch ist das Wasser im Traum ein Ursymbol für lebensspendende Energie und drückt den jeweiligen Gefühlszustand aus. Trübes Wasser zeigt also Depression oder seelische Verunreinigung an. Plötzlich springt sie in das trübe Wasser und schwimmt rückwärts (sie will die augenblickliche Problematik ihrer Ehe nicht wahrhaben, sondern zum früheren Ausgangspunkt zurück). Es ziehen jedoch Schlingpflanzen an ihren Beinen (ein erotisches Symbol – etwas will sie in die Tiefe ihrer Seele ziehen, zu ihren wahren Gefühlen, um ihr die nicht gelebte Sexualität wieder bewußt zu machen).

Als sie die Augen wieder öffnet, schwimmt eine Leiche neben ihr, die ihr auffallend gleicht. Die Leiche steht einerseits für eine Warnung, nicht weiter in diesen trüben Gewässern rückwärts zu schwimmen, sondern sich lieber ihrem weiteren Lebensweg zu stellen. Andererseits zeigt die Leiche aber auch an, daß nun ein alter Zustand sterben, verändert oder beendet werden kann. Tiefenpsychologisch deutet die Leiche etwas nicht Bewältigtes an, das die eigene Lebensatmosphäre verdirbt. Auch gedankliche und emotionale Erstarrung wird hier symbolisch angezeigt.

Fazit: Der Traum will der Klientin zeigen, daß es so nicht weitergeht (die Plane deckt alles zu) und daß sie dringende Veränderungen/Neubelebungen (die Leiche) in ihrer privaten Sphäre anstreben sollte, damit ihre Seele, Gefühle und Emotionen (Wasser) wieder klar werden, und sie auf ihrem Lebensweg (Boot) ein neues Ufer, ein neues Ziel erreichen kann (nicht rückwärts, sondern vorwärts)!

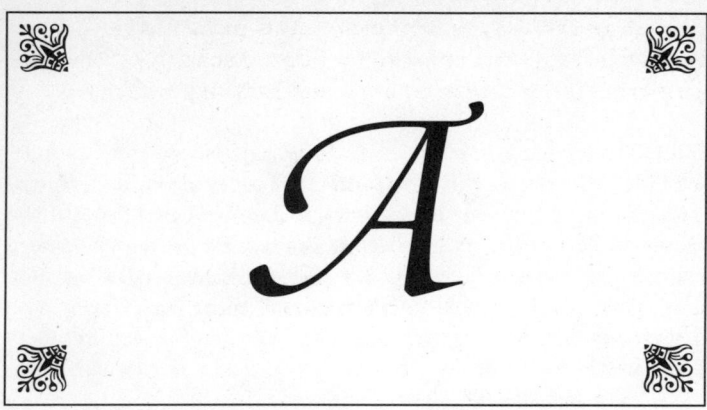

▷ S = symbolisch; ▷ T = tiefenpsychologisch; ▷ V = visionär, voraussagend

Aal
▷ S: In Frauenträumen sehr oft ein erotisches Symbol für das männliche Geschlechtsorgan.
▷ V: Wer im Traum einen Aal sieht, kann mit einer guten Nachricht oder mit dem günstigen Verlauf eines Vorhabens rechnen. Sie fangen einen Aal: Ein neues Geschäft wird sich erfolgreich weiterentwickeln, doch Sie haben Neider. Bei Kranken kann der Aal Genesung und mehr Lebendigkeit ankündigen. Ein sich windender Aal: Vorsicht vor aalglatten Menschen in Ihrer Umgebung. Viele Aale im Wasser sehen: Ein Zeichen Ihrer Sehnsucht nach sexuellen Höhepunkten.
▷ T: Der Aal ist Sinnbild für eine Versuchung und symbolisiert meist Ihr verborgenes sexuelles Verlangen. → Fisch, → Schlange

Aas
▷ V: Der Anblick von Aas und Verwesung kann Ekel, Abneigung oder Trauer ankündigen. Entweder kommt ein solches Ereignis in nächster Zeit auf Sie zu, oder der Traum will Ihnen symbolisch raten, sich von einer längst überholten Situation (oder einer Person) zu lösen.

▷ T: Aas symbolisiert in Verbindung mit der restlichen Traumhandlung, daß in einer aktuellen Situation kein weiteres Wachstum mehr möglich ist – etwas Neues wird in Ihrem Leben beginnen.

abbrennen
▷ V: Der Anblick eines brennenden Dachstuhls (über Ihnen) weist auf eine gefährliche Entwicklung hin. Gehen Sie auf ein Haus zu, dessen Dachstuhl brennt, sollten Sie in einer aktuellen Angelegenheit lieber einen Rückzug planen (manchmal wird auch eine Stirnhöhlenerkrankung signalisiert). Sieht man dagegen → Rauch aus dem Kamin aufsteigen, so befinden Sie sich in einem Aufwärtstrend. Stehen Sie vor einem → Feuer mit hellen Flammen, so ist baldiger Erfolg in Sicht.
▷ T: Feuer und Wasser symbolisieren stets seelische Energie: Feuer reinigt. Helle Flammen zu sehen kündigt eine neue Idee an.

Abbruch
▷ V: Der Sturz oder Abbruch eines Hauses ist ein günstiges Symbol für die Befreiung von einer alten Last, wenn Sie sich für einen Neuanfang und neue Lebenswege entschließen.
▷ T: Der Abbruch eines Hauses im Traum deutet auf den Zusammenbruch von Hoffnungen hin. Alte Strukturen und alte Vorstellungen sollten Sie auflösen, damit Neues entstehen kann.

Abend
▷ T: Der Abend im Traum kann für Ihren »Lebensabend« stehen, der je nach weiteren Trauminhalten behaglich oder angstvoll erlebt wird. Oder der Abend zeigt an, daß Ihre körperlichen Kräfte zu Neige gehen (auch wenn Sie selbst davon noch gar nichts wahrnehmen) und rät zu Erholungs- und Ruhepausen. → Morgen, → Mittag

Abendbrot
▷ V: Im Traum beim Abendbrot sitzen und essen: Sie werden am nächsten Tag ein glückliches Händchen für anstehende Unternehmungen haben. Mit anderen zusammen Abendbrot essen: Er-

folgreiche gemeinsame Aktionen sind möglich, sehr gut für Teamarbeiten und neue gemeinsame Entscheidungen.
▷ T: Das Abendmahl in der christlichen Bedeutung der Kommunion befreit von Kummer und Sorgen. Sehr günstig für alle Ereignisse und Entscheidungen des nächsten Tages.

Abendröte
▷ V: Dies könnte als Zeichen für eine beginnende dunklere Zeit Ihres Lebens gedeutet werden. Abendröte am wolkigen Himmel: Kummer, Ärger oder Unannehmlichkeiten stehen an. Die wolkenlose Abendröte als Ausklang eines wohltuenden Traums zeigt Seelenfrieden oder eine beginnende Genesung an.
▷ T: Gehen Sie jetzt mehr nach innen, suchen Sie nach mehr Ruhe und Entspannung, um Ihre nachlassenden Energien zu regenerieren.

Abenteuer
▷ V: Riskante, aufregende Abenteuer im nächtlichen Traum zeigen Ihnen drohende Gefahren auf oder Unsicherheiten in einer aktuellen Lage (oder mit einer Person). Wenn Sie im Traum ein schönes Abenteuer erleben, dann ist es höchste Zeit (oder die richtige Zeit), endlich langfristiger zu planen, damit Ihr Leben wieder lebendiger wird.
▷ T: Das Abenteuer zeigt Ihren unbewußten Wunsch nach mehr Freiheit und Unabhängigkeit. Ein angstvolles Abenteuer im Traum zeigt die Angst vor den Unsicherheiten des Lebens oder aktuelle Skepsis an.

Abfall
▷ V: Über Abfälle stolpern: Falsche Vorstellungen sollten Sie ablegen, alte Einstellungen noch mal überprüfen und durch neue ersetzen. Von oben fällt alles mögliche auf Sie herab, das nicht genau zu erkennen ist: Bei guten Gefühlen während des Träumens ein Hinweis, daß Sie Ihren materiellen Besitz vermehren können. Bei negativen Gefühlen ein Hinweis, daß falsche Beschuldigung, Neid oder Mißgunst anderer auf Sie zukommen wird.

▷ T: Abfälle sollten verwertet werden, d.h., Sie sollten sich stets um das »Recycling Ihrer seelischen Abfälle« kümmern, damit etwas Neues daraus entstehen kann.

Abgrund

▷ V: Häufig → fallen Frauen im Traum in einen Abgrund. In einen Abgrund stürzen bedeutet, daß die Gefahr besteht, in irgendeiner Angelegenheit den Boden unter den Füßen zu verlieren. Wer viel meditiert oder außerkörperliche Reisen unternehmen kann, fühlt ähnliches, wenn seine Seele in den Körper zurückkehrt. Sehr plötzlich in einen Abgrund stürzen: Ein unerwartet erfreuliches Ereignis trifft ein.

▷ T: Der Traum symbolisiert, daß Sie sich in einer seelischen Bedrängnis befinden und nun versuchen, in den Tiefen Ihrer Seele den Grund für Ihre inneren Nöte zu erfahren. Nur so können Sie neuen Boden unter Ihren Füßen gewinnen. Er kann auch anzeigen, daß Sie Schwierigkeiten haben, sich »fallenzulassen«. → Schlucht

Abhang

▷ V: Den Abhang eines Berges hinunterrutschen: Unangenehme Ereignisse kommen in nächster Zeit auf Sie zu, Niederlagen durch eigenes Verschulden sind möglich. Einen steilen Abhang betrachten: Sie könnten noch rechtzeitig Ihren bisherigen Kurs ändern. Am Rande eines Abhangs stehen: Angst vor persönlichem Versagen oder vor kommenden Problemen.

▷ T: → Abgrund

abmagern

▷ V: Erblickt man sich selbst im Traum abgemagert, stehen Verluste und gesundheitliche Störungen bevor. Sieht man andere abgemagert, so kann dies eine Warnung sein, anderen Menschen nicht materiell zu schaden. Manchmal ist dies auch ein Hinweis für materiellen Zuwachs. Wer sich im Traum dicker werden sieht, erhält damit ebenfalls einen Hinweis auf kommenden Wohlstand.

▷ T: Abmagern oder sehr dünn zu sein heißt, daß Ihre innere

Struktur »dünn« geworden ist. Es ist ein Hinweis darauf, sich mehr um sich selbst zu kümmern. Sehen Sie andere Menschen abmagern, hoffen Sie auf eigenen materiellen Zuwachs (so boshaft denkt Ihr Unterbewußtsein!).

Abreise
▷ V: Ganz plötzlich selbst abreisen und überstürzt die Koffer packen: Sie versuchen, sich vor einer Verantwortung zu drücken. Eine Abreise vorbereiten: Sie werden bald vor eine wichtige Entscheidung gestellt werden. Freudig eine Abreise erwarten: Bald wird sich Ihre jetzige Situation ins Positive verändern lassen. Im letzten Moment den Zug verpassen: Angst vor einer verpaßten Chance. → Eisenbahn.
▷ T: Eine Reise im Traum deutet positive Lebensveränderungen an oder ermahnt zu Entscheidungen. Oder wollen Sie sich momentan »aus dem Staub machen«, sich von einer Verantwortung drücken?

Abschied
▷ V: Verabschieden Sie sich im Traum von Menschen, sollten Sie sich eine Zeitlang zurückziehen, um über Ihr Verhältnis zu diesen Personen nachzudenken. Gleichzeitig drückt dieser Traum symbolisch aus, daß Sie immer wieder Freunde finden werden. Abschied von den Eltern kündigt Sorgen oder Krankheiten bei diesen an. Abschied von fremden Personen: Ihre Sorgen werden bald verschwinden.
▷ T: Der Abschied kündigt immer eine Form des Neubeginns an. War der Abschied erleichternd oder traurig? Von wem bzw. was würden Sie sich gerne momentan verabschieden?

Acker
▷ V: Der Anblick eines unbebauten Ackers will Sie auf ungenutzte Chancen im Beruf aufmerksam machen. Ist er jedoch mit gesundem Korn bestückt, deutet dies auf gute Erträge und berufliches Vorwärtskommen hin. Ist der Acker sehr ungepflegt oder haben ihn Hagel und Sturm verwüstet, dann sollten Sie sich auf

Schicksalsschläge gefaßt machen. Ist er mit Jauche übergossen, wird Ihr Plan gelingen!
▷ T: Der Acker gilt als ein Urbild des Mütterlichen und der Fruchtbarkeit, der Verbundenheit mit unseren Naturkräften. Sein Aussehen im Traum deutet auf Ihre innere, psychische Verwurzelung und Kraft hin und symbolisiert auch Ihre weiblichen Wesensanteile – je schöner und gesünder der Acker im Traum erscheint, desto stärker ist Ihre eigene psychische Urkraft. → Wiese

Ader

▷ V: Sieht man im Traum Adern, kann dahinter eine organische Beeinträchtigung von Herz, Kreislauf und Blutdruck stehen. Ist der Traum mit Angstzuständen verbunden, sollten Sie sich ärztlich untersuchen lassen. Sie werden zur Ader gelassen: bedeutet Streit. Aderlaß bei einem anderen Menschen: Es steht eventuell ein Todesfall oder Krankheit bevor.
▷ T: Adern symbolisieren Lebenssaft und -kraft. Wichtig ist das Aussehen und der Zustand der Adern im Traum, und das, was Sie während des Traums empfinden. → Blut

Adler

▷ S: Der Adler gilt als »König der Lüfte«!
▷ V: Durch den Adler wird eine unbewußte Sehnsucht nach Freiheit ausgedrückt. Ein hochfliegender Adler symbolisiert weitausholende Pläne: Durch Mut und Weitblick können Sie mehr Freiheit erlangen. Sieht man, wie der Adler eine Beute schlägt, so fühlt man sich einem stärkeren Menschen kräftemäßig unterlegen. Ein Adler im Käfig läßt deutlich werden, daß Sie sich durch Freunde oder die Umwelt eingeengt fühlen. Von einem Adler angegriffen zu werden kann drohende Gefahren ankündigen, aber auch, daß wir den Plänen eines anderen im Wege stehen. Sehen Sie einen schwarzen Adler in Ihrer Nähe landen, kann diese den Tod eines guten Freundes ankündigen. Sitzt der Adler auf Ihrem Kopf, sind Ihre Probleme mit dem Kopf allein nicht zu lösen.
▷ T: Der Adler ist ein Symbol der Freiheit und zeigt immer einen gewissen geistvollen Kraftakt an, oder er warnt vor diesen

»Höhenflügen«. Fliegt der Adler hoch, wollen Sie geistig »hoch hinaus« und könnten weitblickende Entscheidungen fällen. → Vogel

Aggression
▷ V+T: Sie erschlagen oder erschießen im Traum einen bekannten Menschen: Unterdrückte Wutgefühle, die Sie im Alltag verdrängen, machen sich symbolisch Luft. Sie selbst werden von jemandem → ermordet oder angegriffen: Ihr Mörder (eine bestimmte Person in Ihrem Leben) stellt unerfüllbare Erwartungen an Sie (→ Mord). Wenn man die Wünsche, Forderungen oder Erwartungen anderer nicht erfüllen kann, kommen Schuldkomplexe auf. Das Unbewußte reagiert oft durch Aggressionsattacken diesen »inneren Druck« ab. → Dampf

Aktien
▷ V: Mit Aktien handeln oder welche kaufen weist auf Unsicherheiten in geschäftlichen Dingen hin. Sie sind im Begriff, sich in Wagnisse zu stürzen, die nicht immer risikolos verlaufen dürften, und werden durch den Traum gewarnt. Der Verkauf von Aktien in einem ruhigen Traum: Verbesserung Ihrer finanziellen Verhältnisse. Wenn im Traum Aktien in dunklem Rauch verbrennen, drohen Verluste. Sie sehen Aktien in hellen Flammen brennen: Hier kündigt sich beruflicher Erfolg an. → Feuer, → Geld
▷ T: Aktien signalisieren meist finanzielle Probleme. Vorsicht deshalb bei allen größeren Finanzaktionen, Kauf, Verkauf u. ä.!

Alarm
▷ V: Hören Sie im Traum ein Alarmsignal, sollten Sie mit einem aktuellen Vorhaben nicht lange zögern, sondern schnell handeln. Wenn Sie selbst Alarm schlagen, bedeutet dies Unruhe, Voreiligkeit und Nervosität, oder Sie regen sich über fremde Angelegenheiten unnötig auf.
▷ T: → Pfeife, → Signal

Alkohol

▷ V: Im Traum ein Gläschen Alkohol trinken: Ihnen fließt bald eine geistige Kraft oder die richtige Intuition zu. Wenn Sie heimlich Alkohol trinken: Erforschen Sie einmal ehrlich Ihre verborgensten Sehnsüchte.

▷ T: Der Alkohol symbolisiert im Traum das Vorhandensein geheimer Wünsche, die durch die weiteren Traumsymbole noch deutlicher dargestellt werden. Waren Sie beschwipst oder betrunken? Machte Sie der Alkohol freier, mutiger oder selbstbewußter, als Sie sonst sind? → Schnaps, → Wein

Allee

▷ V: Eine Allee entlanggehen heißt, daß Sie sich auf einem geraden, zielgerichteten Lebensweg befinden. Ist ein Haus, ein Ziel sichtbar, dann steuern Sie auf einen Erfolg zu. Eine lange Allee sehen heißt, daß noch weite Lebensstrecken vor Ihnen liegen. Auf einer Allee plötzlich umkehren: Sie sollten Ihren jetzigen Lebensweg noch mal überdenken.

▷ T: Ein → Weg, eine → Straße, eine Allee oder ein Gleis – all diese Traumsymbole zeigen Ihren Lebensweg an, auf dem Sie sich gerade befinden.

Almosen

▷ V: Träumt jemand, daß er Almosen empfängt, kann er gewiß sein, in einer Notlage ganz überraschend Hilfe zu erhalten. Es könnte aber auch ein langgehegter Wunsch in Erfüllung gehen. Verteilen Sie selber Almosen an andere, dann sind Ihre Aussichten in finanzieller Hinsicht für die nächste Zeit gut, und Sie sollten andere beschenken oder diesen helfen. Verteilen Sie dagegen als Wohlhabender Almosen, wird sich Ihre finanzielle Situation negativ entwickeln.

▷ T: Almosen empfangen drückt Ihre Angst aus, es selber nicht mehr zu schaffen, anderen zur Last zu fallen oder bitten zu müssen.

Altar

▷ V: Bei diesem Traumbild kann man sich darauf verlassen, daß ein Unternehmen in naher Zukunft glückt. Stehen auf dem Altar brennende Kerzen, dann dürfte Ihnen ein bestimmtes Vorhaben glücken. Wer vor einem Altar niederkniet, dem wird höhere Hilfe zuteil, oder ein stiller Wunsch kann in Erfüllung gehen. Möglicherweise wäre jetzt auch Demut hilfreich, um ein anstehendes Problem zu lösen. Einen mit bunten Blumen geschmückten Altar sehen: Baldige Hochzeit kündigt sich an. Weiße Lilien auf dem Altar: Todesfall und Beerdigung eines Bekannten. Einen Altar selbst schmücken: Freudige Ereignisse und Glück für Sie!

▷ T: Wer vor einem Altar betet, zeigt eine ehrfürchtige Grundeinstellung und besitzt die Fähigkeit, kleine Wünsche auf dem »Altar der Ideale« zu opfern. Ein religiöses Urvertrauen kann die Erfüllung Ihrer Wünsche und Hoffnungen ermöglichen. → beten

alter Mann, alte Frau

▷ V: Sie sehen einen alten, unbekannten Mann: Sie sollten jetzt mehr Besonnenheit zeigen und über sich selbst nachdenken. Oft will dieser Alte den Träumer vor bösartigen Menschen in seiner Umgebung warnen. Die Erscheinung einer alten Frau ist ein Symbol für Ängstlichkeit, Schwäche oder Sorgen in allernächster Zeit. Erblickt man sich selbst als alten Menschen, könnte man zu würdevollen Ehren kommen, doch auch Weisheit und etwas Abstand von den alltäglichen Dingen sollten Sie in nächster Zeit praktizieren.

▷ T: Ein alter Mann im Traum wird als Sinnbild für ein gereiftes Wissen um alle Lebensdinge angesehen. Daher ist seine Erscheinung immer sehr bedeutsam und sollte sorgfältig beachtet werden. Alte Männer oder Frauen zeigen entweder Weisheit oder Bösartigkeit an und warnen Sie vor schlechten Eigenschaften. → Jugend

Amboß

▷ S: Der Amboß ist ein Symbol der Tugend, Tapferkeit und Stärke.

▷ V: Hämmert jemand im Traum auf einem Amboß, dann will er mit Gewalt etwas erreichen, was ihm jedoch kaum gelingen wird. Der bloße Anblick eines Ambosses deutet auf Streitigkeiten mit Freunden hin, oder er kann Verluste im Spiel anzeigen. Geduldig einen Gegenstand auf dem Amboß bearbeiten: Durch Fleiß und Geduld können Sie jetzt Schwierigkeiten überwinden; die gute Arbeit macht spätere Gewinne möglich.
▷ T: → Hammer

Ameisen
▷ S: Ameisen sind in der Symbolsprache ein Vorbild für Klugheit und Fleiß.
▷ V: Eine Ameise kann als Hinweis betrachtet werden, fleißiger als bisher im Leben zu sein. Ameisen am eigenen Körper: Glück und Erfolg kommen demnächst auf Sie zu. Werden Sie von einer Ameise gezwickt, sollten Sie eine berufliche Chance beim Schopfe packen. In einen Ameisenhaufen hineintreten: Durch Ihr ungeschicktes Verhalten provozieren Sie viel Verdruß.
▷ T: Der Anblick von vielen Ameisen ist oft ein Symbol für Störungen im Nervensystem. Jetzt ist es empfehlenswert, sich mehr Ruhe zu gönnen und auf die eigene Gesundheit zu achten. Treten diese Träume öfters auf, sollten Sie sich vom Arzt einmal gründlich untersuchen lassen.

Amor
▷ S: Gott Amor symbolisiert immer Erotik.
▷ V+T: Ein sehr altes Traummotiv – erblickt man diesen Liebesgott, wie er auf jemanden schießt, dann sollte man sich nicht in anderer Leute Angelegenheiten mischen. Zielt aber der Pfeil auf Sie selbst, dann kündigt der Traum eine neue Liebesbeziehung an, die nicht von Dauer, sondern eher ein Flirt, ein sexuelles Abenteuer sein wird.

Ampel
▷ V: Nach alten Überlieferungen der Traumdeutung steht eine leuchtende Ampel immer für ein bevorstehendes Ereignis, das

Kummer mit sich bringt. Blinkt eine Ampel, ist Vorsicht geboten. Sie oder ein anderer schalten die Ampel aus: Die Gefahr ist vorüber, Verbesserungen der jetzigen Situation stellen sich bald ein.
▷ T: Die Tiefenpsychologie bewertet dieses Bild als Zeichen einer aufkeimenden Liebe – vor allem, wenn die Ampel → Rot zeigt.

Amputation
▷ V: Sieht man, wie eine Hand oder ein Bein amputiert wird, deutet dies auf eine Ablösung seelischer Art hin, die einem selbst bevorsteht. Sie müssen sich selbst einer Amputation unterziehen: Ihnen steht eine Trennung von einem geliebten Menschen bevor. Amputation einer Hand: Ihr Handlungsspielraum ist eingeschränkt, oder Sie geben anderen zu wenig. Amputation eines Beines: Sie können oder sollen nicht mehr fliehen; Sie befinden sich auf dem falschen Lebensweg. Bei Männern symbolisieren Amputationsträume auch immer eine Kastrationsangst bzw. die Angst vor Impotenz.
▷ T: Hier deutet Ihre Seele an, daß Ihr Leben aufgerissen und Ihre seelische Ordnung und Ruhe verletzt ist. Das amputierte Glied ist meist ein Teil unseres Wesens, das längere Zeit nicht funktionstüchtig war. → Arm, → Bein, → links, → rechts

Andacht
▷ V: Wohnt man im Traum einer Andacht bei, so spricht daraus die Sehnsucht nach geistiger Führung und Einkehr. Äußere Probleme können durch geistige Führung gelöst werden. Spricht man im Traum andächtige Gebete, bittet Ihre eigene Seele um Hilfe. Man sollte einen objektiven Berater aufsuchen oder sich mit seiner religiösen Bindung tiefer befassen. Andächtig zuhören: Sehnsucht nach Vertiefung.
▷ T: → Altar, → beten, → Beichte

Angel, angeln
▷ V: Wenn Sie im Traum eine Angel auswerfen: Sie sehnen sich nach einem Lebensgefährten. Wenn Sie beim Angeln in einem kla-

ren Wasser einen großen Fisch fangen: Glück und Erfolg in einer wichtigen Angelegenheit. Ein Angler wirft seine Angel nach Ihnen: Vorsicht vor Betrügern. Man sitzt an einem ruhigen See und angelt: Ihr seelisches Gleichgewicht stellt sich bald wieder ein. Sie schauen anderen beim Angeln zu: Bald werden Sie Gelegenheit haben, eine neue Bekanntschaft zu machen. → Fisch, → Wasser

▷ T: Angeln Sie selbst, so wird sich Ihr seelisches Gleichgewicht bald wieder einstellen. Fangen Sie dabei auch noch einen Fisch, dann ist das Glück nicht mehr weit!

Angst

▷ V+T: Wird jemand im Traum von Angstgefühlen geplagt, so sind diese häufig Anzeichen für eigene Fehler, die Sie gemacht haben. Schuld- oder Minderwertigkeitsgefühle lösen am häufigsten Angstträume aus. Ein solcher Traum kann auch die Angst vor kommenden Aufregungen und Problemen anzeigen – manchmal auch eine tiefgreifende Veränderung in Ihrem Leben. Werden Sie von schrecklichen Traumbildern verfolgt, die Sie in Angstzustände versetzen, dann haben Sie unterdrückte Sorgen, oder Ihnen gefährlich erscheinende Menschen ängstigen Ihre Seele. Werden Sie oft von Träumen in Furcht und Angst versetzt, sollten Sie im Leben mehr Mut und Entschlossenheit zeigen, dann lassen sich viele Hindernisse besser überwinden. Versetzen Sie einen anderen in Furcht und Schrecken, werden Sie selbst bald in eine kritische Lage kommen, oder es steht Ihnen eine Enttäuschung bevor. Manchmal sind es nur körperliche Zustände, die Sie bedrücken, vor allem Beklemmungen vom Herzen her. Wer nachts des öfteren angstvoll träumt und davon aufwacht, sollte Herz und Kreislauf untersuchen lassen. Vor allem bei Frauen haben Angstträume sehr oft organische Ursachen: Durch üppiges Essen, zuviel Rauchen oder Alkohol ist der Kreislauf überlastet.

Anker

▷ S: Der Anker symbolisiert Hoffnung, Zuversicht und Heil.
▷ V: Sie sehen einen Anker: Ein positiver Hinweis, daß sich Ihre

Wünsche bald erfüllen werden. Ist der Anker unvollständig oder zerbrochen, werden Sie bald in eine Pechsträhne geraten. Ein bestimmtes Vorhaben wird verhindert werden, auf das Sie große Hoffnungen gesetzt haben. In einem Hafen ankern: Sie können nun wieder »Fuß fassen«. Einen Anker auswerfen: Sie hoffen auf Hilfe von anderen, doch sollten Sie selbst die Initiative ergreifen!
▷ T: Der Anker symbolisiert oft die tief in Ihnen verwurzelte, unerschütterliche Entschlußkraft, die Sie jetzt einsetzen sollten!

Ansichtskarte

▷ V: Wenn Sie eine Ansichtskarte im Traum erhalten, sollten Sie sich auf eine Enttäuschung im Liebesbereich gefaßt machen. Sind ferne Länder zu erkennen, kann Ihnen eine große Reise bevorstehen. Der Traum kann auch Ihre Sehnsucht nach Reisen und/oder nach mehr Abwechslung symbolisieren. Was zeigt die Ansichtskarte? Sehen Sie unter den weiteren Traumsymbolen nach.
▷ T: → Bild

anstreichen

▷ V: Wenn Sie vom Anstreichen träumen, ist es wichtig, welche Farbe Sie verwenden. Ein weißer Anstrich: Sie fühlen sich von einem anderen Menschen verfolgt oder bedroht. Ein leuchtender Anstrich (vor allem rot): Bald haben Sie Grund zur Freude. Ein schwarzer Anstrich: Warnung vor einer beginnenden Krankheit.
▷ T: Wollen Sie etwas verschönern oder verstecken? → Kapitel »Farben im Traum«

Apfel, Apfelbaum

▷ S: Der Apfel war schon im Altertum Sinnbild der Fruchtbarkeit und deshalb Attribut vieler Götter.
▷ V: Sehen Sie Äpfel am Baum hängen, deutet dies auf viele Freunde hin, die Sie gewinnen können. Einen schönen roten Apfel essen könnte ein erfreuliches Liebeserlebnis ankündigen (ein Single kann einen neuen Partner kennenlernen, Verheiratete erleben neue Glücksgefühle in der Liebe). Der Apfel ist wurmstichig: Symbol für Verdruß oder Trennung. Faule Äpfel kündigen Ärger

an. Sie beißen in einen sauren Apfel: Sie müssen sich mit einer unangenehmen Sache wohl oder übel näher befassen. Sie sehen im Traum einen goldenen Apfel: Sie gewinnen jetzt an Selbsterkenntnis. Schenken Sie einer Frau einen Apfel, heißt das, daß Sie eine neue Freundin gewinnen. Ein wurmstichiger Apfel dagegen zeigt Liebesprobleme an. Ein blühender Apfelbaum symbolisiert geschäftliche Erfolge. Ein Apfelbaum vor der Ernte kündigt gute Einnahmen an.

▷ T: Ein Apfel, der ja mit dem »biblischen Sündenfall« untrennbar verbunden ist, ist immer ein Liebessymbol. Sein Zustand zeigt an, wie es derzeit in der Liebe steht. Er galt stets als die sinnliche/weltliche Versuchung, der Sie jetzt unterliegen könnten – zugleich ist er auch Sinnbild des Lebens. → Früchte, → Obst

Apfelsine

▷ V: Wenn Sie im Traum eine Apfelsine essen, könnte Ihnen ein angenehmes Erlebnis in der Liebe bevorstehen; Sie verändern sich zu Ihrem Vorteil. Sind Sie mit dem Schälen einer Apfelsine beschäftigt, dann müssen Sie noch manche Mühen auf sich nehmen, ehe Sie ans ersehnte Ziel kommen. Viele reife Apfelsinen hängen an einem Baum: Dieser Traum verspricht Ihnen gute Aussichten in der Liebe.

▷ T: Ähnlich wie der Apfel (aber auch → Tomate, → Traube und Pflaume) wird die Apfelsine als Liebessymbol und als Versuchung durch weltliche und sinnliche Genüsse gewertet. → Obst, → Früchte

Apotheke, Apotheker

▷ V+T: Sie stehen vor einer Apotheke oder gehen hinein: Ein warnendes Traumsymbol für eine Gesundheitskontrolle, denn hierdurch ist eine Krankheit angezeigt. Sie gehen im Traum als Kranker in eine Apotheke: Genesung ist möglich. Möglicherweise symbolisiert dieser Traum, daß Sie für etwas viel zuviel Geld bezahlen müssen. Sehen Sie sich selbst im Traum als Apotheker oder Apothekerin, sehnen Sie sich nach mehr sozialem Wohlstand. → Rezept

Arbeit

▷ V+T: Sie verrichten im Traum eine Arbeit (egal, welcher Art): Ein sehr günstiges Zeichen für ein erfolgreiches Leben. Lassen Sie jedoch im Traum andere für sich arbeiten, müssen Sie noch viel arbeiten und werden sogar von anderen ausgenutzt. Sie vergeben bestimmte Arbeiten an andere: Jetzt sind Gewinne möglich.

Archetypen

▷ Einige Archetypen begegnen uns im Traum immer wieder.
Die Mutter: auch Groß-, Stief-, Schwiegermutter, Amme, Ahnfrau, weiße Frau, Göttin, Mutter Gottes, Kirche, Universität, Stadt, Land, Himmel, Erde, Meer, Unterwelt, Acker, Garten, Quelle, Taufbecken, Gebärmutter, Backofen, Kochtopf, Kuh, Hase. All diese Symbole stehen für Kindheitsprägungen, die seelische Verbindung zur Mutter, Ablösungsprobleme, eigene weibliche Wesensanteile u.v.m.
Urboros: Die Schlange, die sich selbst in den Schwanz beißt, ist ein Symbol dafür, daß sich Bewußtsein und Ich erst noch entwickeln müssen (das Ur-Chaos im Menschen, die Widersprüche von Gut und Böse, Mann und Frau).
Mandala: Kreis und Quadrat sind in dieser symbolischen Zeichnung vereint. Es ist ein Zeichen der Selbstwerdung.

Arm

▷ V: Jemand breitet im Traum seine Arme für Sie aus: Sie sollten sich nicht zurückhalten, denn jetzt bieten sich gute Gelegenheiten, die Sie nutzen könnten; möglicherweise greift ein Mensch (Freund) Ihnen hilfreich unter die Arme. Wer sich selbst mit stärkeren Armen erblickt, als er tatsächlich hat, muß sich auf anstrengende Zeiten gefaßt machen: Viel Arbeit steht an. Ihre Arme sind selbst oder bei anderen mit vielen Haaren bedeckt: Geldeinnahmen flattern ins Haus. Wenn Sie sich im Traum dagegen einen Arm brechen, will dieses Symbol vor Zank und Streit in der Familie, aber auch vor unbesonnenen Handlungen warnen. Im Traum nur einen Arm besitzen: Sie leiden unter quälenden Hemmungen. Wenn Sie sich als armen Menschen im Traum

erblicken: Bald werden Sie (Ent-)Täuschungen durchstehen müssen.
▷ T: Der Arm symbolisiert Ihre Fähigkeit, all Ihre Gefühle, Gedanken oder Bedürfnisse auszudrücken, diese zu verwirklichen oder auch zu zerstören. → rechts (rechter Arm), → links (linker Arm).

Armband
▷ V: Wenn Sie im Traum ein Armband tragen, könnten Sie einen guten Freund finden. Verlieren Sie dagegen ein Armband, sollten Sie sich keine weiteren Hoffnungen auf die Liebe eines Menschen machen, denn dieses Verhältnis wird bald zu Ende gehen. Sie erhalten ein Armband als Geschenk: Hüten Sie sich vor Eifersucht oder vor einer allzu großen Leidenschaft. Sie verschenken Armbänder an andere: Glück für Sie. Schöne Armbänder selbst tragen: Reichtum zeichnet sich bei Ihnen ab. Armbänder an anderen Menschen sehen: Sie geben viel zuviel Geld aus.
▷ T: Bei schönen, mit Juwelen besetzten Armbändern: → Juwelen

Armbanduhr
▷ V: Eine Armbanduhr im Traum zu sehen ist eine Mahnung, die eigene Zeit besser einzuteilen.
▷ T: Der Lauf Ihres Lebens und der Ablauf Ihrer Zeit wird durch die Armbanduhr angezeigt. Dieses Symbol ist entweder eine Aufforderung, die eigene Zeit besser einzuteilen, oder ein Aufruf, sich endlich zu entscheiden. → Uhr

Arzt
▷ S: Der Arzt im Traum symbolisiert nicht nur Selbstheilungskräfte, sondern er kann auch die Rolle eines Ratgebers, einer Vater- oder Leitfigur einnehmen.
▷ V: Die Gestalt eines Arztes im Traum enthält eine Warnung oder eine übersteigerte Angst vor Krankheit. Er kann aber auch eine Krankheit anzeigen, die einer Behandlung bedarf. Spricht man aber mit dem Arzt, dann kann dies als ein hoffnungsvolles

Zeichen gedeutet werden: Die Krankheit kann geheilt werden. In beiden Fällen ist es jedoch ratsam, stärker auf seine Gesundheit zu achten. Sind Sie selbst im Traum ein Arzt, zeigt dies vertiefte Selbsterkenntnis oder den Wunsch nach einer besseren sozialen Stellung an.

▷ T: Wenn im Traum der Arzt als → alter Mann erscheint, so zeigt dies, daß Sie mit irgend etwas alleine nicht fertig werden und auf der Suche nach einem Ausweg, einem Rat oder auch einer Hilfe sind. Das Traumbild des Arztes ist immer auch ein Symbol für die Kraft der heilenden Funktion Ihrer Seele. Es ist aber auch der leitende und stärkende Vater.

Asche

▷ S: Sinnbild des Todes, der Trauerrituale und der Buße.

▷ V: Asche ist kein gutes Vorzeichen. Wer im Traum Asche sieht oder streut, wird auf einen Trauerfall im näheren Umkreis vorbereitet. In die Asche hineinfallen oder -treten: Ein Geldverlust droht, Vorsicht bei allen finanziellen Entscheidungen. Sie sehen viel Asche: Sie werden tief gekränkt und enttäuscht werden. Wenn Sie Asche sammeln, kündigt dies Besitzzuwachs an.

▷ T: Die Asche zeigt entweder eine bevorstehende Enttäuschung oder Kränkung, oder sie kündigt eine innere Wiedergeburt an (wie »Phönix aus der Asche« steigen).

Ast

▷ V: Klettern Sie im Traum an den Ästen eines Baumes hoch, werden Sie auf recht ungewöhnliche Weise (oder auf Umwegen) beruflich vorankommen. Äste stellen sich in Ihren Weg: Sie müssen mit beruflichen Schwierigkeiten rechnen. Ein Ast bricht, wenn Sie auf einen Baum klettern wollen: Sie sind nicht umsichtig genug. Erblickt eine Frau im Traum einen dürren Ast, dann drückt sie damit eine unbewußte Angst vor Kinderlosigkeit aus.

▷ T: Der Ast ist immer ein Teil Ihres eigenen Lebensbaums: Je kräftiger er ist, je mehr Blätter oder Früchte er trägt, desto stabiler ist Ihre momentane Situation. → Baum

Astern

▷ V: Sehen Sie weiße Astern im Traum, dann dürften Sie in der nächsten Zeit von einem Todesfall hören, der sich in Ihrer näheren Umgebung ereignen wird. Träumen Sie jedoch von farbigen Astern, können Sie mit Erfolgen oder Freuden rechnen. Rote Astern sehen bedeutet Liebesglück. Blaue Astern zeigen überlegene Geisteskraft und klare Entscheidungen an. Ein kräftiges Gelb deutet auf viel Intuition, die Ihnen die richtige Entscheidung ermöglichen wird. Ein helles Gelb bei Astern oder Blumen zeigt jedoch Verrat, Enttäuschung oder gar Intrigen und Neid an, in die Sie geraten könnten.
▷ T: → Blume, → Kapitel »Farben im Traum«

Asthma

▷ T: Asthmaanfälle im Traum sind ein ernstzunehmendes Zeichen. Entweder ersticken Sie fast in einer persönlichen Beziehung, oder Ihre Arbeitsstelle, die Kollegen, Ihr Alltag raubt Ihnen die Luft. Sie sollten den wahren Grund Ihrer psychischen Erstickungsanfälle baldmöglichst herausfinden!

Astrologe, Astrologin

▷ T: Sie gehen zu einem Astrologen oder einer Astrologin: Sie suchen nach Rat und Anleitung. Er bzw. sie spricht mit Ihnen: Sie gehen einer Sache (und sich selbst) auf den Grund, und können deshalb erfolgreich sein. Sehen Sie astrologische Zeichen (Tierkreiszeichen oder Planetensymbole) im Traum, dann werden Sie tiefe Einsichten und Erkenntnisse gewinnen, die Ihnen bislang völlig fremd waren. Jetzt verändert sich Ihr Leben positiv. → Planet, → Stern, → Wahrsager

Attentat

▷ V: Sie sehen oder erleben ein Attentat: Große Aufregungen kommen auf Sie zu, doch Sie können mit »Glück im Unglück« rechnen. Sie führen ein Attentat selbst aus (allein oder mit anderen): Sie opfern Zeit und Energie einer aussichtslosen Sache, die keinen Erfolg verspricht. Fließt »Blut« bei einem Attentat, drohen sowohl berufliche als auch private Verluste. Ist das Attentat gegen Sie selbst gerichtet, drohen erhebliche Gefahren. Höchste Konzentration ist erforderlich!

Auferstehung
▷ V: Sieht man einen verstorbenen Menschen auferstehen, so hat dieser Traum die Bedeutung, daß etwas sehr Bedrückendes von einem genommen wird. Als religiös erlebter Vorgang kann dies einen Neubeginn im Leben anzeigen, eine Wende zum Besseren, einen beruflichen oder privaten Erfolg oder einen Aufstieg im Leben. Sie sehen Ihre eigene Auferstehung: Große Wandlungen vollziehen sich in Ihrem Leben – Unglück wandelt sich zum Glück.
▷ T: Eine Auferstehung symbolisiert Ihren Wunsch nach Höherem und nach geistiger Weiterentwicklung – meist ist ein Entwicklungsschritt jetzt erfolgreich abgeschlossen worden, eine innere Wandlung vollzogen worden. Ein schönes Traumsymbol!

aufhängen
▷ V: Wenn Sie träumen, daß Sie aufgehängt werden sollen, ist dies eine deutliche Warnung, daß Sie von anderen Menschen ausgenutzt werden. Ist man im Traum selbst am Aufhängen eines Menschen beteiligt, sollten Sie sich jetzt vor übereilten Handlungen und Entschlüssen hüten. Sie hängen im Traum Wäsche auf: Eine Verbesserung in Ihren Verhältnissen ist bald zu erwarten.
▷ T: Im Vorgang des Aufhängens symbolisiert die Tiefenpsychologie, daß Sie sich momentan in einem wichtigen Entwicklungsübergang befinden. → ermorden, → Galgen, → Hinrichtung, → Tod

aufsteigen
▷ V: Sie steigen eine Leiter, Treppe oder einen Abhang mühelos hinauf: Sie dürfen mit dem erfolgreichen Abschluß eines Unternehmens rechnen. Ist das Hinaufsteigen allerdings mit großen Anstrengungen oder Hindernissen verbunden, werden Sie erst nach Überwindung etlicher Schwierigkeiten für Ihre Arbeit belohnt. Ein Aufstieg auf einen hohen Berg: Jetzt sind schwierige

Aufzug 38

Lebensaufgaben zu bewältigen. Bei Männern symbolisiert das Aufsteigen sehr oft die Angst vor Ejakulationsstörungen. Sie erklimmen zusammen mit einem Liebespartner einen steilen Berggipfel: Ihre Sehnsucht nach sexuellen Höhepunkten erwacht.
▷ T: Dieses Sinnbild wird immer als Anzeichen Ihrer inneren Erneuerung gedeutet. Ist der Traum sexuell orientiert, zeigt er Ihren Wunsch nach orgastischen Höhepunkten im Beziehungsleben. Wollen Sie noch »hoch hinaus« in Ihrem Leben? Macht Ihnen der Aufstieg zu schaffen? Was sehen Sie noch auf diesem Weg? → Berg, → Fels

Aufzug
→ Lift

Auge, Augenarzt
▷ S: Sinnbild der sinnlichen und intellektuellen Wahrnehmung.
▷ V: Sie sehen blaue Augen im Traum: Entweder liebt Sie jemand heimlich – oder umgekehrt. Die Augen heben eine schwarze oder braune Farbe: Sie müssen leider mit einer Liebesenttäuschung rechnen. Träumen Sie von einem Augenleiden (einer Augenbinde, einer Augenverletzung oder von blinden Augen), wollen Sie etwas in Ihrem Leben nicht richtig sehen oder haben Probleme, die reine Wahrheit zu erkennen. Manchmal zeigt eine Augenbinde allerdings auch an, daß wir mit geschlossenen Augen unseren Weg meistern! Sie sehen einen Augenarzt oder gehen zu einem: Bald werden Sie Ihren verzerrten Blickwinkel korrigieren können, d.h. die Dinge richtig sehen (erkennen). → schielen
▷ T: Das Erblicken von Augen im Traum zeigt, daß Sie sich zuviel mit sich selbst beschäftigen. Das Auge gilt als das Organ des Lichts. Augenträume haben immer mit der Erfassung des Daseins zu tun. Ein Auge, das uns im Traum ansieht, kann auch eine Mahnung des eigenen Gewissens, der inneren Stimme bedeuten. Augen an sich sind Symbol für Intelligenz, Geist, Wachheit und Neugierde. Wichtig ist hierbei das restliche Traumgeschehen.

ausgraben

▷ V: Wenn Sie Erde ausgraben oder einen Baum, dann kommen in Kürze schwierige Aufgaben auf Sie zu. Gleichzeitig symbolisiert dieser Traum, daß Sie zwar sehr viel Arbeit bewältigen müssen, jedoch eine gewinnbringende Tätigkeit ausüben. Wenn Sie beim Ausgraben auf einen (oder mehrere) Tote stoßen, dann symbolisiert dieser Traum, daß Sie ein schlechtes Gewissen plagt. Sie umgeben sich entweder mit den falschen Leuten oder führen einen schlechten Lebenswandel. → Tod

▷ T: Das »Ausgraben« kann sprichwörtlich gedeutet werden: Die Seele des Träumers gräbt etwas im Unbewußten Verborgenes aus, d.h., Sie erkennen plötzlich verborgene Wesenszüge an sich selbst oder bei anderen. Plötzlich können Sie sich wieder an etwas erinnern, das vergessen oder verdrängt war und vielleicht seelische Störungen verursachte.

Ausland

▷ T: Befinden Sie sich im Traum im Ausland, so zeigt dies an, daß Sie mit einer Sache, einem Menschen, einer Angelegenheit oder einem eigenen Wesensanteil noch nicht richtig vertraut sind, sich erst noch zurechtfinden müssen. Vielleicht äußern sich hier auch frühere Reiseerlebnisse?

ausziehen

▷ V: Wenn Sie im Traum aus einer Wohnung ausziehen: Bald werden Veränderungen in Ihrem persönlichen Leben stattfinden. Wer sich dagegen im Traum nackt auszieht: Dies drückt eine unbewußte Furcht vor Fehlern aus (Fehler im Benehmen, im Umgang mit anderen, Fehler im Beruf oder einfach Angst vor dem Leben). Hier rät die Seele zu mehr Selbstvertrauen, denn möglicherweise provozieren Sie eine Pechsträhne durch Ihr eigenes Verschulden. Ziehen Sie jedoch Ihre Schuhe aus, dann könnte Ihnen eine Reise bevorstehen.

▷ T: Alle Nacktheitsträume werden als Zeichen für einen seelischen Minderwertigkeitskomplex gedeutet. → Nacktheit

Aussätzige

▷ V: Aussätzige sehen verheißt Sorgen, Unruhe in der kommenden Zeit oder auch Gefahren, die plötzlich sichtbar werden. Selbst zum Aussätzigen werden: Sie können sich selbst nicht mehr im Spiegel der Wahrheit sehen. Sie fühlen sich von Ihrer Mitwelt irgendwie ausgeschlossen oder nicht angenommen, das Leben erscheint negativ.

▷ T: »Seelischer Müll« drückt nach oben und zeigt sich symbolisch im Gesicht des Träumers. Aussätzige waren von jeher aus der Gesellschaft ausgeschlossen und lebten isoliert. Wer selbst Aussätziger ist, zeigt an, daß die Harmonie mit dem Leben und der eigenen Person zerstört ist. Beachten Sie die restlichen Traumsymbole.

Auto

▷ S: Geschwindigkeit und fahrbare Untersätze sind beliebte Männerträume: Ein Sportwagen steht für sexuelle Rauscherlebnisse und für die männliche Freude an einem weiblichen »Fahrgestell«!

▷ V: Kaufen Sie sich ein schönes Auto, dann ist dies ein positives Zeichen, daß Sie beruflich rasch vorankommen werden. Wer im Traum sicher und geschickt ein Auto steuert, dem verspricht dies Erfolge aus eigener Kraft. Erleben Sie beim Autofahren einen Zusammenstoß, symbolisiert dies einen Rückschlag, weil Sie zu egoistisch auf Ihren Vorteil bedacht waren. Aus der Art, wie man das eigene Auto steuert, kann man ablesen, wie wir unser Leben steuern und was uns noch dabei fehlt. Sieht man nur ein Auto, wird man schnell Neuigkeiten erfahren. Steigen Sie aus einem Auto aus, bedeutet dies Rückschläge und Stagnation. Ihre Kompetenz wird in Frage gestellt. Erleben Sie im Traum eine Autopanne, bringt eine geschäftliche Reise keinen Erfolg. Sie gewinnen ein Autorennen: Durch Ihre rasche Reaktion hängen Sie Konkurrenten ab; beruflicher Erfolg liegt auf Ihrem Kurs. Wenn Männer dies träumen, werden sie einen Liebesrivalen besiegen. Sie werden in einen Autounfall verwickelt: In einer bestimmten Angelegenheit müssen Sie mit starker Konkurrenz rechnen.

▷ T: Das Auto und andere Fortbewegungsmittel sind Symbole für Ihren Lebensweg. Das Auto allgemein ist ein Zeichen für günstige Veränderungen im Berufsleben. Bei Männern symbolisiert das Auto die körperliche Energie und zeigt immer die augenblickliche Beziehung zur Geschlechtlichkeit an bzw. das Bedürfnis nach intensiver Sexualität (je mehr PS, desto stärker).

Axt
▷ S: Sie kann sowohl als Waffe als auch als Werkzeug im Traum auftauchen und ist meist ein Symbol für rücksichtslose Absichten.
▷ V: Die Axt ist ein Zeichen für kommendes Unglück und meist ein Symbol für Streitigkeiten mit der Umwelt, an deren Entstehung man aber nicht ganz schuldlos ist – vor allem, wenn man die Axt selber schwingt oder schleift. Spaltet man Holz mit einer Axt, so droht Entzweiung mit einem geliebten Menschen. Eine Axt in die Hand nehmen bedeutet Unglück. Eine scharf geschliffene Axt sehen: Schrecken und Konflikte werden auf Sie zukommen.
▷ T: Ein kriegerisches Zeichen: Streitigkeiten oder Aggressionen kündigen sich an, oder Sie selbst leben → Aggression und Wut nicht adäquat aus. Oft zeigt das Axt-Symbol an, daß Ihre Macht und Autorität nur rein äußerlich zur Schau gestellt werden, jedoch nicht auf Ihrer ganzen Persönlichkeit begründet sind. Arbeiten Sie selbst mit der Axt, werden Sie zwar berufliche Erfolge erzielen können, doch auf andere Menschen (oder Kollegen) nehmen Sie dabei leider keinerlei Rücksicht (Sie sind Täter). Schwingt ein anderer die Axt, dann müssen Sie unter der Rücksichtslosigkeit eines anderen Menschen leiden (Sie sind Opfer) und sollten sich wehren!

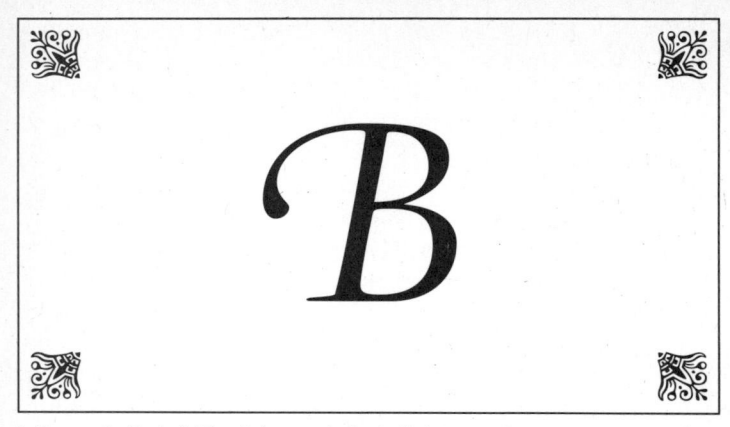

▷ S = symbolisch; ▷ T = tiefenpsychologisch; ▷ V = visionär, voraussagend

Baby

▷ V: Sie füttern im Traum ein Baby: Ihnen stehen noch manche Mühen bevor, bis Sie die Anerkennung Ihrer Umwelt ernten. Ein Baby wiegen: Ihre ausgeglichene Seele kann das Glück anziehen. Sie sehen ein totes Baby: Ein Trauerfall wird sich ereignen. Sie bringen selbst ein Baby zur Welt: Etwas Neues in Ihnen wird geboren – eine neue Lebensrichtung, eine neue Idee u. ä. Eine Frau sieht im Traum ein Baby an ihrer → Brust: Sie wünscht sich entweder sehnlichst ein eigenes Kind, oder sie möchte einem anderen helfen, es betreuen und umsorgen. Das Baby schläft: Ihre Zukunft entwickelt sich bestens. Ein krankes Baby schreit: Ihre Geschäfte sind im Moment rückläufig.

▷ T: Das Baby symbolisiert Ihre unbewußte Sehnsucht nach einer sorglosen, glücklichen Kindheit und Ihren jetzigen Wunsch nach mehr Geborgenheit. Es zeigt noch unreife Wesensanteile, die zwar schon angelegt, aber noch nicht herangewachsen sind. Pflegen Sie diese neuen Charaktermerkmale, damit sie wachsen und gedeihen können.

Bach

▷ V: Ein ruhiger Bachverlauf zeigt Gesundheit, Glück und Erfolg an. Ein reißender Bach dagegen Unruhen und Aufregungen. Ein kurviger Bachlauf bedeutet, daß Ihr Lebensweg zur Zeit etwas »kurvenreich« verläuft. Wenn Sie einen fließenden Bach mit klarem Wasser sehen: All Ihre Vorhaben werden jetzt ohne Komplikationen weiterlaufen; Ruhe, Konzentration und Kraft herrschen in Ihnen. Viele Fische in diesem klaren Bach: Sie können mit zusätzlichen Geldeinnahmen rechnen. In diesem Bach baden: Jetzt sind sogar Glücksfälle möglich, weil Sie sich Ihrem Glück hingeben können; selbst die Genesung nach einer Krankheit wird hierdurch angezeigt. Im Traum einen trüben Bach sehen, an diesem sitzen oder gehen: Sorgen und Rückschläge sind in nächster Zeit zu verkraften.

▷ T: Alle Arten von Wasser symbolisieren Ihre Seele und den Lauf Ihres Lebens. Je klarer das Wasser ist, desto größer sind die Heilungskräfte der Seele. Bei trübem Wasser sollte man diesen »Trübungen« auf den Grund gehen und eine seelische Reinigung anstreben. Der Bach in uns kündigt Glück, Erfolg und Gesundheit an, wie auch Mißerfolge und Verluste (je nach Färbung und Lauf). → Fluß, → Wasser

Bad, baden

▷ S: Sinnbild der Reinigung und Erneuerung.

▷ V: Wenn man sich im Traum im Freien baden sieht: Es geht wieder aufwärts, denn Sie gewinnen an Kraft und Ausdauer. In kaltem Badewasser liegen: Gute Gesundheit, doch jetzt sollten Sie wieder aktiver werden. In einer heißen Badewanne liegen: Eine Krankheit oder Schwierigkeiten machen sich bemerkbar. Ist das Wasser in der Badewanne klar, wird eine Gefahr vorübergehen, die Situation klärt sich. Baden Sie in einem See mit vielen Wellen, müssen Sie ein Problem mit viel Geschick bewältigen – Sie können es schaffen! Das Baden in schmutzigem Wasser deutet auf eine negative Umgebung hin. → Bach, → Schaum, → Wasser

▷ T: Das Baden symbolisiert stets eine seelische Reinigung, auch im Sinne einer Wiedergeburt. Selbst wenn im Traum andere Menschen gebadet werden, ist immer Ihre eigene Selbstreinigung gemeint!

Bäcker, Backofen, backen

▷ S: Beim Backen wird etwas Ungenießbares umgewandelt in eine schmackhafte Form.
▷ V: Sie sehen im Traum einen Bäcker Brot backen: Vorsicht vor Menschen, die etwas von Ihnen haben wollen. Im Traum taucht ein Bäcker auf: Ihr jetziger Kummer löst sich bald auf, es findet eine Wandlung zum Besseren statt. Sie sehen im Traum einen Backofen in Betrieb: Es erwartet Sie eine Verbesserung Ihrer finanziellen Verhältnisse – auch wenn Sie selbst Brot oder → Kuchen backen.
▷ T: Das Backen und der Bäcker zeigen eine Wandlung zum Positiven an. Backen Sie also munter drauflos! Der Bäcker im Traum erinnert meist an Menschen mit ähnlichem Familiennamen. Ein Backofen kündigt eine bessere Finanzlage an. Die Glut im Ofen steht für Harmonie in all Ihren Lebensbereichen.

Bär

▷ S: Der Bär ist zwar als Tier Symbol der Kraft, doch in einem ruhigeren Sinn als bei anderen wilden Tieren. In Männerträumen weist er oft auf eine besitzergreifende, erdrückende Mutter hin, denn der Bär steht für die weiblichen Kräfte der Natur.
▷ V: Sie sehen im Traum einen Bären: In Ihren zwischenmenschlichen Beziehungen herrscht Unsicherheit, manchmal auch Klatsch. Sie sehen einen toten Bären: Alle Unsicherheiten der letzten Zeit klären sich auf.
▷ T: Der Bär im Traum hat oft mit Täuschung und Enttäuschung zu tun. Vielleicht bindet jemand – meist eine Frau – Ihnen »einen Bären auf«. Sie könnten auch im unklaren sein über eine weibliche Person. → Tier

Bahnhof

▷ S: Der Bahnhof kündigt immer eine Veränderung im Leben oder in Ihren zwischenmenschlichen Beziehungen an.
▷ V: Sie sehen sich auf einem Bahnhof ankommen: Ihr unlängst

gefällter Entschluß war goldrichtig. Sie wollen zum Bahnhof, doch der Weg ist versperrt: Einige Hindernisse sind noch zu überwinden, bis Veränderungen möglich sind. Kommen Sie im Traum aus einem Bahnhof heraus, sollten Sie kritisch überprüfen, ob Sie dringende Entscheidungen nicht zu lange vor sich hergeschoben haben; es wird höchste Zeit! Sehen Sie vor sich einen Bahnhof, dann kündigt sich ein Wechsel, eine Veränderung in Ihrem Leben an. Verpassen Sie dagegen Ihren Zug im Bahnhof, dann haben Sie auch im Leben eine Chance vertan.
▷ T: Bahnhöfe sind wichtige Traumgebilde, die Ihnen einen Ausgangspunkt anzeigen für Ihre verschiedenen Lebensziele. Meist kündigt er einen neuen Lebensabschnitt an. Ist der Bahnhof im Umbau oder müssen Sie erst mühselig Ihren Zug suchen, dann ist Ihr geplantes Vorhaben noch in Frage gestellt. → Eisenbahn

Bahre
▷ V: Wenn Sie im Traum selbst auf einer Bahre liegen: Sie fühlen sich der jetzigen Situation nicht gewachsen, Sie sind hilflos und matt, doch Ihnen wird ohne Ihr Zutun geholfen. Sie sehen im Traum jemand anderen darauf liegen: Ein Krankheitsfall in Ihrer nächsten Umgebung tritt auf. Tragen Sie eine Bahre, werden Sie in einer unglücklichen Situation gerade noch das retten können, was zu retten ist. Sehen Sie eine, sollten Sie sich Ihres Erfolges jetzt nicht so sicher sein! Selbst auf einer Bahre von anderen getragen werden steht für gute Aussichten auf Erfolg und leichtes Vorwärtskommen. Wird eine Bahre an Sie herangetragen, könnte eine Erbschaft Ihr Leben verändern.
▷ T: Die Bahre symbolisiert eine Veränderung in Ihrem Leben. Liegen Sie selbst auf der Bahre, werden Sie vom Schicksal förmlich »getragen«; liegt ein anderer darauf, zeigt sie manchmal Krankheit oder Tod an.

Balken
▷ V: Sie sehen einen alten, kaputten Balken: Verluste drohen. Jemand schenkt Ihnen einen neuen Balken: Viel Glück in Ihrem Familienleben. Sie werfen einen Balken weg oder geben ihn jemand

anderem: Sie versuchen, Ihre Schuld oder Ihr Fehlverhalten einem anderen Menschen aufzubürden (Vorsicht, denn manchmal kommt dieser Balken wie ein Bumerang zurück). → Barriere, → Holz

Balkon
▷ S: In Männerträumen oft ein erotisches Symbol für die weibliche Brust.
▷ V: Sie stehen im Traum auf einem Balkon: Ihre soziale Stellung im Leben verbessert sich. Sie erkennen eine andere Person auf einem Balkon: Sie dürfen sich auf ein herzliches Wiedersehen mit einem lieben Menschen freuen. Winken Sie vom Balkon einem anderen (gegengeschlechtlichen) Menschen zu, verheißt dies Glück in der (schon bestehenden oder neuen) Liebe. Stürzt ein Balkon ab, oder Sie stürzen mit dem Balkon ab, müssen Sie viele Ihrer Hoffnungen begraben.
▷ T: Der Balkon kündigt sehr oft neue Freundschaften an – in Männerträumen machen sich meist erotische Wünsche und/oder Sehnsüchte auf diese Weise bemerkbar!

Ball
▷ V: Spielen Sie im Traum mit einem bunten Kinderballon, werden Sie bald enttäuscht werden, doch der Schmerz ist schnell überwunden. Spielen Sie mit einem Ball, dann symbolisiert dieser Traum eine Warnung vor oberflächlichen Liebesabenteuern. Wenn Sie dagegen mit einem Menschen Ball spielen, dann ist dies ein Hinweis auf eine gute neue Partnerschaft (beruflich oder privat). Spielen Sie mit Ihrem Liebespartner Ball, dann ist diese Beziehung für beide sehr positiv, denn Sie lernen »spielerisch« voneinander.
▷ T: Der Ball zeigt Ihr ganzes Wesen an (die runde Persönlichkeit), doch er symbolisiert auch Ihr Schicksal, das bisweilen mit uns allen »Ball zu spielen scheint«. → Kugel

Ballett
▷ V: Sehen Sie im Traum ein Ballett tanzen, sollten Sie dem anderen Geschlecht gegenüber vorsichtig sein. Enttäuschungen oder sogar Betrug sind jetzt sehr wahrscheinlich. Wenn Sie selbst in

diesem Ballett mittanzen, bedeutet das, daß Sie jetzt leicht verführt werden könnten – oder selbst verführen. Geben Sie jetzt keine leeren Versprechungen ab, Sie sind viel zu leichtsinnig gestimmt. Ein Mann sieht sich im Traum als Tänzer im Ballett: In ihm erwacht jetzt ein »Gigolo« oder »Don Juan«!
▷ T: → Tanz, → Musik

Ballon
▷ V: Wenn Sie im Traum einen Ballon sehen, dann werden Sie gute Ideen produzieren oder gar eine Erfindung machen können. Fliegen Sie mit dem Ballon durch die Lüfte, haben Sie den Boden unter Ihren Füßen (oder Ihre Ziele aus den Augen) verloren. Sehen Sie einen mit Gas gefüllten Ballon platzen, wird jemand zu Recht wütend auf Sie sein, Sie haben ihm allen Grund dazu gegeben! → Luftballon, →Luft
▷ T: Der Ballon kann baldige Enttäuschungen ankündigen, vor Illusionen warnen (wenn er fliegt) oder geplatzte Ziele und Vorhaben aufzeigen (wenn er platzt).

Banane
▷ V: Die Banane im Traum zeigt körperliche Sehnsucht nach erotischen Erlebnissen. Sie essen im Traum eine Banane: Ihre erotischen Wünsche werden sich bald erfüllen. Sie sehen eine Banane: Bald werden Sie einen Menschen näher kennenlernen.
▷ T: Auch die Tiefenpsychologie bezeichnet die Banane (Phallussymbol) besonders in Frauenträumen als einen rein sexuellen Wunsch, vor allem, wenn sie gegessen wird. Bisweilen zeigt sie aber auch Enttäuschungen in Liebesdingen an.

Band, Bänder
▷ V: Sehen Sie Bänder im Traum, profitieren Sie von Ihren Freunden oder lernen neue kennen. Schleppen Sie endlose Bänder mit sich herum, haben Sie viel zu große finanzielle Verpflichtungen oder hohe Schulden. Auch die Farbe der Bänder spielt eine große Rolle (→ Kapitel »Farben im Traum«). Ein Band flattert im Wind: Glück und Erfolg für Sie!

▷ T: Das Band zeigt eine Palette von Symbolen. Wollen Sie mit jemandem anbändeln? Sind Ihnen die Hände gebunden? Sind Sie eine Bindung eingegangen? Pflegen Sie freundschaftliche Bande?

Bank

▷ V: Sie sitzen im Traum auf einer Bank: Sie sollten innehalten, in Ruhe alles überlegen und eine kleine Pause einlegen. Die Sonne strahlt, und Menschen gehen an Ihnen vorbei: Bald werden Sie eine neue Bekanntschaft machen. Wenn Sie dagegen am Schalter einer Bank Ihr Geld einzahlen, könnte sich ein lang ersehnter Wunsch endlich verwirklichen lassen. Der Anblick von Geldscheinen hat dagegen eine negative Bedeutung: Verschlechterung Ihrer finanziellen Situation, größte Vorsicht bei Investitionen und Käufen. Die gleiche Warnung gilt beim Anblick eines Bankhauses. Träumt ein Mann, daß er Bankier ist, wünscht er sich sexuelle Potenz und Macht. Werden Sie in einer Bank angestellt, symbolisiert dies eine Verbesserung Ihrer Lage. Wer im Traum bankrott ist, wird bald Lösungen für seine Probleme finden!
▷ T: Die Bank ist immer ein Symbol für Ihre innerste Energiezentrale. Wer dort Geld abhebt, holt sich Kraft für den Alltag aus seiner Innenwelt. Wer dort Geld hinterlegt oder einzahlt, nimmt Energien, die er früher in unfruchtbare Verbindungen investiert hat, wieder zurück. Wenn Ihr Konto allerdings gesperrt ist, kommt man im Moment an seine eigenen Energiereserven nicht heran. → Geld

Barfuß gehen

▷ V+T: Wenn Sie im Traum ohne Schuhbekleidung herumlaufen: Sie suchen unbewußt den Kontakt zu dem Grund Ihrer Seele bzw. Zugang zu den »Urinstinkten« des Lebens. Der Traum kann als Aufforderung betrachtet werden, häufiger barfuß zu gehen, denn diese Übung »erdet« Sie, ist aber auch ein Zeichen, daß sich Ihre Gesundheit wieder verbessert. Sie gehen barfuß in klarem Wasser: gute Aussichten für Ihre Zukunft. Laufen Sie barfuß auf taufrischem → Gras, sind Ihre Möglichkeiten noch erfolgversprechender. Sie gehen barfuß auf Steinen: In einer aktuellen Angelegenheit werden Schwierigkeiten zu bewältigen sein – es werden Ihnen → Steine in den Weg gelegt. → Fuß

Barometer
▷ T: Sehen Sie im Traum ein Barometer, dessen Werte steil nach oben wandern, so zeigt dies an, daß Sie unter großem Druck stehen. Zerbricht das Barometer, wird sich eine Lebensveränderung nicht umgehen lassen. Erforschen Sie, wer oder was Ihnen so großen inneren Druck bereitet, und befreien Sie sich davon!

Barriere
▷ V: Erscheinen in Ihrem Traum Barrieren aller Art, die Sie am Weitergehen hindern, Ihre Fahrt stoppen oder an die Sie sich stoßen, ist dies ein deutlicher Hinweis, daß viele unbewußte Hemmungen Sie daran hindern, eine bestimmte Angelegenheit endlich erfolgreich abzuschließen. Nicht die anderen wollen dies verhindern, sondern Sie selbst behindern sich! Wer im Traum allerdings eine Barriere überspringt, wird Hindernisse im Alltagsleben überwinden können. Sie sehen eine sehr hohe Barriere und bleiben davor stehen: Ein Hinweis, daß Sie Ihren Plan noch mal revidieren sollten – Sie waren viel zu optimistisch und idealistisch oder haben sich überschätzt! → Holz
▷ T: Die Barriere zeigt Hindernisse und Hemmungen an, mit denen Sie demnächst beschäftigt sein werden. Oder wollen Sie sich gegen bevorstehende Veränderungen und/oder Menschen schützen?

Bart
▷ S: Zeichen der männlichen Kraft, des Mutes und der Weisheit.
▷ V: Sie sehen im Traum Männer mit langen Bärten: Das ist ein positives Zeichen für baldigen Wohlstand. Wenn ein Mann seinen Bart abschneidet, rasiert oder verliert, hat er unbewußte Angst vor dem Verlust seiner Kraft und Männlichkeit. Zusätzlich beinhaltet ein solcher Traum die Vision, daß man sehr bald Abschied von einem guten Freund nehmen muß (verlassen wird). Träumt ein Mann von einer Frau mit Bart, sollte er dem weiblichen Ge-

schlecht gegenüber in der nächsten Zeit sehr vorsichtig sein, denn diese Frau »hat die Hosen an« und versteckt ihr Innerstes. Ein weißer Bart zeigt Weisheit an. → Haare, → rasieren

▷ T: In Männerträumen symbolisiert der Bart männliche Kraft. Das Ablegen des Bartes zeigt dem Träumer aber auch an, daß er sich endlich von eingefahrenen Gewohnheiten oder Vorurteilen aller Art lösen soll. In Frauenträumen kann der Bart unterschwellig ihre Sehnsucht nach einer Vaterfigur anzeigen, ihr Bedürfnis nach mehr Schutz und Geborgenheit.

Baßgeige
▷ V: Sie sehen im Traum eine Baßgeige oder spielen darauf: Eine glückliche Überraschung trifft ein. Beruflich könnten Sie bald eine Aufstiegschance erhalten. Hören Sie eine Baßgeige spielen, werden Sie bald recht fröhliche und vergnügte Stunden genießen können. → Geige, → Musik

Bauch, Bauchschmerzen
▷ S: Der Bauch zeigt meistens Sinnlichkeit und sexuelle Leidenschaften an.

▷ V: Wenn Sie sich selbst im Traum mit einem stattlichen Bauch sehen, wird sich Ihre wirtschaftliche Lage in der nächsten Zeit deutlich verbessern. Es ist außerdem ein Zeichen dafür, daß Ihre sinnlichen Wünsche groß sind. Zeigt sich Ihr Bauch im Traum sehr mager, oder werden Sie allmählich dünner, dann sollten Sie Ihre täglichen Ernährungsgewohnheiten unter die Lupe nehmen (Sie erhalten zuwenig Nährstoffe). Auch erhöhte Risikobereitschaft und zu viele Wagnisse wären jetzt denkbar ungünstig. Leiden Sie im Traum unter Bauchschmerzen, warnt Sie Ihre Seele vor zuviel Körperlichkeit oder Sexualität.

▷ T: Die Tiefenpsychologie bezeichnet den Bauch als die »Küche unserer Seele«; deshalb hängen Bauchträume oft mit der Verdauung vorangegangener seelischer Erlebnisse zusammen bzw. zeigen an, daß Sie diese verdauen sollten. In anderen Fällen ist er ein rein sexuelles Symbol und zeigt sinnliche Leidenschaften an.

bauen

▷ S: Auf- und Ausbau des Lebens wird durch das Bauen symbolisiert.

▷ V+T: Wenn Sie im Traum etwas bauen – egal ob klein oder groß und mit welchem Material –, dann ist dies immer ein gutes Zeichen, denn Ihre Unternehmungen im Leben werden erfolgreich verlaufen. Wenn das Gebäude oder Haus im Traum jedoch baufällig ist, oder Sie sehen den Einsturz, dann enthält der Traum die Warnung, daß Sie vor kurzem Pläne gemacht oder Entschlüsse gefällt haben, die Ihnen schaden werden oder Verluste bringen. In Frauenträumen ist das Bauen eines Hauses mit dem Körper gleichzusetzen (Dach = Kopf; Türen und Fenster = die Geschlechtsorgane; EG und 1. Stock = die inneren Organe; Füße = Keller). Ist es z. B. im Traum-Keller kalt, so sind wahrscheinlich die Beine der Träumerin schlecht durchblutet. → Haus

Bauer

▷ V: Sehen Sie im Traum einen jungen Bauer bei der Arbeit, dann verspricht Ihnen dieser Traum ein zufriedenes Leben. Ist der Bauer jedoch alt, dann zeigt dies viele Mühen an: Sie werden sehr hart und geduldig arbeiten müssen, um den Frieden des Alters zu erreichen. Sehen Sie sich selbst als Bauer, dann werden all Ihre Handlungen und Ziele auf einem gesunden Fundament stehen und deshalb Erfolg versprechen.

▷ T: Die Person eines Bauern wird als unbewußte Sehnsucht nach einem einfachen, natürlichen Leben erklärt. Sind Sie selbst ein Bauer, dann zeigt dies Ihre Erdverbundenheit mit dem Leben und seinen natürlichen Rhythmen an.

Baum

▷ S: Der Baum ist – ähnlich einem Menschen – eine aufrechte, zum Himmel weisende Gestalt und verkörpert Lebenskraft (Sieg über den Tod). Er beschreibt sehr aufschlußreich die Kraft und Energie, Ideen, Einstellungen und das Verhalten des Träumers.

▷ V: Sehen Sie im Traum einen blühenden Baum, oder sitzen Sie unter einem solchen, dann zeigt dies großes persönliches Glück an. Auch wenn der Baum mit Früchten beladen ist, will er auf ein erfolgreiches Leben des Träumers hinweisen. Sehen Sie im Traum dürre, morsche Bäume, sollten Sie vorsichtig sein – Unglück zeichnet sich ab. Selbst ein gefällter Baum stellt im Traum eine Warnung dar, denn er kündigt eine Krankheit oder enttäuschte Hoffnungen an. Wer im Traum auf einen Baum klettert: Sie werden sich durch zuviel Ehrgeiz recht unbeliebt (oder Feinde) machen. Wenn Sie im Traum von einem Baum herunterfallen: Enttäuschungen folgen oder gar der Spott von Kollegen. Sind Sie jedoch Besitzer eines Baumes (oder mehrerer), werden Sie ein langes und gesundes Leben führen.

▷ T: Der Baum im Traum ist das Symbol für Ihren Lebensbaum. Aus seinem Aussehen, seiner Beschaffenheit und Form kann man Rückschlüsse auf die eigene Lebenskraft ziehen. Der Baum zeigt in seinem Aussehen Kraft und Energie des Körpers an (inklusive Potenz), aber auch innere Kräfte, die Ihr Verhalten steuern. → Ast

Beamter

▷ V: Haben Sie es im Traum mit einem oder mehreren Beamten zu tun, werden beunruhigende Zeiten, Sorgen oder Probleme auf Sie zukommen. Geben Sie einem Beamten Geld, dann drohen Verluste. Streiten Sie im Traum mit einer Amtsperson, ist dies ein warnendes Zeichen für nahende Konflikte oder sogar einen Prozeß.

Becher

▷ V: Sie sehen sich selbst aus einem Becher trinken: Ihre Gesundheit wird sich weiter festigen. Kranke Träumer erhalten hierdurch die Botschaft baldiger Genesung und neuer Vitalität. Wenn hingegen im Traum Ihr Becher zerbricht: Vorsicht, eine Krankheit oder aber Unglück könnte auf Sie zukommen. Schenkt Ihnen jemand im Traum einen Becher, erhalten Sie entweder eine Erbschaft oder einen ehrenamtlichen Posten.

▷ T: Der Becher ist stets ein Symbol des Glücks und der Gesundheit; er symbolisiert in gutem Zustand das »Gefäß Ihres Lebens«. → Kelch, → Pokal

Beeren

▷ V: Wenn Sie im Traum nach Beeren suchen: Womöglich suchen Sie nach einem Liebespartner, doch dieser Weg wird sehr mühevoll. Essen Sie im Traum Beeren, tauchen damit erotische Wünsche auf. Sie könnten aber auch einen Gewinn erzielen. Sie sehen unreife oder vertrocknete Beeren im Traum: Ärger und Konflikte drohen, Sie haben kein Glück in der Liebe. → Früchte, → Obst

Begleiter, Begleitung

▷ V: Sie erhalten bei einem Spaziergang Begleitung: Sie könnten bald eine neue Freundschaft schließen. Begleiten Sie einen Bekannten oder Freund zur Abreise, wird damit Krankheit oder Entfremdung von diesem Bekannten angezeigt.

▷ T: Wenn sich in Ihrem Traum ein Begleiter zu Ihnen gesellt, den Sie nicht als bekannte Person erkennen können, dann hat sich etwas von Ihrem Wesen, Ihrer Persönlichkeit verselbständigt und will »eigene Wege gehen«.

Begräbnis

▷ S: Hier zeichnen sich tiefgreifende Änderungen der Persönlichkeit ab. Hinter diesem symbolischen Traum kann die eigene Angst vor dem Tod stecken (oder daß eine geliebte Person sterben könnte), eine allzu beherrschende Mutterprägung, die man jetzt »begraben« will, uralte Schuldgefühle oder eine aktuelle soziale Isolierung.

▷ V: Keine Angst, wenn Sie im Traum an Ihrem eigenen Begräbnis teilnehmen: Dies ist ein Symbol für ein langes und gesundes Leben und der oben genannten Aspekte. Nehmen Sie an einem Begräbnis von guten Freunden teil, die noch leben, werden Sie Ärger und Probleme mit diesen Personen bekommen. Sie sind bei dem Begräbnis eines fremden Menschen: Glück und Freude für Sie, doch Unglück für einen Freund oder Bekannten. → Tod

▷ T: Das Begräbnis drückt aus, daß im Inneren des Träumers irgend etwas (seien es Gefühle, Hoffnungen, Wünsche, ein Erlebnis u. ä.) abzusterben beginnen. Sie sind danach von etwas befreit bzw. haben etwas hinter sich gelassen.

Beichte, beichten

▷ S: Aus einer Beichte geht man gereinigt und geläutert hervor.
▷ V: Werden Sie selbst zum Beichtvater im Traum, dann könnten Sie bald in einem karitativen oder wohltätigen Unternehmen mitmachen. Sie legen im Traum selbst eine Beichte ab: Eingeständnis von Fehlern und gleichzeitige Verzeihung. Wenn Sie einer Beichte beiwohnen, dann sollten Sie Ihre Handlungen überprüfen und schnellstens korrigieren.
T: Die Beichte zeigt Ihr Zugeständnis an, Fehler gemacht zu haben; andererseits erhält man in einer Beichte die Vergebung.

Bein

▷ S: Unsere Beine symbolisieren die aktuelle Standfestigkeit und die Fortbewegung im Leben. Wichtig ist auch, ob es sich um das → rechte oder → linke Bein handelt.
▷ V: Sehen Sie sich im Traum mit gesunden Beinen laufen, dann kündigt sich Erfolg in Ihrem Leben an. Geschwollene Beine dagegen sind ein Symbol für kommende Schwierigkeiten und Stagnation. Wenn Sie sich dagegen im Traum ein Bein brechen, werden Sie entweder einen finanziellen Verlust oder eine Zurückweisung im Beruf verkraften müssen. Ein Bein wird amputiert: Es bestehen Hemmungen und Unsicherheiten in der augenblicklichen Lebenssituation; Sie können nicht mehr weiter, weder rückwärts noch vorwärts, oder Sie müssen abwarten. Wenn Sie im Traum rennen: Sie wollen mit viel Ehrgeiz möglichst schnell Ihre Ziele erreichen – oder rennen Sie vielleicht vor etwas davon?
▷ T: Die Beine symbolisieren alles, was mit unserem Lebensgang zusammenhängt. Haben Sie einen festen Stand? Tragen Sie Ihre Beine meilenweit? Oder gehen Sie auf Krücken, hinken oder haben sich den Fuß verstaucht?

Beischlaf

▷ S: In jüngeren Jahren symbolisiert dieser Traum (manchmal unbewußte) sexuelle Wünsche – im späteren Alter neue schöpferische Pläne.
▷ V: Einen Beischlaf mit der/dem Geliebten erleben: Gute Aus-

sichten in einer aktuellen Liebesangelegenheit. Beischlaf mit mehreren: Ihr Lebenswandel oder Ihre sexuellen Wünsche sind etwas liederlich bzw. maßlos und könnten Ihnen Schande bringen.
▷ T: Der Beischlaf zeigt sexuelle Wünsche, die Sie sich manchmal sogar selbst nicht eingestehen wollen. Er kann aber auch einen neuen Anfang im Leben symbolisieren, ein neues Projekt.
→ Bett

Beleidigung
▷ V: Sie fühlen sich im Traum von jemandem beleidigt: Eine unbegründete Angst belastet Sie, und mangelndes Selbstwertgefühl zeigt sich. Wenn Sie im Traum einen anderen beleidigen: Überprüfen Sie, ob Sie in einer wichtigen Angelegenheit nicht viel zu schüchtern waren. Möglicherweise grollen Sie tatsächlich im Alltag einem Menschen Ihrer Umgebung und trauen sich nur im Traum, ihm Ihre Meinung zu sagen. Sie werden von einer fremden Person beleidigt: Berufliche Mißverständnisse sollten Sie möglichst bald klären, nur Mut!
▷ T: Die Beleidigung zeigt immer einen Mangel an Selbstvertrauen – mit etwas Mut und Zivilcourage könnten Sie viel mehr erreichen.

bellen
▷ V: Sie hören im Traum einen Hund bellen: Achten Sie auf warnende Stimmen und gehen Sie keine unnötigen Risiken ein. Sie sehen viele bellende Hunde: In Ihrer Umgebung befinden sich Menschen mit unlauteren Absichten. Sie werden von Hunden angebellt: Erst überlegen, dann vorsichtig handeln – und ruhig Blut!
▷ T: → Hund

Berg, Gebirge
▷ S: Ein Berg symbolisiert Ort und Begegnung von Himmel und Erde sowie menschlichen Aufstieg.
▷ V: Wenn Sie im Traum in der Ferne Berge erblicken: Sie sollten sich auf baldige Mißverständnisse gefaßt machen. Wer dagegen im Traum einen Berg überwindet, zeigt damit an, daß er sich

psychisch vor Hindernissen aller Art nicht fürchtet. Wenn Sie dagegen mühselig versuchen, im Traum einen Berg zu besteigen, dürften Sie Ihre Ziele im Alltag viel zu hoch gesteckt haben. Sehen Sie im Traum einen Vulkan auf dem Berg: Gefahr oder ein unerfreuliches Ereignis droht, doch innerlich haben Sie eigentlich schon damit gerechnet. Steigen Sie einen Berg hinab: Sie haben Schwierigkeiten überwunden, eine neue Einsicht erlangt und erhalten jetzt die wohlverdiente Ernte nach schwerer Arbeit. Sie sehen ein → Schloß (oder mehrere) auf einem Berg: Jetzt beginnt ein finanzieller Aufstieg in Ihrem Leben. Eine → Ruine auf dem Berg zu sehen warnt vor Ihren nachlassenden Lebenskräften.

▷ T: Das Klettern im Gebirge symbolisiert Lebenssituationen, an denen man scheitern könnte. Diese Berge können aber auch hohe geistige Bedeutung haben, wenn man sich über die Niederungen des menschlichen Daseins hinausgehoben fühlt. Der Berg zeigt Hindernisse an, die Sie überwinden sollten. Sind Sie am Gipfel angelangt, schenkt er Ihnen neue Erkenntnisse.

Bergwerk

▷ V: Wenn Sie im Traum in ein Bergwerk einfahren, bedeutet dies Glück oder Vermögenszuwachs. Schaufeln Sie dagegen Kohlen o.ä. aus einem Bergwerk heraus, zeigt dies mangelnde oder nachlassende Energien an: Sie haben sich übernommen, sollten sich von der Alltagshektik etwas zurückziehen und mehr nach innen lauschen. → Gruft

▷ T: So wie der Bergmann Schätze aus dem Innern des Bergwerks fördert, sollten Sie in Ihrem Inneren die Schätze für Ihre geistige Weiterentwicklung entdecken und herausbefördern. → Höhle

Besen

▷ V: Wenn Sie im Traum einen Besen sehen: Sie sollten im Umgang mit anderen Menschen demnächst vorsichtig sein – Sie könnten auf unangenehme Zeitgenossen treffen. Wer sich im Traum selbst mit einem Besen kehren sieht: Bringen Sie all Ihre Angelegenheiten bald in Ordnung, denn sonst droht Verdruß. Der

Besen in Frauenträumen könnte symbolisch auch als sexuelles Instrument (männliches Glied) gemeint sein.
▷ T: Der Besen kann Sie vor schädlichen Einstellungen oder negativen Gefühlen warnen – kehren Sie allen geistigen und seelischen »Unrat« weg.

beten
▷ V: Wenn Sie sich selbst als Betenden sehen: Ihre Zukunft wird gesegnet sein, doch Sie brauchen noch den Rat eines objektiven Beraters oder die Unterstützung von Familie und/oder Freunden. Sehen Sie jedoch andere Menschen ins Gebet vertieft, besitzen Sie auch im realen Leben gute Freunde, die Ihnen in der Not immer beistehen würden. → Andacht
▷ T: Beten zeigt Ihr Verlangen nach einem Rat oder eine Befürchtung, die Sie quält. Das Beten vor einem Kreuz weist auf große Existenzangst hin. Ihre Seele sucht göttlichen Beistand – Sie sollten das auch tun!

Bett
▷ S: Ein Ort der Regeneration, der Liebe, des Todes und der Geburt.
▷ V: Sie sehen im Traum ein leeres Bett: Eine traurige Mitteilung kommt ins Haus, möglicherweise auch ein Todesfall. Sie sehen sich selbst im Bett liegen: Achten Sie auf Ihre Gesundheit, denn dieser Traum drückt Ihr Bedürfnis nach Erholung und Ruhe aus (zuviel Streß löst jetzt schnell eine Erkrankung aus). Sehen Sie sich im Traum in einem fremden Bett liegen, sollten Sie in nächster Zeit ruhig etwas mißtrauischer sein. Wenn Sie ein schmutziges Bett erblicken, sollten Sie sich vor der Gesellschaft negativer Menschen hüten. Sie sehen Ihr eigenes Bett in Unordnung: Ihre verborgensten Geheimnisse werden demnächst herauskommen, und das kann peinlich für Sie werden.
▷ T: Das Bett symbolisiert immer die seelische Lage des Träumers. Meist steht es auch für seine Sehnsucht nach Ruhe und Geborgenheit – manchmal sogar für die Flucht vor der Realität und für das Vergessen. Das Bett zeigt aber auch sexuelle Bedürfnisse

an – je nach restlicher Traumhandlung. Verlangt es Sie momentan mehr nach Ruhe und Rückzug oder nach Wärme, Kuscheln und mehr? → Beischlaf

Bettler

▷ V: Ein Bettler, der im Traum Ihr Haus betritt, zeigt eine Überraschung an, die bald eintreffen wird. Schenken Sie dem Bettler etwas, dann werden Ihre jetzigen Handlungen bald Erfolg zeigen, oder Sie werden aus einer unangenehmen Lage befreit. Sie sehen sich selbst als Bettler: Ein Zeichen für gesellschaftliche Isolierung und für die Angst vor den eigenen Schwächen oder Heimlichkeiten sich selbst gegenüber.

▷ T: Der Bettler versinnbildlicht den → Schatten eines Menschen, also die dunkle Seite seines Wesens. Sie lehnen Teile Ihrer Persönlichkeit ab oder verstecken diese. Manchmal kann uns der Bettler allerdings sehr weise Ratschläge geben.

Bettwäsche

▷ V+T: Sie waschen im Traum Bettwäsche: Sie sollten sich in einer wichtigen Angelegenheit schnell entscheiden, Ihre Angelegenheiten in Ordnung bringen. Schlafen Sie in strahlend weißer Bettwäsche, ist das ein gutes Zeichen für eine harmonische Ehe. Ihre Bettwäsche im Traum ist reich verziert oder farbenprächtig: Ein gutes Symbol für die soziale Verbesserung Ihres Lebensstandards. Wenn Sie dagegen in schmutziger Bettwäsche liegen oder schlafen, ist dies ein deutliches Zeichen starker Minderwertigkeitskomplexe, die Sie überwinden sollten. → Bett, → Wäsche

Bibel

▷ V: Wenn Sie im Traum in der Bibel lesen oder aus ihr vorgelesen wird: Es herrscht Wohlstand und Frieden im privaten Leben, sowohl äußerlich als auch innerlich. Lassen Sie im Traum eine Bibel fallen, steht Ihnen eine Trennung bevor, wenn Sie einen ernstgemeinten Ratschlag zurückweisen.

Wenn Sie sich dagegen eine Bibel kaufen: Ihr familiärer Konflikt wird sich bald harmonisch auflösen, weil Sie jede Selbstgerechtigkeit vermeiden.

▷ T: Die Bibel steht für Ihre Überzeugung, auf dem rechten Weg zu sein, in Einklang mit dem eigenen Gewissen zu leben und ethisch zu handeln. Allerdings kann sie auch vor zu starren Richtlinien warnen, die Sie sich selbst auferlegt haben!

Bibliothek, Bibliothekar

▷ T: Dieser Ort symbolisiert (nach C. G. Jung) immer Ihre Lebenserfahrung und Weisheit, die Sie nicht nur in diesem Leben erworben haben, sondern die auch aus Ihrem »kollektiven Unterbewußtsein« stammt. Der Bibliothekar steht für ein ausgeprägtes Gedächtnis und hat die Fähigkeit, mit dem kollektiven Unterbewußtsein ständig in Kontakt zu treten (wenn Sie damit gemeint sind, dann können Sie stolz auf sich sein!).

Biene

▷ S: Die Biene ist Symbol für Fleiß und für ihre Organisation des Lebens.

▷ V: Wenn Sie im Traum eine Biene sehen, verbirgt sich dahinter die Aufforderung, im Leben jetzt viele gute Eigenschaften und noch mehr Fleiß zu zeigen. Sehen Sie einer Biene beim Honigsammeln zu, dann können Sie eine positive Festigung in Ihrem Liebesverhältnis erwarten. Viele schwärmende Bienen zeigen Fruchtbarkeit, Fleiß und gute Ernte an. Werden Sie im Traum von einer Biene gestochen, kommen große Veränderungen (Heirat, Berufs- oder Wohnungswechsel u.ä.) auf Sie zu.

▷ T: Die Bienen symbolisieren Fleiß, Ausdauer, Ordnungsliebe, aber auch soziales Engagement und Anpassung an andere. Sind Sie selbst eine »fleißige Biene«?

Bier, Bierglas

▷ V: Sehen Sie im Traum ein leeres Bierglas (oder mehrere) zeigt dies die unbewußte Sehnsucht nach mehr Gesellschaft an. Sehen Sie ein volles Bierglas, oder trinken Sie im Traum Bier, wird Ihr gesundheitlicher Zustand sehr stabil bleiben. Sehen Sie mehrere

volle Biergläser, ist dies ein klarer Ausdruck der inneren Zufriedenheit mit dem Leben. Wenn Sie Ihr Bier verschütten: Die Ruhe ist vorbei, jetzt kommen aufregende Tage auf Sie zu. → Alkohol
▷ T: Das Bier im Traum symbolisiert innere Ruhe und Gelassenheit sowie ein ausgeglichenes Wesen.

Bild, Foto
▷ V: Sehen Sie mehrere Personen auf einem Bild, sind dies meistens Menschen, mit denen Sie sich oft in Gedanken beschäftigen. Sie sehen sich selbst auf einem Bild: Sie beschäftigen sich viel zuviel mit sich selbst; Sie sehen alles nur aus Ihrem Blickwinkel. Es ist einerseits ein Zeichen für großen Egoismus, andererseits auch für Erfolg und Glück. Wenn im Traum ein Bild (oder mehrere) von der Wand fallen: Unglück oder zumindest etwas Unangenehmes kommt auf Sie zu, manchmal sogar eine Trennung oder ein Trauerfall. Das Foto eines verwandten oder bekannten Menschen fällt grundlos von der Wand: Ankündigung einer Krankheit oder sogar Todesfall dieser Person. Sie sehen Bilder verstorbener Eltern oder Freunde: Bald werden Sie aus einer unangenehmen Lage befreit. Sie sehen das Bild eines Kindes, einer Frau oder eines Bekannten: Sie werden bald einige Neuigkeiten erfahren.
▷ T: Von Menschen, mit denen man schicksalsmäßig verbunden ist, wird man im Traum oft ein Bild (eine Vorstellung) erhalten, damit man sich ihr Wesen bewußt macht. Manchmal sieht man Bilder von einer Person, die man noch gar nicht kennt, schon Jahre vorher im Traum. Das Bild, das wir von uns selbst sehen, zeigt, wie wir uns selbst sehen, was wir von uns selbst halten.

Birne, Birnbaum
▷ V: Wenn Sie im Traum eine oder mehrere Birnen essen: Eine Freude oder ein schönes Liebeserlebnis steht Ihnen bevor. Sie sehen im Traum einen vollen Birnbaum: sehr gute Aussichten für all Ihre persönlichen Angelegenheiten. Ein blühender Birnbaum bedeutet, daß eine freudige Nachricht Ihr weiteres Leben bestimmt. Sie ernten Birnen: Sehr erfolgreiche Geschäfte stehen bevor. → Früchte, → Obst

▷ T: Die Tiefenpsychologie deutet die Birne erotisch – ähnlich dem Apfel. Doch sie symbolisiert auch allgemein gute Kontakte zu Menschen und zeigt Ihre gefühlsbetonten Beziehungen an.

Blatt

▷ V: Sie sehen im Traum ein weißes, unbeschriebenes Blatt: Neue Möglichkeiten und Chancen tun sich auf. Das beschriebene Blatt zeigt zukünftige Entwicklungsmöglichkeiten, die sich schon abzeichnen. Erhalten Sie von einem anderen Menschen ein beschriebenes Blatt, stehen Sie unter dem Einfluß eines anderen (ob positiv oder negativ zeigt die restliche Traumhandlung). Sie sehen Buchseiten: Neuer Wissensdurst erwacht in Ihnen; sehr gut für Studien aller Art, aber auch für Vertragsabschlüsse (→ Papier, → Kapitel »Buchstaben im Traum«). Sie sehen viele grüne Blätter: Eine Freude erwartet Sie, und in Ihrem Kopf entstehen neue Ideen und interessante Ziele. Welke Blätter stehen für Kummer und Niederlagen. Sie sehen Blätter fallen: Ein Mißgeschick oder Verlust kann Sie oder Ihre Angehörigen treffen. → Ast, → Baum, → Laub
▷ T: Das lebende Blatt zeigt Wachstum in unseren Gefühlen und Gedanken an – das welke Blatt symbolisiert Vergangenes. Fühlen Sie sich im Traum selbst als Blatt herumwirbeln, so zeigt Ihr Unbewußtes an, daß Sie sich von den Wurzeln Ihrer Existenz getrennt haben und innerlich haltlos geworden sind, wie »ein Blatt im Wind«.

Blase (Harnreiz)

▷ V: Träumen Sie, daß Sie in aller Öffentlichkeit Ihr »kleines Geschäft« verrichten, sollten Sie alle Scham vergessen. Meist werden solche Träume durch einen simplen Harndrang ausgelöst, doch Ihr Schlafbedürfnis ist noch so gewaltig, daß es mit allen erdenklichen Tricks arbeitet, damit Sie nicht aufstehen müssen.

Blindheit

▷ V: Sie sehen sich selbst als Blinde oder Blinden: Machen Sie endlich die Augen auf; in einer Sache reagieren Sie völlig blind. Sie laufen blindlings in eine Gefahr. Wenn Sie im Traum eine

blinde Person führen: Sie haben eine Aufgabe übernommen, die in der Realität nicht durchführbar sein wird. Wenn Sie dagegen einem blinden Bettler begegnen, so könnten Sie bald Glück in der Lotterie haben.
▷ T: Meist enthält dieses Symbol die Warnung, nicht blind durchs Leben zu gehen, und die Aufforderung, endlich vor den Chancen und Gefahren des Alltags nicht mehr die Augen zu verschließen – Ihren Blick für die Realitäten zu öffnen. → Auge, → Taubheit

Blitz
▷ S: Das machtvolle und überaus schnelle Feuer des Himmels.
▷ V: Ein Blitz im Traum kündigt immer unerfreuliche Geschehnisse an, meist sogar Ärger im Beruf. Von einem Blitz getroffen werden: Eine Krankheit oder großer Ärger könnte über Sie hereinbrechen. Da Sie rechtzeitig gewarnt werden, kann Ihre Einsicht vieles verhindern. Sehen Sie dagegen einen kurzen Blitz und hören den anschließenden → Donner, sind in nächster Zeit schnelle oder ungewöhnliche Fortschritte im Beruf und viel Glück möglich. Durch einen Blitz schmerzhaft getroffen werden: Schlechte Nachrichten oder ein unerwarteter Schicksalsschlag trifft Sie wie ein Blitz. Wenn Sie im Traum ein Wetterleuchten sehen, verheißt dies viel Gutes und neue Chancen (→ Wetter). Schlägt ein Blitz auf in Ihr → Haus ein, kündigen sich materielle Verluste an, manchmal sogar gesundheitliche Störungen. → Feuer
▷ T: Ein Blitz symbolisiert die plötzliche Entladung Ihrer inneren Anspannung. Er kann aber auch anzeigen, daß Sie »blitzartige Erkenntnisse« haben (einen bestimmten Zusammenhang plötzlich begreifen, eine plötzliche Idee zur Lösung von Problemen finden). Manchmal kündigt er auch Ihre blitzartige Angst vor einer Bestrafung oder Rache durch andere Menschen an.

Blume
▷ V: Wenn Sie im Traum Blumen pflücken, ist materieller Gewinn in Sicht und ein harmonisches Gefühlserlebnis. Einen Strauß frischer Blumen sehen verheißt viel Glück in Liebe und Freund-

schaft. Wenn Sie sich im Traum mit Blumen schmücken: Die Verbindung mit einem geliebten Menschen wird tiefer. Wenn Sie jedoch Blumen abreißen, dann deutet dies an, daß Sie sich Ihr eigenes Glück zerstören (oder zerstört haben). In Frauenträumen symbolisieren Blumen große Erwartungen und Hoffnungen in der Liebe. Pflückt die Träumerin selbst Blumen, hofft sie, daß ihre geheimen Wünsche (manchmal auch materielle) in Erfüllung gehen.
▷ T: Blumenträume weisen auf etwas Positives hin, das im Träumer ruht. Oder es meint ganz persönliche (private) Erlebnisse, die mit Blumen in tatsächlichem Zusammenhang stehen. Je schöner die Blumen, desto reicher ist Ihre Gefühlswelt und Ihre Liebesfähigkeit!

Blut
▷ S: Sinnbild des Lebens und der Seele. Blut steht für Lebenskraft und Bewußtsein.
▷ V: Wenn Sie im Traum Blut sehen: Vorsicht in allen Lebenslagen, auch gegenüber anderen Menschen. Sie verlieren Blut: Sie sind im Moment in einer geschwächten Position; jeder Ärger schlägt sich auf Ihre körperlichen Schwachstellen nieder. Haben Sie im Traum Blut an den Händen, dann sollten Sie sich nicht länger in fremde Angelegenheiten mischen – Sie haben genug mit sich selbst zu tun. Sie sehen einen anderen bluten: Sie haben Angst um eine Ihnen nahestehende Person. → Ader
▷ T: Träume von Blutungen weisen immer auf seelische Wunden hin, die ein Mensch erleiden mußte, sich aber durch allzu disziplinierte Denkstrukturen nicht eingestehen will. Blut zeigt auch Ihre eigenen Veranlagungen (»das liegt mir im Blut«) oder Ihre verletzten sozialen Beziehungen (»böses Blut«) an. Das Blut an sich ist ein Symbol Ihrer Lebenskraft.

Bock
▷ S: Der Bock ist eine Verkörperung der männlichen Zeugungskräfte.
▷ V: Wenn Sie im Traum einen Bock mit Hörnern sehen: Lassen

Sie sich nicht weiter einschüchtern, sondern setzen Sie sich energisch durch in einer bestimmten Angelegenheit, dann werden Sie erfolgreich sein. Sich selbst als Bock mit Hörnern zu sehen, signalisiert zuviel Sturheit. Wenn Sie dagegen einen Bock töten, dann zeigt dieser Traum an, daß Sie durch eigene Ungeschicklichkeit materielle Verluste einstecken müssen.
▷ T: → Tier

Bohnen
▷ V: Sie essen im Traum Bohnen: Ärger im Beruf oder in der Wohnung ist angezeigt, möglicherweise auch wirtschaftliche Verschlechterung. Sehen Sie im Traum blühende Bohnen, sollten Sie in der nächsten Zeit etwas bescheidener leben. Pflücken und essen Sie dagegen Bohnen, können Sie geschäftliche Erfolge erwarten.
▷ T: Die Tiefenpsychologie deutet die Bohne als weibliches Sexualorgan (vor allem in Männerträumen). → Gemüse

Bombe
▷ V: Sie sehen ein Bombenattentat auf Autoritäten: Sie können einer (unbemerkten) Gefahr entrinnen, oder die Gefahr ist vorüber. Eine Bombe explodieren sehen: Warnung vor einem Unfall und vor überschießenden aggressiven Reaktionen Ihrerseits. Wenn Sie selbst im Traum eine Bombe auf einen anderen Menschen werfen, steht dies für Anfeindungen und Angriffe, die von anderen Menschen oder von Ihnen selbst ausgehen (→ Aggressionen). Sehen Sie nur eine Bombe liegen, so kündigt der Traum recht ungünstige und plötzliche Ereignisse an.
▷ T: Die Bombe symbolisiert vor allem Gefahren, wenn Ihre ungezügelten Emotionen oder Ängste ausbrechen. Stehen verdrängte Aggressionen dahinter, sollten Sie versuchen, diese → Explosion noch rechtzeitig zu vermeiden. Der Traum ist eine ernstzunehmende Warnung!

Kahnfahrt
Die Kahnfahrt ist ein Symbol, daß der Träumer seine Ziele etwas zu langsam (behäbig) angeht. Im Traum durchfährt er jetzt eine enge Stelle (jetzt muß er sich sehr gut konzentrieren). Da sich der Kahn nur auf → Wasser fortbewegen kann, handelt es sich hierbei um unbewußte Gefühle, die aus dem Inneren auftauchen werden. Daß zwei Personen »in einem Boot sitzen«, kann als Hinweis gedeutet werden, daß eine Beziehung etwas »eng« geworden ist oder eine psychologische Engstelle bald bearbeitet werden sollte, damit beide Beteiligte ein neues Ufer erreichen können.

Boot
▷ S: Ein Boot symbolisiert unsere Persönlichkeit, mit der wir uns auf dem »Meer des Lebens« fortbewegen!

▷ V: Wenn Sie ein Boot sehen, steht eine Reise oder Veränderung der jetzigen Lebenssituation bevor. Das Boot liegt in klarem Wasser: Alles nimmt jetzt einen glücklichen Verlauf. Liegt es in trübem Wasser, steht Unglück bevor oder Pannen im Reise- oder Lebensverlauf. Wenn Sie mit Ihrem Boot vom Sturm überrascht werden oder sogar aus dem Boot fallen, sollten Sie eine geplante Reise oder Angelegenheit lieber verschieben. → Schiff

▷ T: Ein Boot zu sehen kündigt eine Veränderung im Leben an. Da es auf dem Wasser liegt, fühlt sich der Träumer noch etwas unsicher. Das Boot kann wie ein → Auto, die → Eisenbahn oder ein Flugzeug Ihren Lebensweg symbolisieren. Der jeweilige Zustand dieses Fortbewegungsmittels ist ausschlaggebend für Ihre aktuelle Situation. In der Mythologie dient das Boot auch zur Überfahrt ins Totenreich – ein Symbol, daß Sie sich auf dem Weg in neue geistige Regionen befinden. → Wasser

Bote

▷ V: Sehen Sie einen oder mehrere Boten im Traum, werden Sie in den nächsten Tagen gute Nachrichten erhalten. Bringt Ihnen dieser Bote im Traum einen Brief, werden Ihnen unangenehme Mitteilungen ins Haus flattern. Ihre Erwartungen werden enttäuscht. Bringt dieser Bote hingegen ein Geschenk oder Päckchen, wird eine recht angenehme Überraschung eintreffen.

Brand

▷ S: Ein Brand symbolisiert immer Unklarheiten, Unsicherheiten und die Hilfsbedürftigkeit des Träumers.

▷ V: Sie sehen im Traum ein Haus in hellen Flammen brennen: Eine Angelegenheit wird sich in letzter Minute doch noch zum Guten wenden, oder etwas Neues zeigt sich. Das brennende Haus zeigt sich mit viel Qualm und Rauch: Sie können die Menschen um Sie herum und deren Absichten nicht durchschauen. Ihre eigenen Pläne und Vorhaben sind noch nicht ausgereift. Sie entfachen einen Brand: Sie kämpfen vergebens gegen das Schicksal an.

▷ T: Alle Brandträume sollten sehr ernst genommen werden, denn Ihre seelischen Energien sind – durch inneres oder äußeres Geschehen entfacht – jetzt zerstörerisch geworden. Manchmal symbolisiert der Brand auch eine erotische Leidenschaft oder unterdrückte Triebe und Affekte. Bisweilen handelt es sich sogar um geistige Störungen oder Besessenheit von einer Idee. Irgend etwas »brennt in Ihnen« – und Sie sollten baldmöglichst herausfinden, was das ist.

Braut, Bräutigam

▷ V: Es ist immer ein gutes Zeichen, im Traum eine Braut zu sehen; sie kündigt ein erfreuliches Ereignis an. Auch eine Brautkutsche zu sehen, bringt viel Glück und Erfolg in nächster Zeit. Wenn eine Frau sich im Traum mit einem Brautschleier oder als Braut sieht, dann dürfte sich in der Liebe alles positiv entwickeln oder gar eine Heirat stattfinden. In Männerträumen ist die Umarmung einer Braut eine Warnung vor leichtsinnigen Liebesabenteuern.

▷ T: Abgesehen vom Liebeswunsch kann die Erscheinung von Braut und Bräutigam im Traum anzeigen, daß alle Gegensätze in Ihrem Wesen jetzt harmonisch vereint wurden. Manchmal steht der Bräutigam im religiösen Sinn auch für Gott und die Braut für die Jungfrau Maria.

bremsen

▷ T: Müssen Sie im Traum bremsen, dann sollten Sie sich in einer bestimmten Sache sofort zurückziehen, da sonst Schaden droht. Sehen Sie die Bremse, rät auch dies, jede Eigeninitiative einzustellen.

Brief

▷ V: Schreiben Sie im Traum einen Brief, so zeigt dies symbolisch an, daß Sie sich viel zu sehr mit sich selbst beschäftigen. Sie erhalten im Traum einen Brief: Gute finanzielle Möglichkeiten in der kommenden Zeit.

▷ T: Der Brief symbolisiert Ihre Einsicht, Erkenntnis oder Wahrnehmung in bezug auf eine andere Person oder auch Ihre Selbsterkenntnis.

Brieftasche
▷ V: Sie verlieren eine Brieftasche: Alle Geheimnisse werden herauskommen. Finden Sie im Traum dagegen eine mit Geld gefüllte Brieftasche, dann wünscht man sich viel Geld ohne eigene Arbeitsleistung. Stiehlt Ihnen jemand die Brieftasche, ermahnt Sie dies zur Vorsicht vor falschen Freunden. → Geldbeutel
▷ T: Die Brieftasche ist ein Symbol für Ihre äußere Existenz.

Briefträger
▷ V: Wenn Sie im Traum einem Briefträger begegnen: Bald wird eine unerwartete Geldsendung eintreffen. Sie sehen einen Briefträger: Durch neue Einsichten in Ihre Person kann sich eine langgehegte Hoffnung erfüllen.
▷ T: Der Briefträger symbolisiert einen Teil Ihrer eigenen Persönlichkeit oder Ihre Einsichten in das eigene Wesen. Diese neue Selbsterkenntnis wird neue Hoffnungen erzeugen.

Brillanten
▷ V: Diese funkelnden Kostbarkeiten bedeuten im Traum leider nichts Gutes. An sich selbst getragen zeigen sie meist Überbewertung des Ichs oder starke Minderwertigkeitskomplexe an. Wenn Sie einen Brillantring verlieren: Trennung von einem lieben Menschen. Sehen Sie einen Brillanten an der eigenen Hand oder am Hals, versuchen Sie ständig, Ihre Minderwertigkeitsgefühle mit Äußerlichkeiten (manchmal sogar Angeberei) zuzudecken. Sehen Sie Brillanten an anderen, bedeutet dies eine Warnung vor falschen Freunden. Sie bekommen einen Brillanten geschenkt: Ein freudiges Ereignis, manchmal sogar Verlobung o.ä. kann bald gefeiert werden, doch auch Ihre soziale Lage verbessert sich zusehends.
▷ T: Das Unterbewußtsein warnt vor der Überbewertung der eigenen Person; Angeberei kompensiert lediglich Minderwertigkeitsgefühle.

Brille

▷ S: Die Brille steht für Tugend und ist ein Symbol der Mäßigkeit und Abgewogenheit.

▷ V: Wenn Sie im Traum Ihre Brille verlieren, werden Sie bald eine Intrige oder Unwahrheit in Ihrer nächsten Umgebung aufdecken. Ein anderer setzt Ihnen eine Brille auf die Nase: Überprüfen Sie einmal ehrlich, ob Sie sich nicht allzu leicht von anderen Menschen beeinflussen lassen, Wachs in deren Händen sind? Sie tragen im Traum selbst eine Brille: Sie wollen das Leben und Ihre eigene Rolle darin besser verstehen – und sind auf dem Weg dazu. Eine Traumgestalt trägt eine dunkle Brille: Ein Mensch in Ihrer unmittelbaren Umgebung verschleiert seine wahren Absichten – hier ist Vorsicht geboten. → Auge

▷ T: Die Tiefenpsychologie sieht in der Brille immer das Symbol für eine falsche Weltbetrachtung. Ihr Unterbewußtsein meldet, daß Sie eine Sache oder einen Menschen noch nicht richtig durchschauen, oder sogar eine »rosa Brille« tragen, also zu idealistisch gefärbte Ansichten haben. → Blindheit

Brot

▷ S: Das Brot ist in allen Kulturen Symbol unserer wesentlichen Nahrung.

▷ V: Sie sehen im Traum frisches Brot: Ein deutliches Zeichen für Glück – bald werden angenehme Gäste kommen. Sie sehen andere Brot essen: Sie sind auf andere Menschen neidisch. Sie backen selbst Brot: Sie werden sehr erfolgreich durch Ihre eigene Tüchtigkeit sein. Sie essen altes oder hartes Brot: Sie müssen demnächst große Schwierigkeiten überwinden, sich durchbeißen. Sie schneiden Brotscheiben ab: Lassen Sie sich von anderen nicht »die Butter vom Brot klauen«. Sie reichen anderen Brot: Sie sehnen sich nach harmonischen Freundschaften. → Bäcker

▷ T: Brot ist sowohl alltäglich als auch heilig. Es ist immer ein Symbol der Lebensspeise: Diese kann geistiger Art sein (christliches Abendmahl) oder im Alltäglichen Ihren Wunsch nach sozialen und freundschaftlichen Kontakten anzeigen.

Brücke

▷ S: Sie verbindet Gegensätze, im Fühlen, Denken und auch im Handeln!

▷ V: Wenn Sie im Traum eine Brücke überqueren: Sie gelangen zu neuen Ufern auf Ihrem Lebensweg. Positive Veränderungen bahnen sich an, alte Probleme werden überwunden; Fortschritte im beruflichen und privaten Leben. Sehen Sie allerdings den Einsturz der Brücke oder stürzen sogar selbst mit dieser ab, wird ein bestimmtes Vorhaben nicht erfolgreich verlaufen. Eine Pechsträhne wäre die Folge, an der Sie sogar ein bißchen mitschuldig sind. Sehen Sie viele Brücken, kommen Ärger und Verdruß auf Sie zu. Sie gehen über eine alte, baufällige Brücke: Im letzten Moment werden Sie eine Gefahr überbrücken können. Gehen Sie über eine sehr lange Brücke, so zeigt dies viele Fortschritte in Ihrem Leben an.

▷ T: Die Tiefenpsychologie betrachtet die Brücke immer als seelischen Übergang. Dieses Symbol ist meist von günstiger Bedeutung für die kommende Zeit – wenn die Brücke nicht einstürzt. Ein Brückentraum ist meist ein Hinweis darauf, daß Ihre Probleme gelöst oder widerstreitende Meinungen überbrückt werden können: Auf zu neuen Ufern!

Brunnen

▷ S: Der »Brunnquell der Erkenntnis und des Schauens«.

▷ V: Sie sehen im Traum einen ausgetrockneten Brunnen: Ein negatives Zeichen für alle persönlichen Angelegenheiten und deren Entwicklung. Sehen Sie jedoch einen Brunnen voll klarem Wasser, ist Ihre Seele im Moment ausgeglichen und vital, und dies zieht auch äußerliche Erfolge magisch an. Wenn Sie im Traum in einen Brunnen fallen: In Ihnen rumoren verborgene Leidenschaften, an denen Sie sich die Finger verbrennen könnten – also Vorsicht. Wenn Sie im Traum aus einem tiefen Brunnen Wasser schöpfen: Sie werden von Wünschen beherrscht, die Sie sich selbst nicht eingestehen wollen. Oder Sie haben sich an einen anderen Menschen gebunden (bei klarem Wasser an einen treuen Menschen; bei trübem Wasser an einen falschen Menschen). Im Traum einem anderen Menschen aus einem Brunnen zu trinken geben ist eine Warnung, denn nicht jeder Mensch ist wertvoll genug, ihm volles Vertrauen zu schenken.

▷ T: Ein Brunnen gilt als Symbol des »Jungbrunnens« – wer im Traum aus ihm trinkt oder Wasser schöpft, greift auf unbewußte innere Kräfte zurück und vollzieht gleichzeitig eine seelische Erneuerung. Im Brunnen liegen Ihre Lebenserfahrungen, aus denen Sie immer wieder schöpfen können! → Wasser, → Springbrunnen

Brust, Busen

▷ S: In Männerträumen ein deutlich erotisches Symbol, aber auch ein starkes Bedürfnis nach Verbundenheit und Zärtlichkeit.

▷ V: Der Anblick einer schönen Frauenbrust im Traum schenkt Ihnen Glück und Freude in der Liebe. Eine welke Brust zu sehen kündigt dagegen eher Armut und Elend an. Wenn Sie sich selbst mit behaarter Brust im Traum erblicken, ist dies ein positives Zeichen für baldigen Geldzuwachs. Sie halten ein → Baby an Ihre Brust: ein deutliches Zeichen für Heimweh oder Mitgefühl mit anderen. Sehen Sie ein Kind an der Mutterbrust, so zeigt dies sehr viel Glück in allen privaten Angelegenheiten. Sehen Sie sich selbst mit einer großen Brust, kann sich Ihr Wohlstand deutlich vermehren.

▷ T: Die Brust symbolisiert meistens Ihre sexuellen Wünsche, aber auch Ihr Bedürfnis nach Liebe, Geborgenheit und Schutz. Wer sich öfters im Traum an eine Brust schmiegt, will das eigene Leben nicht selbst in die Hand nehmen (flüchtet zur Mutterbrust).

Buch, Buchtitel

▷ S: Der Buchtitel könnte das »Buch unseres Lebens« bezeichnen.

▷ V: Wenn Sie im Traum inmitten von vielen Büchern sitzen oder in einer großen Bücherei umherirren: Ein Symbol und eine unbewußte Angst vor geistiger Überforderung oder zuviel Streß. Kaufen Sie dagegen ein Buch, werden Sie bald einige interessante Neuigkeiten hören, die Ihnen und anderen nutzen werden. Wenn Sie im Traum ein Buch lesen: Aus all Ihren Erinnerungen und Einsichten entsteht jetzt Neues. Ein ernsthaftes Buch lesen zeigt mehr Weisheit an. Schreiben Sie im Traum selbst ein Buch, dann signalisiert diese Tätigkeit Ihre berufliche Unzufriedenheit; Sie möchten Ihr »Lebensskript« umschreiben. → Bibliothek

▷ T: Bücherträume und Buchtitel werden als Symbol für das gewertet, was in Ihrem Innern geschieht. Vorherrschende Motive oder Titel spiegeln hier meistens Ihre seelische Situation wider. In diesem Buch stehen all Ihre Erinnerungen, Erfahrungen und Einsichten in das Leben. Wird ein Buchtitel geträumt, so sind diese Traumbotschaften besonders bedeutungsvoll (analysieren Sie diesen Titel).

Buchstaben

▷ T: Die einzelnen Buchstaben sind im → Kapitel »Buchstaben im Traum« beschrieben. Buchstaben sind ein Symbol der Ordnung. Marschieren Sie im Traum nacheinander auf, dann sollten Sie in Ihrem Leben dringend Ordnung schaffen.

Bühne

▷ V: Sie erblicken sich selbst im Traum auf einer Bühne: Ein Hinweis darauf, daß Sie am liebsten Ihre beruflichen Erfolge ohne große Anstrengungen erreichen möchten. Sehen Sie andere Menschen auf einer Bühne, kommen unterdrückte Neidgefühle ans Tageslicht. Überprüfen Sie sich selbst einmal kritisch, ob Sie wirklich aufrichtig sind – sich selbst und anderen gegenüber.

▷ T: Die Bühne kann Ihren Wunsch nach mehr Beachtung signalisieren, oder Sie erkennen auf der »Bühne Ihres Lebens« Ihre jetzige Lebenssituation, Ihre Wünsche, Interessen und Hoffnungen. Wollen Sie mehr im Rampenlicht stehen, oder spielt sich auf dieser Bühne grade ein Drama ab? → Schauspieler

Bürste

▷ V: Wenn Sie sich selbst abbürsten (Ihre → Haare oder Ihre → Kleidung): In Ihnen herrscht eine unbewußte Sehnsucht nach der Zuneigung eines bestimmten Menschen. Eine Bürste im Traum zu sehen bringt sehr oft Ärger oder üble Nachrede. Kaufen Sie eine Bürste, werden Sie unter der Eifersucht anderer zu leiden haben. Sie bürsten Ihre → Schuhe: Behandeln andere Sie schlecht, oder ist Ihnen jemand auf die Füße getreten? Wenn Sie viele Bürsten sehen, so kann dieses Symbol Streitereien anzeigen. Sie bürsten Ihren Fußboden: Berufliche Probleme sind zu überwinden, vielleicht müssen Sie ein bißchen »in die Knie« gehen.

Burg
▷ S: Ein biblisches Symbol für Sicherheit und Zuflucht.
▷ V: Sie wohnen im Traum in einer Burg: Einerseits sind Sie zufrieden mit den eigenen Lebensumständen; andererseits haben Sie auch ein gewisses Schutzbedürfnis, das Gefühl, sich vor der Welt verbarrikadieren zu müssen. Sie sehen eine Burg: Ihre Abenteuerlust macht sich bemerkbar. Stehen Sie dagegen vor einer verschlossenen Burg, werden Sie bei einem bestimmten Vorhaben oder Plan auf massiven Widerstand stoßen.
▷ T: Die Burg kann Schutz gewähren oder für manche bedrohlich erscheinen. Sind Sie zu selbstbezogen? Haben Sie sich von anderen zurückgezogen? Vielleicht fühlen Sie sich auch sehr wohl in Ihrer Burg? Sind die Fenster und Türen dort verschlossen? → Fels, → Haus, → Schloß

Busch
▷ V: Sie sehen jemanden hinter einem Busch liegen: Vorsicht vor einigen Menschen und vor Klatsch und Tratsch. Der Busch ist voll grüner Blätter: Durch eine gute Nachricht wird große Freude aufkommen. Einen dürren, kahlen Busch sehen: Ein Plan ist zum Scheitern verurteilt und wird mißlingen. → Blatt
▷ T: Der Busch wird ähnlich gedeutet wie der → Baum, wenn er auch kleiner ist.

Butter
▷ V: Frische Butter zu sehen symbolisiert ein ausgewogenes Jahr, ranzige Butter hingegen Verleumdung, Intrigen und Heuchler um Sie herum. Butter essen ist ein gutes Zeichen für Ihre Gesundheit.

Butter

Wenn Sie Ihre Butter selbst herstellen, symbolisiert dies Ihren Wunsch nach mehr Liebe und Zärtlichkeit.

▷ T: Manchmal symbolisiert die Butter echte Sorgen um die tägliche Ernährung. Sie kann auch verschlüsselte sexuelle Bedürfnisse anzeigen oder die Schmeicheleien anderer entlarven. → Milch, → Sahne

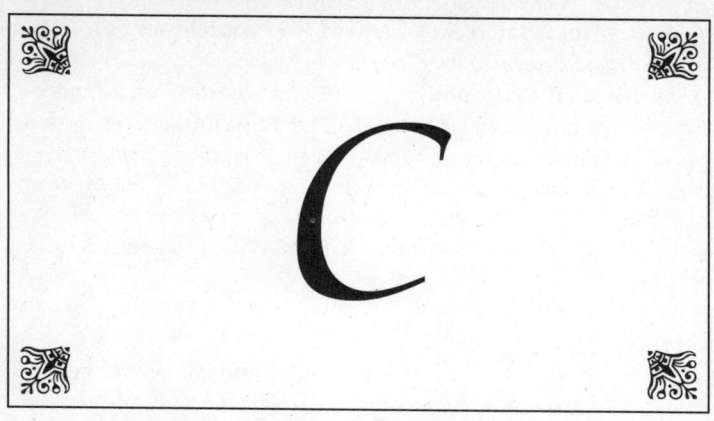

▷ S = symbolisch; ▷ T = tiefenpsychologisch; ▷ V = visionär, voraussagend

Café
▷ V: Sitzen Sie in einem Café, dann zeigt dieser Traum, daß Sie im Moment nichts tun können. Wichtig für die Deutung ist das, was Sie im Café machen: Essen Sie → Kuchen, oder trinken Sie → Kaffee?
▷ T: Das Café zeigt, daß Sie durch kurzes Innehalten Selbsterkenntnis erlangen können, oder Sie ruhen sich vor einem Neubeginn aus.

Chamäleon
▷ T: Dieses Tier zeigt Ihre übergroße Anpassungsfähigkeit, die bis zur Unentschlossenheit und Wankelmütigkeit führen kann. Sie werden aufgefordert, Ihre »Flagge nicht immer nach dem jeweiligen Wind auszurichten«, sondern mehr Ichbewußtsein und -stärke zu entwickeln!

Champagner
▷ V: Sehen Sie Champagner, dann können Sie ein kurzes, kleines Glück genießen. Sie trinken Ihren Champagner alleine: In Ihrer Umgebung finden Sie wenig Verständnis; Sie sehnen sich

nach Zuneigung und Zärtlichkeit. Zerbrechen Sie im Traum eine Flasche Champagner, dann wird bald ein aufregendes Ereignis stattfinden. Wer dagegen in Gesellschaft anderer Champagner trinkt, wird bald viel Freude erleben (→ Alkohol), doch warnt der Traum vor einem Seitensprung.

▷ T: Der Champagner symbolisiert Ihren Wunsch, aus einer unbefriedigenden Lebensordnung auszubrechen, etwas Neues zu erleben. Er kann aber auch Ihren Wunsch nach prickelnder Erotik anzeigen.

Chef

▷ V: Wenn Sie von Ihrem eigenen Chef träumen, wird es in nächster Zeit beruflich unangenehm. Sie streiten im Traum mit einem Chef: Dies steht für berufliche Probleme und große Unsicherheiten oder Existenzangst. Einem Chef die Hand reichen könnte sogar einen beruflichen Wechsel signalisieren. Selbst wenn Sie von einem Chef ein Geschenk erhalten, zeigt dies meist einen beruflichen Verlust oder Wechsel an.

▷ T: Der Cheftraum zeigt sehr oft berufliche Probleme an oder Existenzängste, die Sie im Moment verunsichern oder belasten.

Chinese

▷ V: Mit etwas Abstand besehen, sind Chinesen ein Zeichen für Fleiß und Genügsamkeit. In engerer Beziehung zu uns selbst gesehen sind sie ein Spiegelbild für falsche Freunde. Sie sehen im Traum einen oder mehrere Chinesen: Sie fürchten sich vor einem oder mehreren schwer durchschaubaren Menschen in Ihrer Umgebung. Manchmal ist dieser Traum auch ein Vorzeichen für eine unangenehme Begegnung.

▷ T: China und Chinesen stehen für das Irrationale in Ihnen oder für Ihre Angst vor dem Phantastischen, Mystischen, Nichterklärbaren. Manchmal ist ein solcher Traum auch eine Warnung vor Falschheit und Verschlagenheit anderer Menschen – oder ihrer eigenen.

Christus
▷ T: Im Traum verkörpert Christus immer Ihre eigene Persönlichkeit in der Vollkommenheit, nach der Sie streben, ohne sie je erreichen zu können. Dieses Traumsymbol kann uns zu einer vertieften Selbsterkenntnis anregen, kann uns neue Wege und Ziele aufzeigen, die auch Ihrer persönlichen Entwicklung dienen. Indirekt wird Christus auch zu einem Guru, der Ihnen den rechten Weg zu sich selbst zeigt. Der Traum von ihm kann auch anzeigen, daß Sie jetzt in Harmonie mit sich selbst, Ihrem Schicksal und Ihrer Umwelt leben, und Ihr weiteres Leben einer »höheren Macht« anvertraut haben, also göttliches Urvertrauen besitzen. Ein sehr bedeutungsvoller Traum!

Clown
▷ V: Wenn Sie sich selbst als Clown sehen, könnte dies ein Hinweis sein, daß Sie sich gerne zum Narren halten lassen oder alles tun, um bei anderen gut anzukommen und beliebt zu sein. Der Traum drückt auch Ihre Angst vor Spott aus und zeigt einen Minderwertigkeitskomplex. Sie glauben zuwenig an sich selbst. Häufen sich diese Clown-Träume, sollten Sie eine psychotherapeutische Beratung erwägen. Treffen Sie dagegen auf einen Clown, ist dies ein schöner Vorbote für baldige Freude, Anerkennung oder Auszeichnung. Möglicherweise können Sie auch bald über ein früheres Problem lachen oder es spielerisch lösen.

Coca-Cola
▷ V: In Männerträumen symbolisiert dieses Getränk eigenartigerweise durch das Überschäumen eine Erfüllung sexueller Wünsche. Setzt sich dieser Mann im Traum hin und trinkt aus einer Coca-Cola-Flasche, so könnte der Traum ihn möglicherweise dazu auffordern, mal auszuspannen (»Mach mal Pause«). → Limonade

Creme
▷ V: Eine Frau träumt von Cremes: Dies ist der Ausdruck eines inneren Wunsches, schöner, gepflegter und begehrenswerter zu sein, weil Sie sich im Leben oft etwas abseitsstehend fühlen.

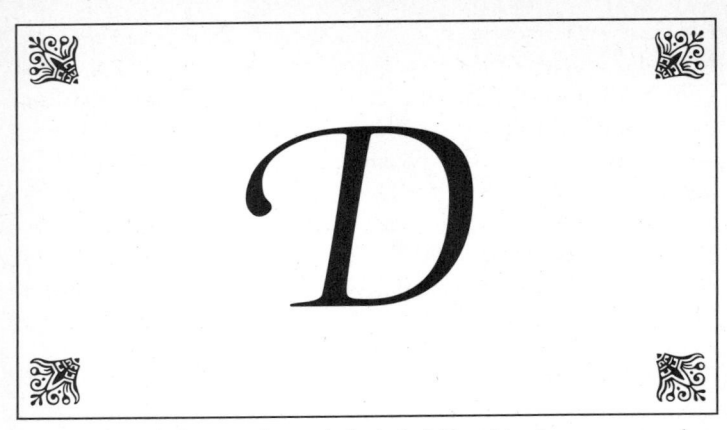

▷ S = symbolisch; ▷ T = tiefenpsychologisch; ▷ V = visionär, voraussagend

Dach
▷ V: Sie stehen im Traum auf einem Dach: Beruflicher Erfolg ist in Sicht. Das Fallen von einem Dach zeigt jedoch Rückschläge oder schlechte Nachrichten an. Wenn Sie auf ein Dach steigen: In den kommenden Wochen werden Gefahren auftauchen, die Sie mit Vorsicht bewältigen könnten. Ein Ziegel fällt vom Dach: All Ihre Anstrengungen sind jetzt sinnlos und reine Zeitverschwendung. Wenn Sie im Traum unter einer Dachrinne stehen, dann könnten unglückliche Zeiten in der Liebe folgen. Sehen Sie ein schadhaftes Dach, so kommen bald schlechte Nachrichten. Decken Sie dagegen ein Dach, verspricht dies rosige Aussichten für Ihre Zukunft und mehr Sicherheit im Leben. Ein brennendes Dach weist auf drohende Krankheiten hin.
▷ T: Wenn Sie auf einem Dach stehen, kommen dunkle Triebkräfte zum Vorschein. Sie sind in Gefahr, in einer bestimmten oder aktuellen Angelegenheit den Boden unter Ihren Füßen zu verlieren. Das Dach zeigt Ihren Verstand und Ihre Zukunft an. → Haus

Dame
▷ V: Die Dame im Kartenspiel hat verschiedene Bedeutungen.

Die Herz-Dame verspricht viel Glück in der Liebe, die Karo-Dame verheißt einen Ortswechsel oder Veränderung. Die Pik-Dame steht für Trauer, und die Kreuz-Dame kündigt finanzielle Probleme durch eine Frau an.

Dampf
▷ V: Wallender Dampf zeigt ungeklärte Ziele an und steht symbolisch auch für Unsicherheiten und → Aggressionen. Vielleicht erweisen sich auch Ihre durchgeführten Arbeiten als unnütz oder wertlos. Den Dampf einer Lokomotive zu sehen verspricht große Pläne. Sehen Sie dampfendes Wasser auf dem Herd, drohen familiäre Differenzen.
▷ T: Dampf zeigt viel Energie bei Ihren Plänen an, aber auch zornige Gefühle, die angestaut wurden. Vielleicht haben Sie in eine Sache viel mehr Energie (Dampf) investiert, als notwendig gewesen wäre? Das Traumbild rät, inneren Druck abzulassen, damit der »Kessel nicht explodiert«. → Feuer, → Wasser

Darm
▷ T: Der Darm zeigt an, ob Sie gerade damit beschäftigt sind, seelisch etwas zu verdauen, oder ob es Ihnen schon gelang, diese Erfahrung (dieses Erlebnis) hinter sich zu lassen.

Dattel
▷ V: Wenn ein Mann Datteln sieht oder ißt: Sie sehnen sich nach Erlebnissen mit mehreren Frauen. Finden oder essen Sie dagegen nur eine Dattel, so werden Sie einer alten Liebe wiederbegegnen. Verschenken Sie eine Dattel, so könnten Sie bald geküßt werden.
▷ T: Datteln sind in Männerträumen immer ein Symbol für das weibliche Genital, für sexuelle Bedürfnisse und für Sehnsucht nach Liebe.

Daumen
▷ V: In Frauenträumen symbolisiert der Daumen kein sexuelles Organ, sondern ist Zeichen der eigenen Produktivität und Durchsetzungsfähigkeit. Ist Ihr Daumen im Traum verletzt, können Sie

diese Kräfte nicht genug ausleben oder unterdrücken diese selbst. Haben Sie einen großen Daumen, haben Sie Angst vor Freiheitsverlust, aber auch Mut und Kampfgeist steckt in Ihnen. Schneiden Sie sich in den Daumen, müssen Sie mit Hindernissen rechnen, die sich Ihren Plänen in den Weg stellen. → Finger, → Hand, → schneiden

Decke
▷ V: Wenn Sie sich in eine Decke wickeln, symbolisiert dies Ihre Furcht vor Feinden, ist aber gleichzeitig auch eine Warnung, anderen gegenüber nicht so offenherzig zu sein. Sehen Sie eine oder mehrere Decken, so wird bald Besuch kommen. Manchmal kann beim Anblick von Decken auch ein Familienzuwachs signalisiert sein. → Wolle
▷ T: Was wollen Sie vor sich selbst und/oder vor anderen verbergen? Wofür schämen Sie sich? An wem wollen Sie sich wärmen? Was möchten Sie am liebsten »zudecken«?

Degen
▷ S: Im Gegensatz zu Freud, der im Degen ein männliches Phallussymbol sah, geht man heute davon aus, daß er im Sinne des »Trennens« etwas zerschneidet. → Schere, → schneiden
▷ V: Träumt ein Mann von einem Degen, muß dies nicht immer sexuelle Bedeutung haben – das Symbol kann auch eine bevorstehende (oder befürchtete) Trennung anzeigen. Werden Sie mit einem Degen angegriffen, kommen bald einschneidende Erlebnisse auf Sie zu. Sehen Sie sich selbst mit einem Degen kämpfen, können Sie sich gegen Angriffe oder bösen Klatsch gut zur Wehr setzen, wenn Sie Ihre hitzigen Gefühle unter Kontrolle bringen.
▷ T: Im Traumbild des Degens kündigt sich eine seelische Entscheidung an, vor die Sie bald gestellt werden. Der Degen kann auch aggressive männliche Sexualität anzeigen; deshalb erscheint er in Frauenträumen oft bedrohlich, weil die Träumerin diese Art der Sexualität insgesamt ablehnt.

Denkmal

▷ V: Sie helfen, ein Denkmal zu errichten: Ihre Leistungen werden bald verdiente Anerkennung ernten. Sie sehen ein Denkmal von sich selbst: Sie neigen leider zur Selbstüberschätzung in einer bestimmten Sache. Überheblichkeit, übersteigerte Hoffnungen und Pläne können Ihnen jetzt nur schaden, denn Sie machen sich nur lächerlich. Sehen Sie dagegen einen anderen auf einem Denkmal stehen, hegen Sie neidische Gefühle gegen einen Menschen. Erkennen Sie im Traum das Denkmal eines bekannten Menschen, werden Sie bald von den Erfolgen anderer profitieren.
▷ T: Das Denkmal zeichnet Menschen mit besonderen Verdiensten aus, oder es will Sie an wichtige Ereignisse erinnern.

Diamanten
→ Brillanten

Dieb, Diebin

▷ V: Beobachten Sie einen Dieb, könnte sich in nächster Zukunft ein unerwarteter Gewinn einstellen. Werden Sie von einem Dieb bestohlen, sollten Sie Ihr Mißtrauen gegen bestimmte Mitarbeiter und Kollegen überprüfen. Wenn Sie selbst einen Diebstahl begehen, fühlen Sie sich beruflich oder privat überfordert. Werden Sie im Traum als Dieb erwischt, mündet ein Wunsch oder eine Hoffnung in Enttäuschung. → Raub
▷ T: Hinter diesem Symbol stehen oft verheimlichte oder uneingestandene Wünsche – auch sexuelle Abenteuer. Die Diebin warnt Sie vor Ihrem eigenen Leichtsinn.

Diener

▷ T: Träumen Sie von einem Diener, sind Sie anderen Menschen gegenüber viel zu demütig und unterwürfig. Hier zeigen sich Ihre bewußten und unbewußten Unsicherheiten und Minderwertigkeitskomplexe. Der Diener warnt aber auch vor falschen Freunden, die Sie ausnutzen oder schon ausgenutzt haben.

Dirne

▷ V: Wenn Sie im Traum eine Dirne sehen: Vorsicht, Sie befinden sich in schlechter Gesellschaft. Dieses Traumbild enthält immer die Warnung vor Bekanntschaften, die recht unerfreuliche Folgen haben können.

▷ T: Die Dirne ist in der Tiefenpsychologie immer Ausdruck eines sexuellen Wunschtraums. → Prostituierte

Distel

▷ V: Sie stechen sich an einer Distel: Im Moment erzielen Sie kein gutes Einvernehmen mit Ihrer Umwelt. Sie gießen eine Distel: Von anderen Menschen können Sie im Moment keinen Dank erwarten.

▷ T: Die Distel zeigt, daß Sie durch eigenes Verschulden im Moment einige Enttäuschungen und Mißerfolge einstecken müssen.

Dolch

▷ S: Er verkörpert das männliche Geschlechtsorgan oder Aggressivität, ist aber auch Ausdruck eigener Schwäche und Hoffnung auf Stärke.

▷ V: Sehen Sie einen Dolch, so werden Sie bald Ihre Rivalen und Widersacher besiegen können. Sie verteidigen sich mit einem Dolch: Eine bestimmte Angelegenheit können Sie plötzlich beenden. Sie werden durch einen Dolch verwundet: Bald wird eine traurige Botschaft eintreffen. Sie sehen einen Dolch, der im Boden steckt: Warnung vor einer Gefahr. Einen blutbefleckten Dolch sehen: Erbitterte Feinde.

▷ T: Der Dolch ist Ausdruck körperlicher, geistiger oder seelischer Gewalt. Ist er auf Sie selbst gerichtet, kann er Zerstörung anzeigen. Den Dolch gegen andere richten bedeutet unbewußte → Aggressionen.

Donner

▷ T: Der Donner zeigt an, daß sich bald ein bisher unterdrückter Gefühlsausbruch entladen wird. Manchmal warnt er Sie davor, »viel Lärm um nichts« zu machen.

Dorf

▷ V: Sie sehen ein schönes Dorf: Ihr Einkommen verbessert sich zunehmend. Sie sehen ein armes oder schmutziges Dorf: Ihr Vermögen schwindet. Sie durchwandern ein Dorf: Viel Freude kommt auf Sie zu. Sie wohnen in einem schönen Dorf: Es wird Ihnen viel Gutes begegnen. Fahren Sie in ein fremdes Dorf, dann wird sich bald eine Abwechslung in Ihrem Leben ergeben.
▷ T: Der Anblick eines Dorfes zeigt Ihre unbewußte Sehnsucht an, sich einmal in der Ruhe der Natur erholen zu können oder allgemein naturnaher und ruhiger zu leben.

Dornen

▷ V: Wer im Traum in Dornen gerät, sollte sich in nächster Zeit auf Schwierigkeiten und Hindernisse einstellen. In Frauenträumen zeigen die Dornen Angst vor Geschlechtskrankheiten an. Sehen Sie Dornen, dann wird sich bald Liebeskummer einstellen. Sie stechen sich an einem Dorn: Bei jungen Mädchen die Angst vor dem ersten sexuellen Kontakt; bei erwachsenen Frauen könnte sich eine Bekanntschaft auflösen. Sie fallen in ein Dorngestrüpp: Sie werden in eine sehr verworrene Lage geraten – die Befreiung fällt schwer. Sie tragen einen Kranz aus Dornen auf dem Kopf: Viel seelisches Leid.
▷ T: Dornen zeigen Ihre unbewußte Angst vor den Gefahren, die sich aus Geschlechtsbeziehungen ergeben können. Manche Frauen sehnen sich – ähnlich wie »Dornröschen« – nach einem Prinzen, der sie aus den Dornen rettet.

Drache

▷ V: Ein Mann sieht sich im Traum einem Drachen gegenüber: Sein Unterbewußtsein fürchtet sich, von einer Frau verschlungen zu werden (geistig oder körperlich). Wird der Drache in diesem Männertraum besiegt, so reagiert der Träumer sein Dominanzbedürfnis gegen diese Frau ab. Wenn wir Drachen im Kampf besiegen, lernen wir, die Kräfte des Unbewußten zu beherrschen. Sie werden von einem bösen Drachen verletzt: Dies zeigt Bedrohung durch einen mächtigen Feind an. Sie lassen einen Drachen steigen:

Ihr berufliches Ansehen steigt, Ihre geschäftliche Anerkennung wächst.

▷ T: Der Drache symbolisiert kaltblütige Energie, die sich über alles hinwegsetzt, um erfolgreich zu siegen. Müssen Sie einen Drachen töten, dann sollten Sie sich auch von allen materialistischen und »kaltblütigen« Einstellungen befreien. Oder haben Sie vielleicht einen »Drachen« im Haus, unter dem Sie zu leiden haben?

Draht

▷ V: Sie stolpern über einen Draht: Vorsicht, jemand hat Ihnen eine Falle gestellt. Sie sehen Stacheldraht: Eine deutliche Mahnung, jetzt eine Zeitlang geduldig zu bleiben, bis sich alle Schwierigkeiten von selbst auflösen. Wenn Sie dagegen im Stacheldraht hängenbleiben, bringen Ihnen ein gerichtlicher Prozeß oder Streitigkeiten jetzt viel Ärger. → Faden, → Seil

▷ T: Der Draht zeigt Schwierigkeiten und Hindernisse, die sich Ihnen in den kommenden Wochen in den Weg stellen werden.

Dreck

▷ V: Wenn Sie im Traum Dreck sehen, in diesen treten oder sogar damit beworfen werden, ist dies ein deutliches Zeichen für bevorstehendes Glück. → Schmutz

Dreieck

▷ V: Sie sehen ein Dreieck: In Ihnen schlummert eine Begabung für wissenschaftliche Forschungsarbeit. Das Dreieck als geistiges Zeichen symbolisiert eine höhere Harmonie. In Männerträumen ist es oft ein sexuelles Symbol für die weibliche Scham.

▷ T: Die Tiefenpsychologie sieht im Dreieck das Sinnbild für ein »Dreiecksverhältnis«, aber auch gegensätzliche Elemente in Ihrer Persönlichkeit lassen sich vereinen, damit Neues entsteht. → Kapitel »Zahlen im Traum«: drei

Drohung

▷ T: Jede Drohung oder Bedrohung im Traum weist auf innere Unsicherheiten hin, aber auch auf Ihr mangelndes Durchsetzungsvermögen und Ihre Angst vor den kommenden unsicheren Zeiten.

Druck, drücken

▷ V: Sie fühlen im Traum einen belastenden Druck auf sich: Eine Krankheit kündigt sich an. Sie drücken jemandem die Hand: Sie werden bald die Bekanntschaft eines angenehmen Menschen machen. Sie spüren im Traum Druck im Hals: Das ist Ausdruck einer tiefen Furcht; beachten Sie die restlichen Traumsymbole genau.

Duell

▷ V: Sie tragen im Traum ein Duell aus: Sie sollten lernen, Ihre Zunge im Zaum zu halten (erst überlegen, dann sprechen). Gehen Sie als Sieger aus dem Duell hervor, werden Sie Ihre Ziele nach Überwindung großer Schwierigkeiten erreichen. Sie werden zu einem Duell herausgefordert: Große Gefahr. Sie sehen andere ein Duell austragen: Lassen Sie sich nicht in einen Streit anderer hineinziehen, Sie würden nur den »Prellbock« abgeben. Sie schauen von weitem einem Duell zu: Eifersuchtsprobleme belasten Sie.

Dung, Dünger

▷ V: Sie sehen Dünger (vor allem einen Misthaufen): Große Erfolge bei all Ihren geschäftlichen Unternehmungen. Je größer dieser Dunghaufen ist, um so größer wird Ihr Wohlstand sein. Düngen Sie selbst etwas, werden Sie bei den kommenden Aktionen sehr gute Resultate erzielen können.

▷ T: Aus Abfall kann Neues, Wertvolles entstehen. Ihre vergangenen Lebenserfahrungen ermöglichen eine günstige Weiterentwicklung in Ihrem Leben und für Ihre eigene Persönlichkeit.

Dunkelheit

▷ V: Dunkelheit bedeutet Unsicherheiten im Beruf oder in der Umwelt. Wir halten etwas für undurchsichtig, können es nicht verstehen. Wenn Sie sich in einer dunklen Kammer sehen: Sie werden die schlechten Absichten eines Menschen (die dieser gut getarnt hat) noch rechtzeitig bemerken oder vereiteln können. → Nacht, → Finsternis
▷ T: Die Dunkelheit wird stets in Zusammenhang gebracht mit einer Situation, die Ihre Seele gefährdet oder ungeklärt ist. Dies kann Ereignisse betreffen, andere Menschen – oder auch Ihre eigene Person. Bringen Sie Licht in das Dunkel!

Durchfall

▷ T: Jetzt findet eine seelische Selbstreinigung in Ihnen statt. → Darm

Durst

▷ V: Wenn Sie im Traum durstig sind: Sie werden falsche Freunde kennenlernen. Wenn Sie getrunken haben und trotzdem noch durstig sind: Sie geben sich vergeblichen Hoffnungen hin, die nicht erfüllt werden. Durst haben und nur eine leere Flasche finden steht für große Enttäuschung in der Liebe. Geben Sie einem Durstigen zu trinken, so werden Sie bald Dankbarkeit von einem Mitmenschen ernten.
▷ T: Die Tiefenpsychologie deutet den Durst immer als Sehnsucht nach Liebe. → trinken

Dynamit

▷ V: Sie sitzen im Traum auf Dynamit: Vorahnung einer Gefahr; jetzt sollten Sie besonders vorsichtig sein. Sie sehen, wie Dynamit gelegt wird: Mischen Sie sich auf keinen Fall in die Angelegenheiten anderer Menschen ein – es brächte viele Unannehmlichkeiten für Sie. Sie sehen nur Dynamit: Neue Pläne und Ziele werden alte Hindernisse sprengen, wenn Sie jede Rücksichtslosigkeit vermeiden. → Bombe
▷ T: Das Dynamit ist ein Symbol für Ihr plötzliches Verlangen,

neue Lebensprojekte und -ziele zu entwerfen, kann aber auch eine rücksichtslose Energie (körperlich, seelisch oder geistig) anzeigen, die Sie zum Erreichen Ihrer Ziele einsetzen wollen. In diesem Fall ist es ein Warntraum.

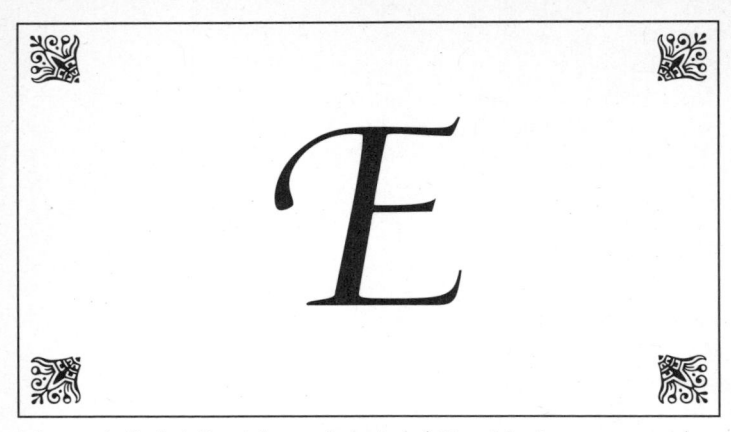

▷ S = symbolisch; ▷ T = tiefenpsychologisch; ▷ V = visionär, voraussagend

Ebbe
▷ S: Ebbe und Flut stehen für den Rhythmus des Lebens, Auf und Ab, stirb und werde.
▷ V: Wer im Traum die Ebbe am Meer sieht oder erlebt: Ihr eigenes Schicksal wird sich ebenso wechselvoll gestalten wie die Gezeiten. Sie sehen im Traum Ebbe im Meer: Ihr Leben stagniert, nichts geht vorwärts, nichts Neues zeichnet sich ab. Doch vertrauen Sie auf sich selbst – bald geht's wieder aufwärts. Sehen Sie eine Flut, ist Ihr Glück im Leben sehr wechselhaft und unbeständig. → Wasser, → Flut
▷ T: Die Ebbe ist Ausdruck Ihrer eigenen Unzufriedenheit, der Resignation angesichts eines langweiligen Lebens, doch dieser Zustand währt nicht ewig!

Ebene
▷ V: Der Anblick einer weiten Ebene im Traum: Auf die jetzige Zeit der Unruhe wird bald eine Zeit der Ausgeglichenheit und Zufriedenheit mit dem eigenen Leben folgen. Sie sehen mitten im Wald eine Ebene: Ein Symbol für ein ausgewogenes, ruhiges Leben. Sie überschauen von einem hohen Standpunkt eine Ebene:

Sie werden es in Ihrem Leben weit bringen, auch wenn im Moment nichts darauf hindeutet.
▷ T: Sind Sie im Moment etwas unzufrieden mit Ihrem Leben? Ist es Ihnen langweilig geworden? Die Ebene kann aber auch Ausblick in eine sorgenfreie Zukunft gewähren, in der alles reibungslos verläuft.

Eber
▷ V: In Ihrem Traum taucht ein Eber auf: Warnung vor Anfeindungen aus der nächsten Umgebung. Sehen Sie einen Eber im Wald oder begegnen diesem: Ein bestimmter Vorfall wird Ihr Vertrauen zu einem Menschen untergraben und enttäuschen. → Schwein
▷ T: Der Eber steht für starke erotische Wünsche, die in Ihnen auftauchen werden. → Stier, → Tier

Echo
▷ V: Sie hören im Traum ein Echo: Bald werden Sie lieben Besuch begrüßen können. Sie hören auf Ihre eigenen Worte ein Echo: Sie sollten sich in Ihren Äußerungen etwas zurückhalten, denn Sie werden sonst für peinlichen Klatsch sorgen. Hören Sie ein Echo im Wald, naht eine Epoche der Einsamkeit.
▷ T: Hier kommt Ihre innere Reaktion auf einen äußeren Vorgang zum Ausdruck. Ruft Ihnen das Echo etwas Wichtiges zu, oder wiederholt es nur Ihre eigenen Äußerungen (damit Sie noch mal hören, was Sie alles von sich geben)?

Ecke
▷ T: Sie ecken entweder selbst an (bei anderen Menschen, bei auftauchenden Hindernissen) oder mit Ihren Vorhaben. Fühlen Sie sich vielleicht »in die Ecke« gestellt?

Edelstein
▷ S: Sie sehen einen Edelstein: Eine materielle Versuchung lockt Sie an. Wenn Sie ihn geschenkt bekommen, erwartet Sie Vermögenszuwachs. Sie tragen Edelsteine: Sie sind zu hochmütig und

selbstsüchtig. Das Sehen oder Finden von Edelsteinen symbolisiert immer etwas Wertvolles, das Ihnen widerfahren wird. Einen blauen Edelstein finden bedeutet eine neue Idee, eine Inspiration oder ein neues Wissensgebiet. Einen roten Edelstein finden verheißt erfreuliche Begegnungen in der Liebe. Finden Sie einen gelben Edelstein, ergeben sich neue Chancen durch vielfältige Kontakte. Ein violetter Stein weist darauf hin, daß Ihnen mehr religiöse Vertiefung guttun würde. Daraus könnten sich wertvolle Einsichten bzw. »Hilfe von oben« ergeben. → Kapitel »Farben im Traum«, → Juwelen, → Schmuck

▷ T: Die Tiefenpsychologie sieht in den Edelsteinen immer Ihr zu starkes Streben nach äußerlichen, materiellen Dingen und Ihre mangelnde Bereitschaft zu tieferen, geistigen Erkenntnissen.

Efeu

▷ V: Efeu rankt an einem Baum empor: Vorsicht vor falschen Freunden, die wie die »Kletten an Ihnen hängen«.

▷ T: Diese immergrüne, rankende Pflanze zeigt Ihren Wunsch nach festen und guten Freundschaften an, oder nach einer Liebesbeziehung, die auf Treue gebaut ist.

Ehe

▷ T: Träumen Sie davon, verheiratet zu sein, äußert sich darin manchmal ein Wunsch nach Ehe. Bisweilen können auch Probleme in der jetzigen oder früheren Ehe damit gemeint sein. Im besten Fall bedeutet ein solcher Traum Harmonie zwischen Ihrem Unbewußten und Bewußten.

Ehebruch

▷ T: Träumen Sie von Ehebruch, äußert sich darin entweder der Wunsch nach einem Seitensprung oder auch das schlechte Gewissen wegen eines begangenen Fehltritts. Bisweilen wird auch innere Disharmonie zwischen unterschiedlichen Persönlichkeitsanteilen (Geist, Körper, Seele) angezeigt, wobei der Ehebruch symbolisiert, daß Ihre körperlichen Begierden die Oberhand gewannen.

Ei

▷ S: Das Ei ist Symbol für kommendes Leben, für das Werdende.
▷ V: Sie essen im Traum Eier: Gutes Zeichen, um feste Bindungen einzugehen. Viele bunte Eier zu sehen bedeutet eine zahlreiche Kinderschar. Sie finden ein Nest voller Eier: Es steht Ihnen Geld ins Haus, Gewinn oder gar eine Erbschaft. Wenn Sie im Traum ein Ei fallen lassen: In den kommenden Wochen sind Verluste zu verkraften. Wer mit Eiern beworfen wird, wird von seiner Umwelt bald angegriffen. Sie werfen selbst mit faulen Eiern: Sie haben ein Unrecht begangen, das auf Sie zurückfällt.
▷ T: Eierträume haben eine positive Symbolik, da sie immer die Lebensbejahung des Träumers anzeigen (außer bei faulen Eiern). Unter der Eierschale sind unsere guten und schlechten Eigenschaften verborgen. Da das Ei auch ein Symbol der Auferstehung ist, könnte es anzeigen, daß in Ihnen eine Art »Auferstehung« stattfinden wird.

Eiche

▷ S: Die Eiche ist ein Symbol der Unsterblichkeit.
▷ V: Sie sehen im Traum eine stattliche und dichtbelaubte Eiche: Hinweis auf ein langes, gesundes Leben. Sie sehen eine kahle Eiche: Einsamkeit oder Trennung von einer Bekannten, Verwandten. Sehen Sie viele Eichen mit grünen Blättern, werden all Ihre beruflichen und persönlichen Vorhaben einen guten Verlauf nehmen. Sitzen Sie im Schatten einer Eiche, wird ein treuer Mensch Sie in Schutz nehmen.
▷ T: Der »König der Bäume« symbolisiert Gesundheit, Kraft, Macht und feste Verwurzelung – manchmal auch Ihren Wunsch nach starkem Schutz. Sind Sie selbst »stark wie eine Eiche«, oder sehen Sie sich nach einem starken Menschen an Ihrer Seite?

Eichhörnchen

▷ V: Der Tod eines Eichhörnchens kündigt die Erkrankung eines nahen Angehörigen an. Sie sehen ein Eichhörnchen: Ledige könnten bald heiraten; Eheleute Kinder zeugen. Sie beobachten ein Eichhörnchen beim Fressen: Symbol für ein glückliches, ruhiges Fami-

lienleben. Sie werden von einem gebissen: Sorgen mit einem problematischen Familienmitglied. Ein Eichhörnchen, das Nahrung hortet: Auch Sie sollten rechtzeitig für schlechtere Zeiten vorsorgen.
▷ T: Meistens symbolisiert dieses Tier Ihr Privatleben: Heirat, Schwangerschaft oder allgemein das Familienleben (je nach restlicher Traumhandlung). Da das Eichhörnchen ein Meister der Vorratshaltung ist, könnte der Traum auch Sie dazu ermuntern wollen!

Eid

▷ T: Der Eid ist eine Ermahnung zur Offenheit, denn nur damit können Sie anstehende Probleme lösen. Ein → Meineid zeigt an, daß Sie Ihre Schwierigkeiten gerne mit nicht ganz ethischen Mitteln lösen möchten.

Eidechse

▷ T: Die Eidechse zeigt Mißverständnisse in Ihrem Leben an, bisweilen sogar Streit oder heimliche Feindschaften. Sie müssen selbst herausfinden, ob Sie in dieser Situation Täter oder → Opfer sind.

Eimer

▷ S: Einen Eimer zu tragen ist immer ein Sinnbild für belohnten Fleiß.
▷ V: Wenn Sie im Traum leere Eimer tragen, werden Sie bald eine Enttäuschung erleben. Tragen Sie dagegen volle Eimer, kann dies einen plötzlichen Geldgewinn ankündigen. Sehen Sie einen Eimer mit trübem Wasser, kommen viele Sorgen und Unannehmlichkeiten auf Sie zu.
▷ T: Der Eimer symbolisiert ein »Gefäß Ihres Lebens« – sein Inhalt gibt deutliche Aufschlüsse, ob Ihr Leben mit den richtigen Inhalten gefüllt ist. Beachten Sie auch die restliche Traumhandlung.

Einbrecher

▷ V: Einbrecher in Frauenträumen wollen Ihnen zeigen, was Sie sich im oder vom Leben stehlen wollen: vielleicht ein paar Aben-

teuer oder ein paar Stunden Erholung? Der Traum zeigt Ihr Bedürfnis an, sich heimlich etwas zu holen, was auf offene Art nicht möglich erscheint. Tun Sie es offen! Sie übergeben einen Einbrecher der Polizei: Sie könnten einen Prozeß gewinnen oder werden irgendwie belohnt. → Dieb
▷ T: Der Einbrecher wird als Schattengestalt betrachtet, die Ihr seelisches Kräftezentrum bedroht. Plagt Sie ein schlechtes Gewissen? Haben Sie (in Frauenträumen) Angst vor Geschlechtsverkehr? Oder verspüren Sie heimliche Lust zu einem sexuellen Abenteuer?

Einbruch
▷ V: Der Einbruch in ein Haus symbolisiert immer einen Verstoß gegen unsere eigene Lebenskraft, gegen unsere Gesundheit. Sie sind Zeuge eines Einbruchs: Eine unangenehme Überraschung steht Ihnen bevor. Verlassen Sie den alten Weg und verfolgen Sie einen neuen Kurs. In Frauenträumen ist ein Einbruch manchmal ein Hinweis auf ein Liebesabenteuer.
▷ T: → Dieb, → Einbrecher

Eingeborener
▷ T: Im Eingeborenen zeigen sich all Ihre Gefühle und Instinkte, die noch unbeschadet von Umwelt und Zivilisation geblieben sind. Gerne verbergen sich dahinter auch heimliche sexuelle Wünsche, die Sie sich nicht auszuleben trauen. Diese unbekannten, dunklen Seiten Ihrer Persönlichkeit sollten Sie genauso akzeptieren wie Ihre »edleren« Wesensanteile!

einkaufen
▷ V: Sie kaufen im Traum für sich selbst ein: Ein Wunsch wird sich bald erfüllen. Sie kaufen Lebensmittel ein: Ihre finanziellen Verhältnisse verbessern sich. Sie kaufen Toilettenartikel: Eine Einladung für eine Party oder ein schönes Essen steht bevor. Sie kaufen viel ein, doch Sie nehmen die Ware nicht mit nach Hause: Ein neues Geschäft kündigt sich an, doch der dafür erforderliche Vertrag liegt Ihnen noch nicht vor. → Waren, → Laden

Einladung

▷ V: Sie werden im Traum von jemandem eingeladen: Eine günstige Entwicklung in Ihren Anliegen wird sich bald ergeben. Diese Einladung wird schriftlich verschickt: Sie wollen Ihren Bekanntenkreis erweitern.
▷ T: Die Einladung symbolisiert Ihre Gefühle von Isolation und Einsamkeit, aus denen Sie bald herausfinden möchten und könnten.

eins
→ Kapitel »Zahlen im Traum«

Einsiedler, Eremit

▷ V: Sie sehen einen zerlumpten Einsiedler: Bald wird eine schlechte Nachricht eintreffen, aber auch Ihre Arbeit erscheint recht fruchtlos. Den Einsiedler nur sehen: Sie benötigen einen weisen Rat. Sie sind selbst ein Einsiedler: Sie haben den Glauben an die Menschen verloren und möchten sich zurückziehen. Mit dem Partner zusammen in einer Einsiedelei leben: Ihre Beziehung braucht dringend eine Neubelebung – in manchen Fällen hilft nur Trennung.
▷ T: Der Einsiedler verkörpert im Traum oft einen weisen Ratgeber; manchmal zeigt er auch an, daß Sie Ihren Glauben an die Menschen oder die gesamte Menschheit verloren haben, und sich von der Welt zurückziehen möchten. Fühlen Sie sich zur Zeit einsam? Oder brauchen Sie wirklich mehr Ruhe, um in Zurückgezogenheit über alles (und sich selbst) nachdenken zu können?

Eis, Eisberg

▷ V: Sie laufen ohne Schlittschuhe über Eis: Vorsicht – Sie haben sich auf ein sehr gewagtes Unternehmen eingelassen. Sie rutschen auf dem Eis aus: Ein schon sichtbarer Erfolg wird sich im letzten Moment in eine Pechsträhne verwandeln. Sie sehen Eisblumen an Ihrem Fenster: Es droht Ärger in der Liebe, die Gefühle kühlen ab. Wenn Sie ins Eis einbrechen, wollen heimliche Feinde Ihnen

schaden. Essen Sie dagegen an heißen Tagen ein Eis, beginnen Sie ein sehr ermüdendes Abenteuer, das eher Ihre Triebe befriedigt als gefühlsmäßig glücklich macht. Sehen Sie einen Eisberg, sollten Sie Ihr Unterbewußtsein erforschen – den Rest des Eisbergs, der unter der Wasserfläche verborgen liegt. → Schnee
▷ T: Eis und Schnee werden symbolisch als Ausdruck unserer Einsamkeit und Not gewertet. Beides signalisiert aber auch eine Abkühlung von Gefühlen oder Gefühlskälte (eigene oder die anderer). Sind Ihre Gefühle für einen Menschen »erkaltet«, »zu Eis erstarrt« – oder umgekehrt? → Kälte

Eisen
▷ V: Wenn Sie selbst ein Eisen schmieden, werden bald Streit und Zank auf Sie zukommen. Sie sehen ein glühendes Eisen: Heiße Liebesgefühle erwachen (vor allem in Männerträumen). Sie sehen Eisengitter: Es ergeben sich einige Hindernisse oder Schwierigkeiten.
▷ T: Eisen symbolisiert Ihre Stärke und Widerstandskraft, aber auch Ihren Widerwillen gegen manche Pläne und Gefühlskälte. Möglicherweise leiden Sie auch unter dem »eisenharten« Charakter einer bestimmten Person?

Eisenbahn
▷ V: In Männerträumen zeigt sie oft symbolisch die Angst, »nicht zum Zuge« zu kommen, etwas verpaßt zu haben, oder daß es für eine bestimmte Sache »höchste Eisenbahn« ist. Wichtig in diesem Traum ist, ob wir den Zug verpassen oder erreicht haben: Der Zug, den man versäumt, zeigt im realen Leben eine verpaßte Chance auf. Sie fahren mit der Eisenbahn: Garant für schnelles Vorwärtskommen im Leben. Sehen Sie eine Eisenbahn, bedeutet dies den Abschied von einer Person. Erleben Sie nur die Abfahrt eines Zuges, so müssen Sie sich schweren Herzens von einem Menschen trennen. Sie fahren mit der Eisenbahn durch einen Tunnel: Sie lüften ein Geheimnis über sich selbst. In Frauenträumen ist der Zug ein sexuelles Symbol, vor allem, wenn er in einen Tunnel (weibliches Geschlechtsorgan) fährt.

▷ T: Die Eisenbahnfahrt wird mit Ihrer Lebensreise gleichgesetzt. Hier geht es um eine Veränderung Ihres seelischen Standortes, Sie sollten den Anschluß nicht verpassen. Die Lokomotive verkörpert Ihre allgemeine Lebensenergie; in den Waggons lagern Ihre Erfahrungen und Erlebnisse, die Gleise symbolisieren Ihre Werte, an denen Sie sich ausrichten und orientieren. Die Reise selbst zeigt Ihre zukünftige Lebensentwicklung an. → Bahnhof

Elefant

▷ S: Symbol der Souveränität, der Kraft und Festigkeit – oft ein heiliges Tier.

▷ V: In Frauenträumen ist der Elefant ein Symbol für männliche Stärke. Er ist Vorbote für berufliches Glück und Erfolg, kann aber zum Warner werden, sich nicht rücksichtslos zu verhalten wie ein »Elefant im Porzellanladen«. Auf einem Elefanten reiten verheißt Glück in der Ehe oder eine neue Bekanntschaft. Sehen Sie Elefanten im Zirkus, werden Sie sich mit Ihrer Angeberei nur lächerlich machen.

▷ T: Der Elefant steht für Ihre erdhafte Natur, die geduldig Lasten trägt. Er zeigt aber auch Ihre vom Geist beherrschte Sexualität an. Womöglich will er andeuten, daß Sie stark genug sind, um mit allen auftauchenden Hindernissen im Leben fertig zu werden. Er warnt nur, wenn Sie allzu dickhäutig vorgehen, und sich dabei »wie ein Elefant im Porzellanladen« aufführen – dann sollten Sie mehr Feingefühl entwickeln.

Elfe

▷ T: Elfen können Ihren Wunsch nach Liebe und Zärtlichkeit anzeigen, Kobolde und Zwerge signalisieren meistens Ihre Minderwertigkeitsgefühle. Sind Sie gehemmt? Haben Sie Angst? Plagen Sie Schuldgefühle? → Zwerg

Ellbogen

▷ T: Ellbogen zeigen Ihre Beweglichkeit an. Andererseits können Sie sich damit auch festen Halt verschaffen. Als negatives Symbol warnt es Sie vor zuviel »Ellbogencharakter«. Ob Sie den selbst haben (Täter) oder darunter leiden (Opfer), können nur Sie selbst herausfinden.

Eltern
▷ V: Erscheinen die Eltern in Männerträumen, dann hofft der Träumer auf Unterstützung, denn er befindet sich in einer hilflosen Lage. Sehen Sie Ihre schon verstorbenen Eltern, ist das einerseits ein günstiges Zeichen für den Abschluß Ihrer Trauerarbeit, andererseits zeigt der Traum auch unerwartete Hilfe in einer Notlage an. Wenn Sie die noch lebenden Eltern als Tote sehen, drückt dies meist Ihre eigenen Ängste aus. Es ist oft ein Hinweis auf ein langes Leben von Vater und Mutter. Sprechen Sie im Traum mit Ihren Eltern, kündigt das Glück und viel Freude an.
▷ T: Elternträume deuten an, daß Sie sich in Ihrem persönlichen Reifungsprozeß von den Normen und Geboten der Eltern, den Kindheitsprägungen und der damit verbundenen Problematik befreien. Manchmal symbolisieren diese Träume Ihren Wunsch nach Halt, Geborgenheit und gefühlsmäßiger Wärme. Wichtig ist hier die tatsächliche Beziehung zu Ihren eigenen Eltern!

Embryo
▷ T: Dieses Traumsymbol kann ein neues Gefühl oder eine neue Idee anzeigen, das in Ihnen heranwachsen wird. Manchmal fällt man auch psychisch in eine vorkindliche Phase zurück, und Sie wollen sich momentan am liebsten wieder im Mutterschoß verkriechen, weil die Eigenverantwortung für Ihr Leben so schwer erscheint.

Engel
▷ S: Vorübergehende Personifizierung der göttlichen Offenbarung.
▷ V: In Frauenträumen symbolisiert der Engel einen starken Wunsch nach Harmonie, nach seelischen Verbindungen und seelischer Führung. Sie sehen einen Engel: Er ist ein Vorbote für Glück im Leben und Charakterstärke des Träumers. Hilfe von oben oder ein Ausweg ist in Sicht. Sehen Sie sich selbst in Gestalt

eines Engels, werden Sie bald viel Liebe und Freundschaft gewinnen können. Von Engeln umgeben sein: Sie finden eine große innere Ruhe und Zufriedenheit.

▷ T: Die Erscheinung des Engels ist immer Sinnbild einer Revision Ihrer bisherigen Lebenseinstellung. Er kann Ihnen als Bote zu neuen Erkenntnissen und Einsichten verhelfen oder auch den richtigen Weg zeigen.

Ente

▷ V: Eine Ente schwimmen sehen bringt ungünstige Nachrichten. Wollen Sie eine Ente vergeblich fangen, müssen Sie Verluste hinnehmen. Fangen Sie sie doch noch, gelingen endlich all Ihre Pläne. Sie sehen eine gebratene Ente: Ihr monatliches Einkommen wird gekürzt. Sie essen eine gebratene Ente: In der Familie kann ein fröhliches Fest gefeiert werden.

▷ T: Die Ente (sie ist kein dummes Tier) steht für Ihre Intelligenz und Weisheit; sie kann Ihren Plänen zum Durchbruch verhelfen!

Enthauptung

▷ V: Sie erleben im Traum Ihre eigene Enthauptung: Dies bedeutet entweder eine Erkrankung oder aber Schande und Schamgefühle. Sie enthaupten selbst eine Person: Sie könnten einen Konflikt oder eine Rechtsstreitigkeit gewinnen. Sehen Sie die Enthauptung einer bekannten Person, steht die Trennung von einem lieben Menschen bevor. Sie sehen die Enthauptung eines Fremden: Jetzt können Sie entweder einen Gegner zur Strecke bringen oder sich neue Feinde schaffen. → Kopf, → Hinrichtung

▷ T: Die Enthauptung will eine Revision Ihrer bisherigen Lebenseinstellung zu ganz bestimmten Vorgängen anzeigen. Sind Sie vor allem ein »Kopfmensch«, will dieser Traum Sie ermuntern, jetzt vermehrt Ihren Gefühlen zu vertrauen und danach zu leben!

erbrechen

▷ T: Das Erbrechen im Traum ist ähnlich wie → Durchfall ein Selbstreinigungssymbol. Oder vielleicht »kotzt Sie etwas an«?

Erdbeben

▷ V: Ein Erdbeben im Traum kündigt meist eine plötzliche Veränderung der persönlichen oder sozialen Verhältnisse des Träumers an. Sehen Sie im Traum ein Erdbeben, so sollten Sie in nächster Zeit unbedingt standhaft bleiben, doch Veränderungen können Sie nicht aufhalten. Kommen Sie dabei zu Schaden, bedeutet dies eine Verschlechterung der sozialpolitischen Lage in Ihrer Heimat.
▷ T: Das Erdbeben ist ein altes Warnsymbol. Wenn Sie allen Erschütterungen des Lebens standhalten (sich selbst treu bleiben), können Sie einen neuen Standort oder Ausgangspunkt für sich gewinnen.

Erdbeeren

▷ S: Erdbeeren sind wie das Veilchen ein Symbol für edle Bescheidenheit, doch auch Sinnbild der Verlockung.
▷ V: Sie essen genußvoll Erdbeeren im Traum: Sie werden sehr viel Glück in der Liebe haben (→ Apfel, → Birne). Sehen Sie Erdbeeren, so wird Ihre Zuneigung zu einem Menschen wachsen. Sammeln Sie viele Walderdbeeren, dann sind Sie Liebesabenteuern gegenüber äußerst aufgeschlossen. Verschütten Sie Erdbeeren, verheißt dies Enttäuschung in der Liebe. → Beeren, → Früchte
▷ T: Erdbeeren symbolisieren Ihr Bedürfnis nach Freundschaft, aber auch nach einer erotischen Beziehung.

Erde

▷ S: Die Erde ist ein Symbol der Schöpfung und dient als Fußschemel des Herrn.
▷ V: Sie graben Sie in der Erde: Sie suchen nach Ihren Wurzeln in Ihrer Vergangenheit. Sie sehen schwarze Erde: Kummer oder Trauer sind zu bewältigen. Sie liegen im Traum auf der Erde und nehmen ein Sonnenbad: Ein schöner Ausflug wird Ihnen demnächst guttun. Sie steigen im Traum aus der Erde (Grab) auf: Ihre Lebenskrise geht zu Ende, Ihre Persönlichkeit wird sich enorm weiterentwickeln und gleichzeitig erneuern. Wenn Sie im Traum Erde umgraben, werden Sie durch Ihren Fleiß beruflich erfolg-

reich sein und ein sicheres Einkommen erzielen. Sitzen Sie auf bloßer Erde und frösteln, sollten Sie demnächst vermehrt auf Ihre Gesundheit achten.
▷ T: Die Erde symbolisiert Werden und Vergehen, sie zeigt Ihre Vergangenheit und Zukunft an. Sie ist zuständig für Beständigkeit, Bescheidenheit, Naturverbundenheit, Menschlichkeit und Trägheit. Was trifft auf Sie zu?

ermorden, erhängen, erstechen, ersticken, ertrinken

▷ V: Wenn Sie im Traum selbst ermordet werden, kommen bald Schwierigkeiten auf Sie zu. Wenn Sie jemand anderen ermorden, sollten Sie sich vor unbedachten Handlungen hüten, Sie könnten sich damit selbst schaden (→ Aggression). Im Erhängen zeigt das Unterbewußtsein an, daß Sie sich in einem Entwicklungsübergang befinden, daß Sie »in der Luft hängen«, doch dieser Zustand wird sich bald ändern (→ aufhängen). Im Erstechen zeigt sich unreife, aggressive Sexualität (→ Dolch) und der Wunsch nach ruckartiger Beseitigung von Problemen oder Konflikten. Das Ersticken zeigt Vorfälle an, mit denen Sie sich bisher noch nicht abfinden konnten (→ Asthma). Das Ertrinken kündigt entweder eine Gefahr an oder daß man unter all den Ereignissen, Pflichten und Gefühlen unterzugehen droht. → Hinrichtung, → Galgen, → Mord
▷ T: Der Mordtraum drückt aus, daß ein Gefühl, eine Gewißheit oder eine Entwicklungsmöglichkeit »ermordet« worden ist. Meist ist es der Träumer selbst, der mordet und ermordet wird. Die weiteren Traumsymbole sind hier äußerst aufschlußreich!

Erfindung, erfinden

▷ T: Der rastlose, unermüdlich fragende, forschende menschliche Geist wird hier angezeigt. Eine Erfindung kann oft tiefgreifende Veränderungen in Ihr Leben bringen; sie kann auch darauf hinweisen, daß Sie viel zu theoretisch oder zu idealistisch in Ihren Weltanschauungen und in Ihrem Verhalten sind, → Uranus.

Ernte

▷ V: Sie bringen reiche Ernte heim: All Ihre Mühen werden bald belohnt werden, berufliche Erfolge sind zu erwarten. Wird Ihre Erntearbeit durch Unwetter gestört, bedeutet das Ärger in der Familie oder Verwandtschaft. Fahren Sie selbst Heu ein, sind Sie einem Menschen sehr zugetan, und diese Verbindung wird sich intensivieren.

▷ T: Die Psychologie sieht im Traumbild der Ernte häufig das Unbehagen eines Menschen, wenn er sich »im Herbst des Lebens« befindet. Manchmal zeigt sich hier auch der Wunsch nach mehr Anerkennung und Erfolg. Fällt die Ernte in Ihrem Traum reich aus, dann ernten Sie endlich auch real die Früchte Ihrer vollbrachten Arbeit.

Esel

▷ V: Sie führen einen Esel: Vorsicht, Ihre Gutmütigkeit wird schamlos ausgenutzt. Sie reiten auf einem Esel: Unerwartete Schwierigkeiten ergeben sich, nur langsam nähern Sie sich dem Ziel. Sie füttern einen Esel: Sie helfen den falschen Menschen, man hält Sie für dumm. Hören Sie einen schreienden Esel, hätten Sie sich all Ihre Mühen sparen können. Fahren Sie in einem mit Eseln bespanntem Wagen, umgeben Sie sich immer wieder mit den falschen Personen und lassen sich für deren Zwecke und Ziele einspannen.

▷ T: Der Esel drückt einen Mangel an geistiger Kraft aus, er symbolisiert aber auch Geduld und Demut. Haben Sie sich selbst wie ein Esel benommen oder zum Esel machen lassen?

Essen

▷ V+T: Wenn Sie vom Essen träumen, fühlen Sie sich sexuell unbefriedigt bzw. hungrig. Speisen Sie jedoch an einer großen Tafel, zeigt sich darin Ihr Wunsch nach mehr Geselligkeit. Sie essen reichhaltig, doch alleine: Durch Rücksichtslosigkeit und einen Mangel an Mitgefühl machen Sie sich bald recht unbeliebt. Sie essen nur ein wenig: Jetzt regen sich echte Gefühle der Reue in Ihnen. Sie sind hungrig, finden aber nichts zu essen: Eine

Veränderung in Ihrem Leben wird stattfinden. Aber: Wer sich gerade einer Diät unterzieht, wird häufig von schönem Essen träumen!

Essig

▷ V+T: Wenn Sie Essig sehen oder gar trinken: Sauregurkenzeit kommt auf Sie zu. Ihre Ziele lassen sich nicht so realisieren, wie Sie es geplant haben. Setzen Sie selber Essig an: Ausdruck unguter Gefühle (Wut, Zorn) gegen andere. Machen Sie Essigumschläge: Sie versuchen, einen alten Fehler schnell wieder gutzumachen, doch dabei ernten Sie noch mehr Mißerfolge oder handeln sich eine Verschlechterung Ihrer Lage ein.

Eule

▷ S: Die Eule erscheint ernst, nachdenklich und weise – außerdem kann sie im Dunkeln sehen.

▷ V: Träumen Sie von einer Eule, ist dies manchmal ein Zeichen für die richtige Beurteilung einer persönlichen Situation; sehr oft auch ein Hinweis, daß wir eine undurchsichtige Sache bald durchschauen können. Bisweilen kündigt die Eule Unglück und Ärger an (wenn sie schreit). Wenn Sie eine Eule fangen oder in einem Käfig sitzen sehen: Hüten Sie sich vor eigenartigen Menschen und unguter (unheimlicher) Gesellschaft. Wenn Sie viele Eulen sehen, sollten Sie jetzt die gutgemeinten Ratschläge anderer nicht ablehnen – Sie werden eine wertvolle Belehrung erfahren. → Uhu

Explosion

▷ V: Wenn Sie eine Explosion miterleben: Eine unerwartete Überraschung droht, die mit einem Schrecken verbunden ist. Wenn Sie danach ruckartig erwachen, liegt eine körperliche Störung vor. Sehen Sie eine Explosion, wird sich Ihre nervöse Unruhe bald wieder legen. Sehen Sie Todesopfer bei dieser Explosion, dann könnten Sie im letzten Moment unbeschadet einer gefährlichen Lage entkommen.

▷ T: Dieses Symbol zeigt erhebliche innere Spannungen in

Ihnen, die sich explosiv entladen können (→ Bombe, → Dynamit). Doch ebenso rasch wird sich diese Unruhe und Gereiztheit auch wieder beruhigen. Warum explodieren Sie fast? Welcher »Vulkan« brodelt in Ihnen?

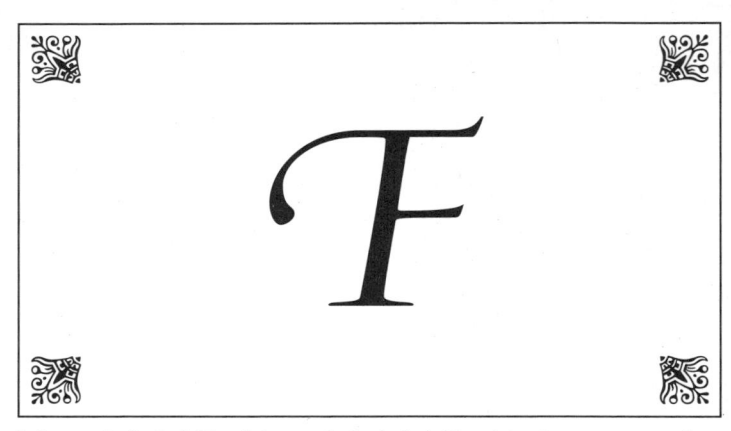

▷ S = symbolisch; ▷ T = tiefenpsychologisch; ▷ V = visionär, voraussagend

Fabeltiere, Fabelwesen
▷ V: Sie träumen von schreckerregenden Wesen oder Ungeheuern: Sie sind in Ihren tiefsten Seelenschichten aufgerührt. Verborgene Regungen in Ihrem Unterbewußtsein nehmen Gestalt an und bedrängen Sie. Manchmal liegen auch körperliche Belastungen als Ursache vor. Sind Ähnlichkeiten zu Tieren vorhanden. → Tier, → Ungeheuer

Fabrik
▷ V: Sie sehen eine Fabrik: Meist ein glückliches Zeichen für gute Geschäfte, oder Sie erhalten etwas ohne Ihr Zutun. Sie arbeiten selbst in einer Fabrik: Es herrschen Spannungen in Ihrer Umgebung, alles ist etwas hektisch, doch im Prinzip sind Sie mit Ihrer Arbeit zufrieden. Sind Sie im Traum Besitzer einer Fabrik, geben Sie sehr viel Geld aus und haben davon leider nur wenig Nutzen. Sehen Frauen im Traum einen Fabrikschornstein, ist das ein sexuelles Wunschsymbol!
▷ T: Die Fabrik gilt als ein Zeichen für die Entwicklung neuer Pläne, die jedoch einige Unruhen mit sich bringen werden. Was läuft bei Ihnen automatisch ab? Wollen Sie daran etwas ändern?

Fabelwesen

Tauchen Fabelwesen und Ungeheuer im Traum auf, dann ist der Träumende in seinen innersten Seelenschichten enorm aufgerührt, weil unbewußte Elemente aus seinem Unbewußten plötzlich Gestalt annehmen und nach oben drängen. Zu den einzelnen Symbolen auf dem Bild → Tier, → Drache, → Schnabel, → Vogel. Tauchen derlei Gestalten öfters auf, sollte man fachkundigen Rat einholen.

Fackel

▷ S: Die Symbolik der Fackel weist auf Sieg und Freude, Freiheit und Erlösung hin.

▷ V: Sie sehen eine Fackel: Bald werden Sie ein Geheimnis lüften können – oder eine Liebe keimt auf. Sie sehen einen Fackelzug oder nehmen daran teil: Vorsicht, Sie sollten sich jetzt nicht in ein schnelles Liebesabenteuer verwickeln lassen. Sie sehen eine erlöschende oder ausgelöschte Fackel: Dies ist ein Hinweis auf einen Todesfall in Ihrer nächsten Umgebung oder auf unerreichbare Hoffnungen. → Feuer, → Licht

▷ T: Die Fackel ist Ausdruck einer Veränderung in Ihrem Wesen oder Verhalten, denn sie erleuchtet das Dunkel Ihres Unbewußten.

Faden

▷ V: Sie wickeln einen Faden auf: Sie brauchen noch viel Geduld, bis Ihre Ziele zu verwirklichen sind. Sie wickeln einen Faden ab: Mit viel Geduld läßt sich ein Geheimnis aufdecken. Ist der Faden schwarz, stehen Ihnen Unannehmlichkeiten und Ärger bevor. Ein weißer Faden kündigt an, daß Sie mit einigen Personen bald in näheren Kontakt treten werden. Sie sehen einen roten Faden: Etwas in Ihren Leben wiederholt sich ständig – decken Sie diesen »Wiederholungszwang« auf. Sie sehen einen langen Faden: Ihre Hoffnung trügt – alles zieht sich in die Länge.

▷ T: Der Faden ist Symbol für eine Nervenreizung oder seelische Schwäche; Zaghaftigkeit und Unsicherheit lassen sich erkennen. Haben Sie in einer Sache »den Faden verloren«, oder zeigt er Ihre momentane Konzentrationsschwäche an? Zieht sich ein Verhaltensfehler Ihrerseits wie »ein roter Faden« durch Ihr Leben? → Kapitel »Farben im Traum«.

Fähre

▷ S: Die Fähre verbindet ähnlich einer Brücke beide Ufer.

▷ V: Wenn Sie mit einer Fähre übers Wasser gerudert werden, sollten Sie die Tiefe und Breite des Gewässers beachten, doch allgemein ist dieser Traum kein gutes Zeichen für Ihre weitere Entwicklung.

▷ T: Die Fähre zeigt an, daß Sie sich neue geistige Dimensionen erschließen möchten und alte Gefühle und Verhaltensmuster ablegen wollen bzw. sollten. → Brücke, → Schiff, → Ufer

Fahne
▷ S: Die Fahne ist Sinnbild des Sieges.
▷ V: Sie tragen eine Fahne: Ihr Ansehen wird sich vergrößern. Sie sehen viele Fahnen an Häusern: Politische Machtspiele in der Heimat. Sie tragen eine schwarze Fahne: Eine Feindschaft kommt auf. Sie senken im Traum die Fahne: Sie bereuen Ihre Handlung. Sie sehen fliegende Fahnen: Unannehmlichkeiten oder gar Leid kommen auf Sie zu. Wer in Frauenträumen eine Fahnenstange sieht oder trägt, zeigt damit sexuelle Wünsche und Begierden an.
▷ T: Die Fahne ist ein Symbol für Ihre Lebenspläne und Ideale. Vielleicht tauchen bald neue Projekte, Ziele oder Vorhaben auf.

Fahrt, fahren, Fahrkarte
▷ V: Sie fahren selbst oder werden gefahren: Dies ist immer ein Zeichen für seelische Bewegung, doch auch Sehnsucht nach Veränderung der momentanen Lebenssituation (→ Auto, → Eisenbahn). Sie kaufen sich eine Fahrkarte: Sie haben die Kraft und Möglichkeit, alte Probleme zu lösen oder Hindernisse zu überwinden.
▷ T: Die Fahrt symbolisiert Ihren weiteren Lebensweg; beachten Sie die Richtung der Fahrt, die Art des Fahrzeugs und mögliche Mitreisende. Die Fahrkarte ist der Preis (Ihre Lebenserfahrung) für Ihr Vorwärtskommen.

Fahrrad
▷ V: Sie besteigen ein Fahrrad und fahren damit: Zügeln Sie Ihren Ehrgeiz, denn jede Eile wäre falsch. Drosseln Sie Ihr Tempo, dann gelangen Sie unversehrt ans Ziel. Sie haben das Gefühl, mit Ihrem Fahrrad über dem Erdboden zu schweben: Unbewußtes Streben nach sozialem Vorwärtskommen, nach Verbesserung des Einkommens u.ä. Kaufen Sie sich ein Fahrrad, sollten Sie sich mehr bewegen und Ihren Körper trainieren. → Rad

▷ T: Das Fahrrad ist etwas sehr Individuelles, das eigene Kraftanstrengung erfordert und mit dem es dem Träumer dann möglich ist, nach allen Richtungen zu fahren und auch »Seitenwege« einzuschlagen. Radträume zeigen häufig die heitere und leichte Fahrt durchs Leben an, auch wenn es etwas langsamer geht.

Falle

▷ V: Eine Falle im Traum sehen: Vorsicht, ein negativer Mensch stellt Ihnen eine Falle. Sie werden es noch rechtzeitig bemerken und diese Intrige vereiteln. Treten Sie in eine Falle, haben Sie sich in einen Menschen verliebt, der es gar nicht wert ist. Wenn Sie einen anderen in einer Falle fangen, warten Sie schon sehr lange auf etwas, das sich jetzt endlich erfüllen wird.
▷ T: Die Falle warnt vor falschen Entscheidungen, Hoffnungen und Idealen, die zwar verlockend erscheinen, jedoch schädlich für Sie wären.

fallen

▷ S: Der grauenhafte Sturz in die Tiefe ist sehr oft gleichzeitig mit einem undefinierbaren Gefühl der Erleichterung verbunden.
▷ V: Fallträume bei Frauen sind typisch für eine unbestimmte Angst vor einem Sichfallenlassen, Sichgehenlassen. Fallen Sie im Traum, dann passen Sie auf: Sie stolpern in eine unangenehme Geschichte hinein. Wenn Sie fast körperlich den Sturz fühlen: Keine Angst, Sie sind nur etwas zu rasch wieder in Ihren eigenen Körper hineingeschlüpft, oder aber Ihr Blutdruck ist im Keller. Fallen Sie in einen Graben, wird sich Ihr Ruf verschlechtern. Fallen Sie über einen Gegenstand, werden Sie über eine bestimmte Sache Aufschluß erhalten. Stolpern Sie im Traum, ohne jedoch hinzufallen, dann haben Sie Glück im Unglück. Sehen Sie andere Personen hinfallen, werden Sie Ihre Gegner rechtzeitig entlarven können. → Abgrund, → Sturz
▷ T: Fallen zeigt Ihre Angst, daß Ihnen die Zügel aus der Hand gleiten oder genommen werden. Vielleicht haben Sie Ihren Glauben an sich selbst, Ihr Selbstwertgefühl verloren? Womöglich plagt Sie auch die Angst, daß andere Sie aus irgendeinem Grund

»fallenlassen«, daß Ihr guter Ruf verlorengeht? Oder haben Sie eine frühere Meinung »fallengelassen«?

Farben

▷ V: Träumen Sie in besonders lebhaften Farben (häufig bei Frauen), ist Ihre seelische Bewegung stark motiviert. Sehr farbige Träume deuten jedoch insgesamt auf ein langes Leben hin. Streichen Sie einen Gegenstand mit Farbe an, sind Sie einem Freund gegenüber nicht ganz ehrlich. Streichen Sie sich Ihr Gesicht an, finden andere Ihr Verhalten lächerlich. Färben Sie einen Wagen, steht Ihnen eine Überraschung bevor – beachten Sie den Farbton (→ Kapitel »Die Farben im Traum«). Sie kaufen sich Farbe: Sie wünschen sich mehr Abwechslung in Ihrem Leben. Sie bereiten Wasserfarben zum Malen vor: Sie lassen sich auf eine sehr unsichere Sache ein. Verwenden Sie dagegen Ölfarbe, werden Sie Ihr Leben in eine sichere Bahn lenken können.
▷ T: Die Bedeutung der einzelnen Farbtöne lesen Sie bitte im Kapitel »Farben im Traum« nach. Sie zeigen Ihre Geisteshaltungen, innere Einstellungen und die breite Palette Ihrer Gefühle an.

Fasan

▷ V: Der Fasan gilt als glückliches Symbol, und seine Erscheinung sagt uns: »Das Glück ist ganz nah, Sie erkennen es nur noch nicht.« Sie essen einen Fasan: Ihre Gesundheit ist stabil. Sie fangen oder schießen einen: Gute Chancen im Beruf. Sie sehen einen Fasan beim Balzen: Viel Glück in der Liebe ist zu erwarten.

Faß

▷ V: Sie zapfen selbst ein Faß an: Sie gewinnen einen einflußreichen Menschen als Freund. Sie sehen ein volles Faß: Ein Hinweis auf zukünftigen Wohlstand. Sehen Sie aber ein leeres Faß, sind Sie mit Ihrem jetzigen Leben sehr unzufrieden. Sie rollen mehrere Fässer in einen Keller: Ein sehr schönes Zeichen für Vermögenszuwachs und eine sichere Zukunft. Kaufen Sie ein Faß Wein, werden Sie bald nette Gäste begrüßen können. Ein Faß ohne Boden warnt uns vor vergeblicher Mühe.

▷ T: Das Faß kann ähnlich wie der → Eimer als »Gefäß Ihres Lebens« verstanden werden. Es hat oft sexuelle Bedeutung (→ Bauch), kann aber auch auf eine körperliche Krankheit hinweisen.

fasten
▷ V: Träumen Sie von einer Fastenkur, machen Sie eine gesundheitliche Krise durch. Der Traum rät zu sexueller Enthaltsamkeit.
▷ T: Fasten kann einen Selbstreinigungsprozeß auslösen (von Begierden, Instinkten, Trieben und alten Hoffnungen), kann aber auch eine Krankheit anzeigen.

Faust
▷ V: Sie sehen eine geballte Faust vor Ihrem Gesicht: Ein Feind plant eine Attacke gegen Sie. Erheben Sie Ihre Faust gegen einen anderen, möchten Sie im Rampenlicht stehen oder sich in den Vordergrund drängen. Konnten Sie mit Ihrer Faust ein Hindernis beseitigen, zeigt das, daß Ihre Tatkraft vieles möglich macht.
▷ T: Die Faust steht symbolisch für Aggressionen, Streit und Ihre innere Spannung. Sie warnt vor Gefahren, Konflikten und Überheblichkeit. → Daumen, → Hand

fechten
▷ V: Sie fechten mit einer Waffe (Degen): Sie werden sich mit Ihren Freunden oder mit Bekannten streiten und entzweien.
▷ T: Im Fechten kann Ihr Wunsch nach Rache und Vergeltung verborgen sein. Sie sollten jetzt jedem Streit aus dem Wege gehen! → Degen, → Dolch

Feder
▷ V: Sie schmücken sich selbst im Traum mit Federn: Hinweis auf zu viel Eitelkeit und Egozentrik. Sehen Sie im Traum eine Schreibfeder, werden Sie bald eine gute Nachricht erhalten. Weiße Federn kündigen Freuden an, oder Sie gewinnen Ihre Unschuld wieder, denn ein falscher Verdacht klärt sich auf. Sehen Sie schwarze Federn, ist dies eine Warnung vor einer Pechsträhne (→

Kapitel »Farben im Traum«). Sehen Sie Federn fliegen, sollten Sie Ihre hohen Ausgaben besser kontrollieren, denn Sie hoffen vergeblich auf Glück.
▷ T: Federn symbolisieren Ihre Gedanken und Hoffnungen, manchmal auch Eitelkeit und Stolz. Mußten Sie »Federn lassen« in einer bestimmten Sache? Die Farbe ist hier sehr wichtig, ebenso die restliche Traumhandlung.

Fee
▷ V: Das Traumbild einer Fee verheißt uns immer persönliches Glück und die Erfüllung langgehegter, geheimer Wünsche. Für Ledige ist die Traumfee ein gutes Zeichen für baldige Verlobung.
▷ T: Die Fee ist ein Ursymbol der Liebe zum anderen Geschlecht, zeigt aber auch eine geistige, religiöse oder mystische Unterstützung oder Führung an, die Sie bald erhalten werden.

Fehlgeburt
▷ V: Träumen Sie von der Fehlgeburt eines Kindes, werden Sie bald eine neue Aktion, ein neues Unternehmen starten – der alte Weg ist nicht mehr gewinnbringend. Bei Schwangeren manchmal auch ein Warnzeichen oder Ausdruck von Schuldgefühlen.
▷ T: Der Traum von einer Fehlgeburt zeigt entweder das Scheitern einer zwischenmenschlichen Beziehung an, oder Sie haben eine innere Entwicklung, die noch nicht ausgereift war, vorzeitig abgebrochen.

Feige, Feigenbaum
▷ S: Der Feigenbaum ist immer ein Symbol der Fruchtbarkeit.
▷ V: Wenn Sie im Traum Feigen essen: Ihre Liebeserwartungen und Hoffnungen werden bald erfüllt. Sehen Sie getrocknete Feigen, wird Ihr Vermögen abnehmen. Geschenkte Feigen bedeuten, daß freundschaftliche Kontakte sich intensivieren. Sie sehen einen Feigenbaum: Bezähmen Sie Ihre sexuellen Begierden. Sie sehen eine oder mehrere Feigen: Sie sehnen sich nach Liebe!
▷ T: Die Feige gilt als Symbol für sexuelle Bedürfnisse und erotische Abenteuer. Das Feigenblatt zeigt Unschuld und Keuschheit

an, die Sie gerne vor anderen Menschen zur Schau stellen. Der Feigenbaum warnt vor einseitigem (übertriebenem) Streben nach rein sexueller Befriedigung.

Feile, feilen
▷ V: Sie feilen ein Stück Eisen: Sie können Ihren Lebenserfolg durch harte, schwere Arbeit schaffen. Feilen Sie Ihre Fingernägel, erscheint Ihnen Ihr Leben viel zu langweilig. Feilen Sie Holz, herrscht in einer laufenden Angelegenheit Ungewißheit.
▷ T: Die Feile dient als Mahnung, ständig an sich zu »feilen«, um Herr seiner schlechten Eigenschaften zu werden.

Feind
▷ V: Sie sehen oder treffen auf Feinde im Krieg: Bald werden Sie viel Ärger und Zank erleben. Begegnen Ihnen ansonsten Feinde, achten Sie auf Hinterlist und Tücke.
▷ T: Feinde warnen Sie vor kommendem Ärger und Streit oder vor der Hinterlist eines Menschen. Sie fordern Sie zu mehr Wachsamkeit und gesundem Mißtrauen auf.

Fels
▷ S: Der Fels zeigt das Bild der Unbeweglichkeit und Festigkeit. Felsen warnen davor, die Ziele nicht zu hoch zu stecken.
▷ V: Sie klettern auf einen Felsen: Sie werden durch harte Arbeit beruflich sehr erfolgreich werden. Sie sehen sich von einem Felsen abstürzen: Sie sind völlig überfordert und ausgelaugt. Achten Sie mehr auf Ihre Gesundheit, sonst droht ein Unglück. Sehen Sie hohe Felsen, kommt bald ein großartiger Plan oder Auftrag. Wenn Sie einen Felsen mühsam hinabklettern, werden sich Verwandte oder Freunde von Ihnen trennen, oder ein hohes Ziel wird scheitern.
▷ T: Der Fels symbolisiert, daß Sie in sich selbst einiges überwinden müssen und dabei sehr behutsam vorgehen sollten. Er ruft zu innerer (Stand)festigkeit auf (»wie ein Fels in der Brandung«). Manchmal stellt er einen Grabstein dar, einen → Altar oder ist ein Phallussymbol. → Berg

Fenster

▷ V: Sie stehen vor einem geschlossenen Fenster: Sie sollten auf das kühle und ablehnende Verhalten Ihrer Umwelt mit mehr Liebenswürdigkeit reagieren. Es ist kein Grund, sich noch mehr abzukapseln. Sie sehen ein offenes Fenster: Das ist ein positives Zeichen, daß Sie Ihren Optimismus nicht aufgeben sollten – er führt zum Erfolg. Sie zerbrechen ein Fensterglas: Durch Ihr eigenes Verhalten haben Sie ein Mißgeschick verursacht. Schauen Sie von innen aus dem Fenster, wurden Ihre Erwartungen enttäuscht, doch Sie sollten sich trotzdem um Ihre Zukunft keine Sorgen machen.
▷ T: Das Fenster steht für Ihre Einstellung zur Umwelt, zu Ihren Mitmenschen und symbolisiert Ihre Erwartungen an andere. Wie war die Aussicht? → Glas

Fernglas, Fernseher

▷ V: Sie sehen ein Fernglas oder schauen durch eins hindurch: ein Zeichen für Ihre zufriedene und sichere Zukunft. Sie sehen ein kaputtes Fernglas: In nächster Zeit erleben Sie materielle Unsicherheiten, Vorsicht mit Finanzen und Zukunftsprojekten. Sehen Sie im Traum fern, lassen Sie sich leicht täuschen und etwas vormachen, oder Sie pflegen zu viele illusionäre Wünsche.
▷ T: Das Fernglas symbolisiert Ihre Anstrengungen, den weiteren Lebensweg zu erkennen. Da es alle Dinge vergrößert, sollten Sie vorsichtshalber bestimmte Angelegenheiten nicht zu wichtig nehmen, nicht aufbauschen – viele Dinge erweisen sich später viel kleiner, als sie anfangs erschienen. Der Fernseher symbolisiert unmenschliche und unpersönliche Kälte – Sie lassen sich Ihre Zeit von solchen negativen Einflüssen rauben. Nur selten dient Fernsehen der Erholung!

Ferse

▷ V: Sie sehen Ihre eigene Ferse: Sie haben Angst, daß andere Ihre Schwachstelle entdecken. Befindet sich an Ihrer Ferse eine Wunde, wird Ihre Schwäche bereits von anderen ausgenutzt.
▷ T: Die seelische »Achillesferse« (unsere persönliche Schwachstelle) versuchen wir immer vor anderen zu verbergen. Wo liegt

Ihr »wunder Punkt«, wo sind Sie am stärksten verletzbar?
→ Fuß

Fessel, fesseln
▷ V: Sie sehen sich selbst gefesselt: Die Begegnung mit einer früheren Liebe macht tiefen Eindruck auf Sie, doch die Reue über alte Fehler kommt zu spät. Sie fesseln im Traum einen anderen Menschen: Mit Gewalt können und sollten Sie keine Liebe erzwingen – dieses Glück zerbricht schnell.
▷ T: Die Fessel wird als trügerische Liebe gedeutet, die den Träumer in ihrem Bann hält. Manchmal ist die Fessel auch Ausdruck von nervösen Spannungen, seltener von Masochismus oder Sadismus. Wer oder was »fesselt« Sie zutiefst? Von welchen Fesseln wollen Sie sich am liebsten befreien?

Festung
▷ V: Sie sehen eine Festung im Traum: Feindseligkeit kommt auf Sie zu. Ist diese Festung erst im Bau, gerät die Regierung Ihres Landes oder Landkreises in eine politische Krise. Sehen Sie eine zerstörte Festung, wird eine alte, sehr traurige Erinnerung wieder auftauchen und Ihr Selbstwertgefühl verringern.
▷ T: Die Festung zeigt Ihre Angst vor Schwierigkeiten oder Ihr Bedürfnis nach Geborgenheit und Schutz. Eine zerstörte Festung zeigt Ihr geschwächtes Selbstwertgefühl. → Burg

Fett, Fettleibigkeit
▷ V: Sie essen etwas Fettes: Vorsicht, eine Krankheit schleicht sich an. Haben Sie im Traum Fettflecken an der Kleidung, könnten Sie durch eine Heirat reich werden. Fett sein im Traum ist ein Symbol für einen sanften, natürlichen Tod, aber auch für Minderwertigkeitsgefühle, denn Sie glauben, auf andere Menschen abstoßend zu wirken. Fettes Essen zubereiten: Sie werden einen Verlust verkraften müssen.
▷ T: Fett symbolisiert Ihre Sinnlichkeit, Ihren Frohsinn und auch Ihre Neigung zu Überfluß. Manchmal warnt das Unterbewußtsein allerdings auch direkt vor Unmäßigkeit beim Essen und Trinken.

Feuer

▷ V: In Männerträumen ist loderndes Feuer dem sexuellen Höhepunkt gleichzusetzen: Der Mann ist in Liebe entflammt. Angst vor dem Feuer symbolisiert seine Angst vor der absoluten Hingabe. Freudige Gefühle beim Anblick von Feuer zeigen den Wunsch nach grenzenloser Hingabe. Sehen Sie ein großes Feuer ohne Rauch, sollten Sie Ihre Leidenschaften etwas zügeln. Qualmt dieses Feuer, kann Unheil über Sie hereinbrechen. Löschen Sie ein Feuer aus, wird eine Hoffnung zerstört. Zünden Sie hingegen ein Feuer an, gehen Sie vielleicht eine neue freundschaftliche oder erotische Bindung ein. Der Tanz ums Feuer bedeutet, Sie werden einen fröhlichen Ausflug mit anderen machen. Sehen Sie Feuer im Herd, signalisiert das freudige Aussichten auf Kinder. Löschen Sie das Feuer im Herd aus, ist das eine Warnung vor einer Erkrankung.

▷ T: Feuer ist ein wichtiges Symbol. Vorsicht, wenn ein Haus brennt (das Haus ist immer der Träumer selbst) – es kann eine Krankheit ankündigen. Ein hellbrennendes Feuer wird immer als Zeichen einer inneren Läuterung gedeutet. Das Feuer kann heftige Leidenschaft anzeigen, starke Gefühle, Ideale und/oder Wünsche. Feuer kann läutern oder (ungezähmt) zerstören! Sind Sie »Feuer und Flamme« für einen Menschen? Fühlen Sie sich nach dem Traum »ausgebrannt«?

Feuerwehr, Feuerwerk

▷ V: Sehen Sie ein Feuerwerk im Traum, ist Ihr Glück nicht von Dauer. Vorsicht vor Betrügern und illusorischen Zielen – Sie werden getäuscht. Sehen Sie die Feuerwehr, werden Sie bald in große Not geraten.

▷ T: Das Feuerwerk zeigt an, daß Sie gerne Aufmerksamkeit erregen und mehr im Mittelpunkt stehen möchten (→ Feuer). Die Feuerwehr symbolisiert jene Persönlichkeitsanteile in Ihnen – Ihre Selbstbeherrschung –, die mit allen Begierden und Leidenschaften richtig umzugehen versteht.

Fieber

▷ V: Wer im Traum unter Fieber leidet, lebt seine unbewußten

Ängste aus. Fieberträume sind eine sehr intensive Stufe der Offenbarung unseres Unbewußten und der darin wirkenden Verdrängungen. Manchmal signalisieren sie eine Krankheit. Haben Sie im Traum Fieber, herrschen unbeständige Zeiten in der Liebe und in der Freundschaft. Sehen Sie einen Fieberkranken, werden Sie von einem Freund verlassen werden.
▷ T: Ist eine Krankheit auszuschließen, so »fiebern« vielleicht Ihre Leidenschaften einem bestimmten Menschen entgegen? Ein solch »fiebriges Feuer« ist leider sehr schnell ausgebrannt!

Film, Filmschauspieler
▷ V: Sie spielen selbst in einem Film mit: Dies ist ein Ausdruck Ihres Widerwillens gegen die Verlogenheit und Heuchelei Ihrer Umwelt – oder Sie spielen Ihrer Umwelt eine bestimmte Rolle vor. Sehen Sie andere in einem Film spielen, sollten Sie sich vor Betrug und Lügen in acht nehmen. Sie sehen im Traum Filmschauspieler: Ihre Sehnsucht nach Unerreichbarem übersieht das kleine Glück in Ihrer Nähe. Sie sind selbst ein Filmschauspieler: In Ihrem Bekanntenkreis fühlen Sie sich gar nicht mehr wohl. Überprüfen Sie, wer Sie selbst sind und was oder wen Sie wirklich brauchen.
▷ T: Die Personen und Handlungen in einem Traum-Film sind meist Widerspiegelungen Ihrer eigenen seelischen Situation. So können Sie sich selbst in den verschiedenen Rollen gegenübertreten und beobachten. → Schauspieler

Finger
▷ S: Der Finger auf dem Mund steht für das Schweigen.
▷ V: Sie sehen im Traum einen großen Finger: Sie haben eine unbewußte Sehnsucht nach Liebe und Sexualität (vor allem in Frauenträumen). Ein schmutziger Finger kündigt Ärger und Widerwärtigkeiten an. Schneiden Sie sich in einen Finger, wird Ihnen in der nächsten Zeit so manches Mißgeschick passieren, und es kann üble Nachrede geben. Fehlt Ihnen im Traum ein Finger? Ist einer der Finger zu dick oder zu dünn? Die Deutung dieses Traumbildes hängt davon ab, welcher Finger betroffen ist. *Der Daumen* steht für Mut, Selbstvertrauen und kämpferischen Geist.

Der Zeigefinger steht für Ziele, Geduld, Ehrgeiz, Stolz und Geist des Besitzers.
Der Mittelfinger steht für Erfolg, Beruf, Geschäft, langfristige Pläne, Arbeitsmoral, Vorsicht.
Der Ringfinger steht für Kunst, Schönheit, Musik, Gemeinschaftssinn, Freundlichkeit, Emotionen und Sympathien des Besitzers.
Der kleine Finger steht für Verstand, Sprache, Intellekt, materielle Werte, Literarisches.
▷ T: Der Finger steht meist symbolisch für den Phallus und verkörpert sexuelle Bedürfnisse. Droht der Finger im Traum? Warnt er Sie? Zeigt er auf etwas? Sehen Sie Ihre Fingerabdrücke, dann sollten Sie mehr Individualität entwickeln. Fehlt Ihnen ein Finger, dann fehlen Ihnen die oben beschriebenen Charaktereigenschaften, oder Sie übertreiben diese enorm.

Fingernagel (siehe auch Abb. S. 118)
▷ V: Sie feilen Ihre Fingernägel: Ihr Leben ist recht langweilig (→ Feile). Brechen Ihnen die Fingernägel ab, erwarten Sie tief im Innern den Mißerfolg einer Sache. Schneiden Sie Ihre Fingernägel, möchten Sie jemanden zurechtstutzen und in seine Grenzen verweisen.
▷ T: Meist symbolisiert der Fingernagel Ihre »intellektuelle Waffe«, mit der Sie sich gegen Angriffe anderer zur Wehr setzen können. Kratzen Sie jemanden damit, dann werden unbewußte Aggressionen im Traum abreagiert. → Kater

Finsternis
▷ V: Sind Sie im Traum von großer Finsternis umgeben, haben Sie Angst vor dem Leben und dem Tod; Sie brauchen den Rat eines objektiven Menschen. Sehen Sie in dieser Finsternis ein kleines Licht, werden Sie in einer Notlage Hilfe bekommen. Befinden Sie sich in einem unterirdischen Gewölbe, hat Ihr Unterbewußtsein Angst vor einem Angriff.
▷ T: Der finstere Gang ist ein Durchgang – Sie fühlen sich schutzlos anderen (und eigenen) Mächten ausgeliefert. Das ist eine Probe, in der Sie sich bewähren sollten, um danach wieder

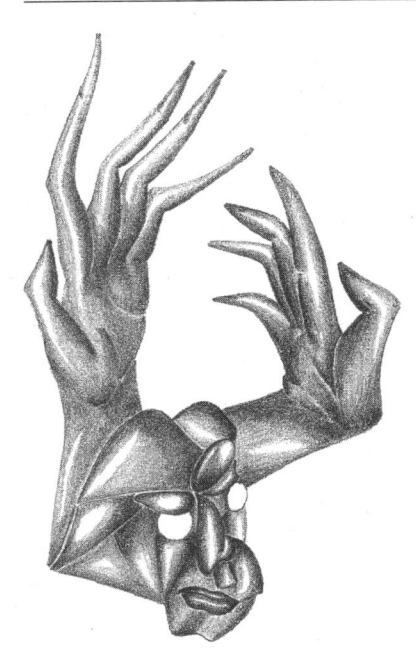

> *Fingernägel*
> *Zwei Hände mit extrem langen Fingernägeln weisen deutlich auf stark aggressive Gefühle hin (ob bewußt oder unbewußt). Dieser Traum warnt entweder vor der eigenen Kratzbürstigkeit, oder der Träumer leidet unter den »intellektuellen Spitzen« eines anderen Menschen (→ Kater). Kratzen diese Nägel im Traum einen anderen, dann ist große Verletzungsgefahr angezeigt!*

ins Licht zu treten. Manchmal ist ein solcher Traum auch ein Aufruf, jetzt fachmännische Hilfe in Anspruch zu nehmen. → Dunkelheit, → Nacht

Fisch

▷ S: Sinnbild des Wassers, des Lebens und der Fruchtbarkeit.
▷ V: Sehen Sie mehrere Fische in einem klaren Wasser, sollten Sie Ihr Glück mal in der Lotterie versuchen. Sie fangen Fische: Eine vor kurzem begonnene Unternehmung wird erfolgreich verlaufen, oder Sie werden zu Geld kommen. Wenn Schwangere davon träumen, Fische zu essen, kündigt dies eine leichte Geburt an. Sehen sich hingegen Männer im Traum Fisch essen, werden sie Glück bei Frauen haben. Sie sehen oder fangen nur kleine Fische: Sie sind etwas unzufrieden oder traurig. Der Fisch ist kalt oder glitschig: Sie werden von Schmeichlern buchstäblich »eingeseift« und für deren Zwecke benutzt. Eine Fischangel zeigt Hoffnung und guten Gewinn. Wer-

den Sie von einem Fisch verschlungen, leiden Sie unter tiefen seelischen Konflikten und Gefühlen der absoluten Hilflosigkeit.
▷ T: Der Fisch symbolisiert sehr oft sexuelle Bedürfnisse oder Ihren Wunsch nach Kindern. Außerdem sollten Sie in Ihrem Unbewußten nach mehr Selbsterkenntnis »fischen«.

Fischer
▷ V: Die Gestalt des Fischers zeigt an, daß sich etwas in Ihrem Unterbewußtsein (Wasser) befindet, das hervorgeholt werden sollte. Es geht hier um verborgene Seeleninhalte, die ans Tageslicht des Bewußtseins dringen wollen. → Fisch

Flasche
▷ V: Sie sehen eine volle Flasche oder mehrere: Eine Freude oder Einladung kommt bald auf Sie zu. Sehen Sie eine leere Flasche kündigt dies Unannehmlichkeiten oder eine Benachteiligung an. Sehen Sie eine zerbrochene Flasche oder zerbrechen diese selbst, werden Sie eine traurige Nachricht bekommen. Eine Flasche voll Wein zu sehen ist ein gutes Zeichen, das Reichtum verheißt.
▷ T: Eine Flasche ist manchmal ein Symbol für sexuelle Bedürfnisse, bezeichnet aber meist die berufliche oder private Begrenzung Ihrer Möglichkeiten. Fühlen Sie sich selbst wie eine »Flasche«, oder haben andere Sie so genannt? Haben Sie einen Fehler gemacht, etwas versäumt, oder neigen Sie öfter dazu, sich selbst herabzusetzen? Werden Sie von anderen herabgesetzt?

Fleck
▷ V: Sehen Sie Flecken an Ihrer Kleidung, ist das eine Aufforderung, alle Angewohnheiten und Verhaltensweisen gründlich zu überprüfen, denn Sie machen auf Ihre Umwelt einen negativen Eindruck. Sie sehen Fettflecken an Ihrer Kleidung: Sie könnten durch eine Heirat reich werden. Sie verursachen selbst einen Fleck: Ein Fehltritt kündigt sich an. → Fett
▷ T: Flecken zeigen oft Ihr schlechtes Gewissen, Schuldgefühle oder eine viel zu lässige Grundhaltung im Leben an. Was trifft hiervon auf Sie zu?

Fledermaus

▷ V: Sie sehen eine Fledermaus: Seien Sie nicht so wankelmütig, und nutzen Sie andere Menschen nicht aus. Sehen Sie viele Fledermäuse, haben Sie Angst vor Ihren Schulden, doch Ihre Geschäfte bessern sich allmählich.

▷ T: Die Fledermaus symbolisiert dunkle Persönlichkeitsschichten, die Ihnen vielleicht noch nicht bewußt sind. Graben Sie danach, denn dadurch können Sie viel über sich selbst erfahren!

Fleisch

▷ V: Sie sehen oder essen Fleisch: Symbol für sinnliche Begierden und materielle Genußsucht. Manchmal ist es sogar ein Anzeichen für Wohlstand. Verzehren Sie im Traum das Fleisch eines Menschen, werden Sie in der Gesellschaft verachtet. Sehen Sie faules Fleisch, haben Sie Pech in einer bestimmten Angelegenheit. Werfen Sie Fleisch den Hunden vor, werden Sie von jemandem sehr herablassend behandelt.

▷ T: Fleisch zeigt oft Ihre Vorlieben und Abneigungen. Es kommen in einem solchen Traum aber auch Ihre materiellen und körperlichen (auch sexuellen) Bedürfnisse zum Ausdruck.

Flieder

▷ V: Sie sehen im Traum Flieder: Sehnsucht nach Zuneigung und Zärtlichkeit. Der Duft von Flieder zeigt erwachende Liebe und romantische Gefühle an. Sehen Sie welken Flieder, folgt nach einem schönen Liebesabenteuer bald die große Ernüchterung. Pflücken Sie Flieder, wird ein romantischer Verehrer oder eine Verehrerin Ihren Weg kreuzen. Bekommen Sie Flieder geschenkt, kündigt sich damit eine erfreuliche Liebeserklärung an.

▷ T: Diese wohlriechende Blume zeigt Ihre erwachenden Liebesgefühle an, aber auch romantische Stimmungen und Ihr Bedürfnis nach Liebe und Zuneigung zu anderen Menschen.

fliegen

▷ S: Träumen Männer vom Fliegen, symbolisiert dies vor allem den Freiheitsdrang. Diese Träume zeigen aber auch den Wunsch

nach einem sexuellen Rauscherlebnis und symbolisieren die männliche Erektion, da diese einer Aufhebung der Schwerkraft ähnelt.
▷ V: Wenn Sie im Traum Ihren Flug als beglückend erleben, dann symbolisiert dieses Erlebnis, daß Sie sich erfolgreich über etwas hinweggesetzt haben. Ist Ihr Flugerlebnis beklemmend oder als Verfolgungstraum getarnt, so zeigt dies organische Leiden an (Herz und Kreislauf untersuchen lassen). Sie sehen sich hoch über andere Menschen hinwegfliegen: Sie haben hochfliegende Pläne, die jedoch nicht immer durchführbar sind. Fliegen Sie über dem Boden, verspüren Sie den Wunsch, Ihr Leben – und Ihre Zukunft – abzusichern. Fliegen Sie über Länder und Meere hinweg, symbolisiert dies Ihre Sehnsucht nach grenzloser Freiheit. Bei Ehepaaren ist dies der Wunsch nach Auflösung der Beziehung.
▷ T: Fliegen hat viele Bedeutungen: Sexuelle Bedürfnisse werden ausgedrückt, ein besserer Überblick über Vergangenheit und Zukunft soll erzielt werden, oder Sie wollen sich aus den »Niederungen des Alltags« emporheben. Fliegen ist immer eine unsichere Angelegenheit, da man den Boden der Realität verläßt. Hoffentlich fallen Sie nicht bald »aus allen Wolken«!

Fliege

▷ V: Werden Sie im Traum von vielen Fliegen umschwärmt, werden aufgrund von Klatsch viel Ärger und Unannehmlichkeiten auf Sie zukommen. Sie fangen Fliegen: Lassen Sie sich nicht nervös machen von Ihrer Umwelt und vermeiden Sie Streß im Büro. Sie schlagen Fliegen tot: Sie wollen widrigen Umständen aus dem Weg gehen, doch es wird Ihnen kaum gelingen. Bekommen Sie Fliegen in den Mund, werden Sie Probleme mit einem frechen Menschen bekommen.
▷ T: Fliegenträume weisen meist auf Nervenreizungen hin oder auf »Lästiges« (auch lästige Menschen) in Ihrer Umgebung.

Floh

▷ V: Sehen Sie einen Floh, so möchten Sie sich am liebsten an einem gewissen Menschen rächen. Werden Sie von Flöhen gebissen, macht Ihnen ein bösartiger Mensch zu schaffen. Fangen Sie

selbst Flöhe, dann können Sie all Ihre weltlichen Angelegenheiten bald regeln. Hat Ihnen jemand einen »Floh ins Ohr gesetzt«?
▷ T: → Fliege, → Insekten, → Wanze

Flucht
▷ V: Sie sind selbst auf der Flucht: Sie können noch rechtzeitig einer Gefahr aus dem Weg gehen. Sie verhelfen jemandem zur Flucht: Durch Ihre Gutmütigkeit werden Sie weitere Probleme bekommen.
▷ T: Die Flucht warnt vor zukünftigen Gefahren, zeigt aber bei vorsichtigen Aktionen die Möglichkeit des guten Ausgangs.

Fluß
▷ S: »Alles fließt.« Der Fluß ist ein Symbol für die universalen Möglichkeiten der Fruchtbarkeit, des Todes und der Erneuerung.
▷ V: Sie sehen einen großen Fluß mit klarem Wasser: Ein sehr gutes Zeichen für einen fließenden Lebensweg mit wenig Störungen. Der Fluß führt trübes Wasser: Sie werden von anderen Menschen angefeindet und müssen dagegen ankämpfen. Tritt ein Fluß über seine Ufer, ist negativer Klatsch über Sie im Umlauf. Ihre Aktionen fallen »ins Wasser«. Sie fallen in einen Fluß: Ein Unglück kommt selten allein. Sie schwimmen durch einen Fluß: Sie werden einen gefährlichen Gegner überwinden müssen, schaffen es jedoch. Sie schwimmen gegen die Strömung: Symbol für innere Widersprüche, die vereint werden sollten. Sie überqueren einen Fluß: Sie lassen Altes zurück, und eine positive Wandlung beginnt. → Bach
▷ T: Der Fluß wird als Energiereservoir Ihrer Seele betrachtet. Die Kräfte Ihrer Seele werden von Ihnen nicht genügend genutzt oder sind Ihnen noch gar nicht bewußt geworden (→ Strom). Das Aussehen des Flusses symbolisiert Ihre Gefühlsenergie und -kraft: Diese unbewußten Energien können Sie forttragen ans andere Ufer. Sie können Sie aber auch mitreißen (wohin Sie gar nicht wollten), und schließlich könnten diese Sie auch vernichten (wenn Sie im Fluß ertrinken)! Vielleicht möchten Sie auch zu den »Quellen Ihrer Persönlichkeit« vorstoßen, d.h. zu mehr Selbsterkenntnis gelangen? → Wasser

Flut

▷ V: Sie sehen im Traum eine Flut mit vielen Wellen: Sie sollten eine längst fällige Entscheidung nicht länger hinauszögern, sonst wird eine negative Entwicklung Sie überfluten. Sie sehen am Meer den Gezeiten zu: Ihr Glück im Leben ist sehr wechselhaft, es geht immer auf und ab. → Ebbe, → Wasser

▷ T: Die Flut symbolisiert einen Gefühlsausbruch (eine Welle der Liebe, eine Angstwelle, ein Schockerlebnis u.ä.). Entweder trifft dieses Ereignis demnächst ein, oder Sie haben es vor kurzem erlebt.

Folterung

▷ V: Werden Sie im Traum gefoltert, ist dies ein Zeichen für schwere seelische Leiden, möglicherweise auch für eine unglückliche Liebe. Foltern Sie jemand anderen, werden Sie bald Unrecht auf sich laden. Sehen Sie eine Folterkammer, haben Sie Angst vor den Folgen Ihrer Handlungen.

▷ T: Die Folter zeigt Ihr schlechtes Gewissen, das Sie quält, wenn Sie Fehler oder Schuld auf sich geladen haben. Manchmal leidet man auch mit anderen Menschen mit, denen man in einer Notlage nicht beistehen kann.

Forelle

▷ V: Sehen Sie eine Forelle in klarem Wasser, wird eine große Freude eintreffen. Sie haben außerdem eine sehr stabile Gesundheit. Fangen Sie Forellen, verheißt dies Wohlstand oder Glück in der Lotterie. → Fisch, → Wasser

Foto

→ Bild

Frack

▷ V: Trägt jemand oder tragen Sie selbst im Traum einen Frack, können Sie in Kürze mit der Anerkennung Ihrer beruflichen Leistungen rechnen. Die Feier wird jedoch recht langweilig. → Kleidung

Frau

▷ V: *Frauenträume:* Träumt eine Frau von weiblichen Sexbomben, dann zeigt dies ihre Unsicherheit in bezug auf ihren Partner und ihre Weiblichkeit an. Sehen Sie als Frau im Traum mütterliche Personen, äußert sich darin ein starker Wunsch nach mehr seelischer Geborgenheit. Sehen Sie eine bekannte Frau im Traum, dann ist sie ein Vorbote guter Nachrichten. Ist Ihnen diese Dame völlig fremd, kann Zank, Neid und Ärger ausgelöst werden
Männerträume: Machen Sie als Mann Frauen den Hof, sollten Sie mit Ihren Ausgaben etwas vorsichtiger sein. Sehen Sie eine Frau mit einem Kind, werden Sie bald viele Sorgen haben. Sehen Sie hingegen eine schwangere Frau, kommt eine unerwartete Freude auf Sie zu. Sie werden als Mann von Frauen umworben: Sie waren viel zu leichtsinnig, und Ihre Finanzen erleben nun einen Engpaß. Hier hilft nur, sparsamer zu leben. Sie treffen eine unbekannte Frau: Sie lernen jemand Neues kennen. Sehen Sie mehrere fremde Frauen zusammen, wird über Sie geklatscht werden. Halten Sie eine Frau im Arm, sollten Sie einer oberflächlichen Liebschaft lieber aus dem Weg gehen. Sehen Sie eine schwarzhaarige Frau, bedeutet dies unbewußte Eifersucht. Sehen Sie eine rothaarige Frau, stellt Ihnen jemand eine Falle. Sie sehen eine langhaarige Frau: Eine Beziehung wird sich vertiefen. Die Frau ist nackt: Das ist ein Zeichen unbewußter Leidenschaften, doch Sie könnten sich auch lächerlich machen durch Ihr Verhalten. Sehen Sie eine lachende Frau, zehren Kummer und Verzweiflung in der Liebe an Ihren Kräften.

▷ T: Träume, in denen alte Frauen (→ alter Mann) auftreten, werden als Erinnerung an die Mutter betrachtet, die dann meistens idealisiert wird. Die Frau im Traum kann (vor allem in Männerträumen) Ihre erotischen Bedürfnisse, Erwartungen und Wünsche anzeigen. Die Frau als weibliches Wesen verkörpert aber auch unsere Gefühlswelt und das Irrationale in jeder Persönlichkeit. In harmonischen Frauenträumen zeigt sich Ihre Hingabebereitschaft an Menschen und Dinge und auch Ihre Empfänglichkeit für äußere Eindrücke und Einflüsse.

Freund, Freundin

▷ V: Träumt ein einsamer Mensch von einem Freund, drückt sich darin seine Sehnsucht nach mehr Geselligkeit aus. Begegnen Sie im Traum einem Freund, ist dies eine Warnung vor unüberlegten Handlungen. Sie streiten mit einem Freund: Treue ist für ihn wohl ein Fremdwort? Sie sehen einen verstorbenen Freund: Bald werden Sie überraschende Neuigkeiten erfahren. Helfen Sie einem Freund, werden Sie selbst bald Hilfe erhalten. Schließen Sie im Traum eine neue Freundschaft, zeigt das an, daß Sie wirklich treue Freunde besitzen.

▷ T: Ein unbekannter Freund im Traum führt Ihnen bestimmte Persönlichkeitsanteile vor Augen, die Sie von sich selbst nur annehmen. Treffen Sie im Traum hingegen auf einen bekannten Freund bzw. Freundin, haben Sie dieselben Gefühle, die Sie für einen speziellen Freund oder eine Freundin auch im Leben empfinden.

Friedhof

▷ V: Keine Angst, wenn Sie als Frau öfters von einem Friedhof träumen oder dort spazierengehen – hier drückt sich nur Ihr Wunsch nach mehr Ruhe aus, denn Beruf, Haushalt oder Kinder haben Sie ausgelaugt. Verweilen Sie auf einem Friedhof, hängen Sie noch zu sehr an Ihrer Vergangenheit. Betreten Sie einen Friedhof, erinnern Sie sich an frühere Ereignisse und werden von diesen in Beschlag genommen. Vielleicht wollen Sie auch etwas begraben, um wieder frei zu werden? Wenn Sie Blumen auf einen Friedhof bringen, kündigt sich damit ein Todesfall in der näheren Verwandtschaft an.

▷ T: Der Friedhof zeigt Ihre innere Unruhe, verursacht durch neue oder vergangene Probleme, weil Sie jetzt sehr plötzlich vor eine Entscheidung gestellt werden. → Grab, → Tod

Friseur, frisieren

▷ V: Ein Friseur schneidet Ihnen die Haare: Lassen Sie sich von niemandem beeinflussen – es würde Ihnen persönlich schaden. Sie werden frisiert: Bei jungen Frauen oder Männern kündigt dies eine Verlobung oder Hochzeit an; bei älteren Träumern materielles Glück. Träumen Frauen davon, daß sie sich ihre Haare sehr kurz abschneiden, bedeutet dies, daß sie versuchen, all ihre Gefühle »im Zaum zu halten«.

▷ T: Der Friseur und das Frisieren zeigen eine gewisse Sehnsucht nach gutem Aussehen an. Damit verbunden weisen beide Symbole darauf hin, daß Sie ziemlich eitel sind und sich eine starke sexuelle Ausstrahlung auf andere wünschen. Legen Sie nicht soviel Wert auf Äußerlichkeiten, sonst wird eine Liebe auch nur oberflächlich bleiben können!

Frosch

▷ V: Sie sehen einen Frosch: Glück in der Liebe und mit Geld. Sie hören Frösche quaken: Geben Sie keinen Anlaß für Klatsch und Tratsch, denn Ihr Ruf ist noch unbeschadet. Halten Sie einen Frosch in der Hand, werden Sie gewinnen. Töten Sie einen Frosch, werden Sie sich selbst einen Schaden zufügen.

▷ T: Der Frosch ist mit einer seelischen Wandlung (vom Laich zum Tier, ein verzauberter Prinz) zu vergleichen, jedoch auf einer niederen Stufe. Vielleicht will der Traum Ihnen auch Mut machen: »Sei kein Frosch!«

Frucht

▷ S: Früchte sind meist Vorzeichen für die Entwicklung neuer Pläne.

▷ V: Wenn Sie Früchte essen, werden Ihre Hoffnungen in der Liebe sich bald erfüllen, denn Sie handeln sehr klug. Sehen Sie faule Früchte, drohen Unannehmlichkeiten oder Verdruß. Sehen Sie viele verschiedene Früchte, wird eine Auseinandersetzung sehr gut ausgehen. Früchte zu pflücken, bringt immer positive Vorteile und Veränderungen in einer zwischenmenschlichen Beziehung.

▷ T: Oft zeigen Früchte den Erfolg Ihrer früheren Anstrengungen an. Sie sind aber auch ein positives Zeichen für neue Pläne und vor allem für Ihre Bemühungen in zwischenmenschlichen und erotischen Beziehungen. Faule Früchte hingegen kündigen immer Mißerfolge an.

Frühling

▷ V: Träumen Sie vom Frühling, wird bald eine sehr angenehme Zeit für Sie kommen. Eine Liebe mag aufkeimen, oder Ihre Hoffnungen und Wünsche erfüllen sich. In Männerträumen während oder nach der Midlife-crisis: Sie wünschen und erhoffen etwas Spezielles, doch dies wird nicht in Erfüllung gehen.
▷ T: Meist kommen in Träumen vom Frühling sexuelle Gefühle und Wünsche zum Ausdruck. Auf geistiger Ebene symbolisiert der Frühling, daß bald neue, gute Eigenschaften aus Ihnen hervorbrechen werden. Alles, was Sie jetzt beginnen, ist von Erfolg gekrönt und hat beste Aussichten!

Fuchs

▷ S: Er gilt wie andere rothaarige Tiere als Symbol der List.
▷ V: Sie sehen im Traum einen Fuchs (oder mehrere): Sie sind Ihren Freunden gegenüber mißtrauisch. Sie sehen einen Fuchs laufen: Jetzt sollten Sie vorsichtig sein, jemand will Sie überlisten. Sie sehen einen zahmen Fuchs: Vorsicht, ein falscher Freund spielt ein hinterlistiges Spiel mit Ihnen. Sie fangen einen Fuchs: Sie werden ein geheimes Komplott aufdecken. Sie nehmen an einer Fuchsjagd teil: Entweder überlisten Sie eine Frau – oder umgekehrt.
▷ T: In Männerträumen ist der Fuchs meist ein Symbol sexueller Begierde (Jagd auf eine oder mehrere Frauen machen). Der Fuchs ist klug und schlau, er reagiert instinktiv, aber er kann auch Hinterhältigkeiten anzeigen, die gegen Sie im Gange sind.

Fund

▷ V: Im Traum einen Fund zu machen zeigt Geldverluste an oder den Verlust von wertvollen Gegenständen.
▷ T: Das Unterbewußtsein warnt Sie hiermit, sich nicht zu sehr (und zu oft) auf das Glück im Leben, den glücklichen Zufall zu verlassen.

Furcht
→ Angst

Fuß

▷ S: Der Fuß des Menschen stellt seine Verbindung zur Erde dar.
▷ V: Sie laufen im Traum auf nackten Füßen: Sie sollten wieder auf den Boden zurückkommen. Sie brauchen mehr Naturverbundenheit, Realität und Sinnlichkeit (→ Barfuß gehen). Sie haben schmutzige Füße: Sie plagt ein schlechtes Gewissen – erleichtern Sie es. Sie waschen sich die Füße: Eine unklare Angelegenheit nimmt einen günstigen Verlauf, der kleine Umweg war äußerst heilsam. Sie brechen sich einen Fuß: Unerwartete Hindernisse und ein Mißgeschick blockieren Ihren Lebenslauf. Haben Sie im Traum sehr große Füße, könnten Sie bald Hausbesitzer werden, doch zügeln Sie Ihre Verschwendungssucht. Haben Sie dünne Füße, verläuft Ihr Leben etwas beschwerlich, das ermüdet Sie.
▷ T: Sich bewegende Füße sind Sinnbild für Ihren Willen, vor den Schwierigkeiten auf dem weiteren Lebensweg nicht davonzulaufen. Füße symbolisieren immer die Basis Ihres Lebens: Ihre Überzeugungen, Prinzipien, Normen und Richtlinien. Wichtig ist, wohin die Füße laufen, oder ob wir im Traum den → rechten (Alltag, Realität, den rechten Weg) oder → linken (das Weibliche, Intuitive, Irrationale, Gefühlsmäßige) Fuß sehen – oder dieser Ihnen fehlt.

Fußball

▷ T: Sehen Sie einen Fußball oder spielen selbst, so ist hiermit immer eine gewisse Warnung verbunden, weil Sie im Beruf oder Privatleben eine etwas zu leichtsinnige Grundeinstellung besitzen. Denken Sie immer daran: »Nur wenige Bälle treffen ein Tor – und das gelingt oft erst nach langer Zeit!«

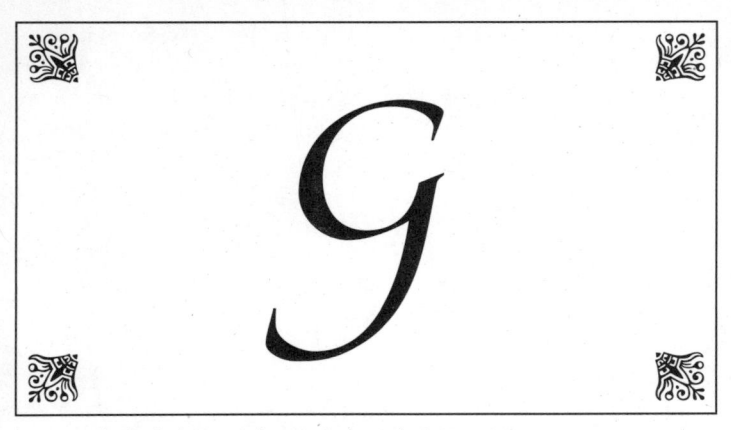

▷ S = symbolisch; ▷ T = tiefenpsychologisch; ▷ V = visionär, voraussagend

Gabel
▷ V: Sie essen mit einer Gabel: Es kündigt sich ein Streit an. Sie lassen eine Gabel fallen: Auch hier drohen Streitigkeiten und Entzweiung mit einem Menschen. Sie stechen sich an einer Gabel: Eine deutliche Warnung vor Betrugsversuchen anderer. Sie stechen einen anderen damit: Sie werden von einer Person schamlos ausgenutzt. Sie sehen eine Heugabel: Besitz und Vermögen nehmen zu.
▷ T: Die Gabel symbolisiert Konflikte und Streitigkeiten in Ihren ganz persönlichen und/oder erotischen Beziehungen zu anderen. Deshalb können Sie sich nicht auf Ihr momentanes Ziel konzentrieren.

Galgen
▷ V: Sehen Sie einen Galgen, sind Sie leider von falschen Freunden umgeben. Sehen Sie jemandem am Galgen hängen, wird Ihr Feind oder Gegner bald kapitulieren müssen. Hängen Sie selbst an einem Galgen, kündigt dies baldiges Glück durch eine Veränderung in Ihrem Leben an. Bauen Sie an einem Galgen, steht Ihnen ebenfalls eine unerwartete Veränderung bevor, die positiv Ihre weitere Entwicklung fördert.

▷ T: Der Galgen zeigt meist eine tiefergehende Veränderung in Ihrem Leben an, doch bis zur erleichternden Wende bedarf es einer Zeit des Leidens und der Sühne, denn Ihre jetzigen Probleme sind nicht im Eiltempo zu klären und bedürfen größerer Umstellungen. → aufhängen

Gäste

▷ V: Wenn Sie im Traum Gäste empfangen, dann werden Sie demnächst eine neue Bekanntschaft machen oder eine Freundschaft schließen können. → Freund

Gans

▷ S: Die Gans ist ein Symbol für Wachsamkeit und Unbestechlichkeit.
▷ V: Sie schlachten oder essen eine Gans: Gutes Zeichen für eine Geldeinnahme oder mehr Einkommen. Wenn Sie im Traum eine Gans kaufen, sollten Sie aufpassen, daß man Sie nicht zum Narren hält. Sie hören Gänse schnattern: Vorsicht, jemand redet Schlechtes über Sie. Rufen Sie eine Gans, sollten Sie die Gesellschaft eines einfältigen Menschen meiden. Müssen Sie Gänse hüten, können Sie einer unangenehmen Beschäftigung nicht ausweichen. Mästen Sie eine Gans, sollten Sie einen anderen Menschen nicht in seinen törichten Absichten bestärken.
T: Die Gans symbolisiert (zu Unrecht) ein ziemlich einfältiges Wesen oder gar Dummheit (von Ihnen oder anderen). Manchmal zeigt sie Ihr Gefühl, im Beziehungsbereich vom Partner ausgenutzt zu werden (selbst »eine dumme Gans« zu sein). Ändern Sie das!

Garten

▷ S: Der Garten ist das Paradies des Irdischen und des Himmlischen.
▷ V: Unglückliche und unbefriedigte Frauen träumen oft von einem umzäunten Garten, dessen schöne Blumen nicht erreichbar sind. Gehen Sie im Traum durch einen blühenden Garten, befindet sich Ihre Seele im Moment in einem ausgeglichenen, zufriedenen Zustand, und neue Freuden werden bald kommen. Zeigt sich

der Garten recht verwildert, empfinden Sie viel Reue über einige Fehler und Unterlassungssünden Ihrer Vergangenheit. Gehen Sie in einem schönen Garten spazieren, werden Sie bald schöne Erlebnisse genießen können. Sehen Sie einen Garten mit einem hohen Zaun, wird Ihnen jemand eine wichtige Bitte abschlagen, weil Sie Ihre echten Gefühle meist vor ihm verstecken. Ein solcher Traum ist oft auch ein Zeichen für Selbstisolierung.
▷ T: Das Aussehen des Gartens zeigt Ihr Innenleben an und ob Sie all Ihre Fähigkeiten, Talente und Anlagen pflegen. Gartengeräte in den Händen weisen darauf hin, daß Sie aktiv mithelfen müssen, innerlich wieder Ordnung zu schaffen. Wie sieht Ihr Garten aus – was wächst darin? → Baum, → Blume, → Busch, → Gras, → Wiese

Gas
▷ T: Recht negative Gedanken haben sich in Ihren → Kopf eingeschlichen und üben auf Dauer eine zerstörerische Wirkung aus. Wechseln Sie diese geistige Haltung baldmöglichst in positives Denken um!

Gebet, Gebetbuch
▷ V: Sie verrichten ein Gebet: Durch Ihre demütige Grundeinstellung wird Ihr Wunsch erfüllt. Sie sehen ein Gebetbuch oder lesen darin: In Ihrer jetzigen leidvollen Lage wird Ihnen bald Trost zuteil. Erhalten Sie ein Gebetbuch geschenkt, werden Sie auf einen sehr guten Menschen treffen, der Ihnen hilft. Verlieren Sie ein Gebetbuch, werden Sie bald einen treuen Freund verlieren. Werfen Sie ein Gebetbuch weg, kommt seelische Not durch Ihr eigenes Verschulden auf Sie zu. → Andacht
▷ T: Das Gebet zeigt Demut oder Ihre Hoffnung auf Hilfe in einer Notlage an – manchmal auch die Erfüllung dieses Wunsches. Das Gebetbuch symbolisiert Ihr Bedürfnis nach Trost und »höherer Einsicht«.

Geburt
▷ V: Sie träumen von einer Geburt: Bald werden neue Ideen, neue Werke, Pläne oder gar eine Buchidee »geboren« werden

(meist in Männerträumen). Bei Frauen zeigt die Geburt eine neue Lebenseinstellung an, die die Träumerin zur Welt bringen soll. Sind Sie im Traum selbst der oder die Gebärende, könnte sich bald eine neue Existenzmöglichkeit auftun. Sie erleben eine glückliche Entbindung: Ein langgehegter Wunsch wird sich bald erfüllen, Sie werden von vielen Sorgen entlastet. Sie erleben eine schwere Entbindung: Sie müssen sich von etwas Liebgewordenem trennen. Manchmal ist dies auch Symbol für eine Erkrankung. Sehen Sie die Geburt eines Tieres, kommt eine sehr günstige Epoche auf Sie zu mit vielen neuen Chancen.

▷ T: In Frauenträumen deutet die Tiefenpsychologie die Entbindung als Entwicklung der eigenen Persönlichkeit, die unter Schmerzen geboren wird. In Männerträumen handelt es sich meist um die Geburt einer neuen Idee, eines Werkes, einer außergewöhnlichen Handlung. Die Geburt symbolisiert immer einen neuen Anfang in Ihrem Leben oder in Ihrer persönlichen Entwicklung. Sie fördert auch Ihre seelische Gesundheit oder erneuert diese – ein schönes Traumsymbol!

Geburtstag

▷ V: Wenn Sie im Traum Ihren eigenen Geburtstag feiern, wird bald eine angenehme Überraschung eintreffen. Feiern Sie bei einem anderen Geburtstag mit, bieten sich Ihnen jetzt sehr gute berufliche Gelegenheiten durch Begegnung mit anderen Menschen. Addieren Sie die Quersumme Ihres Geburtstages und sehen Sie im → Kapitel »Zahlen im Traum« nach, welche Bedeutung dies hat. (Ein Beispiel: geb. 20.11.1936 = 2 + 1 + 1 + 1 + 9 + 3 + 6 = 23. Zwei und drei ergibt die Fünf: Sie sind ein geborener »Fünfer«).

▷ T: → Kapitel »Zahlen im Traum«.

Gedränge

▷ V: Sie erleben Gedränge oder befinden sich darin: Der Beruf und der Alltag fressen Sie auf. Sie brauchen dringend etwas Abstand von dieser Hektik!

Gefängnis, Gefangenschaft
▷ V: Sie sehen sich selbst im Gefängnis: Dies ist bei Ehepaaren ein schlechtes Zeichen, denn dieser Traum symbolisiert innere Unzufriedenheit. Sie fühlen sich in Ihrer Beziehung irgendwie eingesperrt oder vom Leben abgekapselt. Sie besuchen jemanden im Gefängnis: Entweder plagt Sie jetzt ein schlechtes Gewissen, oder aber Sie bereuen zutiefst eine frühere Handlung. Sie werden aus einem Gefängnis entlassen: Jetzt beginnt eine neue Epoche in Ihrem Leben! Sie sehen im Traum ein Gefängnis: Jemand bietet Ihnen etwas an – doch das ist wenig verlockend.
▷ T: Das Gefängnis symbolisiert meistens Ihre Angst vor zu engen oder zu gefühlsintensiven Beziehungen zu anderen Menschen. Womöglich ist Ihre Selbstentfaltung wirklich stark gehemmt, und Sie sollten schnell etwas dagegen tun (Brechen Sie aus!). Sind Sie selbst Gefangener, so könnten sich dahinter auch (un)berechtigte Schuldgefühle verbergen.

Gefahr
▷ V: Wenn Sie im Traum immer wieder Gefahren durchleben, müssen Sie dringend zur Ruhe kommen, oder Sie sollten fachmännische Hilfe in Anspruch nehmen. → Angst

Gefäß
▷ T: Ein volles Gefäß zeigt meistens Ihre Erfolge an – ein leeres Ihre Mißerfolge. Vielleicht will Ihnen das volle Gefäß deutlich machen, daß Ihre derzeitigen Ängste völlig unberechtigt sind? → Eimer, → Glas, → Kelch, → Pokal, Schale, → Tasse

gehen
▷ V: Sie gehen im Traum rückwärts: Frühere Erfahrungen und vergangene Erlebnisse hemmen Ihren jetzigen Fortgang im Leben. Schreiten Sie mutigen Schrittes voran, machen Ihre innere Zuversicht und Ihre Vitalität große Fortschritte möglich. Müssen Sie mühselig Treppen hinaufsteigen? Geht es im Traum abwärts? Wichtig sind hier die zusätzlichen Traumbilder, um einen Gesamteindruck und hilfreiche Hinweise zu erhalten. → Schritt

▷ T: Das Gehen zeigt Ihren momentanen Lebensweg an. Wohin wollen Sie gehen (→ Himmelsrichtung)? Wie sieht Ihre Umgebung aus (→ Allee, → Straße, → Weg)? Laufen Sie auf gesunden Beinen (→ Fuß)? Wie sehen Ihre Zukunftspläne aus? Analysieren Sie diesen Traum sorgfältig, denn Sie werden aufschlußreiche Tips erhalten, ob Sie sich auf dem richtigen Weg befinden!

Geheimnis
▷ V: Erfahren Sie im Traum ein Geheimnis, werden Sie bald gute Beziehungen anknüpfen oder eine neue Freundschaft beginnen. Verraten Sie dagegen ein Geheimnis, werden Schimpf und Schande über Sie hereinbrechen.
▷ T: Das Geheimnis enthüllt, daß Sie etwas wissen und doch nicht wahrhaben wollen, denn Sie verdrängen noch immer Ihre Einsicht. Dieser Traum warnt deutlich vor Selbstbetrug. Lüften Sie Ihr eigenes Geheimnis baldmöglichst!

Gehirn
▷ T: Dieses wichtige menschliche Organ will Sie entweder dazu auffordern, den eigenen Intellekt mehr einzusetzen, oder es warnt Sie davor, alles nur »mit dem Kopf« zu entscheiden. Sie wissen selbst am besten, was auf Sie zutrifft!

Geier
▷ V: Sehen Sie einen oder mehrere Geier, haben Sie große Angst, von anderen ausgenutzt oder hintergangen zu werden. Ihre Gegner warten nur auf einen günstigen Augenblick. Sehen Sie einen Geier fliegen, fügt Ihnen jemand tatsächlich Unrecht zu. Erlegen Sie einen Geier, können Sie Ihren Gegner bald besiegen.
▷ T: Der Geier hat einen scharfen, beobachtenden Verstand. Er erkennt Schwächen anderer sofort und nutzt diese aus. Das kann sowohl für das Opfer gelten als auch für den Täter. Mehr Mitgefühl und echte Menschlichkeit sind gefordert!

Der Geigenspieler
»Hängt der Himmel wirklich voller Geigen?« Das fragt dieses Traumsymbol den Träumenden. Vermutlich spielen wunderschöne Illusionen eine große Rolle im Beziehungsleben des Träumers (egal ob Mann oder Frau), oder grandiose Pläne wollen verwirklicht werden, und starke Hoffnungen breiten sich aus. Die tanzende Frau neben dem Geigenspieler weist auch auf sexuelle Wünsche hin, doch beide Symbole im Duett auf zuviel Oberflächlichkeit und Vergnügungssucht!

Geige
▷ S: In Männerträumen oft sexuell zu verstehen als Potenzsymbol.
▷ V: Sie spielen im Traum Geige: Sie haben immer noch sehr romantische Ansichten über das Leben und die Liebe, doch gerade deshalb sind Sie sehr beliebt bei anderen. Sie hören andere Geige spielen: Mal ehrlich, sind Sie nicht ein bißchen neidisch auf den Erfolg und die Talente anderer Menschen? Sehen Sie im Traum

eine Geige, werden Sie in netter Gesellschaft eine angenehme Unterhaltung pflegen. Hören Sie eine Geige, gibt es eine unbewußte Sehnsucht in Ihnen, und Sie haben verborgene Talente, die Sie noch ausschöpfen sollten. → Baßgeige, → Musik

▷ T: Die Geige rät zu einer Überprüfung der eigenen Hoffnungen und Pläne. Sind sie nicht ein bißchen zu hoch gesteckt? Hängt der Himmel wirklich voller Geigen – vor allem in erotischen Verbindungen?

Geist

▷ V: Manchmal handelt es sich bei einem Geistertraum um wirkliche Begegnungen auf einer anderen (astralen) Ebene, da wir im Schlaf mit einem Teil unseres Wesens aus dem Körper herausgelöst sind und Mitteilungen aus anderen Welten empfangen können. Oft ist die Erscheinung eines Geistes eine Spiegelung eigener Wesensanteile, die uns im Traum ansehen. In einigen Fällen können Träume von Geistererscheinungen auch auf den Verlust nahestehender Menschen hinweisen.

▷ T: Der Geist kann Sie vor Hirngespinsten warnen, aber er zeigt auch eine Entwicklung an, die sich zwar schon leise anbahnt, jedoch noch unsichtbar für Sie ist.

Geistesgestörter

▷ V: Sie sehen im Traum Geistesgestörte: Es wäre klug von Ihnen, Ihr Leben bald in geordnete Bahnen zu bringen, damit Sie einen größeren Schaden vermeiden können.

▷ T: Geistesgestörte Menschen oder Idioten im Traum zeigen an, daß Sie viel zu unlogisch denken und handeln. Sie sollten mehr Verstand und Vernunft einsetzen. In der Opferrolle wäre es klug, wenn Sie im Moment freundschaftliche Kontakte zu Phantasten und anderen Menschen, die gerne und oft Traumschlösser bauen, vermeiden. → Narr

Geiz

▷ T: Ein geiziger Mensch will Geld, Sicherheit, Macht und sexuelle Potenz niemals verlieren, sondern hortet diese »Güter«. Er kann keine echten gefühlsmäßigen Beziehungen zu anderen aufbauen, da er auch diese Emotionen ungern verschenkt. Sein Leben wird um so ärmer! Träumt man vom Geiz, ist das ein deutliches Warnsymbol, denn man sollte alles verwenden und einsetzen, was man hat!

Geld
▷ V: Träumt eine Frau des öfteren von Geld, so sehnt Sie sich nach einem Mann, der ihr durch seine Macht und Kraft Geborgenheit und Glück vermitteln kann. Das Geld hat aber auch erotische Bedeutung und stellt sozusagen Ihren »Vorrat an weiblicher erotischer Anziehungskraft« dar. In Männerträumen ist Geld ein Symbol der Potenz und Leistungsfähigkeit in der Liebe. Sie sehen im Traum viel Geld: Sie haben Sehnsucht nach Verbesserung Ihrer Lebensverhältnisse. Wenn Sie Geld auf der Straße finden, belasten wahrscheinlich zu viele Schulden Ihr ruhiges Gewissen. Ein Geldbriefträger taucht auf: Verlassen Sie sich nicht dauernd auf andere, und warten Sie auch nicht auf die Hilfe von Freunden und Bekannten.
▷ T: Geld ist ein Maß für die tatsächliche oder gewünschte Energie, die man einsetzen muß, um etwas zu erhalten. Träume von Geld zeigen Ihren Energievorrat, mögliche Leistungen und Ihren persönlichen Wert an. Geld symbolisiert auch sexuelle Potenz, Einfluß, Macht – und letztlich Ihre materielle Sicherheit. Taucht es im Traum öfter auf, dann messen Sie dieser rein materiellen Energie viel zuviel Wert bei, und das raubt Ihnen Lebensglück! → Reichtum, → Bank

Geldbeutel
▷ S: Symbol des → Geizes.
▷ V: Sie erhalten einen Geldbeutel als Geschenk: Sie können mit einer baldigen und sehr angenehmen Überraschung rechnen. Sehen Sie im Traum einen Beutel ohne Geld, kommen finanzielle Verluste auf Sie zu. Finden Sie einen leeren Geldbeutel, werden alle Versprechen und Hoffnungen nicht in Erfüllung gehen. Finden Sie unverhofft einen Beutel mit Geld, bedeutet dies plötzliches Glück oder sogar unerwarteten Gewinn. Ein voller Geldbeutel

weist auch auf starke Sexualität hin. Träumen Männer, daß Sie einen Geldbeutel verlieren, haben sie Probleme mit ihrer Potenz. In Frauenträumen warnt er vor Spekulationen in nächster Zeit.
▷ T: Der Geldbeutel symbolisiert Ihr Besitzdenken und Ihren Wunsch nach materieller Sicherheit. Vielleicht enthält der Traum deshalb die Warnung, daß Sie sich nicht zu sehr nach materiellen Wünschen und Zielen ausrichten bzw. davon beherrschen lassen sollten. Der Beutel warnt Sie immer vor zuviel Übermut oder vor Verlusten, wenn er gefüllt ist. Er zeigt, daß Sie Einfluß, Macht (und Potenz) besitzen, doch nicht allzu verschwenderisch damit umgehen sollten.

Geliebte, Geliebter
▷ V: Sie träumen als Mann, daß Sie eine Geliebte haben: Ein Anzeichen, daß Sie aus Ihrer Beziehung ausbrechen wollen, der Treue wohl bald den Rücken kehren. Ähnliches gilt für Frauenträume, die von einem Geliebten handeln. Nach älteren Überlieferungen ist der Traum von einem Geliebten manchmal sogar ein Hinweis auf eine Krankheit.
▷ T: Sie wünschen sich einen Liebespartner mit perfekten Eigenschaften, den Sie wohl niemals im Leben finden können. Alle unbefriedigten Erwartungen im zwischenmenschlichen Bereich, alle Enttäuschungen in der Liebe sollten dadurch kompensiert weden. Sie sehnen sich nach einer sehr idealistischen und unerfüllbaren Form der Liebe – reduzieren Sie Ihre hohen Ansprüche auf ein vernünftiges Maß!

Gemälde
▷ V: Wenn Sie im Traum ein schönes Gemälde sehen: Ihnen steht eine große Freude bevor. Was ist auf dem Gemälde noch zu sehen? In welchen Farben wurde es gemalt (→ Kapitel »Farben im Traum«)? → Bild

Gemse
▷ V: Sehen Sie im Traum Gemsen, zeigt dies einen deutlichen Wunsch nach persönlicher Freiheit an. Dafür gibt es für Sie nur

wenig günstige Gelegenheiten, und Sie sollten eine aufkommende Chance beim Schopfe packen!

Gemüse
▷ V: Sie sehen Gemüse: Ein Hinweis, in nächster Zeit mehr auf die Gesundheit zu achten. Sie essen Gemüse: Sie sollten Ihr Verhalten Freunden und Kindern gegenüber kritisch überprüfen; entweder überfordern Sie diese, oder Sie nutzen deren Freundschaft aus. Wenn Sie selbst Gemüse pflanzen, werden Sie schon bald sehr freudige Stunden oder Ereignisse genießen können.
▷ T: Vor allem in Frauenträumen symbolisiert Gemüse erotische Bedürfnisse und Wünsche. Stehen Sie (als Mann) mehr auf »junges Gemüse«?

General
▷ V: Sie sehen einen General: Entweder eine Warnung vor zuviel Hochmut, Arroganz und Befehlston, oder aber Sie können bald die Bekanntschaft einer höhergestellten Person machen. Sind Sie selbst im Traum ein General, werden Sie bald sehr verantwortungsvolle Aufgaben übertragen bekommen. Verkehren Sie mit einem General, wird eine höherstehende oder eine Amtsperson Sie protegieren. → Militär, → Uniform
▷ T: Der General zeigt meist eheliche Konflikte an. Sie sollten nur klären, wer hier den »General« spielt und gerne Befehle erteilt. Er kann aber auch Ihren inneren Befehlshaber symbolisieren, der über den Einsatz Ihrer seelischen Energien entscheidet.

Genesung
▷ V: Sie träumen von einer Genesung: Sie haben schwere Zeiten hinter sich, doch es wäre vernünftiger, noch etwas stillzuhalten, bis das Neue in Ihnen von selbst heranreift und sich zeigt.

Gepäck
▷ V: Sie schleppen schweres Gepäck: Dies zeigt deutlich viel seelischen Ballast an, sowie unnötige Schwierigkeiten, die Sie sich selbst bereiten. Was schleppen Sie alles mit sich herum?

Gericht

▷ V: Sie stehen vor einem Gericht: Sie sind ständig bemüht, gegen alle negativen Eigenschaften anzukämpfen. Sie halten selbst über einen Menschen Gericht: Sie fühlen sich von einer Person irgendwie verletzt und gehen einer offenen Aussprache noch immer aus dem Weg. Sie sind als Zuschauer im Gerichtssaal: Unbewußte Erinnerungen tauchen auf in Verbindung mit einem schlechten Gewissen über einen früheren Fehler oder eine Tat. Müssen Sie als Zeuge vor Gericht erscheinen, braucht ein Freund oder ein Bekannter dringend Ihre Hilfe. Erhalten Sie eine Vorladung, ist dies eine Warnung, denn andere versuchen, Ihnen eine Schuld aufzubürden. Träumen Sie von einer gerichtlichen Verurteilung, haben Sie in einer Angelegenheit Dank erwartet und ernten jetzt nur Undank.
▷ T: Das Gericht zeigt viele Symbole: Entweder versuchen Sie gerade, sich ein Urteil über andere Menschen oder Zusammenhänge zu bilden, oder Sie rechnen mit sich selbst ab. Bisweilen zeigt das Gericht an, daß Sie sich wehren sollten gegen Vorurteile, Verleumdungen oder Anfeindungen anderer Menschen. → Gericht, → Rechtsanwalt

Gerichtsvollzieher

▷ V: Taucht in Ihrem Traum ein Gerichtsvollzieher auf, ist in Ihrem Leben etwas noch unerledigt. Keine Angst, Sie können die Hindernisse Stück für Stück aus dem Weg räumen, und die jetzt in Angriff genommenen Aktionen werden erfolgreich weiterlaufen. Sind Sie selbst ein Gerichtsvollzieher, werden Sie Ihren Plan demnächst erfolgreich durchführen. Werden Sie gepfändet, werden bald gute Nachrichten eintreffen, eine alte Sorge erledigt sich!
▷ T: → Gericht

Gerippe

▷ V: Sehen Sie ein Gerippe, ist dies ein Hinweis auf Pech im Beruf und allerlei Mißgeschicke. → Tod, → Leiche
▷ T: Das Gerippe steht für Ihre Vergangenheit und für den Tod. Deshalb kündigt dieser Traum tiefe Ängste an (Angst vor dem Tod, Todessehnsucht u. ä.). Träumen Sie häufiger davon und lei-

den zusätzlich unter Depressionen, dann sollten Sie einen Psychotherapeuten aufsuchen.

Geruch
▷ T: Wohlriechende Gerüchte symbolisieren positive Gefühle – üblere Düfte können anzeigen, daß Ihre Gefühle zu einem Menschen vielleicht absterben, oder irgend etwas in Ihrem Leben, in Ihrer Umgebung »stinkt förmlich zum Himmel«!

Gerüst
▷ V: Sie stehen auf einem Gerüst: Überprüfen Sie Ihre soziale Absicherung, Ihr Konto und Ihre Ausgaben. Treffen Sie keine waghalsigen Entscheidungen, und erstellen Sie einen Sparplan – Sie haben sich deutlich verkalkuliert. Sie arbeiten auf einem Gerüst: Ihr Lebensmut ist eine gute Grundlage, um Ihre Ziele verwirklichen zu können. Stürzt ein Gerüst ein, oder stürzen Sie davon ab, warnt Ihre Seele Sie vor zuviel Tollkühnheit. Sie stehen unter einem Gerüst: Sie machen zu viele Kompromisse, oder Sie benutzen zu viele Ausreden. Ein Gerüst aufbauen: Sie haben eine extrem starke Tendenz, sich abzusichern – befreien Sie sich davon.
▷ T: Meistens zeigt ein Gerüst auf, daß Sie Hilfe in Anspruch nehmen können, um eine schwierige Sache zu beenden. So arbeiten Sie sich in Ihrem Leben nach oben.

Gesang
▷ V: Hören Sie im Traum Gesang, ist das ein Hinweis auf starke Gemütsschwankung. Ist der Gesang ernst oder heiter, nah oder fern zu hören? Sind es Einzelstimmen oder ein Chor? Sie sollten jetzt stärker auf Ihre innere Verfassung achten. → singen
▷ T: Ein heiterer Gesang kann seelische Ausgeglichenheit anzeigen, aber er kann auch andeuten, daß Sie gerne unangenehme Gefühle wortreich übertönen wollen.

Geschenk
▷ V: Erhalten Sie Geschenke, werden Sie bald einen Verlust ver-

kraften müssen. Machen Sie selbst ein Geschenk, werden Sie damit vor übereilten Handlungen und Entschlüssen gewarnt.
▷ T: Normalerweise zeigt ein Geschenk Ihr Bedürfnis nach Lob, nach Anerkennung oder einfach Ihre positiven Gefühle an. Von wem erhalten Sie ein Geschenk? Wem schenken Sie etwas? Haben Sie sich selbst »verschenkt«?

Geschirr
▷ V: Sehen Ledige im Traum viel Geschirr, steht ihnen bald eine Hochzeit bevor. Wird das Geschirr zerbrochen, kündigt dies Streit in der eigenen Familie oder viele Unannehmlichkeiten an. Kaufen Sie neues Geschirr, wird Ihr Haushalt oder Ihre Familie sich vergrößern. Sehen Sie schmutziges Geschirr, werden häusliche Probleme Sie belasten.
▷ T: Geschirr symbolisiert meistens Unsicherheiten im Umgang mit anderen Menschen oder Familienmitgliedern. Zerbrechen Sie im Traum öfters Geschirr, dann schlagen Sie auch sonst »viel Porzellan« kaputt, oder Sie benehmen sich bisweilen wie ein »Elefant im Porzellanladen«. → Glas, → Porzellan

Geschwister
▷ T: Wenn Sie von Ihren Geschwistern träumen, sind damit immer Ihre eigenen Wesensanteile gemeint, mit denen Sie innerlich zu tun haben. Ein Streit unter Geschwistern zeigt widersprüchliche Gefühle in der eigenen Persönlichkeit. Der Bruder symbolisiert Ihre männlichen, die → Schwester Ihre weiblichen Anteile.

Gesicht
▷ V: Sie sehen im Traum ein blasses Gesicht: In Ihrer nächsten Umgebung wird eine Krankheit oder sogar ein Sterbefall auftreten. Wer ein häßliches Angesicht erblickt, schleppt unbewußte Sorgen mit sich herum, oder Konflikte mit einem anderen Menschen belasten die Seele. Ein schönes Gesicht sehen: Sie machen sich Hoffnungen, die sich erfüllen könnten. Wer das eigene Angesicht in einem Spiegel sieht, sollte in der nächsten Zeit auf körperliche Störungen achten und sich selbst nicht so wichtig neh-

men. Sie sehen ein schönes Gesicht im Wasser: Symbol für ein langes, harmonisches Leben. Sehen Sie ein stark geschminktes Gesicht, zeigen sich Ihre Freunde nicht so, wie sie wirklich sind – oder sie lügen.

▷ T: Gesichter zeigen das »Antlitz Ihrer Seele«, so wie Ihre Umwelt Sie sieht. Manchmal treffen wir sogar im Traum auf ein völlig unbekanntes Gesicht, das uns erst Jahre später im alltäglichen Leben begegnet. Was konnten Sie in diesem Gesicht lesen?

Getreide

▷ V: Mähen Sie im Traum Getreide, werden Ihre aktuellen Sorgen bald verschwinden. Kaufen Sie Getreide, ist Ihre Zukunft problematisch, denn Ihre eigenen »Vorräte« (seelisch und materiell) gehen zur Neige. Besitzen Sie viel Getreide, wird Ihr Wohlstand noch weiter wachsen. Haben Sie nur wenig Getreide, drohen materielle und auch gefühlsmäßige Verluste in nächster Zeit.

Gewalt

▷ T: Gewalt im Traum kann Ihre versteckten → Aggressionen anzeigen oder negative Gefühle für einen anderen Menschen. Vielleicht tun Sie anderen oder sich selbst in irgendeiner Form Gewalt an? Eine ehrliche Analyse wäre hier empfehlenswert und hilft.

Gewehr

▷ V: In Männerträumen zeigt das Gewehr, daß der Träumer Kraft, Stärke und Macht demonstrieren – und damit imponieren – will. Träumen Frauen von einem Gewehr, fürchten sie sich vor aggressiver Sexualität und sollten insgesamt mehr Mut im Leben entwickeln. Sie schießen mit einem Gewehr: Sie versuchen, ein Ziel mit Gewalt zu erreichen, doch dieser Weg führt zu nichts. Andere halten ein Gewehr: Sie leiden unter Minderwertigkeitskomplexen und fühlen sich anderen Menschen weit unterlegen.
→ schießen, → Waffe

▷ T: Das Gewehr symbolisiert die männlich-aggressive Sexualität, eine Neigung zu Gewalt oder mangelnde Durchsetzungskraft. Angst vor Angriffen kann der Auslöser für Gewehrträume sein, oder die Waffe zeigt Ihre Lebenseinstellung (»lieber angreifen als fliehen«).

Geweih
▷ V: Ein Geweih zu sehen ist vor allem in Männerträumen Vorzeichen für eine große, schmerzhafte Liebesenttäuschung. Mehrere Geweihe stehen für unerwiderte Liebe bzw. einen Laufpaß.
▷ T: Meist drücken sich Ehe- und Partnerkonflikte im Geweih aus. In Männerträumen ist dies vor allem die Angst vor einem Seitensprung der Frau (»Hörner aufgesetzt bekommen«).

Gewitter
▷ V: Sehen Sie ein Gewitter am dunklen Himmel, ziehen auch in Ihrem Leben Unruhen auf. Sehen Sie das Gewitter aus geschützter Position, wird sich etwas entladen, und danach folgt eine positive Veränderung. Werden Sie vom Gewitter überrascht, wird ein seelisches Unwetter über Sie hereinbrechen – Sie haben bisher alle Anzeigen dafür ignoriert. → Donner, → Regen, → Sturm, → Wolke
▷ T: Ein Gewitter kündigt die blitzartige Entladung Ihrer angestauten Gefühle an, und eine tiefgreifende, plötzliche Veränderung im Leben!

Gewölbe
▷ V: Sie sehen oder durchschreiten ein Gewölbe: Sie haben eine schwierige Aufgabe vor sich, jetzt sollten Sie Ihren Mut beweisen. Oft ist ein Gewölbe auch Symbol für seelische Ängste und Bedrückung. → Gruft, → Höhle
▷ T: Das Gewölbe kann sowohl Ihr Gedächtnis symbolisieren, als auch Ihr Unterbewußtsein. Sind Sie im Traum in dem Gewölbe herumgeirrt, oder haben Sie Ihren Weg gefunden?

Gewürz
▷ T: Das »Gewürz des Lebens« sind oft Abwechslungen, Abenteuer oder Vergnügungen aller Art. Sehnen Sie sich danach? Oder warnt Sie der Traum vor übermäßigem »Gewürz-Genuß«?

Gezeiten
→ Ebbe, → Flut

Gift
▷ V: Sie nehmen selber Gift: Sie müssen notgedrungen eine unangenehme Sachlage zugeben, einen Fehler oder eine Schwäche preisgeben. Wenn Sie einen Menschen vergiften, haben Sie vor, jemanden zu belügen. Sehen Sie viele Giftpflanzen, belasten boshafte Menschen Ihre Seele.
▷ T: Das Gift zeigt entweder Ihre eigenen Bosheiten an, oder die der anderen, unter denen Sie zu leiden haben. Auch negative Gedanken und Einflüsse können Ihr Leben »vergiften«. Ist Ihre Umgebung vergiftet? Könnten Sie selbst »Gift und Galle« spucken?

Gitter
▷ V: Sie sehen sich selbst hinter Gittern: Entweder sind Sie sehr abhängig von anderen oder sehr unfrei. Schauen Sie durch ein vergittertes Fenster, haben Sie sich von Ihrer Umwelt ziemlich abgekapselt und sollten mehr Entgegenkommen zeigen, auf die Menschen zugehen. Möglicherweise sehnen Sie sich auch nach einem abwesenden Menschen. Sehen Sie ein großes Gittertor, sind Ihre Wünsche übersteigert und unrealistisch.
▷ T: Das Gitter warnt entweder vor unerreichbaren Wünschen, oder es zeigt Ihre Sehnsucht nach einem Menschen, von dem Sie zur Zeit räumlich getrennt sind.

Glas
▷ S: Sinnbild des Lichts, der Transparenz und des himmlischen Elements.
▷ V: Sehen Sie volle Gläser, ist dies ein gutes Zeichen für Ihre optimistische Lebenseinstellung und für Erfolge. Sehen Sie hingegen leere, werden bald etwas dürftige Zeiten auf Sie zukommen – Sie sollten schon jetzt auf »Sparflamme« leben. Zerbrechen Sie ein Glas, wird durch Ihr eigenes Verschulden ein Liebesverhältnis getrennt. Schleifen Sie Glas, könnten Sie jetzt äußerst gewinnbringend spekulieren. → Flasche, → Scherben

▷ T: Möglicherweise durchschauen Sie einen Menschen oder eine bestimmte Angelegenheit, oder aber Sie haben Angst, daß andere Sie durchschauen und Fehler entdecken.

Glatze
▷ V: Sie haben im Traum eine Glatze: Bei intellektuellen oder sehr geistvollen Träumern könnte ihre gesellschaftliche Achtung steigen. Sehen Sie Männer mit Glatze, werden Sie in der nächsten Zeit an einer interessanten Gesellschaft teilnehmen oder mit anderen fröhlich feiern. → Haare

Gleichgewicht
▷ V: Leiden Sie in Ihrem Traum an Gleichgewichtsstörungen, will Ihnen jemand einen Stoß versetzen, Sie aus der Ruhe bringen oder Ihnen den Weg versperren. Leisten Sie akrobatische Gleichgewichtsakte, die Sie im realen Leben nie ausführen könnten, ist dies als Warnung vor seelischem Wagemut und zuviel Leichtsinn zu verstehen. Aber auch Ihr starkes Selbstvertrauen wird hierdurch angezeigt. → Schwindel

Gletscher
▷ V: Stehen Sie als Mann mit der eigenen Frau oder Freundin auf einem Gletscher, werden Sie sich bald trennen oder die Scheidung einleiten. Wenn Sie alleine darauf stehen, müssen Sie viele Schwierigkeiten überwinden und sollten jetzt all Ihre Gefühle »freischaufeln«. Stehen Sie am Fuße eines Gletschers, befinden Sie sich im Moment in einer sehr unsicheren Position.
▷ T: Meistens zeigt der Gletscher Ihre eigenen unterdrückten Gefühle und Ängste an, zum Teil auch »eingefrorene Gefühle«. Warten Sie nicht, bis eine → Lawine ins Tal donnert und Sie mitreißt! → Eis

Glocke
▷ V: Sie hören im Traum Glocken läuten: Bald finden frohe Ereignisse in Ihrem Privatleben statt, in der Familie oder mit lieben Menschen. Sie läuten selbst eine Glocke: Sie machen einem ande-

ren Menschen eine sehr große Freude. Sie sehen eine Glocke: Sie haben ein bestimmtes Ziel, doch Ihr Vorhaben löst noch Probleme aus, die Sie schnell bewältigen sollten.
▷ T: Die Glocke kann eine günstige Lebensphase in Ihrem Leben einläuten oder frohe Ereignisse ankündigen. Sie kann aber auch vor Enttäuschung und/oder Mißerfolgen warnen. War das Glockengeläut fröhlich oder ernsthaft?

Glücksrad

▷ V: Sehen Sie ein Glücksrad, kommt ein Mißerfolg auf Sie zu. Drehen Sie an einem Glücksrad, warten und hoffen Sie vergeblich auf Ihr Glück, doch der Erfolg bleibt ohne Ihre eigene Aktivität aus.
▷ T: Das Glücksrad zeigt, daß Sie sich zu sehr oder allzu gerne auf Ihr Glück verlassen – nur bei sehr fleißigen, aktiven Menschen bringt es auch Glück in naher Zukunft.

Gold, Goldschatz

▷ V: Glauben Sie im Traum, daß Sie Gold besitzen, bauen Sie zu viele Luftschlösser und wollen mit Gewalt beruflich und finanziell vorankommen. Verteilen Sie Gold an andere, sollten Sie in der nächsten Zeit lieber etwas verschwiegener sein und nicht alles ausplaudern. Sie tanzen um ein goldenes Kalb: Ihre Weltanschauung ist viel zu oberflächlich und materialistisch – entwickeln Sie mehr innere Qualitäten. Wenn Sie Gold stehlen, haben Sie im Moment gar kein Glück im Spiel, jeder neue Versuch scheitert. → Geld
▷ T: Ein Goldschatz steht für Ihre vorhandene oder gewünschte Energie. Das Gold zeigt viel Einfluß, Macht und den Reichtum (oder Ihren Wunsch danach) an – in einer beständigeren Form als beim Geld. Manchmal kann das Gold aber auch geistige Kenntnisse und Anlagen symbolisieren, z. B. als goldene Sonnenscheibe.

Golf

▷ T: Wünschen Sie sich mehr Umgang mit Wohlhabenden, oder wollen Sie gar in »höhere Kreise« aufgenommen werden? Hier zeigt sich zuviel Geltungssucht, eine zu oberflächliche Lebensführung und manchmal sogar kühle Berechnung an. Der Golf am Meer symbolisiert dagegen isolierte Zurückgezogenheit von den Menschen und/oder vom Leben. → Meer

Gott

▷ V: Sie beten im Traum: Ihr religiöses Urvertrauen gewinnt an Festigkeit. Sie sehen Gott oder sprechen mit ihm: Sie erhalten eine »höhere Botschaft« und sollten diese Ratschläge sofort in die Tat umsetzen.

▷ T: Gottesträume vermitteln uns immer wertvolle Einsichten und Hilfen; deshalb sind sie wichtige Wegweiser für ein harmonisches Leben und für unsere Weiterentwicklung. Gott ist der Ursprung allen Seins; er symbolisiert unseren Wunsch, in Harmonie mit allen Geschöpfen zu leben – allerdings kann er auch Schuldgefühle anzeigen und Ihren Wunsch nach Erlösung oder nach mehr Weisheit.

Grab

▷ V: Sie werden selbst begraben: Keine Angst – es ist nur ein Sinnbild für eine seelische Entwicklung, eine bevorstehende Wandlung Ihrer Person. Manchmal kündigt dies den Todesfall eines Menschen an. Sie schaufeln an einem Grab: Sie könnten eine alte Freundschaft durch Ihre Schuld zerstören. Stehen Sie am offenen Grab, sollten Sie etwas ablegen oder eine Sache zugeben, damit Sie sich endlich befreien können.

▷ T: Das Grab zeigt Ihren Versuch an, Konflikte zu lösen, doch noch herrschen Unsicherheit und Ratlosigkeit in Ihnen. Sie möchten eine alte Angelegenheit abschließen oder suchen nach Auswegen. → Begräbnis, → Friedhof, → Tod

Graben, Grube

▷ V: Sie stehen vor einer Grube: Sie sollten jetzt endlich all Ihre Ziele und Pläne noch mal gut überdenken, damit Sie keinen Fehler machen. Sie wollen einen Graben überspringen und fallen dabei hin: Jetzt wäre eine denkbar schlechte Zeit für geschäftliche Spe-

kulationen und größere Geldausgaben. Sie schaufeln eine Grube, in der Hoffnung, jemand fällt hinein: Unterschätzen Sie die Intelligenz dieser Person nicht – diese spürt Ihr »geistiges Vorhaben«.
▷ T: Der Graben kann Fallen anzeigen, die auf Ihrem Weg lauern oder die Sie anderen Menschen stellen wollen. Er zeigt vergangene Lebenserfahrungen auf – auch negative Erinnerungen. Haben Sie einige Wesensanteile vor sich selbst und vor anderen »vergraben«? Haben Sie sich selbst eine »Grube geschaufelt«?

Gras
▷ V: Sehen Sie frisches, grünes Gras, werden bald sehr erfreuliche finanzielle Verbesserungen möglich sein. Sehen Sie dürres Gras, können bald viele Sorgen oder gar eine Krankheit auf Sie zukommen. Sie sehen ganz hohes Gras: Vermeiden Sie unbegangene Pfade in Ihren Entscheidungen; verlassen Sie sich lieber auf altbewährte Methoden – reduzieren Sie alles auf ein vernünftiges Maß. Sie essen Gras: Jetzt machen Sie sich in einer bestimmten Angelegenheit nur lächerlich. Sie liegen auf dem Gras: Sie geben sich Ihren Hoffnungen hin, doch sollten Sie keine neuen Luftschlösser bauen (von einer Villa, vom Traumurlaub oder vom Traumauto).
→ Rasen, → Wiese
▷ T: Gras will dazu animieren, daß Sie Ihre materiellen Werte in geistige Energien umwandeln. Sehen Sie viel Gras, dann stürmen zu viele Gedanken auf Sie ein!

Groll
▷ V: Hegen Sie im Traum gegen sich oder gegen eine andere Person Groll, sind Sie zur Zeit mit sich selbst nicht im reinen, oder Sie haben einem anderen Menschen Unrecht getan.

groß
▷ T: Alles, was in Ihrem Traum sehr groß erscheint, hat Sie stark beeindruckt. Fühlen Sie sich dagegen klein? Machen Sie sich im Leben öfter kleiner, als Sie wirklich sind? Erscheint Ihnen etwas im Traum viel größer als in der Realität? Vielleicht machen Sie öfter aus einer Mücke einen Elefanten? → klein

Großmutter, Großvater

▷ V: Sie sehen oder sprechen mit einer dieser Personen: Ein ganz bestimmtes Vorhaben wird Ihnen durch weisen Entschluß glükken. Sind die beiden schon verstorben, dann kündigt sich hier eine Hilfe an oder eine weise Lebensführung.
▷ T: Die beiden verkörpern eine Weisheit, die Sie selbst erlangen könnten. Alles, was Sie jetzt mit Hilfe dieser Weisheit beschließen, wird Ihnen sehr erfolgreich gelingen.

Grotte

▷ T: Sie zeigt sexuelle Bedürfnisse und Wünsche an (weibliche Geschlechtsorgane). Sie kann angstvoll die »verschlingende« Liebe der Frau symbolisieren oder Ihren Wunsch nach Rückzug (»in eine Höhle verkriechen«). Manchmal kommt darin Ihre Vergangenheit zum Ausdruck, aus der Ihre jetzigen Gefühle resultieren.

Gruft

▷ V: Sie sehen eine Gruft: Das ist ein Zeichen, daß Sie selbst eine sehr verschwiegene Person sind oder daß verdrängte Ängste Sie plagen. Schaufeln Sie an einer Gruft, kann eine Todesnachricht eintreffen. Stürzt eine Gruft ein, wird eine Krankheit in der Familie Sie belasten. → Höhle
▷ T: Die Gruft zeigt immer verdrängte Wesensanteile auf, auch all Ihre verdrängten Ängste – und den daraus entstehenden aktuellen Konflikt.

Gürtel

▷ S: Der Gürtel ist ein Symbol der Gerechtigkeit, der Kraft, der Treue und der Wahrheit.
▷ V: Sie finden im Traum einen Gürtel: Sie werden das Vertrauen eines Menschen gewinnen. Verlieren Sie einen Gürtel, ernten Sie in der Liebe viel Mißgeschick. Sehen Sie einen alten Gürtel, finden all Ihre Bemühungen und Anstrengungen jetzt kein Echo.
▷ T: Ein Gürtel symbolisiert Ihr erotisches Bedürfnis nach

Macht und Einfluß über einen anderen Menschen (vor allem in Männerträumen). Wollen Sie jemanden fest an sich binden – oder gar züchtigen mit dem Gürtel?

Gurke
▷ V: Sie sehen Gurken im Traum: Eine »Sauregurkenzeit« rückt näher – Sie werden von vielen Widerwärtigkeiten und Problemen belastet. Sie essen Gurken: In einer mitmenschlichen Angelegenheit sind Sie getäuscht worden. Sie essen saure Gurken: Leider werden Sie auch hierdurch schlechte Erfahrungen machen müssen mit anderen Menschen.
▷ T: Die Gurke symbolisiert immer das männliche Geschlecht und deutet deshalb meist rein sexuelle Bedürfnisse und Wünsche an (vor allem in Frauenträumen).

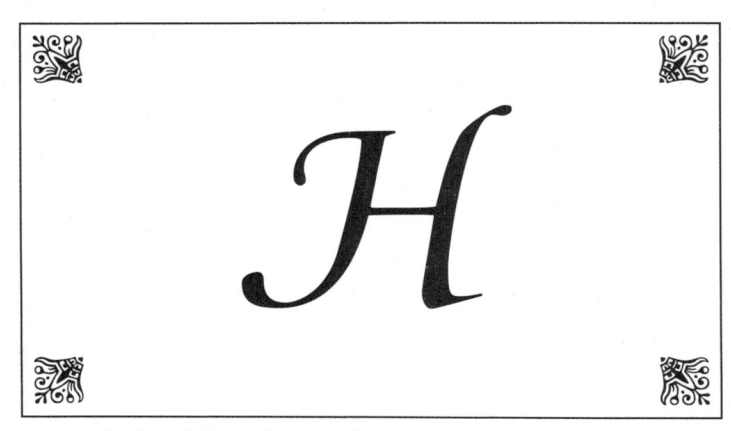

▷ S = symbolisch; ▷ T = tiefenpsychologisch; ▷ V = visionär, voraussagend

Haare

▷ S: Das Haar ist der natürliche Schmuck des Mannes und der Schleier der Frau.
▷ V: Träumt ein Mann, daß ihm die Haare kurz geschnitten werden, ist das ein Ausdruck seiner Angst vor Unterjochung oder Unterdrückung. Träumt der Mann vom Verlust seiner ganzen Haarpracht, hat er Angst vor dem Verlust seiner Potenz. Sieht sich der Mann mit langem Haar, will er mehr Unabhängigkeit und Freiheit, sowohl moralisch als auch sexuell. Träumt ein Mann von Frauen mit auffallend schönen Haaren (rot oder dunkel), so wünscht er sich sexuell starke Partnerinnen. Träumt eine Frau, daß sie ihr Haar verliert, zeigt dies eine Angst vor Aktivitätsverlust an, oder sie fühlt sich zur Zeit körperlich oder geistig überfordert. Wird Ihnen Ihr Haar geschnitten, so haben Sie vielleicht Angst, daß jemand Ihrem Ruf oder Ansehen schaden könnte. Es ist aber auch ein Hinweis auf verdrängte Gefühle und Sexualität. Ungepflegte Haare: In puncto Sexualität reagieren Sie enorm gleichgültig und haben scheinbar keine Angst vor Aids. Sorgfältig gekämmte Haare: Sie handeln sexuell immer sehr diszipliniert. Die Haare fallen Ihnen aus: Hier kündigen sich baldige Verluste an.

▷ T: Das Kopfhaar kann auf Ihre sexuellen Wünsche hinweisen, aber auch auf Sinnlichkeit allgemein. Ein Hang zur Haarspalterei (eine Überbetonung Ihres Intellekts) könnte ebenfalls dahinter verborgen sein. Bart-, Achsel- oder Schamhaare symbolisieren immer sexuelle Bedürfnisse des Träumers. Oder stecken Sie gerade in einer äußerst »haarigen Angelegenheit«?

Habicht
→ Adler

Hackbeil
▷ T: Es symbolisiert immer sexuelle Bedürfnisse, doch auch aggressive Gefühle können hierdurch (bewußt oder unbewußt) zum Ausdruck kommen. → Axt

Hacke
▷ V: Sie arbeiten mit einer Hacke im Garten: Ein gutes Zeichen für erfolgreiches Gelingen. Sie sehen nur eine Hacke: Ein Unglück oder Streit wird Sie indirekt auffordern, noch tiefer zu graben.
▷ T: Das Gartengerät symbolisiert, daß Sie Ihren »Garten der Seele« gerade pflegen oder dies jetzt tun sollten. Der Zustand des Gartens ist dabei sehr wichtig. → Garten, → Spaten

Hafen
▷ V: Träumen Sie von einem Hafen am Meer, werden Sie sich ein sicheres Fundament im Leben aufbauen können und ein sorgloses Alter erleben. Sehen Sie viele Schiffe im Hafen, können Sie nützliche Neuigkeiten gewinnbringend umsetzen. Befinden Sie sich auf einem Schiff, das in einen Hafen einläuft, werden sich bald schöne finanzielle Möglichkeiten ergeben, oder eine bestimmte Hoffnung wird sich erfüllen.
▷ T: Der Hafen symbolisiert Ihre unbewußte Angst vor dem alltäglichen Lebenskampf. Oder Sie suchen nach vielen Mühen und Sorgen jetzt nach einem ruhigen, sicheren Platz in Ihrem Leben und möchten sich eine Weile ausruhen, das Leben dahinplätschern lassen. → Jacht, → Meer, → Schiff, → Ufer

Hafer

▷ V: Sie sehen Hafer auf einem Feld: Wenn Sie jeden Leichtsinn vermeiden, könnten Sie jetzt schöne Gewinne erzielen. Sie tragen Hafer bei sich: Durch unüberlegte Entscheidungen bringen Sie sich selbst in Schwierigkeiten. Dreschen Sie dagegen Hafer, ist dies ein gutes Zeichen für berufliche Fortschritte und Gewinne.

▷ T: Der Hafer zeigt pubertären Übermut und ungehemmte jugendliche Sinnlichkeit an. Sie sind noch auf der Suche nach Reife. Wer als Erwachsener vom Hafer träumt, zeigt eine gewisse menschliche Unreife an, denn Sie »sticht noch immer der Hafer«.
→ Getreide

Hagel

▷ V: Sie werden von einem Hagelsturm überrascht: Ein Streit mit Verwandten, in der eigenen Familie oder andere boshafte Menschen setzen Ihnen zu. Sehen Sie von weitem den Hagel, werden Sie bald materielle Verluste verkraften oder sich trennen müssen.

▷ T: Der Hagel zeigt Ihre innere Unzufriedenheit an, oder er warnt vor Streitigkeiten in der Familie, manchmal auch vor materiellen Verlusten. »Hagelt es Sorgen und Probleme«, sollten Sie sich vielleicht von einer Sache oder einem Menschen lösen, oder sich unterstellen (bei anderen um Schutz und Hilfe suchen). → Regen, → Sturm

Hahn

▷ S: Der Hahn gilt als Wächter der Zeit.

▷ V: Hören Frauen im Traum einen Hahn krähen, ist Vorsicht geboten im Umgang mit Männern. Sehen Sie im Traum einen Hahn und eine Frau, sind Sie jetzt äußerst erfolgreich der Liebe (gilt für beide Geschlechter). Sehen Sie einen Hahn, der Eier legt, winkt ein Lottogewinn!

▷ T: Der Hahn symbolisiert meist männliche Sexualität. Je nachdem, wie er im Traum auftritt, steht dahinter entweder eine Warnung vor übertriebener oder zu aggressiver Männlichkeit oder aber vor unterdrückten männlichen Wesensanteilen (wenn der Hahn zerrupft ist). Übrigens: Hähne im Tierreich verwenden gemeine Tricks, um die Hennen begatten zu können!

Hai
▷ T: Das Auftreten eines Hais warnt Sie immer davor, andere Menschen nicht zu verletzen, denn Sie können Ihre Neigung dazu nicht gut genug kontrollieren. Werden Sie von einem Hai gebissen oder gar gefressen, dann werden Sie von anderen Menschen verletzt und lassen das sogar zu. Manchmal ist der Hai auch ein Symbol für Betrug: Sie werden betrogen, oder Sie selbst versuchen, andere zu betrügen. → Raubtier

Haken
▷ T: Zappeln Sie an einem Haken? Hängen Sie fest? Sind Sie abhängig von Süchten? Wo bleibt Ihre eigene Entscheidungsfreiheit und Selbstentfaltung? Lösen Sie sich von diesem Haken!

Halfter
▷ V: Sie sehen im Traum ein Halfter: Bald werden Sie eine schöne Reise machen. Nimmt ein anderer Mensch Ihr Halfter weg, dann werden Sie bald von diesem »abgehalftert« werden.
▷ T: Das Halfter kann Ihre Selbstdisziplin symbolisieren, mit der Sie Begierden und Triebe lenken, oder auch auf übertriebene Beherrschung der eigenen Gefühle und Emotionen hinweisen (wenn das Halfter z. B. sehr eng angelegt ist).

Hals
▷ V: Sehen Sie einen geschwollenen Hals, haben Sie gute Gewinn- und Erfolgschancen. Sehen Sie einen dünnen, langen Hals, wird Ihnen so mancher Verdruß bald die gute Laune verderben. Sie sehen den Hals verletzt oder gar abgeschnitten: Dies ist ein Warntraum, denn Sie sind bald einer großen Gefahr ausgesetzt. Tragen Sie im Traum ein Halstuch, sollten Sie sich vorsehen. Es besteht Infektionsgefahr im HNO-Bereich.
▷ T: Der Hals repräsentiert eine Übergangsstelle zwischen Körper und Kopf (vom Materiellen zum Geistigen). Taucht er im

Halskette 156

Traum auf, ist er manchmal eine Warnung, daß Sie nicht »Ihren Hals riskieren« sollten, bisweilen aber auch ein Hinweis, Geist und Körper zu vereinen. Fühlen Sie sich (von anderen Menschen oder den Anforderungen des Lebens) manchmal erdrosselt? »Bekommen Sie keine Luft mehr«? »Was bleibt Ihnen im Hals stekken«?

Halskette
▷ V: Sie sehen eine rosa oder rote Halskette im Traum (Korallen, Rubine, Rosenquarz, Rhodochrosit u.ä.): Sie werden bald sehr viel Glück in der Liebe haben oder sich sogar neu verlieben. Eine Perlenkette oder eine Kette mit dunklen Steinen zeigt baldige Tränen und Trauer an, die jedoch eine seelische Reinigung mit sich bringen werden. Tragen Sie eine teure Halskette mit wertvollen Edelsteinen, erwartet Sie ein Erbe von einer entfernten Verwandtschaft oder Geldzuwachs.
▷ T: Die Halskette als sexuelles Symbol zeigt unbefriedigte erotische Bedürfnisse an. Vielleicht wünschen Sie sich auch mehr Macht, mehr Besitz oder Autorität (mehr Einfluß auf andere)? Oder Sie haben einfach zuviel »am Hals« (Pflichten, Aufgaben, Sorgen, Verantwortungen). → Juwelen, → Schmuck

Hammer
▷ S: Der Hammer zeigt, daß Sie versuchen, etwas mit Gewalt durchzusetzen. Wenn Sie sensibler und klüger handeln würden, hätten Sie dieses Ziel schon längst ohne Schwierigkeiten erreicht (vor allem in Männerträumen).
▷ V: Zeigt Ihnen im Traum jemand einen Hammer, sind Sie in einer Sache völlig im Recht, doch Sie müssen sich tatkräftig verteidigen. Sehen Sie sich selbst einen Hammer schwingen, sind Sie sehr verärgert, doch Sie werden aus eigener Kraft die momentane Lage überwinden können, wenn Sie nicht rücksichtslos vorgehen.
▷ T: Der Hammer zeigt Ihren Wunsch nach Macht und Einfluß an, in Männerträumen oft die etwas rücksichtslose, unsensible Durchsetzung sexueller Bedürfnisse. Er warnt immer, diese negativen Eigenschaften besser zu kontrollieren.

Hampelmann

▷ V: Sie sehen einen Hampelmann: Keine gute Stabilität – vor allem nicht beruflich und/oder finanziell. Sie sehen sich selbst als Hampelmann: Was fehlt Ihnen? Legen Sie mal ehrlich Rechenschaft über sich selbst ab. Wo ist Ihr Rückgrat?

▷ T: Der Hampelmann steht für Ihre Unsicherheiten oder Minderwertigkeitsgefühle. Sie befürchten, von Ihrer Umwelt nicht ernst genug genommen zu werden, ein Spielzeug anderer zu sein, und all dies belastet Sie. Haben Sie sich vor kurzem lächerlich gemacht? Wer spielt in Ihrer Beziehung den »Hampelmann«? Wie steht's mit Ihrer Durchsetzungsfähigkeit? → Clown, → Narr

Hand

▷ S: Die Hand symbolisiert Aktivität, Macht und Herrschaft.

▷ V: Sehen Sie im Traum eine Hand, sollten Sie in allen aktuellen Angelegenheiten bei der Wahrheit bleiben. Verlieren Sie eine Hand, wird sich Ihre soziale Lage bald verschlechtern. Sehen Sie saubere Hände, besitzen Sie sehr ehrliche Freunde. Sehen Sie schmutzige Hände, ist dies eine deutliche Warnung vor falschen Menschen oder Freunden in Ihrer Umgebung. Ringen Sie im Traum Ihre Hände, leiden Sie unter den Ansprüchen Ihrer Umwelt, unter Sorgen und Konflikten. Jammern Sie nicht nur passiv, sondern packen Sie es selbst an. Verbrennen Sie sich die Hand, haben Sie Neider, die Ihnen schaden könnten, oder haben sich vor kurzem in einer Angelegenheit »die Finger verbrannt«. Sehen Sie viele Hände, können Sie durch eigene Kraft großes Vermögen schaffen. Halten Sie Ihre Hände vor die Augen, sollten Sie einem anderen Menschen einen Fehler verzeihen, etwas nachsichtiger sein. Träumen Sie, daß Sie die rechte Hand verlieren, ist das manchmal ein Vorzeichen auf den Tod des Vaters (die linke Hand: die Mutter). Besitzen Sie schöne, kräftige Hände, können Sie bald ein sehr gutes Geschäft unter Dach und Fach bringen.

▷ T: Die Hand ist Sinnbild Ihres »Handelns«; sie symbolisiert Ihre Energie, Tatkraft und Geschicklichkeit. Zeigt sich die Hand behindert, gelähmt oder fehlt diese, steht dies für mangelnde Handlungsfähigkeit. Ist es die rechte (die männliche Seite) oder die linke (die weiblichen Anteile) Hand (→ links, → rechts)? Wie sehen die Finger aus (→ Finger)? Wollen Sie jemanden »an die Hand nehmen« oder sich umgekehrt »an die Hand nehmen lassen«?

Handball

▷ V: Sie spielen im Traum Handball oder ein anderes Ballspiel: Sie werden die Glücksbälle, die Ihnen das Leben immer wieder zuspielt, rechtzeitig auffangen können (wenn Sie die Bälle im Traum fangen).
▷ T: → Hand, → Ball

Handlesen

▷ V+T: Sehen Sie eine kräftige Hand mit starken Linien, besitzen Sie zuviel Power und Ehrgeiz und sollten mehr Sensibilität entwickeln. Ist die Hand eher zierlich-elegant und zeigt viele dünne Linien, sind Sie viel zu sensibel, künstlerisch und sensitiv und sollten mehr Energie und Tatkraft in Ihrem Leben entwickeln.

Handschuhe

▷ V: Sie sehen sich im Traum mit Handschuhen bekleidet: Sie werden eine Auszeichnung empfangen. Ziehen Sie sich Handschuhe an, wird sich vielleicht eine Liebe erfüllen. Schenkt Ihnen jemand Handschuhe, ist das eine deutliche Aufforderung, mehr Höflichkeit walten zu lassen. Verlieren Sie Ihre Handschuhe, werden Sie sich sich bald über Streitereien ärgern. Lassen Sie Ihren Handschuh fallen, kokettieren Sie mit einem bestimmten Menschen. Werfen Sie einem anderen den Handschuh entgegen, wollen Sie Ihre Kräfte mit einem Menschen oder einem Problem messen; Sie sind kampfbereit. Paßt der Handschuh nicht, sind Sie mit Ihrem Leben im Moment sehr unzufrieden. Ist der Handschuh zu groß, haben Sie sich viel zuviel zugemutet, zugetraut oder sich einfach insgesamt in einer Sache übernommen.
▷ T: Der Handschuh symbolisiert manchmal Kontaktschwäche, durch die Sie sich von anderen isoliert haben. Er kann auch ein

starkes Schutzbedürfnis aufzeigen, oder Sie wollen sich an einer Sache »Ihre Hände nicht schmutzig machen«.

Handtuch
▷ V: Trocknen Sie sich die Hände ab, wollen Sie sich von einer unangenehmen Sache oder Angelegenheit befreien. Sehen Sie ein sauberes Handtuch, sollten Sie eine Angelegenheit »sauber« zu Ende bringen. Sehen Sie ein schmutziges Handtuch, werden Sorgen im Haushalt oder in der Wohnung Ihren Alltag bald belasten.

Handwerkszeug
▷ V: Sie sehen sich mit Handwerkszeug arbeiten: Die Arbeiten, die Sie jetzt vollbringen, werden sich bald als sehr lohnend erweisen. Dieser Traum ist ein Aufruf, aktiv zu werden, »etwas« zu reparieren – auch in zwischenmenschlichen Bereichen.

Harfe
▷ V: Sie sehen eine Harfe oder spielen darauf: In einer bestimmten Angelegenheit werden Sie von anderen enttäuscht. Sehen Sie einen anderen auf der Harfe spielen, werden Sie sich Hals über Kopf verlieben.
▷ T: Die Harfe zeigt deutlich eine Überreizung Ihres vegetativen Nervensystems. Sie brauchen mehr Entspannung, oder Sie sind jetzt für ein erotisches Abenteuer äußerst aufgeschlossen.

Hase
▷ S: Ein Mondtier der Fruchtbarkeit und Erneuerung des Lebens.
▷ V: Wenn Frauen träumen, daß sie einen Hasen streicheln, wünschen sie sich Kinder. Träumen Sie als Mann von einem Hasen, äußert sich darin eine unbewußte Sehnsucht nach Liebe, nach einem »weiblichen Hasen«. Sie sehen spielende Hasen: Sie sollten den Klatsch anderer nicht weitergeben. Sie schießen einen Hasen ab: Sie werden eine gute Freundin oder einen guten Freund verlieren. Träumen Männer, daß sie einem Hasen nachlaufen, suchen

sie nach einem erotischen Liebesabenteuer und sind äußerst zeugungsfähig!
▷ T: Der Hase symbolisiert animalische Fruchtbarkeit und ist demnach ein Zeichen für baldige oder zahlreiche Vermehrung. Es kann sich durch ihn aber auch geistige Fruchtbarkeit ankündigen. In Männerträumen zeigt er manchmal das Bedürfnis nach einem Seitensprung.

Haselnüsse
▷ V: Sie sehen Haselnüsse im Traum: Lassen Sie sich jetzt nicht in Streitigkeiten mit Nachbarn oder Kollegen ein. Sie knacken Haselnüsse: Erst durch große Anstrengungen werden Sie Ihr Vorhaben erfolgreich durchführen können. Sie essen im Traum Haselnüsse: Sie sollten einen Termin beim Zahnarzt vereinbaren.
▷ T: Nüsse signalisieren ein schwer zu lösendes Problem, dessen Kern sich jedoch später als wertvoll erweisen wird. Knacken Sie diese Nuß!

Haus
▷ S: Wie die Stadt und der Tempel symbolisiert das Haus den Mittelpunkt der Welt und das Abbild des Universums.
▷ V: In Männerträumen steht das Haus (Luxusvilla oder Bauernhaus) für ein Bedürfnis nach Ehrgeiz, beruflichem Aufstieg, Sicherheit und Geborgenheit; in Frauenträumen zeigt der Zustand und das Aussehen des Hauses die Träumerin selbst in ihrer jetzigen Situation. Auf die Gesundheit bezogen symbolisiert *das Dach* eines Hauses den Kopf des Träumers; *die Fassade* kommt unserer äußeren Erscheinung gleich, wobei das obere Stockwerk die Stirn (und das Gehirn) zeigt, *die mittlere Etage* den Brustkorbbereich (bei Frauen zeigt *der Balkon* die Brüste); im *Hochparterre* liegen die Eingeweide, *zu ebener Erde* und *in den Kellerräumen* die Beine und Füße. Sehen Sie häufig alte Häuser, haben Sie Angst vor dem Altern. Bauen Sie mit anderen zusammen ein Haus, werden gute Freunde Ihnen in mancher Lebenslage hilfreich unter die Arme greifen. Sehen Sie ein leeres Haus, haben Sie einige Gelegenheiten im Leben versäumt. Reißen Sie ein Haus ab, sind Sie

Altes Haus und dürre Bäume

Dieser Traum eines alten Mannes weist darauf hin, daß der Körper sehr »renovierungsbedürftig« ist, d.h., der Träumer sollte sich einer gründlichen ärztlichen Untersuchung unterziehen. Natürlich versteckt sich hinter diesem Traumsymbol auch die tiefverwurzelte Angst des Träumers vor dem Altern. Da auch die Bäume recht dürr und unbelaubt erscheinen, zeigen auch diese wenig innere Reserven und eine mangelnde Lebenskraft des Träumers an!

stark genug, um aufkommende Hindernisse zu überwinden. Leben Sie selbst in einem sehr baufälligen Haus, sollten Sie jetzt sehr auf Ihre Gesundheit achten. Sehen Sie ein Haus einstürzen, lassen Ihre Ziele und Hoffnungen sich nicht erfolgreich verwirklichen – Verluste drohen.

▷ T: Das Haus symbolisiert unseren → Körper, und das, was in ihm geschieht. Ist das Haus im Traum baufällig, zerstört oder brennt es gar, dann zeigt dies gesundheitliche Störungen an, die Sie ernst nehmen sollten. Das *Fundament* zeigt Ihr geistiges und materielles Fundament, auf das Sie Ihr Leben aufgebaut haben. Der *Keller* zeigt Ihr Unbewußtes an, aber auch versteckte oder verdrängte Begierden und Triebe. Die *Küche* symbolisiert Menschen und Dinge, die Leben in Ihren Alltag bringen und ihn abwechslungsreich gestalten. Das *Schlafzimmer* zeigt Ihre sexuelle Einstellung an und Ihre gefühlsmäßige Verbundenheit zu anderen Menschen. Das *Wohnzimmer* steht für Freizeit, Erholung und Entspannung. Das *Badezimmer* symbolisiert Ihr Bedürfnis nach moralischer Sauberkeit und die Reinigung nach erlebten Enttäuschungen. Die *Toilette* steht für Ihre Befreiung von inneren Spannungen und für die Loslösung von Vergangenem oder von seelischem Ballast. Das *Dach (Dachboden)* zeigt Ihren geistigen Bereich an und Ihr Schutzbedürfnis der Welt gegenüber. → Fenster, → Möbel, → Treppe, → Tür

Hausrat

▷ V: Sehen Sie diversen Hausrat im Traum, wünschen Sie sich ein eigenes Heim. Vielleicht feiern Sie selbst bald Hochzeit oder nehmen an der Hochzeit eines anderen teil. Reinigen Sie Hausrat oder Hausgeräte, wird sich Ihre wirtschaftliche Lage bald verbessern. → Geschirr

Haut

▷ V: Sie sehen im Traum einen dunkelhäutigen Menschen: Sie sollten sich von einigen Menschen hüten, denn diese sind unzuverlässig und treulos. Sehen Sie Menschen mit heller Haut, ist das ein Zeichen für viel Erfolg im Leben. Sie sehen runzlige Haut: Dieser Traum verspricht Ihnen ein hohes Alter. Haben Sie gelbe Haut im Traum, sind Sie in einer Sache viel zu ängstlich – auch Intrigen drohen.

▷ T: Die Haut stellt dar, wie Ihre Person nach außen wirkt, wie andere Menschen Sie sehen. Hat Ihre Vergangenheit deutliche Spuren hinterlassen? Sind Sie eher dick- oder dünnhäutig?

Hebamme

▷ V: Sehen Sie eine Hebamme, wird ein lange verborgenes Geheimnis bald enthüllt werden. Sprechen Sie mit einer Hebamme, können Sie bald eine Taufe feiern oder die Geburt eines Kindes miterleben. Werden Sie selbst von einer Hebamme untersucht, plagt Sie ein schlechtes Gewissen, und Sie suchen nach Hilfe und Erleichterung.
▷ T: Die Hebamme symbolisiert Ihren Wunsch nach Hilfe bei der → Geburt einer neuen Sache, die aus Ihnen selbst entspringt.

Heimat, Heimweh

▷ V: Sie kommen im Traum wieder in Ihre Heimat zurück: Glückliche Stunden warten auf Sie. Sie verlassen Ihre Heimat: Sie machen sich große Sorgen um die Zukunft Ihrer Familie. Sie haben Heimweh: Trotz neuer Liebe spüren Sie erst jetzt, was Sie an der alten Liebe verloren haben.
▷ T: Diese Symbole zeigen Ihre Sehnsucht nach Vergangenem: Sie haben zwar Ihr Leben verändert, doch Sie müssen erkennen, daß Sie Wertvolles (Zwischenmenschliches) verloren haben.

Hemd

▷ V: Sie ziehen ein Hemd an oder waschen dieses: Sie sind in Ihrer Umgebung sehr beliebt, und man wird Ihnen jederzeit gerne helfen. Ziehen Sie ein Hemd aus, sollten Sie jetzt sehr auf Ihre Gesundheit achten – eine Krankheit kündigt sich an. Tragen Sie im Traum ein schmutziges Hemd, wird Ihnen eine Schande oder Untat angelastet, von der Sie sich nicht so schnell befreien können. Sie wechseln Ihr Hemd: Sie werden Ihren Liebhaber oder Ihre Geliebte wechseln. Ziehen Sie ein neues Hemd an, werden Sie bald Glück in der Liebe haben. Sie sehen viele schöne Hemden: Entweder feiern Sie bald Hochzeit, oder Sie können neue Freunde gewinnen. Ein zerrissenes Hemd bedeutet, daß Sie viel zu leichtfertig sind!
▷ T: Das Hemd kann erotische Wünsche anzeigen oder aber Ihre Angst, daß Sie von anderen bloßgestellt werden (ohne Hemd dastehen). → Hose, → Kleidung

Hengst

▷ V: Sie sehen einen Hengst: Sie locken die falschen Menschen an und werden bald von ihnen enttäuscht werden. Sie reiten auf einem Hengst: Frauen und Männer wünschen sich ein intensives Sexualleben.
▷ T: Der Hengst ist ein Sexualsymbol männlicher Kraft, doch gezügelter als beim → Stier. In Frauenträumen drückt sich damit der Wunsch nach aktiven Liebhabern aus, in Männerträumen der Wunsch nach stärkerer Potenz, nach mehr Kraft und Energie. → Pferd

Herbst

▷ V: Wenn Sie träumen, daß es draußen Herbst geworden sei, müssen Sie mit so manchen Unannehmlichkeiten zurechtkommen. Der Traum ist auch ein Hinweis auf unbewußte Angst vor dem »Herbst des Lebens«. Sehen Sie eine herbstliche Landschaft, schwindet Ihre Liebe zu einem bestimmten Menschen allmählich.
▷ T: Der Herbst symbolisiert eine Zeit der Ernte; womöglich erhalten Sie jetzt endlich den Lohn für all Ihre Mühen. Oder Sie ziehen sich von oberflächlicher Aktivität zurück und wollen mehr Besinnlichkeit genießen. Ehrgeiz und Begierden verlieren allmählich an Bedeutung. In Männerträumen ist der Herbst oft Ausdruck der Angst vor Potenzschwäche; in einer Liebesbeziehung ist die »Glut der Leidenschaft« vorbei.

Herd

▷ V: In Frauenträumen signalisiert der Herd gute Familienverhältnisse, zumal wenn ein helles Feuer (ohne Rauch) darin brennt. In Männerträumen weist er auf eine baldige Bindung hin, die dauerhaft sein wird. Sehen Sie das Feuer im Herd erlöschen, wird die Beziehung zu einem Liebes- oder Ehepartner demnächst zu Ende gehen. → Ofen
▷ T: Der Herd wird mit dem → Feuer gleichgesetzt, und er zeigt immer Ihre Gefühle an. Lodern Ihre Empfindungen für einen Menschen noch hell, oder erkennen Sie nur noch eine »stille Glut«? Ein eiskalter Herd zeigt erkaltete Gefühle an.

Herz

▷ S: Das Herz ist der Sitz des Lebensprinzips und der Gemütsaffekte – es ist ein Symbol für Zuneigung, Verlangen, Liebe und Haß.

▷ V: Sehen Sie ein Herz im Traum, werden Sie von einem anderen Menschen tief geliebt. Sehen Sie ein blutendes Herz, bringen Sie einem anderen Menschen zuliebe ein großes Opfer – und werden beleidigt. Der Zustand des Herzens im Traum zeigt den tatsächlichen Zustand im Innersten des Träumers. Herzschmerzen und Herzklopfen sind Ausdruck innerer Unruhe und seelischer Depression. Herzbeschwerden im Traum können aber auch auf gesundheitliche Störungen aufmerksam machen.

▷ T: Das Herz symbolisiert Zuneigung, herzliche Liebe und zärtliche Gefühle; manchmal kann es auch auf Ihre Angst hinweisen, wenn Ihnen »das Herz in die Hose gerutscht« ist. Ist Ihr »Herz entflammt« für einen Menschen? Haben Sie sich etwas »sehr zu Herzen genommen«?

Heu

▷ V: Sie liegen im Heu: Sie sind ein bescheidener Mensch und erfreuen sich an den kleinen Dingen des Lebens. Sie laden Heu auf einen Wagen: Sie müssen viel arbeiten und erhalten wenig Geld. Riechen Sie Heu im Traum, ist dies ein positives Zeichen für stabile Gesundheit. Mähen Sie Heu, wird sich Ihr Vermögen so langsam vermehren.

▷ T: Das Heu zeigt Ihre bereits früher erlebten Gefühle und Gedanken an, aus denen Sie schon das Wesentliche erkennen und verarbeiten konnten. → Gras, → Wiese, → Stroh

Hexe

▷ V: Träumen Sie von einer Hexe, werden alle vorbereiteten Pläne und auch Ihre großen Hoffnungen bald eine glückliche Entwicklung zeigen.

▷ T: Die Hexe kann für böse Menschen in Ihrer allernächsten Umgebung stehen, sie meint aber auch häufig Bösartigkeit in Ihnen selbst. Sie zeigt Ihre Angst vor dem Irrationalen in sich selbst, vor Aberglauben und den unbewußten Energien, die manchmal Ihre Handlungen steuern. War die Hexe im Traum gut oder böse? Steckt auch in Ihnen eine Hexe? In welchem Lebensbereich? Die Hexe kann auch Liebesgefühle anzeigen, die nur auf das Sexuelle ausgerichtet sind.

Himmel

▷ S: Der Sitz himmlischer, den Menschen überlegener Wesenheiten, Manifestation der Transzendenz und Symbol der geheiligten Ordnung des Universums.

▷ V: Sie sehen einen blauen, wolkenlosen Himmel: Ihre Vorhaben werden erfolgreich gelingen, und Sie werden in der nächsten Zeit viel Freude haben. Hingegen kündigen Wolken am Himmel Sorgen, Hindernisse oder eine ungewisse Zukunft an. Sehen Sie → Sterne am Himmel, wird ein großer Wunsch bald in Erfüllung gehen.

▷ T: Der Himmel zeigt Ihre geistigen Kräfte an, die Ihr Leben oft unbewußt beeinflussen; dann fühlt man sich plötzlich »wie im Himmel«, oder man kann sogar »in den Himmel schauen«. Entweder haben Sie diesen Zustand jetzt erreicht, oder Sie sollten ihn anstreben. Oder schweben Sie gerade »im siebten Himmel«? → Kapitel »Farben im Traum«: blau

Himmelsrichtung

▷ V: Gehen Sie im Traum nach → Westen, symbolisiert dies eine bewußte Wahrnehmung. Der Westen ist eine Gegend extrovertierter (nach außen gelebter) Aktivität und Ordnung. Wer sich nach → Süden wendet, sucht eher das Gefühlsland der Wärme und der Willenskraft. Der → Norden zeigt sich kühler – er ist das Land der Vorahnungen und der Intuition. Der → Osten dagegen symbolisiert Ihr intensives, nach innen gerichtetes (introvertiertes) Denken. Führt Ihr Weg im Traum in eine dieser Himmelsrichtungen, sollten Sie demnächst die beschriebene Ausrichtung im Alltag umsetzen bzw. ausleben.

hinken

▷ V: Wenn Sie einen Hinkenden sehen oder selbst hinken, werden Ihre Geschäfte bald schlechter gehen.

▷ T: Hinken ist ein Symbol dafür, daß Sie Ihr Leben nur schwer meistern können. Die aktuellen Probleme haben durchaus mit Ihnen selbst zu tun. Machen Sie sich das Leben unnötig schwer? Bremsen Sie sich selbst aus? Wollen Sie dadurch die Hilfe anderer erzwingen? Wem oder was hinken Sie hinterher? → Bein, → Fuß

Hinrichtung

▷ V: Sie sehen eine Hinrichtung: Entweder können Sie einen Gegner überwinden, oder Sie schaffen sich einen neuen Feind. Sehen Sie die Hinrichtung eines bekannten Menschen, werden Sie sich von einer Person trennen müssen. Werden Sie selbst hingerichtet, werden Sie von anderen erniedrigt und fühlen sich dadurch sehr beschämt. → aufhängen, → ermorden, → Galgen

▷ T: Ihre Ansichten oder Einstellungen werden sich verändern (oder haben es schon). Die Hinrichtung rät zur Revision Ihrer bisherigen Einstellung zu bestimmten Vorgängen. Verarbeiten Sie jetzt vorangegangene Veränderungen.

Hirsch

▷ V: Sehen Sie einen Hirsch, werden Sie eine gute Gelegenheit erhalten, sich durchzusetzen. Schießen Sie einen Hirsch, könnten Sie eine Erbschaft o. ä. erhalten. Sie jagen einem Hirsch hinterher: Sie laufen einer aussichtslosen Sache nach und sollten Ihre wertvolle Zeit lieber nutzbringender verwenden. Stehen Sie neben einem getöteten Hirsch, werden Sie Ihre Feinde oder Rivalen besiegen können. Träumen Frauen, daß sie einen Hirsch mit Geweih und vielen Sprossen sehen, sehnen sie sich nach sexuellen Erlebnissen. → Geweih

▷ T: Der Hirsch zeigt männliche Persönlichkeitsanteile, manchmal auch sexuelle Bedürfnisse (vielleicht haben Sie sich »wie ein Hirsch« benommen?). Das Traumsymbol will Sie aber auch mit Ihren weiblichen Wesensanteilen aussöhnen bzw. wieder in Harmonie bringen, wenn Sie in letzter Zeit zuviel männliche Züge ausgelebt haben.

Hirte

▷ V: Sehen Sie einen Hirten mit seiner Herde, ist dies ein positives Zeichen für einen Vermögenszuwachs. Sehen Sie jedoch den Hirten alleine, wird Ihr Vermögen abnehmen, oder Sie werden Verluste erleiden.
▷ T: Der Hirte lenkt Ihre geistigen Energien, und er hat die Kraft, alle Gegensätze in Ihrer Persönlichkeit miteinander zu verbinden. Er ist eine Aufforderung, die eigene Zwiespältigkeit (Polarität) anzunehmen und die innere Ausgeglichenheit zu verstärken!

Hitze

▷ T: Die Hitze zeigt Ihre heißen Gefühle oder sexuellen Begierden an und warnt Sie davor. Denn »wo es heiß hergeht, wird man schnell verbrannt«. → Feuer

Hochzeit

▷ V: Nehmen Sie an einer Hochzeit teil, werden bald lauter gute Nachrichten eintreffen. Singles werden sich vielleicht ernsthaft binden – Eheleute sollten sich auf Nachwuchs einstellen. Machen Sie im Traum eine Hochzeitsreise, kündigt dies eine große Überraschung an. Sie sehen viele Hochzeitsgäste im Traum: Sie werden viel zuviel Geld ausgeben oder dieses sogar verlieren.
▷ T: Bei jungen Menschen symbolisiert die Hochzeit sexuelle Bedürfnisse, die im Moment noch nicht ausreichend gelebt werden können. Bei Eheleuten erinnert dieser Traum an die eigene Hochzeit und die damit verbundenen Erwartungen, die entweder enttäuscht oder erfüllt wurden – je nach den anderen Traumsymbolen.

Hochwasser

▷ V: Wenn Sie im Traum weite Wasserflächen sehen, sind Sie von irdischen Belangen im Moment etwas losgelöst. Sehen Sie

steigende Wasser oder befinden Sie sich darin, kommen ernste Bedrängnisse auf Sie zu – das macht Ihnen angst.
▷ T: → Flut, → Wasser

Höhle
▷ V: Kriechen Sie im Traum in eine Höhle, fühlen Sie sich Ihrer jetzigen Situation nicht gewachsen. Leben Sie in einer Höhle, haben Sie sich bei Ihren Mitmenschen recht unbeliebt gemacht. Graben Sie selbst eine Höhle, wird sich bald ein Todesfall im Familien- oder Freundeskreis ereignen. Kommen Sie aus einer dunklen Höhle wieder ans Licht, verbessert sich nach langen ärmlichen Verhältnissen (Arbeitslosigkeit u.ä.) Ihre wirtschaftliche Lage zusehens.
▷ T: → Grotte, → Graben, → Gruft

Hölle
▷ S: Symbol der Finsternis und Herrschaftsbereich des Teufels.
▷ V: Sehen Sie im Traum die Hölle, ist das ein Zeichen dafür, daß Sie völlig verzweifelt sind. Ihre Hoffnungen sind zerstört, und Sie wissen nicht mehr, was Sie tun sollen bzw. wohin Ihr Lebensweg gehen soll. Dieser schmerzhafte Zustand wird auch noch eine Weile anhalten, bis Sie »geläutert« sind, den richtigen Weg zu erkennen und danach handeln zu können. Sehen Sie einen anderen Menschen in der Hölle, stehen Ihnen ebenfalls große Veränderungen bevor. → Teufel
▷ T: Die Hölle symbolisiert Ihre Ängste, Schuldgefühle oder negativen seelischen Energien. Dieser »Ort der Läuterung« verspricht aber auch nach einiger Zeit die Rückkehr zur Harmonie mit sich selbst. Jetzt sollten Sie Ihre seelischen Schmerzen nicht verdrängen, sondern annehmen und durchleiden – eine große Wende ist bald möglich. Was bereitet Ihnen »die Hölle auf Erden«? Durch welches »Fegefeuer« müssen Sie jetzt gehen? Zerfressen »Haßgefühle« Ihr Lebensglück?

Hörner

▷ V: Sehen Sie andere Personen mit Hörnern am Kopf, werden Sie bald mit einigen Leuten zusammenstoßen und Konflikte austragen müssen. Sehen Sie nur Hörner oder tragen diesen Kopfschmuck selbst, symbolisiert dies vor allem in Männerträumen die Angst davor, betrogen zu werden. Ihre Frau oder Geliebte nimmt es mit der Treue nicht so ernst.

▷ T: → Geweih, → Hirsch, → Kuh, → Stier

Holz

▷ V: Sie sehen jemanden Holz hacken: Eine schlechte Nachricht oder gar ein Trauerfall wird bald kommen. Sie suchen Holz: Hier sind keine rosigen Zeiten zu erwarten, sondern eher Leid und trübe Stimmung. Wenn Sie selbst Holz sägen, müssen Sie sehr hart arbeiten, bis ein Erfolg sichtbar wird. Zimmern Sie mit Holz, ist das ein sehr gutes Zeichen für positive Veränderungen. Sie schnitzen Holz: In Ihnen ist eine künstlerische Ader versteckt. Werfen Sie Holz in ein Feuer, neigen Sie zu Verschwendung in mehreren Lebensbereichen. Holz mit sich zu schleppen kündigt eine Verschlechterung Ihrer finanziellen Lage an. → Balken

▷ T: Holz symbolisiert Ihre anerzogenen Gewohnheiten, Meinungen und Ideen, die quasi zum selbstverständlichen Teil Ihrer Person geworden sind. Im Holztraum versteckt sich die Aufforderung zum kritischen Überdenken dieser Gewohnheiten (sonst werden Sie ein »Holzkopf«), denn Sie sollten jetzt an einer neuen Lebensrichtung bauen (aus altem Holz neue Möbel basteln). Ist Ihr Holz im Traum noch frisch oder schon knorrig-dürr? Fault das Holz schon vor sich hin, dann ist es höchste Zeit für Erneuerungen!

Honig

▷ V: Sie sehen Honigwaben: In geschäftlichen Dingen haben Sie jetzt sehr viel Glück. Sie essen Honig: Ihre mangelnde Selbsterkenntnis war Grund Ihrer seelischen Störungen, doch die Heilung ist in Sicht. → Biene

▷ T: Der Honig verspricht Ihnen eine »süße Belohnung« für all Ihre geistigen Leistungen, die vor allem aus tiefer Selbsterkenntnis entsprangen und nebenbei auch zu mehr innerer Ausgeglichenheit (ein Symbol für seelische Heilung) führen werden!

Hose
▷ V: Ziehen Sie im Traum eine Hose an, möchten Sie gerne in der eigenen Familie oder im näheren Umkreis die Führung übernehmen (auch in Frauenträumen). Vielleicht wollen Sie sich auch dagegen wehren, daß andere Menschen Sie beherrschen. Ziehen Sie im Traum die Hose aus, besteht eine Neigung zu sehr oberflächlichem Lebenswandel. Verlieren Sie im Traum Ihre Hose, werden andere Sie verspotten. → Kleidung
▷ T: Die Hose zeigt entweder Ihr aktuelles Schutzbedürfnis an oder Ihre Angst vor einer Bloßstellung durch andere (→ Hemd). Legen Sie im Alltag zuviel Wert auf Ihre äußere Erscheinung? Müssen Sie »die Hosen runterlassen« in einer bestimmten Angelegenheit? Oder haben Sie vielleicht »die Hosen gestrichen voll« (Angst) und warum?

Hotel
▷ V: Sehen Sie sich selbst im Hotel, wird die gebuchte Reise sicher teurer, als Sie kalkulierten. Sehen sich verheiratete Männer im Traum in einem Hotel, bedeutet dies, daß sie eine heimliche Liebe auch weiterhin vor anderen verbergen müssen.
▷ T: Bei Ihnen herrscht seelische Unklarheit – das Hotel ist ein Symbol der Flucht vor sich selbst. Oder Sie begeben sich jetzt auf Ihrer Lebensreise in unbekannte Regionen. Das Hotel zeigt auch Ihre momentanen Einstellungen und Haltungen an; manchmal kommt Ihr Wunsch nach mehr Bequemlichkeit und Luxus dabei zum Ausdruck.

Hufeisen
▷ V: Sehen Sie ein Hufeisen im Traum: Ein sehr gutes Vorzeichen für die Erfüllung Ihrer Wünsche oder Hoffnungen. Alle Unter-

nehmungen, die Sie demnächst starten, werden von Erfolg gekrönt sein oder einen denkbar günstigen Verlauf nehmen; sogar Glücksspiele können gelingen.

Huhn, Henne
▷ V: Sehen Sie ein Huhn, kommen bald bessere Zeiten auf Sie zu. Wenn Sie mehrere Hühner sehen: Vergeuden Sie nicht zuviel Zeit mit Höflichkeiten und Plaudereien. Rupfen Sie ein Huhn, wird Ihre Arbeitsleistung nicht entsprechend honoriert – vielleicht wollen Sie mit Ihrem Chef »ein Hühnchen rupfen«? Essen Sie ein Huhn: Ihre beruflichen Leistungen werden sich finanziell lohnen. Wollen Sie ein Huhn oder mehrere Hühner fangen und laufen im Traum hinterher, ist dies vor allem in Männerträumen ein warnendes Zeichen, denn Sie laufen ständig kurzen Liebesaffären hinterher, was Ihnen jedoch keine Befriedigung bringt. Sie sehen eine Henne Eier legen: Sie können bald mit einer Geldeinnahme rechnen; manchmal auch mit Familienzuwachs. Sehen Sie brütende Hennen, erfüllen sich Ihre Hoffnungen. Sehen Sie ein oder mehrere → Küken, ist dies ein Symbol für Kindersegen, viele Enkel oder eine große Familie allgemein. Schlachten Sie eine Henne, werden Sie sich durch Ihre Unvorsichtigkeit selbst schaden.
▷ T: → Hahn

Hummel
▷ V: Sehen Sie im Traum fliegende Hummeln, verschwenden Sie zuviel Zeit und Interesse für völlig unwesentliche Dinge.
▷ T: → Biene

Hütte
▷ V: Sehen Sie eine Hütte, sind Sie sehr geduldig, auch wenn es Ihnen mal nicht so gutgeht. Kehren Sie in eine Hütte ein, suchen Sie Schutz vor den harten Anforderungen des Lebens. Sie leben in einer kargen Hütte: Bald werden Sie in eine schönere Wohnung einziehen können.
▷ T: Die Hütte mahnt zur Bescheidenheit. Wenn Sie keine über-

Hütte mit Bank

Je nach aktueller Lebenssituation könnte dieser Traum den Träumenden darauf hinweisen, jetzt endlich eine kleine Verschnaufpause einzulegen, da die gesundheitlichen Belastungen auf Dauer zu groß wären. Manchmal warnt die Hütte auch davor, etwas bescheidener aufzutreten oder sparsamer zu leben (vor allem bei Träumern mit hohem materiellen Energieumsatz). Die Bank rät dazu, jetzt einmal innezuhalten und alles noch mal in Ruhe zu überdenken.

zogenen Forderungen und Erwartungen an das Leben stellen, dann können Sie wirklich mit Ihrem Schicksal zufrieden sein!

Hund

▷ V: Sehen Sie im Traum einen Hund, werden Sie bald einen neuen, sehr treuen Freund gewinnen können. Sehen Sie einen schwarzen Hund, wird sich ein Freund als sehr unehrlich erweisen. Sehen Sie einen roten Hund, weist Sie das darauf hin, daß Sie sich auf Ihre Freunde leider nicht verlassen können (→ Fuchs). Hören Sie bellende Hunde, kündigt sich Streit mit den Nachbarn oder Verleumdungen durch sie an. Sie werden von einem Hund gebissen: ein Zeichen, daß Sie in einer bestimmten Angelegenheit ein schlechtes Gewissen plagt. Raufen Hunde um einen Knochen, gibt es Streit in einer Erbschaftsangelegenheit. Sie werden von einem Hund angefallen: Vorsicht, jetzt werden Sie mehr von Ihren Instinkten geleitet als vom wachen Verstand.
→ Pudel

▷ T: Die Tiefenpsychologie sieht in der Gestalt des Hundes die triebhafte Seite Ihrer Seele. Er symbolisiert Ihre sexuellen Gefühle, Instinkte und Triebe, manchmal auch männliche Abenteuerlust auf sexuellem Gebiet. Wird der Träumer von einem Hund begleitet, zeigt er damit eine günstige Beziehung zu seinen unbewußten Kräften an. Leben wir im Frieden mit unserer Instinktseite, dann wird uns der Hund im Traum jederzeit gehorchen.

Hunger

▷ V: Wenn Sie im Traum Hungergefühle verspüren, ist das ein Zeichen dafür, daß Ihre Seele hungert. Finden Sie heraus, wonach!

▷ T: Der Hunger zeigt Ihren Wunsch nach Bestätigung Ihrer Ansichten und Einstellungen. Manchmal verspürt man trotz sicherer Existenz eine unberechtigte Angst vor eventuellen Notlagen. Überprüfen Sie diese Angst ganz real. Vielleicht benötigen Sie auch eine »geistige Stärkung«. – Oder Sie fasten gerade, und nachts meldet sich Ihr Hunger.

Mädchen und Hund

Im Traum sah ein junges Mädchen ein weibliches Wesen, das einen Hund betrachtet. Die weibliche Person kündigt wachsende Weiblichkeit an, die sich in der Träumerin bald bemerkbar machen wird. Der Hund ist ein Symbol für die triebhafte und instinktive Seite – auch für aufkeimende sexuelle Instinkte und Triebe. Wichtig ist, was der Hund im Traumgeschehen macht. Verhält er sich friedlich und wandert mit, dann wird die Träumerin ihre unbewußten Instinkte und Triebe gut leiten können, denn der Hund gehorcht ihr im Traum.

Hut

▷ V: Tragen Sie im Traum des öfteren einen Hut, würden Sie am liebsten überall im Mittelpunkt stehen; etwas mehr Bescheidenheit würde Ihnen jedoch besser zu Gesicht stehen. Sie tragen einen sehr auffälligen Hut: Sie haben sich durch Ihr Verhalten oder Ihr Benehmen ziemlich lächerlich gemacht. Sie fertigen selbst einen Hut an: Bald werden außergewöhnliche Arbeiten oder ein außergewöhnliches Anliegen an Sie herangetragen werden. Der Wind reißt Ihnen den Hut vom Kopf: Ihnen wird ein Gewinn entgehen. Einen Hut auf dem Wasser schwimmen sehen steht oft für den Freitod eines Bekannten. Tragen Sie einen Strohhut, werden Sie in der Liebe betrogen werden. Tragen Sie einen mit Federn geschmückten Hut, sind Sie viel zu eitel und geltungssüchtig. → Zylinder

▷ T: Der Hut zeigt Ihre Einstellungen und Meinungen an, die Sie lieber vor anderen verbergen, und fordert mehr Mut zur eigenen und offenen Meinungsäußerung. Vor wem sind Sie »auf der Hut«? Vor wem »ziehen Sie den Hut«? Nehmen Sie Ihren Hut ab, und zeigen Sie sich so, wie Sie wirklich sind!

Hyäne

▷ S: Die Hyäne ist ein Sinnbild des Geizes.

▷ V: Sie sehen eine Hyäne: Dieses Zeichen warnt, denn Sie erhoffen sich von einer bestimmten Person Unterstützung oder Protektion – ein großer Irrtum Ihrerseits. Werden Sie von einer Hyäne bedroht, geraten Sie in eine sehr verzweifelte Lage – eventuell droht ein Überfall.

▷ T: → Tier, → Wolf

Hyazinthe

▷ V: Sehen Sie im Traum eine Hyazinthe, werden Sie bald ein Geschenk erhalten, denn Sie sind bei den Mitmenschen allgemein sehr beliebt und auch gern gesehen. Schenkt Ihnen jemand eine Hyazinthe, wird eine innige Liebe Ihr Herz erfreuen. Sehen Sie eine welke Hyazinthe, werden Ihre Erwartungen an einen anderen Menschen leider enttäuscht.

▷ T: → Blume

Hysterie

▷ T: Hysterische Handlungen im Traum verdeutlichen, daß Sie zur Zeit von großen Ängsten und intensiven Gefühlen beherrscht werden und nicht mehr vernünftig und realitätsbezogen handeln und denken können. Treten solche Träume öfter auf, empfiehlt es sich, fachmännische Hilfe in Anspruch zu nehmen!

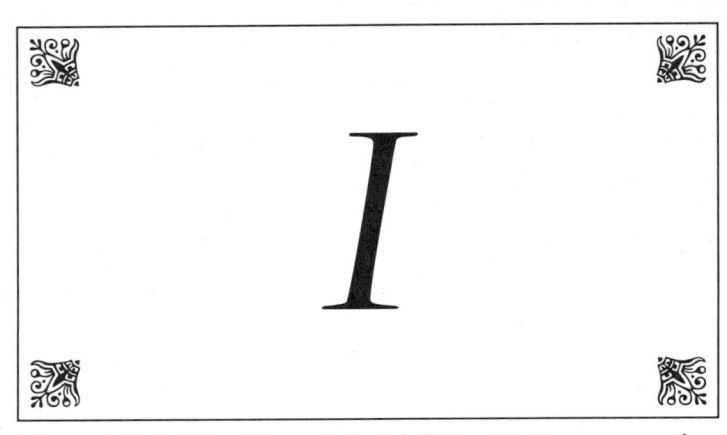

▷ S = symbolisch; ▷ T = tiefenpsychologisch; ▷ V = visionär, voraussagend

Igel

▷ S: Der Igel gilt als Sinnbild für Geiz und Gaumenlust, ist aber durch seine Stacheln auch ein Symbol des Zorns.

▷ V: Der Igel warnt davor, allzu gutmütig zu sein; entweder wollten Sie einem Menschen etwas Gutes tun und wurden verletzt, oder aber Sie haben sich zu sehr »eingeigelt«. Töten Sie einen Igel, werden Sie von einem Neider oder »stacheligen« Mitmenschen befreit werden. Sie sehen einen Igel eine Maus fangen: Ein sehr materialistischer oder geiziger Mensch mißbraucht Sie. Sie verletzen sich an den Stacheln eines Igels: Ein Mensch wird Sie verleumden wollen oder Ihnen weh tun.

▷ T: Ihr Bedürfnis nach Schutz und Sicherheit ist durch den Igel symbolisiert, aber auch ein aktuelles Mißtrauen könnte Sie bei Aktivitäten und mitmenschlichen Beziehungen hemmen oder einengen. Vielleicht haben Sie sich auch zu sehr »eingeigelt«? Oder haben Sie Ihre »Stacheln aufgestellt«?

Iltis

▷ V: Sie sehen einen Iltis: Eine Warnung, dem Körper mehr Aufmerksamkeit zu schenken. Wenn Beschwerden oder Störungen bemerkbar sind, gehen Sie bitte sofort zum Arzt. Manchmal warnt der Iltis allerdings auch vor betrügerischen Menschen, die Ihnen etwas stehlen möchten (diese müßten Sie jedoch förmlich »riechen«!).

Immergrün
▷ V: Sehen Sie Immergrün, besitzen Sie eine sehr treue Freundschaft, die jedoch sorgsam gepflegt werden sollte, wenn sie andauern soll. Pflücken Sie Immergrün und binden daraus einen Kranz, werden Sie eine sehr treue Freundschaft geschenkt bekommen.
▷ T: Dieses Symbol zeigt Treue und Beständigkeit in Ihren zwischenmenschlichen Beziehungen an – entweder als Bedürfnis, oder als tatsächlichen Zustand. Auch Ihre Treue zu sich selbst ist oder wird stark.

Impfung
▷ V: Werden Sie im Traum geimpft, machen Ihnen böse Mitmenschen das Leben oft schwer – wehren Sie sich dagegen. Sehen Sie eine Impfung bei einem Kind, werden Sie einen schwächeren Menschen gegen Übergriffe anderer Zeitgenossen (mit spitzen Zungen) beschützen.
▷ T: Sie leiden unter so manchen »Nadelstichen« (Anfeindungen, Gehässigkeiten, Boshaftigkeiten) Ihrer Mitmenschen und wollen am liebsten dagegen »immun« werden. Nehmen Sie diese Menschen nicht so wichtig (und vor allem nicht ernst), denn »jeder Mensch hat ein Recht auf seine eigene Beschränktheit«!

Impotenz
▷ T: Wer von Impotenz träumt, hat Angst vor eigenem sexuellem Versagen oder vor dem Verlust seiner Weiblichkeit oder Männlichkeit allgemein. Vielleicht fühlen Sie sich zur Zeit schwach und haben wenig Einfluß auf andere? Vielleicht plagt Sie ein Minderwertigkeitskomplex? Sie sollten die Ursachen Ihrer Ängste herausfinden oder eine fachkundige Beratung aufsuchen!

Indianer

▷ V: Sie sehen friedliche Indianer im Traum: Entweder erwacht Ihre Abenteuerlust; dann sollten Sie am besten einen Urlaub in freier Natur planen, oder aber es tauchten nur Kindheitserinnerungen auf (Winnetou-Bücher oder Indianerspiele). Sehen Sie einen Indianer mit Kriegsbemalung, verfolgt ein hinterlistiger Mensch heimlich Ihre Aktivitäten.

▷ T: Der Indianer zeigt oft das Mystische und Phantastische in Ihrem eigenen Unterbewußtsein auf. Manchmal steht er auch für Ihre List, die Sie im Alltag und bei Ihren Mitmenschen anwenden, oder er warnt Sie vor hinterlistigen Menschen.

Indien, Inder

▷ V: Sie sehen Indien oder begegnen Indern: Sie haben immer noch sehr romantische Vorstellungen; auch eine mystische Ader wirkt in Ihnen, doch im praktischen Leben sollten Sie mehr auf gesunden Füßen stehen lernen. Sehen Sie indische Figuren oder Personen, werden Sie sich bald ernsthafter mit Okkultismus und anderen Geisteswissenschaften beschäftigen.

▷ T: Der Indien-Träumer kommt oft mit dem praktischen Leben nicht so gut zurecht, weil er ständig »in einer anderen Welt lebt«. Mehr Selbstkritik und Realismus würde Ihnen guttun. Vielleicht gaukeln Sie sich oder anderen gerne etwas vor? Oder Sie schweben zu oft in »mystischen Dimensionen«?

Inflation

▷ V: Sie erleben im Traum eine Inflation: Wenn Sie nicht sehr vorsichtig taktieren, verlieren Sie Ihr gesamtes Vermögen. Hören Sie von einer kommenden Inflation, gerät Ihr Leben in eine Krise. Ihre Wertvorstellungen müssen radikal verändert werden.

▷ T: Die Inflation zeigt an, daß bisher für Sie Wichtiges seinen Wert verlieren wird. Sie müssen eine tiefe Krise, eine quälende innere Leere durchschreiten, damit eine Veränderung Ihres Lebensweges möglich ist. Achten Sie darauf, daß Sie die Zeit dieser tiefen Wandlungen möglichst ohne bleibende seelische Schäden bewältigen können. Die restlichen Traumhandlungen sind hier sehr wichtig, denn sie zeigen oft an, was Sie verändern sollten.

Inschriften
▷ T+V: Sie sehen geheimnisvolle Inschriften, die nicht zu entziffern sind: Sie suchen nach einer unsichtbaren Führung in Ihrem Leben und sollten in der nächsten Zeit achtsam weiteren Zeichen lauschen. Sehen Sie Inschriften mit Namen auf Grabsteinen, wird sich in Ihrer nächsten Umgebung ein Todesfall ereignen.

Insekten
▷ V: Sie werden von Insekten umschwärmt: Auch im Alltagsleben werden Sie von unangenehmen Personen oder Angelegenheiten belästigt. Sind darunter Spinnen, ist größte Vorsicht geraten: Jemand belauert Sie aus der Entfernung. Sehen Sie Insekten, strapaziert ein lästiges Schwatzmaul Ihre Ohren. Werden Sie von großen Insekten gestochen, müssen Sie entweder einen Verlust verkraften, oder Ihre Seele reagiert mit Krankheit auf kommende oder frühere Erlebnisse.
▷ T: Scheinbar belanglose Geschehnisse sind doch bedeutungsvoller, als Sie anfangs dachten. Gewissensbisse oder Schuldgefühle plagen Sie (→ Biene, → Fliege, → Spinne). Das Insekt zeigt all Ihre automatischen (instinktiven) Handlungen und Verhaltensweisen auf. Ob diese nützlich oder eher schädlich sind, könnte die restliche Traumhandlung aufschlüsseln.

Insel
▷ V: Träumt ein Mann von einer Insel, ist dies Ausdruck eines frustrierten Berufslebens; der Träumer will endlich wieder aktiv sein, Neues schaffen, Pioniergeist einsetzen. Oder der Träumer ist einfach nur sehr gestreßt, und Sie wollen (sollen) sich von der hektischen Betriebsamkeit Ihres Lebens endlich zurückziehen. Nach einer Erholungspause werden Sie wieder Bäume ausreißen können. Sehen Sie sich allein auf einer Insel, wollen oder werden Sie bald recht einsam sein. Sehen Sie eine verlassene Insel, gerät Ihr

Lebensweg in unsichere Gefilde – oder Sie wissen nicht, wie es weitergehen soll.

▷ T: Die Insel steht tiefenpsychologisch als Symbol für Ihre unbewußte Angst vor der Umwelt mit all ihren Forderungen, zeigt demnach Ihre Realitätsflucht (oder Ihren Wunsch nach Rückzug). Manchmal sucht man auch nach sehr hektischen Zeiten wieder mehr Frieden und Einsamkeit. Als Warntraum will die Insel vor Selbstisolierung oder Vereinsamung warnen.

Inserat

▷ V: In Frauenträumen enthält das Inserat den warnenden Hinweis, sich in einer längst fälligen Sache im Interesse anderer (Familie, Freunde oder Kollegen) endlich zu entscheiden, sonst wird das Problem bald öffentlich werden. Lesen Sie ein Inserat, sollten Sie entweder baldmöglichst einen Entschluß fassen, oder aber Sie werden einige Neuigkeiten in nächster Zeit erfahren.

▷ T: Das Inserat zeigt entweder Ihre Entscheidungsschwäche und Entschlußlosigkeit auf, oder es symbolisiert Ihren Wunsch nach neuen Chancen, Möglichkeiten oder Kontakten. → lernen, → schreiben, → Reklame, → Zeitung

Instrument

▷ V: Sehen Sie medizinische Instrumente im Traum, sollten Sie jetzt äußerst vorsichtig sein, denn zur Zeit besteht Unfallgefahr, oder eine Krankheit zeigt sich ganz plötzlich.

▷ T: Musikinstrumente → Musik

Invalidität

▷ V: Träumt eine Frau von einem Invaliden, ist Ihr Partner nicht so stark, wie Sie ihn gerne haben möchten, oder er will in einer Sache aufgeben. Dann sollten Sie ihm helfen und handeln. Wenn Sie im Traum selbst Invalide sind, verlieren Sie Ihre berufliche, oder Ihre private Selbständigkeit und Freiheit. Manchmal warnt Sie das Unterbewußtsein auf diese Weise, beruflich etwas langsamer zu treten.

▷ T: Die Invalidität will Sie vor dem drohenden Verlust Ihrer geistigen Unabhängigkeit warnen. Manchmal symbolisiert sie auch sehr negative Gefühlsbeziehungen zu anderen Menschen. »Was oder wer behindert Sie?«

Irrlicht, Irrweg
▷ V: Sie sehen ein Irrlicht im Traum: Das ist immer eine Warnung, nicht weiter auf dem falschen Weg fortzuschreiten, denn »der Schein trügt«. Das gleiche gilt, wenn Sie sich im Traum auf einem Irrweg befinden oder diesen sehen.
▷ T: Irrlichter und Irrwege (in Form von eigenen Ideen oder Zielen) haben stets eine faszinierende Verlockung, die Sie jedoch »in die Irre« führen werden. Ein wichtiger Warntraum, dem Sie unbedingt auf den Grund gehen sollten – beachten Sie die weiteren Traumsymbole.

Irrtum
▷ V: Sie erkennen im Traum einen Irrtum oder irren sich selbst: Sie sollten sich jetzt nicht von anderen zu etwas verleiten lassen.
▷ T: Der Irrtum zeigt Ihre Angst vor Täuschung und Lüge anderer auf – entweder warnt Ihre Seele von Lügnern oder Betrügern oder vor dem eigenen Selbstbetrug bzw. Selbsttäuschung.

Italien, Italiener
▷ V: Reisen Sie im Traum nach Italien, sehnen Sie sich nach einem südländischen Klima und dessen Lebensart. Sprechen Sie im Traum Italienisch, haben Sie Sehnsucht nach einem dunkelhaarigen Menschen. Sehen Sie als Mann eine Italienerin, werden Sie eine leidenschaftliche Affäre beginnen.
▷ T: Italien symbolisiert erhöhte Sinnlichkeit, Sinn für Schönheit und eine künstlerische Ader. Manchmal warnt so ein Traum vor zuviel Gefühlsduselei, Oberflächlichkeit oder Vergnügungssucht (»Dolce vita«). Sehen Sie italienische Kunst, so regt sich Ihre eigene »künstlerische Ader«, die ausgelebt werden will.

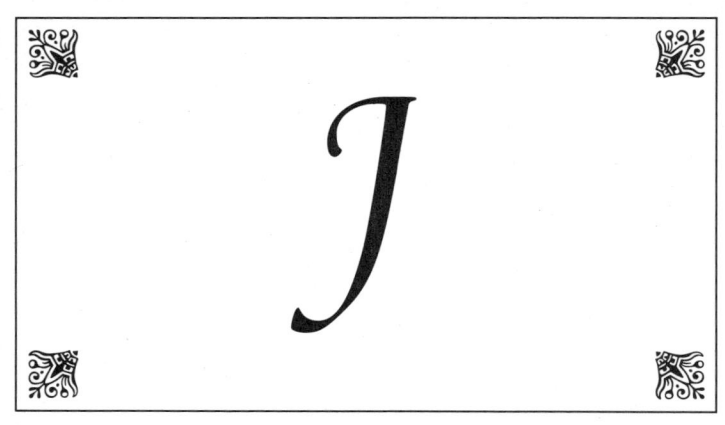

▷ S = symbolisch; ▷ T = tiefenpsychologisch; ▷ V = visionär, voraussagend

Jacht
▷ V: Es ist kein Zufall, daß die Gallionsfiguren der großen Jachten stets üppige Frauen waren. In Männerträumen symbolisiert die Jacht den Wunsch nach einer Frau (möglichst mit großen Brüsten), die optisch imponiert. Sehen Sie eine Jacht, oder fahren Sie damit, werden Sie eine vorteilhafte Verbindung eingehen können. Besitzen Sie im Traum eine Jacht, wird sich eine vermeintlich sehr nützliche Beziehung schnell als völlig wertlos erweisen.
▷ T: Die Jacht stellt eine elegantere Fortbewegung auf Ihrem »Fluß Ihres Lebens« dar als ein → Boot oder ein → Schiff.

Jacke
▷ V: Ziehen Sie im Traum eine Jacke verkehrt an, ist das ein Hinweis darauf, daß Sie sehr verwirrt oder falsch orientiert sind.
▷ T: Die Jacke zeigt an, welche Gefühle Sie geben können und welche Sie empfangen – der jeweilige äußere Zustand Ihrer Jacke symbolisiert den Ihrer Gefühle (→ Hemd, → Hose, → Kleidung). Ist Ihre Jacke alt, verschlissen oder gar löchrig, dann ist Ihr Gefühlsleben sehr verletzt, doch Sie sollten sich von diesen alten, negativen Gefühlen endlich trennen (diese Jacke wegwerfen)!

Jagd, Jäger

▷ S: In Männerträumen oft ein Symbol des »Schürzenjägers«!

▷ V: Sie gehen im Traum auf die Jagd: Auch Sie müssen einsehen, daß nur Ausdauer einen Erfolg möglich machen kann; bisweilen bekommt der Träumer Lust auch aufs Beziehungsleben. Jagen Sie ohne Beute, werden Sie bald eine Enttäuschung verkraften müssen. Sie sehen einen Jäger: Sie müssen noch hart an sich arbeiten und mehr gute Eigenschaften entwickeln. Werden Sie zur Jagd eingeladen, haben Sie demnächst ein gutes Händchen für Glücksspiele.

▷ T: Von der Jagd zu träumen, symbolisiert Ihre Jagd nach Materiellem, nach Erfolg und Glück, was wiederum aus Ihren Begierden, Ihrem Ehrgeiz und Ihren Hoffnungen resultiert. Die Jagd rät zu einer kritischen Überprüfung Ihrer Lebensziele und zu wichtigen Korrekturen. »Von wem oder was werden sie gejagt?« »Wem jagen Sie hinterher?« Ein sehr männliches Traumsymbol (Jäger und Sammler)!

Jahrmarkt

▷ V: Sie befinden sich im Traum auf einem Jahrmarkt: Entweder können Sie bald nützliche Bekanntschaften machen oder ein gutes Geschäft abwickeln. Allerdings kommen bald vielerlei Dinge auf Sie zu, und hierbei sollten Sie sich nicht verwirren lassen. Kaufen Sie auf einem Jahrmarkt ein, geben Sie in nächster Zeit viel zuviel Geld aus. → einkaufen

▷ T: Dieser Ort warnt vor unnötigen Ausgaben, oder er zeigt an, daß Sie Ihr Leben allzu leicht oder oberflächlich nehmen. Können Sie nicht alleine sein? Brauchen Sie ständig Abwechslung oder Anregung? Zeigt sich hier gar eine gewisse Kaufsucht?

Japan, Japaner

▷ T: Dieses Land oder seine Bewohner zeigen im Traum entweder den »geschäftlichen Schlaufuchs« an oder aber schlichte Schönheit oder innere Bescheidenheit. Manchmal stehen sie auch für die leeren Höflichkeitsfloskeln, die mit charmantem Lächeln von Ihnen selbst oder von anderen praktiziert werden. Sie wissen selbst am besten, was in Ihrem Falle damit gemeint ist!

Jasmin

▷ V: Sehen Sie einen Strauß Jasmin, werden Sie bald von einer sehr lieben Person besucht.
▷ T: → Blume

Jazz

▷ V: Jemand spielt Jazz in Ihrem Traum: Ihre Umgebung wird versuchen, Sie zu etwas überspannten Einstellungen zu überreden; Ihr Bekanntenkreis ist nicht der beste. → Musik, → Trompete
▷ T: Jazzmusik symbolisiert Nervosität, innere Unruhe und eine seelische Unbeständigkeit. Gehen Sie der Ursache auf den Grund, und genießen Sie mehr ruhige, melodiöse (meditative) Musik.

Jockey

▷ V: Sehen Sie sich als Jockey auf einem Pferd, sind Sie ein waghalsiger Mensch und möchten am liebsten jedes »Lebensrennen« gewinnen oder auch gerne andere Menschen von sich abhängig machen. → Pferderennen
▷ T: Der Jockey symbolisiert Ihre Fähigkeiten, Ihre Instinkte und Kräfte (und die anderer) zu lenken und diese erfolgreich einzusetzen. – ob zum Nutzen oder zum Schaden ergibt sich aus dem Rest Ihres Traums. → Pferd, → reiten

jodeln

▷ V: Wenn Sie im Traum Jodler hören, machen Sie möglicherweise bald eine fröhliche Reise, vielleicht sogar in die Berge. Jodeln Sie selbst im Traum, steckt in Ihnen eine überschäumende Lebenslust, die Sie jedoch im Alltag meistens zurückhalten oder unterdrücken.
▷ T: Jodeln ist ein Ausdruck der Freude und Lebenslust. Entweder unterdrücken Sie all diese Emotionen, oder Sie »sprudeln über« vor Freude.

Johannisbeeren

▷ V: Sehen Sie rote Johannisbeeren, ist das ein gutes Zeichen, denn Ihre jetzige soziale und familiäre Situation wird sehr be-

ständig bleiben. Weiße Johannisbeeren zu sehen ist ebenfalls positiv: Entweder haben Sie sehr viel Glück in einer Liebesangelegenheit, oder Sie erhalten eine andere Genugtuung. Sehen Sie hingegen schwarze Johannisbeeren, werden Sie bald Liebeskummer haben, denn Ihr Partner oder Ihre Partnerin neigt zur Treulosigkeit. Sehen Sie Johannisbeeren am Busch hängen, werden Sie bald sehr offenherzigen Menschen begegnen. Sie trinken den Saft von Johannisbeeren: Sie suchen nach Abwechslung, das tut Ihnen gut.
▷ T: → Früchte, → Obst

Jüngling
▷ V: Ein junges Mädchen träumt von einem Jüngling: Es wird sich entweder bald verlieben oder bald heiraten. Träumt ein Mann von einem Jüngling, ist dies entweder ein Zeichen für Unreife und Jugendwahn oder eine Mahnung, daß er es nur durch vernünftige Arbeit zu Wohlstand bringen kann. Treffen Sie im Traum einen sehr anhänglichen Jüngling, werden Sie von einem Unbekannten verehrt oder geliebt.
▷ T: Wenn Sie diesem Jüngling nicht am Tag begegnet sind, dann werden Sie Geist und Willen zu einer neuen Bewußtheit vereinen können. Der Jüngling verkörpert die männlich-intellektuelle Seite Ihrer Persönlichkeit. → Jugend

Jugend
▷ V: Sie sehen sich selbst wieder als jungen Menschen im Traum: Sie versuchen immer wieder, das Rad der Zeit zurückzudrehen, doch das wird nicht gelingen. Der Traum ist eine Warnung, denn durch Ihr verkrampftes und eitles »Jung-sein-Wollen« werden Sie an den jetzigen Möglichkeiten vorbeigehen und sich lächerlich machen.
▷ T: Das Symbol der Jugend zeigt eine Weiterentwicklung Ihres Geistes und eine Reifung an. Ältere Träumer wollen sich bisweilen nicht mit der Realität des Alterns abfinden. Für sie ist der Traum eine Warnung, denn sie werden an den Schönheiten des Alters vorbeigehen, weil sie geistig noch immer ihre Vergangenheit festhalten!

Jungfrau

▷ V: Die Jungfrau im Traum eines Mannes symbolisiert entweder einen beruflichen Plan, den der Träumer in Angriff nehmen sollte, oder aber er möchte eine spezielle Frau näher kennenlernen. Beleidigen Sie im Traum eine Jungfrau mit anzüglichen Worten, wird man Sie bald für eine Sache bestrafen. Erblickt eine Frau im Traum eine Jungfrau, wünscht sie sich mehr Keuschheit und Enthaltsamkeit in ihrem Leben.

▷ T: Sie haben den ersten Schritt einer inneren Wandlung bereits getan. Manchmal zeigt die Jungfrau auch an, daß Sie sich innerlich treu geblieben sind und Ihre Seele keinen Schaden genommen hat – sowohl in der Liebe als auch von den Einflüssen Ihrer Umwelt. Ihr innerster Wesenskern hat die bisherigen Lebensstürme heil überstanden.

Jungbrunnen

▷ V: In Frauenträumen zeigt der Jungbrunnen eine welkende Liebe an. Deshalb sollten Sie etwas Leben in Ihre Beziehung bringen. In Männerträumen äußert sich hier der Wunsch nach mehr Jugendlichkeit, mehr Spaß und Aktivität in der Liebe, mehr Potenz.

▷ T: → Jugend

Jupiter

▷ T: Der Planet Jupiter symbolisiert Glück, Wachstum, Reichtum, kraftvolle Pläne, geistige Expansionen, Wohlstand und Toleranz. Es kann aber auch die wenig gezügelte sexuelle Lust (manchmal auch die Freß- und Sauflust) zum Ausdruck kommen, die Sie notfalls durch List und Tricks befriedigen.

Juwelen

▷ V: Sehen Sie Juwelen im Traum oder kaufen welche, ist dies eine Warnung: Sie müssen bald auf vieles verzichten lernen, was bisher als selbstverständlich angesehen war (besonders auf Luxus). Verlieren Sie Juwelen, wird unverhofftes Glück eintreffen.

▷ T: Juwelen symbolisieren den unantastbaren Kern Ihrer Persönlichkeit. Besitzen Sie im Traum Juwelen, sagt der Stein viel über Sie aus (→ Brillanten, → Schmuck):
Amethyst: Symbol für Ihre geistigen Höhenflüge, bei denen Sie den Boden der Realität allerdings nicht verlassen sollten.
Diamant: Ihr geistiges Bewußtsein, manchmal aber auch Ihre Härte, Gefühlskälte oder Ihr Machtstreben.
Lapislazuli: Er steht symbolisch für Ihre Sensibilität, zeigt aber auch Ihre Freunde an und Ihre körperliche Vitalität.
Opal: Er symbolisiert Ihre Phantasie, Ihr Traumleben und die Läuterung von allen Trieben und Begierden.
Perle: Sie symbolisiert innere Harmonie, aber auch die Tiefe, die aus dem Leiden geboren wird.
Rubin: Er zeigt Ihre Gefühlswärme, echte Menschlichkeit, wahre Liebe und alle positiven zwischenmenschlichen Beziehungen an.
Saphir: Ihre Religiosität wird durch ihn symbolisiert, Ihre Abkehr vom allzu Weltlichen und Sinnlichen hin zum Geistigen.
Smaragd: Er drückt eine Erweiterung Ihres Bewußtseins aus, zeigt seelische Ausgeglichenheit, denn Sie haben zu sich selbst gefunden!

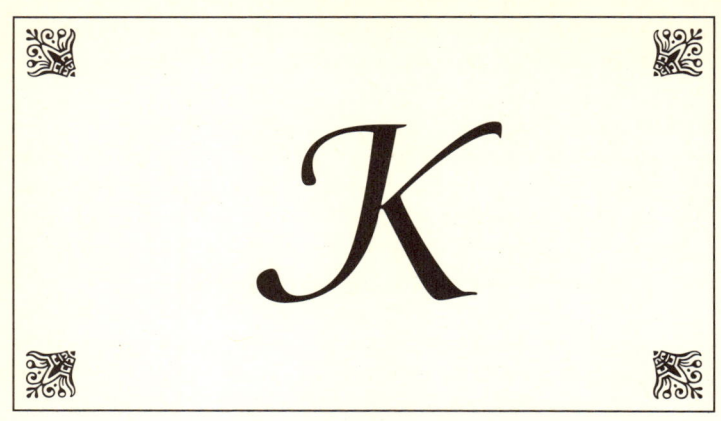

▷ S = symbolisch; ▷ T = tiefenpsychologisch; ▷ V = visionär, voraussagend

Kabel
▷ V: Sehen Sie im Traum ein Kabel, wird eine erfreuliche Nachricht von entfernten Verwandten eintreffen.
▷ T: Ein Kabel zeigt Ihre seelische Verbundenheit zu Freunden oder Verwandten an, die entfernt von Ihnen leben. → Telefon

Kachelofen
▷ V: Träumen Sie von einem Kachelofen, sehnen Sie sich nach einem gemütlichen Heim und nach seelischer Geborgenheit – die Arbeit sollte jetzt zweitrangig sein.
▷ T: Der Kachelofen symbolisiert Ihr Bedürfnis nach familiärer Wärme und Geborgenheit. Manchmal ist ein solcher Traum auch ein Hinweis darauf, daß Sie im Alltag zuwenig Energie einsetzen oder den bequemeren Weg vorziehen!

Käfer
▷ S: Der Skarabäus-Käfer ist Sinnbild der Auferstehung.
▷ V: Sie sehen einen Käfer: Er rät Ihnen zu mehr Bescheidenheit, wenn Sie bei den Mitmenschen beliebt sein möchten. Sie töten einen Käfer: Ein Mißerfolg muß verkraftet werden.

▷ T: Ein Käfer zeigt das Auf und Ab im Leben, Ihren Erfolg und Ihren Mißerfolg – je nach den restlichen Traumbildern.

Käfig
▷ V: Sehen Sie einen Käfig, sollten Sie sich innerlich auf eine unangenehme Situation einstellen. Sehen Sie sich selbst im Käfig, fühlen Sie sich eingesperrt (Umwelt, Beruf oder Ehe) und möchten am liebsten ausbrechen. Sehen Sie Vögel im Käfig, wird sich eine ungünstige Ausgangssituation sehr bald verbessern.
▷ T: Ein Käfig symbolisiert immer Ihre Hemmungen, die Sie durch Erziehung, Umwelt oder zu große Anpassung erworben haben. Sie haben zu feste Normen und Richtlinien für Ihr Leben und sollten aus all diesen Zwängen ausbrechen. Dieser Käfig behindert Ihre freie Selbstentfaltung! Haben Sie sich selbst eingesperrt, oder sind Sie Gefangener (von was oder von wem)? → Gefängnis

Kälte
▷ V: Spüren Sie Kälte im Traum, sind Sie seelisch sehr vereinsamt und haben sich von Ihrer Umwelt oder Familie entfremdet. Kommen Sie im Traum plötzlich in eine sehr kalte Gegend, wird Ihre Umwelt Sie demnächst enttäuschen oder sehr »kaltherzig« auf Ihre Wünsche reagieren.
▷ T: Auch tiefenpsychologisch symbolisiert die Kälte unterdrückte oder erkaltete Gefühle. Trifft das auf Sie selbst zu, oder begegnen Ihnen andere Menschen sehr »kalt«? → Eis

Käuzchen
▷ V: Hören Sie ein Käuzchen rufen, wird Trauer oder Leid auf Sie zukommen – sehr selten auch ein Todesfall. → Eule, → Uhu, → Vogel

Kaffee, Kaffeemühle
▷ V: Sehen Sie andere Menschen beim Kaffeetrinken, ist viel Klatsch und Tratsch über Sie im Umlauf. Trinken Sie selber Kaffee, wird sich bald ein schönes Freizeitvergnügen oder eine sehr ange-

nehme Unterhaltung ergeben. Mahlen Sie Kaffee, verläuft Ihr Familienleben sehr harmonisch. Kochen Sie Kaffee, werden Sie bald angenehme Gäste begrüßen können. Sehen Sie Kaffeesatz, belasten materielle Sorgen oder eine Krankheit Ihr Lebensglück. Sehen Sie eine Kaffeemühle, ist dies ein Warntraum: Sie sollten jetzt jeglichem Geschwätz durch eigenes korrektes Verhalten vorbeugen; Ihre Umwelt wartet förmlich auf einen Fehler Ihrerseits. → Tee
▷ T: Der Kaffee zeigt, daß Ihr Bewußtsein neue Anregungen braucht oder diese gerade gefunden hat. Alle Gefühle und Energien werden sich bald intensivieren. Sie werden geselliger, und das tut Ihnen gut!

Kaffeehaus
▷ V: Servieren Sie in einem Kaffeehaus, sind Sie von schlechten Menschen umgeben und sollten Ihren Bekanntenkreis verändern. Befinden Sie sich als Gast darin, wird ein Freund Unannehmlichkeiten verkraften müssen, oder er braucht Ihre Hilfe. → Café
▷ T: Das Kaffeehaus zeigt noch deutlicher als der Kaffee Ihren Wunsch nach mehr zwischenmenschlichen Kontakten. Wie wär's, wenn Sie nette Menschen einmal zu sich einladen?

Kahlköpfigkeit
▷ V: Sie sehen sich im Traum als Kahlkopf: Ihnen fehlt etwas, worum Sie andere Mitmenschen beneiden, und das belastet Sie seelisch enorm.
▷ T: Die eigene Kahlköpfigkeit wird in der Tiefenpsychologie als Furcht vor einer Bloßstellung angesehen (→ Haare). Vielleicht melden sich hier auch Minderwertigkeitsgefühle, weil Sie denken, daß andere Menschen äußerlich attraktiver sind als Sie selbst. Denken Sie daran, daß »innere Werte« wesentlich wertvoller und dauerhafter sind! → Glatze

Kahn
▷ V: Sie überqueren mit einem Kahn einen reißenden Fluß: Zur Zeit stecken Sie in großen Schwierigkeiten, doch Sie werden diese glücklich bewältigen können.

▷ T: Der Kahn ermöglicht das Erreichen eines neuen Ufers, wenn auch mit einer gewissen Behäbigkeit. Packen Sie Ihre Ziele oft zu umständlich oder langsam an? → Boot, → Jacht, → Schiff

Kaiser, Kaiserin
▷ V: Sehen Sie im Traum einen Kaiser oder König, ist dies ein Symbol für Ihren Vater. Wenn Kaiser und Kaiserin zusammen erscheinen, stehen Sie für Ihre Eltern. Hier ist die Handlung des Traums wichtig, um Zusatzaussagen zu erhalten. Sind Sie selbst ein Kaiser oder eine Kaiserin, sollten Sie sich in einer Sache keine allzu großen Hoffnungen machen. Sind Sie Diener am Hofe eines Kaisers, werden Sie von einer Autoritätsperson Unterstützung erhalten.
▷ T: Sehen Sie sich selbst als Kaiser oder Kaiserin, dann hegen Sie viel zu überzogene Erwartungen und werden zwangsläufig eine Enttäuschung verkraften müssen – die restliche Traumhandlung ist hier wichtig! → König

Kaktus
▷ V: Sie sehen einen Kaktus: Sie haben sich zu sehr von Ihrer Umwelt abgekapselt, sind »stachelig« geworden. Stechen Sie sich an einem Kaktus, könnten Sie bald Schaden erleiden durch unüberlegte Handlungen – und wären selbst schuld daran. Gießen Sie einen Kaktus, sind Sie viel zu liebenswürdig falschen Freunden gegenüber. Steht ein kleiner Kaktus am Fenster, sind Sie viel zu kleinlich sich selbst und anderen gegenüber.
▷ T: Der Kaktus symbolisiert entweder Verletzungen, die Ihnen andere Menschen zufügen, oder Enttäuschungen durch falsche Freunde. Auch Ihre eigene Kratzbürstigkeit kann damit gemeint sein (ziehen Sie Ihre Stacheln wieder ein). → Igel

Kalb
▷ V: Sie sehen im Traum ein Kalb oder mehrere umherspringen: Sie sind zu dummen Streichen aufgelegt, und werden davor gewarnt. Wenn Sie ein Kalb füttern, sind Sie den falschen Personen gegenüber viel zu gutmütig. Sehen Sie ein Kalb neben einer Kuh,

haben Sie Angst vor selbständigen Handlungen, was Sie im Leben behindert; Sie halten sich noch zu sehr an anderen Menschen fest bzw. richten sich nach diesen aus. Wenn Sie das Schlachten von Kälbern sehen, wird ein ganz bestimmtes Vorhaben einen sehr unguten Verlauf nehmen. Tanzen Sie um ein »goldenes Kalb«, legen Sie viel zuviel Wert auf Materielles und Luxuriöses – mehr Tiefgang wäre besser für Sie!
▷ T: Das Kalb symbolisiert meistens heitere Oberflächlichkeit – ein unbekümmertes Wesen, das durchaus sinnlich und etwas frivol sein kann. Es ist ein Zeichen, daß Sie mehr persönliche Reife entwickeln sollten, und vor allem mehr Selbständigkeit!

Kalender
▷ V: Sie sehen im Traum einen Kalender: Eine unangenehme Überraschung droht. Sie werfen einen alten Kalender weg: Ihre Situation wird sich nach vielen Sorgen und Problemen endlich verbessern. Sie kaufen sich einen neuen Kalender: Bald werden viele Freuden eintreffen.
▷ T: Der Kalender hält Ihnen vor Augen, wie Sie Ihre Zeit und Ihr Leben eingeteilt, verplant und gelebt haben. → Uhr

Kamel
▷ S: Das Kamel ist Symbol der Nüchternheit und Mäßigung.
▷ V: Sie sehen ein Kamel: Ärger und Verdruß nahen, da neue Probleme auftauchen, die man schon erledigt glaubte. Sehen Sie Kamele mit Lasten beladen, erhalten Sie nach großen Anstrengungen nun bald den Lohn für Ihre Mühe. Kaufen Sie ein Kamel oder sitzen Sie auf einem, möchten Sie am liebsten Ihre eigenen Pflichten einem anderen Menschen aufladen.
▷ T: Das Kamel symbolisiert viel Geduld, Ausdauer und Durchhaltevermögen Ihrerseits. Sind Sie selbst manchmal ein »Kamel« – oder vielleicht Ihr Partner? Die betreffende Person kann dadurch zwar schwierige Zeiten relativ gut überstehen, doch diese Art von Genügsamkeit sollten Sie nicht übertreiben oder gar kultivieren!

Kamera
▷ T: Die Kamera steht für Ihr Gedächtnis, in dem all Ihre Erinnerungen und Erfahrungen »im Film des Unterbewußtseins« abgespeichert bzw. von Ihnen selbst festhalten wurden. → Bild

Kamerad
▷ V: Besitzen Sie im Traum einen Kameraden, könnten Sie ein zufriedenes Leben führen. Machen Sie zusammen einen Ausflug, trifft bald eine sehr angenehme Überraschung ein. Verabschieden Sie sich von einem Kameraden, wollen oder werden Sie Ihren Wohnsitz verändern. → Freund
▷ T: Erleben Sie im Traum Konflikte mit dem Kameraden, dann zeigt sich darin Ihre momentane innere Zerrissenheit. Ist das Traumerlebnis mit dem Kameraden jedoch harmonisch, verläuft Ihr Innenleben – trotz sich widersprechender Persönlichkeitsanteile – bald sehr harmonisch!

Kamille
▷ V: Sehen Sie Kamille, ist eine Erkältungskrankheit im Anzug. Wenn Sie Kamille im Freien pflücken, ist das ein positives Symbol für baldige Heilung nach einer Krankheit. Machen Sie Kamillenumschläge, werden Ihre Schmerzen bald gelindert werden.

Kamin
▷ V: Sie sehen einen Kamin ohne Feuer: Eine Warnung vor Verlust – entweder eines guten Postens oder eines guten Menschen. Brennt ein wärmendes Feuer im Kamin, kommen sorglose Zeiten auf Sie zu, vor allem in Ihrem Privat- oder Beziehungsleben. Einen rauchenden Kamin sehen kündigt hingegen Sorgen und Probleme in der Wohnung oder mit der Familie an. → Ofen, → Ruß
▷ T: Der Kamin symbolisiert die weiblichen Geschlechtsorgane und zeigt deshalb in Männerträumen sexuelle Bedürfnisse an, die Sie lenken und kontrollieren sollten (wie das Feuer in einem Kamin). In Frauenträumen symbolisiert er die Suche nach menschlicher Wärme und Zuneigung – oder ein fehlendes Gefühl von Geborgenheit.

Kaminkehrer

▷ V: Sie sehen einen Kaminkehrer: Er bringt nicht nur im Volksglauben, sondern auch im Traum viel Glück. Sind Sie verliebt, werden diese Gefühle bald erwidert. Auch in anderen Lebensbereichen kommt Glück ins Haus. Werden Sie von seinem Ruß schmutzig, wird ein heimliches Liebesabenteuer bald herauskommen.
▷ T: → Kachelofen, → Kamin

Kamm, kämmen

▷ V: Sehen Sie einen Kamm, gibt es in der Familie Meinungsverschiedenheiten und Auseinandersetzungen. Ist der Kamm zerbrochen, zehren heftige Streitereien an Ihrem Nervenkostüm. Kämmen Sie sich selbst, ist dies eine Aufforderung, mehr Ordnung bei sich selbst zu halten. Sie kaufen einen Kamm: Jetzt können Sie all Ihre Angelegenheiten selbst in Ordnung bringen. Sie kämmen lange Haare: Eine neue, langandauernde Freundschaft beginnt.
▷ T: Diese Symbole fordern Sie dazu auf, Ihre eigenen sexuellen Bedürfnisse besser unter Kontrolle zu bringen (→ Haare), vor allem, wenn Sie die Haare schneiden, waschen, kämmen oder wildes Haar im Traum mit dem Kamm bändigen.

Kammer

▷ V: Sehen Sie sich im Traum in einer Kammer, möchten Sie sich am liebsten etwas zurückziehen und in der Stille zu sich finden.
→ Haus, → Zimmer

Kammerdiener

▷ V: Sehen Sie einen Kammerdiener, könnten Sie ein gehobenes Einkommen erzielen, wenn Sie fleißig darauf hinarbeiten. Bald werden Sie einen alten Freund wiedersehen.
▷ T: → Diener

Kampf, kämpfen

▷ S: Das Gesetz der sündigen Welt ist das Gesetz des Kampfes.
▷ V: Sie sehen im Traum einen Kampf: Die aktuellen Spannun-

gen mit anderen Menschen können Sie durch eine Versöhnung bald entschärfen. Kämpfen Sie auf einem Schlachtfeld, machen Ihnen viele Feinde, Haß oder Neid das Leben schwer, doch Sie können sich aus diesem Dilemma befreien. Sie beobachten als Zuschauer einen Kampf: »Schadenfreude ist die schönste Freude« – diese Devise sollten Sie nicht als Grundeinstellung für Ihr Leben verwenden, denn »wer zuletzt lacht, lacht am besten«. → Prügel, → Rauferei

▷ T: Der Kampf symbolisiert innere Streitigkeiten wegen unterschiedlicher Eigenschaften oder Wesensanteile, die Sie nicht miteinander vereinen können. Sie sollten eine Entscheidung fällen, um Ihre innere Harmonie wiederherzustellen!

Kanal

▷ V: Sehen Sie im Traum einen Kanal, wird ein nicht ganz einwandfreies Geschäft möglicherweise Probleme aufwerfen. Bauen Sie einen Kanal, wollen Sie sich an einer Sache beteiligen, die große Zukunftschancen verspricht. Sehen Sie Schiffe auf einem Kanal, könnten Sie Kontakte ins Ausland knüpfen oder dorthin verreisen.

▷ T: Der Kanal zeigt an, daß Sie fähig wären, Ihre Begierden und Leidenschaften bewußt zu lenken, damit diese in geistige oder materielle Ziele umgewandelt werden können.

Kaninchen

▷ V: Sehen Sie weiße Kaninchen, kommen bald angenehme Ereignisse auf Sie zu. Sehen Sie schwarze Kaninchen, werden Sie in Kürze von einem Todesfall erfahren. Fangen Sie ein Kaninchen, werden Sie die Bekanntschaft einer jüngeren Person machen. Kaninchen zu züchten ist ein Symbol für ein hohes Alter, aber auch für sexuelle Potenz. Wird das Traum-Kaninchen getötet, opfern Sie der Umwelt zuliebe eigene Ideale und positive Eigenschaften, doch das wird Sie auf Dauer unglücklich machen. → Hase

▷ T: Dieses Tier zeigt sexuelle Bedürfnisse und Fruchtbarkeit an, ist aber auch ein deutliches Symbol, daß in Ihnen unbewußte Minderwertigkeitsgefühle, Unsicherheiten oder Ängste herrschen. Wo sind Sie ein »Hasenfuß«? Wo schlagen Sie gerne Haken? Welche menschlichen »Raubtiere« bedrohen oder verfolgen Sie? Sie sollten diesen Traum sorgfältig analysieren!

Kannibale
▷ T: Der Kannibale vertritt Teile Ihrer Persönlichkeit, die nichts aus sich selbst schaffen, sondern nur durch die Kraft und Energie anderer Wesensanteile genährt werden. Entlarven Sie diesen »Schmarotzer« in sich selbst, und schmeißen Sie ihn raus!

Kanone
▷ V: Sie sehen Kanonen im Traum: Stellen Sie sich am besten schon jetzt auf schlechte Nachrichten ein – entweder ein großer Ärger oder gar ein Betrug wird Ihnen das Leben erschweren. Wird mit den Kanonen geschossen, geraten Sie in eine höchst unangenehme Situation und sollten vorsichtig sein, um ein Unglück zu vermeiden. Hören Sie Kanonendonner, werden Sie eine sehr gute Nachricht erhalten. Sehen Sie eine Kanonenkugel, können Sie sich aus einer gefahrvollen Lage rechtzeitig befreien. → Kugel
▷ T: Die Kanone symbolisiert männliche Aggressivität und eventuell auch rücksichtslose sexuelle Begierden. Träumen Sie als Frau von Kanonen, zeigt sich entweder Ihre Angst vor dieser aggressiven Sexualität, oder aber Sie neigen dazu, sich vom Partner demütigen und beherrschen zu lassen. → Waffe

Kanzel
▷ S: Ein abgesonderter, erhöhter Standort des Predigers.
▷ V: Sie sehen eine Kanzel oder befinden sich selbst auf einer: In absehbarer Zeit müssen Sie entweder öffentlich auftreten, eine Rede halten, oder aber Sie werden angegriffen und müssen sich verteidigen. Auf einer Kanzel zu stehen bedeutet auch, daß Sie andere Menschen beeinflussen und belehren wollen.
▷ T: Entweder neigen Sie zur Rechthaberei und möchten über Ihre »Belehrungen« Macht über andere Menschen gewinnen, oder Sie leiden unter einem solchen Menschen in Ihrer Umgebung. »Jeder hat das Recht auf seine eigene Meinung (auch wenn

sie noch so falsch ist)«- so lautet diese Traumdevise – bei Nichtbeachtung drohen Konflikte.

Kapelle
▷ V: Sehen Sie eine Kapelle oder befinden sich darin, ist das ein schönes Zeichen für inneren Frieden und Einkehr, aber auch für göttliche Führung.

▷ T: Die Kapelle zeigt, daß Sie sich bald in Ihr Innerstes zurückziehen werden. Religiosität und die Suche nach Gott oder einer höheren Macht sind jetzt das (richtige) Leitmotiv für Sie! → Kirche

Kapitän
▷ V: Sie sehen einen Kapitän oder sind selbst einer: Diese Person symbolisiert den inneren Führer (unser wahres Wesen), der unser Lebensschiff lenkt.

▷ T: Der Kapitän sind Sie selbst, und er zeigt Ihre Kraft und Fähigkeit an, Ihr Lebensschiff sicher durch die Stürme des Lebens zu lenken. Träumen Sie häufiger, ein Kapitän zu sein, so verbergen sich dahinter Ihre Machtansprüche und Ihr Wunsch, Autorität ausüben zu können.

Kapuze
▷ T: Die Kapuze zeigt Ihren Wunsch nach Schutz und Geborgenheit an; manchmal will man aber auch seine wahre Persönlichkeit vor anderen verbergen (→ Hut). Hätten Sie am liebsten eine »Tarnkappe«, oder soll Sie diese Kapuze im Traum vor allem wärmen?

Karawane
▷ V: Eine Karawane sehen ist ein Zeichen für seelische Reisen in fremde, weitentfernte Gebiete und Regionen. Die Karawane ist auch ein Symbol für Ihr ruhiges Fortschreiten im Leben! → Kamel

Karpfen
▷ V: Sie sehen einen oder mehrere Karpfen: Ein glückliches Zeichen, denn entweder bringt dies einen Gewinn oder eine »dicke« Besserung Ihrer gesamten Lebensverhältnisse. → Fisch

Karren

▷ T: Auf Ihrem Traum-Karren sind alle Sorgen, Pflichten und Konflikte Ihres Alltags aufgeladen, die Sie mit durchs Leben schleppen. Ist der Karren im Traum sehr schwer, sollten Sie manchen seelischen Ballast entrümpeln! Steckt Ihr Karren im Traum buchstäblich »im Dreck«, dann ist es höchste Zeit, alle Lasten, Pflichten und Sorgen zu überprüfen. Beachten Sie die weiteren Traumsymbole.

Karte

▷ V: Karten im Traum symbolisieren einen etwas zu leichtsinnigen Optimismus. Sie haben im Augenblick »alles auf eine Karte« gesetzt – Vorsicht! Sehen Sie andere Karten spielen, können Sie sich bald aus einer recht unangenehmen Lage befreien. Spielen Sie mit einem anderen Menschen, werden Sie um einen Streit nicht herumkommen, denn ein hinterlistiger Mensch will Ihnen schaden. Lösen Sie eine Karte am Schalter, brauchen Sie in den kommenden Wochen vor allem Geduld. Erhalten Sie eine Einladungskarte, werden Sie bald eine recht interessante Bekanntschaft machen. Kaufen Sie eine Karte fürs Kino oder Theater, haben Sie Sehnsucht nach einem Erlebnis mit einem anderen Menschen.
▷ T: Eine Fahrkarte deutet eine bevorstehende Änderung in Ihrem Leben an. Auf einer Landkarte ist Ihr Lebensweg abgesteckt; sie ist eine Orientierungshilfe für Sie und schützt vor Irrwegen. → Spiel, → Post

Kartoffeln

▷ V: Essen Sie im Traum Kartoffeln, sollten Sie sich finanziell rechtzeitig einschränken, denn Ihr Budget wird kleiner. Graben Sie Kartoffeln aus, müssen Sie für Ihre Ziele und Pläne noch viel Mühe und harte Arbeit auf sich nehmen. Schälen Sie Kartoffeln, muß Ihre Haushaltsführung etwas bescheidener gestaltet werden.
▷ T: Harmonische Kartoffelträume zeigen Ihre innere Reife und vorhandene geistige Energien an. Disharmonische Träume mit Kartoffeln symbolisieren materielle (manchmal auch seelisch-geistige) Not, oder Sie müssen sich bald etwas einschränken.

Karussell

▷ V: Sie sehen im Traum ein Karussell: Ein Warntraum, denn Sie sind im Begriff, eine Dummheit zu machen. Durch unüberlegte Handlungen können Sie in eine selbstverschuldete Notlage geraten.
▷ T: Das Karussell warnt entweder vor Leichtsinn und Dummheiten, die Sie selbst begehen wollen (Sie könnten noch rechtzeitig entgegenwirken), oder es zeigt Störungen im Gleichgewichtsorgan Ihres Innenohrs an. Bei häufig wiederkehrenden Karussellträumen sollten Sie einen Facharzt aufsuchen. → Schwindel

Kaserne

▷ V: Sie sehen eine Kaserne: Differenzen mit Ihren Vorgesetzten bringen Sie in eine schwierige Lage – viele berufliche Sorgen belasten Ihr Leben. Wohnen Sie in einer Kaserne, wird Ihre Freiheit durch äußere Umstände oder andere Menschen eingeschränkt. Sehen Sie einen Kasernenhof, zweifeln Sie an der Aufrichtigkeit oder Dauer Ihrer Liebe. Verlassen Sie eine Kaserne, gehen Sie endlich einer besseren Zukunft entgegen. → Soldat
▷ T: Die Kaserne steht für Ihre Angst, in Ihrer persönlichen Entscheidungsfreiheit von anderen behindert oder eingeschränkt zu werden.

Kastanien

▷ V: Sie heben im Traum Kastanien auf: Sie sind einfallsreich genug, sich dem oder der Geliebten unentbehrlich zu machen. Sehen Sie Kastanien, könnten Sie einen größeren Gewinn erzielen oder ein gutes Geschäft abschließen. Essen Sie Kastanien, wird sich bald eine große Erfolgsmöglichkeit zeigen. Sitzen Sie unter einem Kastanienbaum, kommt nach einer problembeladenen Zeit nun endlich wieder mehr Freude und innere Zufriedenheit in Ihr Leben.
▷ T: Wer holt hier »die Kastanien aus dem Feuer«? Nützt es Ihnen selbst, oder helfen Sie anderen? Oder wird Ihnen von anderen geholfen?

Kasten

▷ V: Sehen Sie im Traum einen verschlossenen Kasten, hütet ein anderer Mensch ein Geheimnis. Steckt ein Schlüssel im Schloß, dann geben Sie sich alle Mühe, die Geheimnisse anderer Menschen zu ergründen. Sehen Sie nur den Kasten, werden Sie entweder bald ein Geschenk erhalten, oder ein erfreuliches Ereignis kommt auf Sie zu. Ein leerer Kasten mahnt zur Vorsicht: Sie verlieren etwas, oder es wird Ihnen etwas gestohlen.

▷ T: In einem Kasten verstecken wir unsere Geheimnisse und Erfahrungen (auch Erinnerungen), die wir anderen nicht erzählen wollen. Machen Sie diesen Kasten doch mal auf und durchstöbern Sie Ihren Fundus. → Koffer, → Paket

Kastration

▷ T: Die Kastration in Männerträumen zeigt an, daß Sie Ihre Gefühle und Bedürfnisse meistens unterdrücken. Sie werden von Schuldgefühlen oder Minderwertigkeitskomplexen geplagt und haben große Angst vor sexuellem Versagen oder vor Zurückweisung. Kehren diese Träume häufig wieder, sollten Sie eine psychotherapeutische Beratung in Anspruch nehmen. Wenn Sie als Frau von der Kastration eines Mannes, einer Katze o.ä. träumen, dann verstecken sich hier aggressive Gefühle gegenüber der männlichen Sexualität. Mal ehrlich: Wen wollen Sie am liebsten »kastrieren«?

Kater, Katze

▷ S: Die Ägypter verehrten in der Katze symbolisch die Göttin Bastet, doch auch eine Beziehung zum Dämonischen wird ihr nachgesagt.

▷ V: Sehen Sie eine weiße Katze, keimt eine zarte Liebe zu einem anderen Menschen auf. Sehen Sie eine gefleckte Katze, empfinden Sie sehr leidenschaftliche Gefühle. Eine schwarze Katze warnt vor Gefahren. Sehen Sie viele Katzen, sollten Sie vorsichtig sein: Eine geliebte Person betrügt Sie. Wilde Katzen kündigen Streitigkeiten mit den Nachbarn an.

▷ T: Die Psychoanalyse sieht die Katze einerseits als Symbol für das weibliche Geschlechtsorgan (unbeeinflußbar, unberechenbar), andererseits als Inbegriff der Falschheit. Im Traum eines Mannes symbolisiert die Katze sein momentanes Liebesleben: Er wünscht sich oder lebt sexuelle Kontakte mit einer Frau, doch eine Falschheit (von ihm oder ihr ausgehend) ist mit im Spiel. Der Kater zeigt männliche Aggressivität, verbunden mit heftigen sexuellen Bedürfnissen und häufig wechselnden Liebespartnern an (→ Tier). Sehen Sie vor allem die Krallen einer Katze, dann zeigt dies seelische Verwundungen an, die Sie selbst erlitten haben oder anderen Menschen zufügen!

Kaufmann

▷ V: Sie sehen einen Kaufmann oder handeln mit diesem: Ihre Gewinnmöglichkeiten steigen in nächster Zeit. Sind Sie selbst ein Kaufmann, möchten Sie sich am liebsten beruflich selbständig machen. Sind Sie mit vielen Kaufleuten zusammen, wird bald eine wichtige Konferenz angesetzt.
▷ T: Der Kaufmann zeigt Ihren Sinn fürs Materielle und Ihr Gespür für geschäftliche – oder auch geistige – Gewinne an; manchmal ist er allerdings ein Warnsymbol für zuviel Egoismus und Materialismus. Was wollen Sie sich »erkaufen« vom Leben? Wen wollen Sie »sich kaufen«?

Kegel, kegeln

▷ V: Sie kegeln im Traum, oder Sie sehen andere Personen kegeln: Riskante berufliche oder geschäftliche Unternehmungen sollten Sie vermeiden – größere Verluste drohen. Sehen Sie alle neun Kegel fallen, haben Sie sich mutig auf ein recht gewagtes Unternehmen eingelassen, das erst im letzten Moment gelingt.
▷ T: Der Kegel steht für den berühmten Zufall, auf den wir im Leben immer wieder hoffen. Meistens ist es ein Warntraum: Sie sollten Ihre Risikofreude etwas dämpfen. Wenn alle neune fallen, sollten Sie ruhig mutiger sein und rasche Entscheidungen fällen. → Ball

Keim, keimen

▷ T: Im Keim verstecken sich die in Ihrem Unterbewußtsein schon angelegten Möglichkeiten. Der Vorgang des Keimens zeigt an, daß »dieser innere Samen« entweder durch Sie selbst oder durch äußere Einflüsse zum Wachsen angeregt wird. → Samen

Kelch

▷ V: Sehen Sie im Traum einen Kelch, kündigt dies bitteres Leid an. Trinken Sie aus einem, beginnt eine freudvolle und sehr friedliche Lebensepoche. Fällt oder zerbricht ein Kelch, wird Ihnen eine schlechte Nachricht die gute Stimmung verderben.

▷ T: Der Kelch zeigt sich als »Gefäß Ihrer Seele«, in dem sich all Ihre Gefühle, Hoffnungen und Wünsche befinden, die Ihnen jedoch nur teilweise bewußt sind. Auch die Weiblichkeit oder die Beziehung zur Mutter kann sich symbolisch zeigen. Es steht oft auch für einen »Leidenskelch«, der auf Sie zukommen wird. → Becher, → Gefäß

Keller

▷ V: Sie gehen in einen Keller: In den kommenden Wochen benötigen Sie sehr viel Geduld und Ausdauer. Sie wohnen im Keller: Sie sollten einen bescheideneren Lebensstil führen und Ihre Ausgaben drastisch einschränken – eine Notlage droht. Sie sehen einen einstürzenden Keller: Vorsicht, ein Unglück bricht über Sie herein.

▷ T: Der Keller symbolisiert Ihr Unterbewußtsein, das Fundament Ihres Lebens, wo das schlummert, was an Unerledigtem von Ihnen verdrängt wurde. In diesen dunklen Bereichen Ihrer Seele lauern Gefahren und Angst. Die restlichen Traumsymbole sind hier äußerst aufschlußreich. → Haus, → Grotte, → Gruft, → Höhle

Kellner, Kellnerin

▷ V: Sehen Sie im Traum einen Kellner oder eine Kellnerin, geben Sie sich mit etwas zweifelhaften Personen ab. Manchmal ist dies auch ein Zeichen für Bequemlichkeit, denn der Träumer möchte sich gerne bedienen lassen. In Männerträumen gilt dies auch für sexuelle Dienste. Sind Sie im Traum selbst in diesem Beruf tätig, opfern Sie sich für einen anderen auf und verlieren so Ihre Selbständigkeit.

▷ T: Im Traumbild des Kellners kommt Ihre Bereitschaft zu dienen, Ihre Demut oder die Fürsorge für andere zum Ausdruck. Werden Sie selbst bedient, können Sie auf Hilfe hoffen. Sehen Sie sich öfters als Kellner oder Kellnerin im Traum, dann übertreiben Sie Ihre aufopferungsvolle Fürsorge!

Kern

▷ T: Ein Kern symbolisiert immer den wahren inneren Kern Ihres eigenen Wesens (Ihre inneren Werte oder Wahrheiten), an denen Sie sich weiterhin orientieren sollten. → Nuß

Kerze

▷ S: Die Kerze als Lichtsymbol stellt die Beziehung zwischen Geist und Materie her.
▷ V: Eine hell brennende Kerze kündigt an, daß die kommende Zeit wunschgemäß verläuft; Sie erhalten eine Einladung zu einem Fest. Sehen Sie flackernde, qualmende Kerzen, ist Ihre Gesundheit großen Schwankungen unterworfen. Eine stille Kerzenflamme ist hingegen ein gutes Zeichen für Frieden, Andacht und Einkehr und eine Aufforderung für den Weg nach innen. Sie sehen eine Kerze verlöschen: Sie werden von der Krankheit oder vom Tod eines nahestehenden Menschen überrascht werden; manchmal auch ein Hinweis, daß eine enge Freundschaft in die Brüche geht.
▷ T: Die Kerze verkörpert sexuelle Bedürfnisse (das männliche Geschlechtsorgan). Sie gibt aber auch Licht und Wärme und kann deshalb Ihren Wunsch nach mehr Verständnis, Erleuchtung oder Weisheit anzeigen. Brennt in Ihnen eine stille Zuneigung für einen Menschen? → Licht

Kette

▷ S: Ein altes Symbol der Verbindung zwischen Himmel und Erde, zwischen zwei Extremen oder zwei Lebewesen.
▷ V: Sie sehen einen Menschen mit einer Kette: Sie sind unbewußt noch stark an diesen Menschen gebunden und suchen nach Freiheit. Sind Sie selbst mit einer Kette gefesselt, stoßen Sie auf Ihrem Weg der Ablösung auf Schwierigkeiten. Manchmal ist das auch eine Aufforderung, die Vergangenheit endlich loszulassen. Sie zerreißen eine Kette: Sie werden die Kraft haben, sich endlich aus einengenden Verhältnissen zu lösen. Sie hören eine klirrende

Kette: Sie erhalten schlechte Nachrichten, die sich ungünstig auf Ihre Zukunft auswirken werden.

▷ T: Die Kette zeigt entweder eine Last, an die Sie noch gekettet sind, oder Gefühle und Meinungen, die Sie an bestimmte Menschen, an gesellschaftliche Normen oder an die Religion binden und somit behindern. Sprengen Sie diese Ketten. → Fessel

Keule

▷ V: Sie halten eine Keule in der Hand: Sie werden einen guten Entschluß fassen. Sie schlagen andere mit einer Keule: Sie werden versuchen, Ihre Widersacher zu bekämpfen. Werden Sie mit einer Keule geschlagen, wirft ein Freund Ihnen »Knüppel zwischen die Beine«.

▷ T: Die Keule zeigt Ihren starken Entschluß an, mit aller Kraft gegen die Widerstände oder Anfeindungen Ihrer Umwelt vorzugehen. Sie haben sich für etwas entschlossen, und davon bringt Sie keiner ab!

Kind, Kindheit

▷ S: Das Kind symbolisiert die Haltung des unbefangenen Empfangens.

▷ V: Sie sehen gesunde, spielende Kinder: Sie werden einige Erfolge haben, eine glückliche Zeit naht. Kinder, die weinen, schreien, krank sind, hinfallen oder abgemagert erscheinen, kündigen an, daß in der nächsten Zeit viele Sorgen bewältigt werden müssen. Gebären Sie ein Kind, wird sich eine neue Existenzmöglichkeit ergeben. Wird das Kind getauft, wenden Sie sich mehr Ihrem religiösen Ursprung zu. Sehen Sie ein schlafendes Kind, wird Ihre Zukunft sich sorglos gestalten. Wenn ein Kind in Frauenträumen auftaucht, steht nicht immer der Wunsch nach einem Kind dahinter. Es kann auch sein, daß neue Pläne, Berufswechsel oder andere Änderungen Sie seelisch stark belasten. Wenn das Kind im Traum immer wieder erscheint, sollten Sie sich endlich für einen Wechsel entscheiden.

▷ T: Das Kind symbolisiert eine aktuelle Konfliktsituation, die Sie belastet, doch Sie suchen nach dem Ausweg, nach einer Lösung. Bisweilen äußert sich hier auch Ihr unbewußter Wunsch, noch mal ganz von vorn anzufangen, oder das Bedürfnis, vor anstehenden Entscheidungen zu flüchten (hilflos wie ein Kind zu sein). Der Traum von der eigenen Kindheit zeigt meistens eine Flucht vor Ihrer Eigenverantwortung an, aber auch kindliche Wesensanteile oder Abhängigkeiten von anderen kommen dadurch zum Ausdruck! Sehen Sie häufiger Kinder im Traum, dann sollten Sie sich an einen Psychotherapeuten wenden.

Kino
▷ V: Sie stehen vor einem Kino: Ein Geheimnis in Ihrem Umfeld läßt Ihnen keine Ruhe. Sie sitzen im Kino: In einer wichtigen Angelegenheit tappen Sie noch im dunkeln und sind unentschlossen.
▷ T: Hier kann Ihnen der »Film Ihres Lebens« vorgeführt werden; manchmal symbolisiert das Kino auch ein Gefühl, in einer Sache im dunkeln zu tappen oder von anderen an der Nase herumgeführt zu werden. Wer spielt Ihnen was vor? Spielen Sie sich selbst etwas vor? Was läuft im Kino (ein Drama, eine Komödie, ein Western o.ä.)?

Kirche
▷ S: Die Kirche symbolisiert als Gestalt z. B. ein »Weib mit der Sonne bekleidet«, die »Braut Christi«, die »Arche«, das »Schiff«, den »Weinberg«, das »Netz«, die »Stadt aus dem Himmel«.
▷ V: Sie betreten im Traum eine Kirche: Überprüfen Sie einmal selbstkritisch, ob Sie nicht an jemandem etwas gutzumachen haben. Stürzt die Kirche ein, haben Sie Ihren Glauben an Gott verloren. Wenn Sie eine Kirche sehen, dann werden Sie von einem unrechten Weg oder Vorhaben abgehalten. Beten Sie in einer Kirche, wird Ihnen bei einem wichtigen Wunsch Hilfe von oben zuteil. → beten, → Gott, → Kapelle
▷ T: Die Kirche kann vorhandene oder fehlende geistige Reife anzeigen, ist aber auch häufig ein Zeichen für Ihre innere Religiosität. Manchmal drückt dieses Symbol Ihre menschliche Verbundenheit mit anderen aus. Der Altar zeigt Ihren geistigen Willen an – das Tabernakel und die Hostie eine höhere geistige Dimension, die in Ihr Leben einfließen soll.

Kirchturm

▷ V: Sehen Sie von weitem einen Kirchturm, befinden Sie sich auf dem richtigen Lebensweg. Besteigen Sie einen Kirchturm, interessieren Sie sich stark für Ihre Umwelt, und Ihre Neugier schafft Kontakte. → Kirche, → Turm

Kirschen, Kirschbaum

▷ V: Träumen Sie von reifenden Kirschen, werden Ihre sexuellen Bedürfnisse immer stärker. Pflücken oder essen Sie Kirschen, gehen Ihre Liebesbedürfnisse in Erfüllung, wenn auch auf etwas leichtfertige Art. Essen Sie saure Kirschen, droht eine Liebesenttäuschung. Faule Kirschen sehen bedeutet, Sie werden von anderen verleumdet. Sie sehen einen blühenden Kirschbaum: Ein sehr schönes Symbol für viel Glück und Freude im Leben. Klettern Sie auf einen Kirschbaum, beginnen Sie eine kurzfristige Liebelei. Fallen Sie von einem herunter, endet ein fröhliches Abenteuer sehr ernüchternd.
▷ T: Süße Früchte wie die Kirschen symbolisieren meistens Ihre erotischen Gefühle. Der Kirschbaum zeigt die Enttäuschung in einer Liebesromanze an. → Baum, → Früchte

Kissen

▷ V: Sie kaufen Kissen: Sie haben viel geleistet und brauchen jetzt ein bißchen Erholung, Faulenzen und Ruhe. Liegen Sie auf vielen Kissen, werden Sie in einer schwierigen Lage Hilfe erhalten.
▷ T: Kissen im Traum zeigen Ihnen, daß Sie bald mehr innere Ruhe gewinnen, Erholung und Entspannung genießen und so Ihre sanften und weichen Wesensanteile besser ausleben können.

Kiste

▷ V: Sie sehen oder besitzen eine gefüllte Kiste: Sie können in Ihrem Leben reich werden. Sehen Sie eine leere Kiste, bedeutet dies das Gegenteil: Armut oder viele Sorgen kommen auf Sie zu.
→ Kasten

Das Klavier und die Rose
*Bei sehr künstlerisch begabten Träumern ruft es zu mehr
Kreativität auf – bei allen anderen werden sich bald seelische
Inhalte bemerkbar machen. Wichtig ist, welche Melodien auf
diesem Klavier ertönen: schwere, traurige Musik oder leichte,
heitere Töne? Die voll aufblühende Rose weist auf erwachende und positive Liebesgefühle hin. Wenn kein passender
»menschlicher Empfänger« für erotische oder auch platonische Liebesgefühle vorhanden ist, dann wird ein neues Hobby
(evtl. Musik oder Tanz) eine »große neue Liebe« werden!*

Klavier

(siehe auch Abb. S. 209)

▷ V: Kaufen Sie ein Klavier, geben Sie mehr Geld aus, als Sie eigentlich haben. Spielen Sie auf einem Klavier, werden Sie mit unnützen Angelegenheiten viel Zeit verlieren. – Das gilt allerdings nicht für sehr musikalische Träumer, die hier ihre Kreativität ausleben.

▷ T: Das Klavier zeigt an, daß bisher verdrängte Gefühle bald nach außen drängen werden. Achten Sie darauf, welche Melodien Sie hören, ob Sie selbst oder andere auf dem Klavier spielen.

Klee, Kleeblatt

▷ S: Das Kleeblatt war eine alte Zauberpflanze der Druiden.

▷ V+T: Sehen Sie Klee im Traum, lösen sich momentane Probleme auf, und erfreuliche Dinge bringen eine völlig veränderte Lebenslage. Ein vierblättriges Kleeblatt zu sehen ist auch im Traum ein Zeichen für großes Glück.

Kleid

▷ V: Sie sehen oder tragen ein schönes Kleid: Sie leben in guten Verhältnissen, haben Glück und sind gesellschaftlich angesehen. Das Kleid ist zu kurz: Etwas fehlt Ihnen, oder Minderwertigkeitsgefühle verunsichern Ihr Auftreten in der Umwelt. Sie ziehen ein Kleid aus: Sie sollten nicht so vertrauensselig sein, sondern manche Dinge lieber für sich behalten. Tragen Sie ein weißes Kleid, werden Sie bei anderen Menschen gut ankommen. Ein rotes Kleid zeigt einen hochmütigen Charakter; ein gelbes symbolisiert Falschheit oder Intrigen. Ein grünes Kleid weist auf sich erfüllende Hoffnungen hin, ein schwarzes Kleid bringt Trauer. Zerreißen Sie ein Kleid, reagieren Sie in einer Sache viel zu jähzornig. Tragen Sie ein schmutziges Kleid, laufen Ihre Geschäfte schlechter denn je, und auch Ihr Verhalten anderen gegenüber läßt zu wünschen übrig. Wenn Sie im Traum ein Kleid waschen oder zur Reinigung bringen, sollten Sie Ihr Leben finanziell ab sofort etwas sparsamer gestalten.

▷ T: Der Kleidertraum zeigt, was Sie selbst nach außen oder innen darstellen oder vorgeben (wollen). Kostbare Kleider zeigen

Ihren Wunsch nach besseren sozialen Verhältnissen an, bringen aber auch Glück und Erfolg. Armselige Kleider raten zu mehr Sparsamkeit und Bescheidenheit. → Kleidung, → Hemd, → Hose, → Kapitel »Farben im Traum«

Kleidung

▷ V+T: Die Kleidung zeigt, wie Sie sich selbst sehen. Sie kann aber auch symbolisieren, daß Sie Ihr wahres Selbst gerne vor anderen verbergen (sich verkleiden) wollen. Die einzelnen Bekleidungsstücke haben folgende Bedeutung:
Unterhemd, Unterrock: Ihr innerstes Wesen und Ihre unbewußten Gefühle.
Unterhose, Schlüpfer: Ihre sexuellen Bedürfnisse, Wünsche und Erwartungen.
Hemd oder Bluse: All Ihre Gefühle, Begierden oder auch Leidenschaften.
Hose oder Rock: Ihre erotischen Wünsche.
Mantel/Frack: Ihre Fassade nach außen hin, wie Sie auf andere wirken.
Schuhe: Ihre momentane Lebenssituation, wo Sie stehen.

klein

▷ T: Wenn Sie sich selbst klein sehen, dann zeigt dies Ihre Minderwertigkeitskomplexe an. Tauchen andere Menschen oder Dinge klein auf, dann haben diese wohl keinen größeren Eindruck auf Sie gemacht (→ groß). Machen Sie sich öfters »kleiner, als Sie sind«? Warum tun Sie das? Oder möchten Sie große Probleme am liebsten kleiner machen? → Zwerg, → schrumpfen

Kleister

▷ V: Sie sehen Kleister: Sie denken zu negativ, wo Sie doch Ihr Glück selbst in die Hand nehmen könnten. Sie haben Kleister an den Händen: Wenn Sie etwas Verbotenes tun, müssen Sie auch die Konsequenzen tragen.
▷ T: Der Kleister zeigt Ihre falsche Erwartungshaltung an, denn Sie denken viel zu oft, daß das Pech an Ihnen klebe wie Kleister.

Klette

Wenn Sie weiterhin Ihren Geist so falsch programmieren, werden Sie Ihrem Glück wirklich aus dem Weg gehen!

Klette

▷ V: Sehen Sie im Traum Kletten, sollten Sie allzu enge Beziehungen zu Ihren Bekannten vermeiden. Sie werden von Kletten belästigt: Lassen Sie sich nicht von anderen als Mittel zum Zweck benutzen. Von solchen Menschen sollten Sie sich ganz zurückziehen!
▷ T: Ihr Unterbewußtsein fordert Sie dazu auf, sich von unangenehmen Menschen (die wie eine Klette an Ihnen hängen) schnellstmöglich zu befreien. Vielleicht hängen auch Sie selbst wie eine Klette an jemandem?

Klingel, klingeln

▷ V: Sie hören eine Klingel im Traum: Halten Sie Augen und Ohren offen – bald erfahren Sie Neuigkeiten oder Informationen, die für wichtige Entscheidungen hilfreich sein werden. Sie klingeln selbst: Sie werden einem Menschen (ohne es zu wissen) eine große Freude machen. → Pfeife, → Signal
▷ T: Die Klingel kündigt immer ein Ereignis in Ihrem Leben an – ob positiv oder negativ ist aus der restlichen Traumhandlung zu ersehen. War das »Traumgeklingel« freudig oder eher ängstlich?

Klippen

▷ V: Sie sehen Klippen im Gebirge: Eine schwierige Aufgabe liegt vor Ihnen, nur mit viel Umsicht können Sie diese bewältigen. Sie sehen Klippen am Meer: Jetzt lauern viele versteckte Gefahren, und unbewußte Ängste machen Ihnen die Entscheidung schwer. → Berg, → Fels

Kloster

▷ V: Sie sehen ein Kloster: Ihre Gefühle sind im Moment etwas verwirrt. Sie sollten nicht mit anderen darüber reden, denn nur in der Stille und Einsamkeit finden Sie den inneren Ausgleich wieder. → Einsiedler, → Mönch, → Nonne
▷ T: Das Kloster zeigt Ihre Vorstellungen vom »Sinn des Le-

bens« an. Es steht auch für Ihre Religiosität, Ihr Gottvertrauen oder eine geistige Kraft (→ Kirche). Vielleicht wollen Sie sich etwas zurückziehen, um in der Stille neue Kraft zu finden?

Klotz
▷ V: Sie spalten Holz auf einem Klotz: Einen menschlichen »Holzklotz« können Sie zurechtstutzen bzw. zur Vernunft bringen. Sie stoßen sich an einem Klotz: Sie werden von einem ungehobelten Menschen beleidigt werden. Tragen Sie einen Klotz auf dem Rücken, werden Sie sich eine → Last aufladen, die nicht sein muß und keinen Nutzen bringen wird.
▷ T: Der Klotz zeigt eine Last oder lästige Verpflichtung an, die Ihnen keinerlei Nutzen bringt. Manchmal ist es ein Warntraum, sich gegen Grobheiten anderer zur Wehr zu setzen (hier hilft oft nur eine → Axt).

Knäuel
▷ V: Sehen Sie ein Knäuel im Traum, geraten Sie in unangenehme Ereignisse und haben Mühe, die vielen Probleme langsam wieder zu entwirren. Graue oder dunkle Wollknäuel: Haushalten Sie mit Ihren körperlichen Kräften, denn Sie müssen noch eine mühevolle Zeit durchstehen, bis Sie Ihre Arbeiten erfolgreich beenden können.
▷ T: → Faden, → Schnur, → Wolle

Knall
▷ V: Sie hören einen Knall: Aufregungen und Schrecken drohen, aber auch nervliche Störungen machen sich bemerkbar. Manchmal war der Auslöser auch nur ein nächtliches Geräusch, z.B. eine knallende Tür.
▷ T: Der Knall kündigt meist ein unangenehmes, sehr plötzliches Ereignis an, das bald auf Sie zukommt oder vor kurzem eintrat.

Knie, knien
▷ V: Sie beugen die Knie im Traum: Sie brauchen jetzt Demut, um eine bestimmte Angelegenheit wieder ins reine zu bringen.

Sehen Sie ein verletztes Knie, wird Ihre Lebenssituation sich verschlechtern. Ist das Knie geschwollen, stehen Sie einem Ereignis völlig ratlos gegenüber. Sehen Sie einen Menschen knien, haben Sie jemandem Unrecht getan und fühlen sich jetzt schuldig.

▷ T: Das Knie symbolisiert erotische Bedürfnisse, Begierde und Leidenschaft des Träumenden. Vielleicht zeigen Sie damit auch nur eine demütige oder sogar ehrfürchtige Haltung an (vor allem, wenn Sie selbst knien). Bisweilen plagt Sie ein Schuldgefühl, weil Sie einen anderen Menschen verletzt oder ihm Unrecht getan haben. Wenn ja, sollten Sie baldmöglichst um Verzeihung bitten. → Bein

Knoblauch

▷ V: Sie sehen oder riechen Knoblauch im Traum: Auch wenn's stinkt, ist dies ein sehr gutes Zeichen für baldige Genesung – die Krankheit ist besiegt. Der Knoblauch kann auch eine starke Gesundheit anzeigen.

▷ T: Dieses nicht so wohlriechende Gewürz verspricht Ihnen viel Gesundheit, sowohl für den Körper als auch an Geist und Seele.

Knochen

▷ V: Sie sehen einen oder mehrere Knochen: Jetzt kommen anstrengende Zeiten, denn Sie müssen »knochenhart« arbeiten. Nagen Sie einen Knochen ab, ist Arbeitslosigkeit zu befürchten, manchmal auch konkrete Sorgen um das Essen, weil das Geld nicht reicht. Sie werfen den Hunden Knochen vor: Sie kümmern sich aufrichtig um einen Menschen und helfen tatkräftig, doch Undank ist Ihr Lohn. Sehen Sie menschliche Knochen, kommt große Not auf Sie zu. → Skelett

▷ T: Der Knochen warnt vor Härte und innerer Verknöcherung – Sie sollten das Leben flexibler angehen und nicht so hart und unbeugsam an alten Einstellungen oder gesellschaftlichen Normen festhalten.

Knödel

▷ V: Sie machen Knödel im Traum: Viel Klatsch ist im Umlauf; das sollten Sie sich wirklich nicht gefallen lassen.

▷ T: Knödel warnen immer vor Klatsch und Tratsch. Sie sollten den Verursacher direkt darauf ansprechen und ihm somit die Munition entziehen.

Knopf
▷ V: Sie verlieren einen Knopf: Entweder verlieren Sie wirklich einen Gegenstand, oder aber Sie werden sogar bestohlen. Nähen Sie sich einen Knopf an, zeichnen sich berufliche Verbesserungen ab. Einen Knopf abreißen kündigt Ärger an.
▷ T: Der Knopf zeigt an, daß sich Ihre Lebenssituation festigt. Der verlorene Knopf symbolisiert gedankliche oder reale Untreue (die eigene oder die des Partners) in einer Liebesbeziehung.

Knospe
▷ V: Sie sehen Knospen: Ein schönes Zeichen für den Beginn einer neuen Liebe.
▷ T: Die Knospe zeigt, daß in Ihnen Gefühle aufkeimen, die bald nach außen drängen werden. → Blume, → Keim

Knoten
▷ V: Sie sehen eine verknotete Schnur: Sie haben selbst eine sehr verworrene Situation verursacht. Sie entwirren einen Knoten: Nun können Sie eine schwierige Angelegenheit mühevoll bereinigen, damit ein großer Wunsch endlich in Erfüllung gehen kann. → Schnur
▷ T: Je nach weiterer Traumhandlung zeigt der Knoten Verbindungen und Probleme mit anderen Menschen an, die Sie entweder lösen oder schleunigst entwirren sollten. Schneiden Sie diesen Knoten einfach durch, wenn das Knäuel zu fest oder erdrückend erschien. Lose Knoten im Traum raten Ihnen, die Verbindung zu dem betreffenden Menschen (die Bande zwischen Ihnen) stärker zu pflegen.

Koch, Köchin, kochen
▷ V: Sie sehen einen Koch oder eine Köchin: Sie haben sich dem alltäglichen Leben bestens angepaßt und freuen sich darüber. Ent-

lassen Sie Koch oder Köchin, müssen Sie jetzt Ihre Geldausgaben einschränken. Sind Sie selbst Koch bzw. Köchin, kommt eine äußerst angenehme Überraschung auf Sie zu.

▷ T: Sie wollen Ihr Lebensmaterial (Erfahrungen, Enttäuschungen, Einsichten) verträglicher oder schmackhafter gestalten oder verarbeiten und sich den Ansprüchen und Anforderungen Ihres Lebens dadurch besser anpassen. Das können Sie schaffen, wenn das Mahl im Traum gelingt!

König, Königin

▷ V: Sie sehen einen König oder eine Königin: Sie könnten bald gute Geschäfte machen und Ihr Vermögen vermehren. Sind Sie selbst eine Königin oder ein König, halten Sie zuviel von sich selbst, oder Sie suchen nach Führung und wollen Ihre Minderwertigkeitsgefühle kaschieren. Werden Sie im Traum gekrönt, könnten Sie ein sehr großes Ziel in relativ kurzer Zeit erreichen.

▷ T: Der König symbolisiert den Vater-Anteil, aber auch ein Gefühl der Überlegenheit bzw. Minderwertigkeit. Die Königin zeigt den mütterlichen Anteil an oder auch Ihren Drang, andere Menschen gefühlsmäßig von Ihnen abhängig zu machen. → Kaiser

Körper

▷ V: Sehen Sie im Traum Ihren eigenen Körper, sind Sie in sehr guter Verfassung und können durchaus zufrieden sein. Ihr Körper ist zu dick oder krank: Entweder liegen reale körperliche Ursachen vor, oder seelische Belastungen bedrücken Sie. Befreien Sie sich davon. Sie sehen einen wachsenden Leib: Bei Männern bedeutet dies eine Verbesserung der sozialen Position; bei jungen Frauen zeigt dies eine Schwangerschaft an; bei älteren Frauen stehen materielle Einnahmen bevor; bei jungen Mädchen wird eine heimliche Liebe auftauchen. Wenn Sie Ihren Körper selbst entblößen, müssen Sie sich bald Ihrer Handlungen schämen (→ Nacktheit). Einen anderen nackt sehen bedeutet in erotischen Träumen Liebessehnsucht. In neutralen Träumen kündigt dies an, daß Sie bald eine überraschende Entdeckung machen werden.

Sehen Sie Verletzungen am Körper, werden Sie etwas entbehren oder auf etwas verzichten müssen. → Haus
▷ T: Der Körper symbolisiert meistens sexuelle Bedürfnisse bzw. Ihren Wunsch nach einer erotischen Verbindung.

Koffer

▷ V: Sehen Sie einen Koffer, naht eine baldige Reise, oder eine schlechte Nachricht trifft ein. Kaufen Sie einen Koffer, werden Sie bald ein Geheimnis lüften (ein eigenes oder fremdes). Erhalten Sie einen Koffer geschenkt, kündigt dies eine angenehme Überraschung an. → Gepäck
▷ T: Der Koffer (und die Tasche) symbolisieren Ihre Aufnahmefähigkeit für neue Eindrücke, Ihr Gedächtnis, Ihren Besitz oder Ihre persönlichen Reserven. Was ist in Ihrem Koffer? Ist der Koffer zu schwer? Dann sollten Sie »entrümpeln«! Beachten Sie die restlichen Traumsymbole.

Kohle

▷ V: Sie handeln mit Kohlen: Ein gutes Symbol für Wohlstand. Sitzen Sie auf Kohlen, ist dies ein deutliches Zeichen, daß Sie ungeduldig auf etwas warten. Rotglühende Kohlen (im Feuer): Ist das restliche Traumgeschehen positiv, dann dürfen Sie freudige Ereignisse erwarten; sind die weiteren Traumbilder negativ, müssen Sie sich bald zutiefst für eine Handlung schämen. → Feuer
▷ T: Die Kohle zeigt, daß Sie imstande sind, all Ihre Erfahrungen in geistige Erkenntnis und Weisheit umzuwandeln (→ Juwelen, → Brillanten). Kohle kann aber auch Ihren Wunsch nach materiellen Werten verkörpern. Wünschen Sie sich »mehr Kohle«?

Komet

▷ V: Sie sehen einen Kometen: Ein Warnsymbol, denn jetzt werden unruhige und schwierige Zeiten anbrechen. Sie müssen Not und Gefahr überstehen und benötigen viel Geduld, um all dies zu ertragen.
▷ T: Ein Komet zeigt an, daß eine tiefgreifende Wandlung Ihrer Persönlichkeit bevorsteht, die nicht auf äußere, sondern auf un-

bewußte innere Vorgänge zurückzuführen ist. Diese »neue Person« in Form des Kometen kann Ihnen entweder strahlend oder auch bedrohlich erscheinen – je nach restlicher Traumhandlung.
→ Planet, → Stern

Kompaß

▷ S: Symbol der Tugend und Hoffnung.
▷ V: Sie sehen einen Kompaß: Ihre Lebensorientierung ist etwas verwirrt, doch Sie werden bald eine Lösung für Ihre Probleme finden, und dann wendet sich alles zum Guten. Verlieren Sie den Kompaß, haben Sie Ihre Lebensrichtung völlig aus den Augen verloren.
▷ T: Der Kompaß zeigt Ihnen Ihre Lebensrichtung an, Ihre Selbstentfaltung und Selbstverwirklichung, um ein erfülltes Leben führen zu können. Vielleicht haben Sie die Orientierung verloren? Wohin zeigt der Kompaß? → Himmelsrichtung

Konditorei

▷ V: Wer im Traum in einer Konditorei sitzt, sucht Beziehungen zum anderen Geschlecht. Essen Sie in einer Konditorei viel Torte, wird Ihnen auch in der Realität eine Magenverstimmung bald zu schaffen machen. Servieren Sie in einer Konditorei, werden Sie bald Ihre Selbständigkeit verlieren. → Café, → Kellner

Konserve

▷ V: Essen Sie eine Konserve, begnügen Sie sich mit einer recht langweiligen Gesellschaft, mit faden Bekannten oder mit einem alten Liebesverhältnis, nur weil Sie denken, nichts Besseres zu finden.
▷ T: Die Konserve zeigt deutlich, daß Sie aus lauter Bequemlichkeit oder Feigheit an alten Gewohnheiten oder menschlichen Verbindungen festhalten, die Sie eigentlich nur behindern. Sie führen ein Leben »aus der Konserve«.

Konzert

▷ V: Hören oder besuchen Sie im Traum ein Konzert, drückt sich darin eine Sehnsucht nach schönen Stimmungen aus, und die

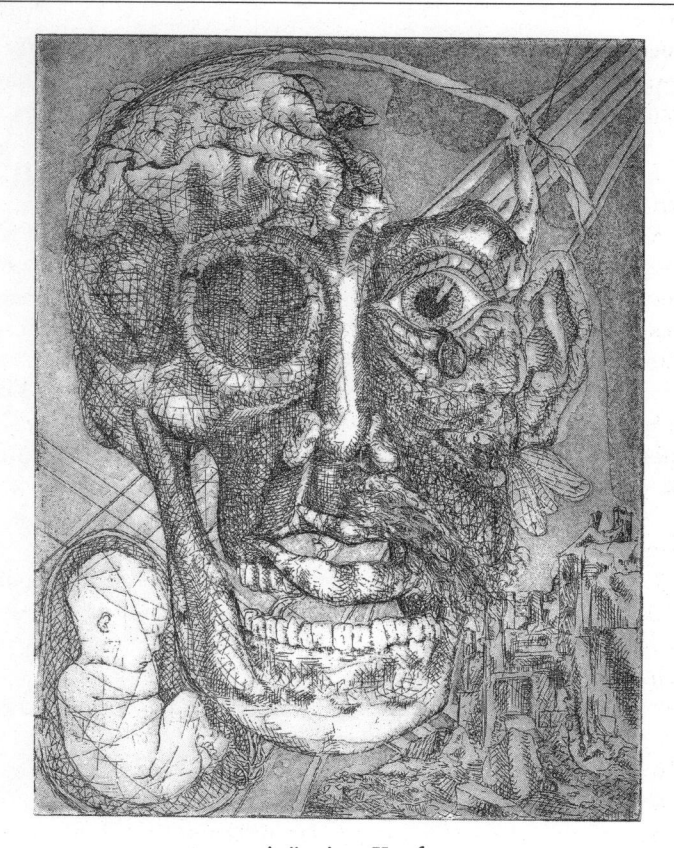

einäugiger Kopf

Die Augen im Traum könnten ein Hinweis sein, daß sich der Träumer zu sehr mit sich beschäftigt. Da ihm das rechte Auge fehlt, sollte er mehr Einsicht in seine gefühlsmäßigen Strukturen (Mechanismen) gewinnen. Die auffallenden Zähne zeigen in diesem Zusammenhang an, daß sich der Träumer vor allem durch materielle Bestrebungen leiten läßt bzw. dort viel »Biß« auslebt. Der Säugling links unten symbolisiert, daß bestimmte Wesensanteile bei diesem Träumer noch heranwachsen und reifen müssen – andererseits fordert er im Positiven dazu auf!

Pflege des Innenlebens bringt Ihnen seelischen Reichtum. Erhalten Sie eine Einladung zum Konzert, werden Sie in einer Gesellschaft sehr herzlich empfangen werden, denn man achtet Sie. → Bühne

Kopf (siehe auch Abb. S. 219)
▷ V: Sehen Sie einen Kopf im Traum, ist das eine Warnung zu mehr Wachsamkeit und Geistesgegenwart. Sehen Sie einen Rumpf ohne Kopf, sind Sie kopflos in eine Sache geraten und sollten diesen Zustand schnellstens ändern. Sie haben einen fremden Kopf auf: Ob Sie wollen oder nicht, jetzt entscheiden andere, was zu tun ist. Ihr Kopf sitzt verkehrt auf dem Hals: Durch unbesonnene Handlungen und falsche Entscheidungen ergeben sich eine Menge Probleme.
▷ T: Der Kopf symbolisiert Ihre Vernunft, die andere Teile Ihrer Persönlichkeit kontrolliert. Wenn Sie sich Ihren Kopf zerbrechen, plagen Sie derzeit viele Konflikte und Probleme, und eine Lösung scheint noch nicht in Sicht. Haben Sie Ihren Kopf verloren? Warum, an wen und in welcher Angelegenheit? Rennen Sie völlig »kopflos« durch Ihren Alltag? Bisweilen zeigen Kopfträume auch tatsächliche Erkrankungen in diesem Bereich auf. Köpfen Sie im Traum andere Personen, so zeigt Ihnen dieses Traumsymbol, daß Sie jetzt Ihre Probleme nicht mit dem Verstand lösen können (oder sollten).

Korallen
▷ T: Weiße und rosa Korallen zeigen Ihre positiven Einfälle an, viel Inspiration und Intuition, aber auch angenehme Erfahrungen im zwischenmenschlichen Bereich. All diese Anlagen sollten Sie weiterhin pflegen. Rote Korallen stehen für Liebesgefühle, die schwarze Koralle weist auf eine unsichtbare Krankheit hin. → Halskette, → Schmuck

Korb
▷ S: Ein altes Symbol für den Mutterleib.
▷ V: Sie halten einen leeren Korb: Eine Liebesenttäuschung bahnt sich an. Sie überreichen einer anderen Person einen Korb:

Sie werden jemandem eine Bitte abschlagen oder eine ablehnende Entscheidung fällen. Sehen Sie einen Blumenkorb, erwartet Sie eine glückliche Zeit, große Freude und ein Geschenk. Sehen Sie einen Wäschekorb. werden Sie von hinterhältigen Menschen ausgenutzt.
▷ T: Die Tiefenpsychologie sieht im Korb Ihre unbewußte Befürchtung, daß Sie eine Abfuhr erhalten oder auf Ablehnung stoßen könnten. Der Korb zeigt aber auch die »Ernte Ihres Lebens« an, Arbeiten oder Anstrengungen, die Sie leisten sollten. Vielleicht haben Sie »einen Korb erhalten« oder diesen selbst verteilt?

Korn, Kornfeld
▷ V: Sie säen Korn: Ein positives Zeichen für beruflichen Erfolg. Sie schneiden Korn: Große Freude oder sogar ein finanzieller Gewinn erwartet Sie. Wogende Kornfelder stehen für eine abgesicherte Zukunft. Sehen Sie viel Korn, haben Sie Ihr Geld bestens angelegt, Ihr Leben ist sehr stabil und sicher. Wenig Korn steht für eher armselige Verhältnisse.
▷ T: Das Korn zeigt Ihre Lebenserfahrung an, die zu Ihrer Persönlichkeitsreifung geführt hat oder bald führen wird. Auch der Lohn für all Ihre Erfahrungen, die aus dem Leid stammen, kann bald geerntet werden. → Getreide

Korridor
▷ V: Sie befinden sich in einem langen, dunklen Korridor: Sie sollten sich den unangenehmen Überraschungen stellen und eine Lösung suchen. Träumen Männer, daß sie einen Korridor entlanggehen, sehnen sie sich nach sexuellen Erlebnissen mit einer Frau. Ist eine Tür offen, dann wird ihr Wunsch bald Erfüllung finden.
▷ T: Der Korridor symbolisiert die weiblichen Geschlechtsorgane und damit ein starkes erotisches Bedürfnis (bei männlichen Träumern). In Frauenträumen zeigt er Ihnen die Richtung an, in die Ihr Leben verlaufen soll. Ist er dunkel, lang und ohne Türen, wird diese Suche wohl noch etwas andauern. → Haus, → Tunnel

Krähe

▷ V: Eine Krähe zu sehen kündigt einen Todesfall an. Sehen Sie mehrere Krähen auf Bäumen, wird bald ein Familientreffen stattfinden. Fangen Sie eine Krähe, nahen traurige Zeiten und viel Unfrieden. Schreit eine Krähe, werden bald schlechte Nachrichten eintreffen.

▷ T: Die Krähe zeigt immer Ihre Angst vor Mißerfolgen an, bisweilen verkündet sie sogar Unglück oder den Tod Nahestehender.

Kräuter

▷ V: Sie sehen oder sammeln Kräuter: Vielleicht müssen Sie bald einen kranken Menschen betreuen oder auch sonst viele Schwierigkeiten bewältigen. Essen Sie im Traum Kräuter, ist das ein sehr schönes Zeichen für ein langes, gesundes Leben und viel Freude.

Krankenhaus

▷ V: Sie sehen ein Krankenhaus: Bald kommen gute Nachrichten ins Haus, aber auch ein Krankenbesuch steht an. Es ist zudem ein Symbol für ein langes Leben. Liegen Sie selbst im Krankenhaus, wird Ihnen ein guter Mensch helfen, sich aus einer bedrückenden Lage zu befreien. Sind Sie sehr krank, sollten Sie Ihr Vorhaben noch einmal in Ruhe überlegen, denn der jetzige Plan wird nicht durchführbar sein. Verlassen Sie ein Krankenhaus, könnten Sie sich bald selbständig machen, Sie besitzen innere Unabhängigkeit.

▷ T: Die → Krankheit im Traum zeigt Ihre Ängste an, wenn Sie gerade wirklich erkrankt sind. Sind Sie gesund, dann besteht zur Zeit ein Konflikt zwischen Ihren Empfindungen, Ihren Gedanken und Handlungen. Das Krankenhaus verspricht jedoch Hilfe bei diesen Problemen oder anderen Hindernissen. → Sanatorium

Krankenschwester

▷ V: In Männerträumen ein Symbol, daß sich eine Frau besonders um den Träumer bemühen soll; Zeichen für eheliche Unzufriedenheit.

▷ T: Die Krankenschwester symbolisiert die Anima-Sehnsucht

des Mannes, der sein weibliches Idealbild bisher noch nicht gefunden hat. Vor allem der männliche Träumer sehnt sich nach Liebe, Fürsorge und mehr Zuwendung von einer Frau.

Krankheit
▷ V: Sind Sie selbst krank im Traum, wird Sie ein hilfreicher Mensch bald trösten. Besuchen Sie Kranke, verheißt das Freude und Glück für Sie. Krankheiten kündigen sich immer symbolisch an. Sehen wir im Traum wiederholt ein Haus, das in einem bestimmten Bereich beschädigt, morsch, kaputt ist oder auch brennt, so werden wir in dem entsprechenden Bereich unseres Körpers krank, wenn wir nicht gut aufpassen. → Haus
▷ T: Krankheiten symbolisieren immer einen seelischen Zustand, den Sie jetzt durchleben; früher Verdrängtes, Zurücksetzungen und alte seelische Wunden sollen jetzt gesund gepflegt werden! → Krankenhaus

Kranz
▷ V: Sie binden einen Kranz: Ihre Zukunft sieht sehr erfreulich aus. Sehen Sie einen Myrthenkranz, wird bald eine Hochzeit stattfinden, entweder Ihre eigene oder die nahestehender Personen. Sie tragen im Traum einen Kranz: Bald haben Sie mit Ehrungen zu tun (Ihre eigene oder die anderer) und nehmen an diesen Feierlichkeiten teil. Legen Sie einen Kranz auf ein Grab, sollten Sie eine Hoffnung endlich begraben und sich mit einem Freund versöhnen.

Krater
▷ T: Ein aktiver, heißer Krater warnt vor zuviel Leidenschaft und Begierde, die bald zum Ausbruch kommen könnten. Ein erkalteter Krater symbolisiert alte, schmerzliche Erfahrungen und Erinnerungen, die Sie schon weitgehend überwunden haben. → Vulkan

Krebs
▷ S: Symbol der Auferstehung, da er den Panzer wechselt.
▷ V: Sie sehen einen Krebs oder mehrere Krebse: Bei Ihren Plänen

und Vorhaben gibt es langwierige Verzögerungen (ein Schritt vor, drei Schritte zurück), bis es endlich wieder vorwärts geht. Sie oder andere Personen essen einen Krebs: Ihre Vermögenslage wird sich deutlich verbessern. Sind Sie im Traum krebskrank, will jemand Ihre Existenz vernichten – entlarven Sie diesen Feind schnellstens.

▷ T: Sowohl das Tier als auch die Krankheit symbolisieren, daß einige Teile Ihrer Persönlichkeit nicht im harmonischen Einklang mit Ihrem innersten Wesen und/oder der Umwelt sind. Sehen Sie öfter den Krebs als Tier im Traum, dann passen Sie sich zu sehr an Ihre Umwelt an. Bei der Krebserkrankung ist es wichtig, wo die Geschwulst im Traum auftritt. → Kopf, → Hals, → Brust, → Magen usw.

Kreis

▷ S: Der Kreis ist ein Bild des Vollkommenen und in sich Gleichen.

▷ V: Sie sehen im Traum einen Kreis: Eine Warnung, sich nicht im Kreise zu drehen (sonst beißt sich die Maus selbst in den Schwanz). Stehen Sie in einem Kreis, ist Ihre seelische Energie »rund«, harmonisch; Sie könnten eine höhere Bewußtseinsstufe erreichen. Zeichnen Sie einen Kreis, sind Sie so sehr in eine bestimmte Angelegenheit verwickelt (Sie drehen sich im Kreis), daß Sie keinen Ausweg mehr finden.

▷ T: Ihre Persönlichkeit ist zur Zeit »rund«, geschlossen und vollkommen. Manchmal zeigt der Kreis auch an, daß Sie mit Ihren Gedanken noch immer im Kreis laufen und so keinen Ausweg finden für aktuelle Probleme und Sorgen. → Ring, → Zirkel

Kreuz, Kreuzweg

▷ S: Das Kreuz ist Sinnbild der Einheit von Extremen, der Synthese und des Maßes – in ihm sind Zeit und Raum verknüpft.

▷ V: Ein Kreuz sehen ist ein deutliches Zeichen für viel Kummer und Sorge. Beten Sie vor einem Kreuz, erhalten Sie in einer hoffnungslosen Lage unverhofft Hilfe. Ein Kreuz am Wege kündigt eine schwierige Epoche an, die bestanden werden muß. Wenn Sie auf Ihre eigene Kraft vertrauen, werden Sie diese Aufgaben be-

wältigen. Sehen Sie das Kreuz mit Christus, öffnet das Glück Ihnen bald Ihr Herz. Stehen Sie an einem Kreuzweg, sollten Sie längst fällige Entscheidungen nicht länger aufschieben.
▷ T: Das Kreuz symbolisiert viele Möglichkeiten: Es ist ein Zeichen der Orientierung, denn es weist nach den vier Himmelsrichtungen. Das Kreuz steht aber auch für große Leiden und die Erlösung daraus. Manchmal ist das Kreuz auch ein Zeichen, daß wir vor einem anderen »zu Kreuze kriechen«. Der Kreuzweg zeigt Ihre Unentschlossenheit aus Angst vor einer falschen Entscheidung. Ihr Unterbewußtsein rät zu Veränderungen, zu einer Wende. Wichtig ist auch, in welche Richtung Sie sich weiterbewegen. → Himmelsrichtungen, → Norden, → Osten, → Süden, → Westen

Krieg
▷ V: Sie befinden sich mitten in einem Krieg: Behördliche Auseinandersetzungen sind zu bewältigen, doch nur Ausdauer Ihrerseits führt zum guten Ende. Geraten Sie in Gefangenschaft, begegnen Sie einem starken Widersacher, der Ihnen schaden könnte. Sehen Sie im Traum Kriegsrüstungen, kommen äußerst konfliktgeladene Zeiten auf Sie zu. Sind diese Rüstungen zerstört, wird Ihr jetziges Dilemma bald entschärft werden.
▷ T: Der Krieg zeigt eine sehr schwierige innere Situation des Träumers an: Sie müssen mit sich selbst kämpfen. Kriegsträume zeigen aber auch Schwierigkeiten mit anderen Menschen an – mit Ehegatten, Kollegen, Geschäftspartnern oder behördlichen Instanzen. All diese Konflikte durch widerstreitende Hoffnungen und/oder Erwartungen sollten Sie durch eine bewußte Entscheidung beenden. → Kampf

Krippe
▷ V: Eine leere Krippe sehen: Für Ihre berufliche Karriere wird extremer Einsatz gefordert – es naht eine Zeit der Not. Eine volle Krippe sehen, ist ein schönes Zeichen für eine sorgenfreie Zukunft. Sehen Sie die Krippe mit dem Jesuskind, kommen ebenfalls sehr glückliche Zeiten auf Sie zu. Aus religiöser Sicht zeigt die Krippe auch ein Geheimnis an, das wir bei uns behalten sollen.

Kröte

▷ V: Die Kröte hat im Traum dieselbe Bedeutung wie im Märchen: Sie schafft viele Widerwärtigkeiten, kann aber auch verwandelt werden und so unverhofftes Glück bescheren. Die restliche Traumhandlung ist hier wichtig. Halten Sie eine Kröte in der Hand, haben Sie jetzt gute Gewinnchancen. Töten Sie eine Kröte, müssen Sie durch eigene Schuld einen Schaden oder Verlust verkraften. Essen Sie eine Kröte, ist eine Krankheit im Anmarsch.

Krokodil

▷ S: Symbol der Gefräßigkeit und Heuchelei, eines der Ungeheuer des anfänglichen Chaos.

▷ V: Sie sehen ein Krokodil: Sie sollten in Ihrer Umgebung auf der Hut sein; einige böse Zeitgenossen führen nichts Gutes gegen Sie im Schilde. Sie werden von einem Krokodil gebissen: Eine gefährliche Situation kommt auf Sie zu. Sie töten ein Krokodil: Sie können einen starken Gegner (oder eigene negative Energien) besiegen.

▷ T: Das Krokodil symbolisiert dumpfe innere Energien oder eine sehr negative Lebenseinstellung. Diese Ängste, Begierden oder Leidenschaften können Sie förmlich »verschlingen«, doch Ihr Unterbewußtsein zeigt durch diesen Traum auf, daß es Ihnen beistehen wird. Wenn Sie in diesem Krokodilstraum weinen, dann handelt es sich hier eindeutig um »Krokodilstränen«. → Drache

Krone, Krönung

▷ S: Als Schmuck des Hauptes ein königliches Würdezeichen.

▷ V: Sie sehen eine Krone: »König wird man erst, wenn man der erste Diener seines Volkes ist« – dieser weise Spruch versteckt sich in diesem Traumsymbol. Die Krone kann auch Ausdruck eines geheimen Ehrgeizes sein, doch auch hier enthält der Traum die Warnung, Ihre Ziele nicht zu hoch zu stecken. Werden Sie selbst gekrönt: Ein großes Ziel oder Vorhaben werden Sie in kurzer Zeit erfolgreich abschließen können. → König, → Kaiser

▷ T: Die Krone symbolisiert Geltungssucht und Eitelkeit – eine beschädigte Krone zeigt, daß Ihnen ein »Zacken aus der Krone« gebrochen ist. Die Krönung im Traum weist auf Ihren baldigen Erfolg hin.

Krücke
▷ V: Sehen Sie eine Krücke, herrscht entweder Unfallgefahr, oder sie ist ein Zeichen, daß Sie in einem persönlichen Unglück Hilfe erhalten. Sie werfen im Traum die Krücke weg: Sie sind jetzt stark genug, um ohne Unterstützung eine Notlage zu bewältigen. Sie gehen mit einer Krücke: Beruflich und privat müssen Sie bald mit Verlusten oder Verzögerungen rechnen. → hinken, → Stab, → Stock
▷ T: Eine Krücke symbolisiert Ihre innere Unsicherheit. Sie brauchen und suchen nach Hilfe. Oder benutzen Sie eine »Krücke«, um Ihre Ziele zu erreichen?

Krüppel
▷ V: Im Traum einen Krüppel zu sehen oder selbst einer zu sein ist ein deutlicher Hinweis darauf, daß Sie noch viel an sich arbeiten müssen, um ein »gesunder« (seelisch und charaktervoller) Mensch zu werden. Hilfe auf diesem Weg kommt bald. Pflegen Sie einen Krüppel, haben Sie Mitleid mit einem sehr unglücklichen Menschen. → Invalidität
▷ T: Der Krüppel kann Ihr Mitleid mit anderen Menschen anzeigen. Er kann aber auch auf eine innere Abhängigkeit von anderen oder auf Ihre eigene Hilfsbedürftigkeit hinweisen. → Mitleid

Küche
▷ V: Sie sehen eine Küche oder befinden sich darin: Sie sollten Ihre vier Wände, das eigene Wohlbefinden und das anderer besser pflegen. Sehen Sie in der Küche einen Herd, entwickeln Sie jetzt mütterliche Talente, pflegen und sorgen gern für Ihre Liebsten. → Bäcker
▷ T: Die Küche ist ein geistiger Ort, an dem alle Lebenserfahrungen von unserem → Koch verarbeitet werden, damit wir diese besser genießen oder verarbeiten können.

Kuchen

▷ V: Sie backen Kuchen: Zur Zeit neigen Sie zur Verschwendung – diese Schwäche sollten Sie im Zaum halten. Essen oder sehen Sie einen Kuchen, werden Sie bald Besuch bekommen.
▷ T: Die tiefenpsychologische Bedeutung eines Kuchens ist vergleichbar mit der des → Brotes, doch in verfeinerter Form.

Kuckuck

▷ V: Sehen Sie einen Kuckuck, werden Sie es mit sehr egoistischen Menschen zu tun bekommen. Fangen Sie einen Kuckuck, kann dummes Gerede Sie zum Stillstand bringen. Töten Sie den Kuckuck, wird Ihnen die Einmischung in fremde Angelegenheiten viele Unannehmlichkeiten bescheren.
▷ T: Der Kuckuck symbolisiert unreife Erotik und Sexualität, die nicht auf einen Partner bezogen ist, sondern Befriedigung im Wechsel sucht. Er warnt aber auch vor Schmarotzern, die Ihnen unbemerkt Arbeit aufbürden wollen (»ein Kuckucksei ins Nest legen«).

Küken

▷ V: Sie füttern ein Küken: Ihr Familienleben verläuft sehr glücklich, denn jeder hilft jedem. Sie essen Küken: Sehr melancholische Gedanken dämpfen Ihren Frohsinn. Sie töten ein Küken: Völlig zu Unrecht beschuldigen Sie einen unschuldigen Menschen. → Huhn
▷ T: Das Küken steht für Ihre ängstliche Grundhaltung: Sie fühlen sich entweder anderen Menschen unterlegen (meist zu Unrecht), oder Sie spielen sogar das Opferlamm. Hier sollten Sie endlich etwas ändern!

Kürbis

▷ S: Der Kürbis symbolisiert das schnelle Wachstum und das schnelle Verderben.
▷ V: Einen Kürbis sehen: Ihre Hoffnungen führen zur Enttäuschung – vor allem, wenn Sie mit der Hilfe anderer rechneten. Setzen Sie Ihre eigenen Kräfte ein, dann klappt es. Erhalten Sie einen

Kürbis geschenkt, wird ein Gönner Sie demnächst unterstützen.
→ Früchte
▷ T: Der Kürbis zeigt meistens Ihre sexuellen Bedürfnisse und Wünsche an.

Kugel
▷ S: Sinnbild des idealen Universums und der himmlischen Vollkommenheit.
▷ V: Die Kugel symbolisiert das unberechenbare Glück. Sie sollten sich in nächster Zeit nicht auf riskante Unternehmungen oder gefährliche Spiele einlassen – nur so können Sie Unglück vermeiden. Sie halten eine Kugel in der Hand: Sehr gute berufliche Chancen warten auf Sie. Fällt die Kugel, müssen Sie ein bisher aussichtsreiches Vorhaben bald aufgeben. Sie sehen eine gläserne Kugel: Sie sind noch sehr unentschlossen, doch eine Entscheidung ist unumgänglich. Ist die Kugel aus Eisen, werden Sie sich allen Anforderungen und Konflikten des Lebens tapfer stellen. → Ball, → Kegel, → Kreis
▷ T: Die Kugel warnt Sie vor der Launenhaftigkeit des Glücks.

Kuh
▷ S: Im Mittelmeerraum ist die Kuh Attribut der Göttinnen der Liebe und der Fruchtbarkeit.
▷ V: Sie sehen eine Kuh oder mehrere Kühe: Ein Zeichen für persönliches Glück (außer bei mageren Kühen, die schlechte Zeiten anzeigen). Ein Kuhstall bedeutet, daß Sie bald eine Krankheit überwinden können. Sehen Sie, wie eine Kuh gemolken wird, haben Sie unbewußt das Gefühl, daß Sie von einem Mitmenschen schamlos ausgenutzt werden. Werden Sie von einer Kuh verfolgt, kann ein Mensch in Ihrem Bekanntenkreis durch seine Dummheit förmlich gefährlich werden.
▷ T: Die Kuh symbolisiert Weiblichkeit, Sehnsucht nach Mutterschaft oder in Frauenträumen Ihre sexuellen Bedürfnisse, die nur in der Geborgenheit einer festen Beziehung Erfüllung finden können.

Kunst, Künstler

▷ T: Tatsächlich vorhandene Kreativität kann hier symbolisiert werden. Vielleicht kommt aber auch das »etwas Verrückte« Ihres Wesens und der Wunsch nach mehr Selbstentfaltung und Selbstverwirklichung durch dieses Traumbild zum Ausdruck.

Kupfer

▷ T: Ein Symbol für Liebe und ein glückliches, erfülltes Leben – bisweilen auch der Ausdruck von Stolz.

Kuß, küssen

▷ S: Zeichen der Liebe, Ehrerbietung, Freundschaft, Vereinigung und Versöhnung.

▷ V: Sie träumen von Küssen: Hier äußert sich ein ungestilltes Verlangen nach Liebe mit erotischem Einschlag. Träumen Sie, daß Sie einen unbekannten Mann oder eine fremde Frau küssen, sollten Sie aufpassen: Sie könnten eine kurzlebige Bekanntschaft machen, die nur Ärger bringt. Küssen Sie hingegen eine bekannte Person, wird die Verbindung zu diesem Menschen noch glücklicher werden. Küssen Sie Ihre Mutter, haben Sie Sehnsucht nach Zärtlichkeit. Eine alte Person zu küssen kündigt eine Liebesenttäuschung an.

▷ T: Wie im Leben zeigt auch im Traum das Küssen den Wunsch nach Liebe, Zärtlichkeit, eine wachsende Zuneigung oder Leidenschaft an.

Kutsche, Kutscher

▷ V: Eine Kutsche sehen: Unverhoffte Einnahmen überraschen Sie. Wer im Traum eine Kutsche fährt, wird ohne Schwierigkeiten das Ziel seiner Wünsche erreichen. Sie steigen in eine Kutsche ein oder aus: Einen Verlust könnten Sie nur umgehen, wenn Sie in nächster Zeit äußerst vorsichtig taktieren. Sie sind selbst ein Kutscher: Sie führen jemanden an der Nase herum.

▷ T: Verläuft die Fahrt mit dem Kutscher friedlich und reibungslos, dann können Sie es durch die Hilfe anderer im Leben weit bringen. Manchmal warnt dieses Symbol allerdings davor, daß Sie sich nicht von anderen »in die Irre führen lassen« (verschaukelt werden) – oder umgekehrt.

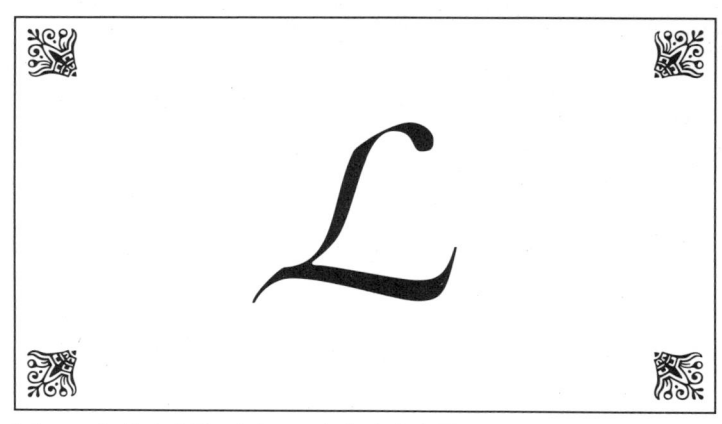

▷ S = symbolisch; ▷ T = tiefenpsychologisch; ▷ V = visionär, voraussagend

Labor

▷ V: Sie sehen ein Labor oder befinden sich darin: Sie wollen eine Angelegenheit überprüfen. Wenn Sie alle Details beachten, könnten Sie ein Geschäft oder eine persönliche Angelegenheit doch noch erfolgreich abschließen. Arbeiten Sie in einem Labor, haben Sie sich selbst in eine problematische Lage hineinmanövriert.

▷ T: Dieses Symbol zeigt lediglich auf, daß Sie mit einer recht schwierigen Aufgabe konfrontiert werden oder sich selbst in eine verzwickte Lage gebracht haben. Wie das Ganze ausgeht, ist nur mittels weiterer Traumbilder ersichtlich.

Labyrinth

▷ S: Das Labyrinth zeigt das menschliche Leben mit all seinen Prüfungen, Verzögerungen und Komplikationen.

▷ V: Sie sehen ein Labyrinth: Alles wächst Ihnen über den Kopf, Sie haben sich verzettelt und den Überblick verloren. Sie irren darin umher: Sie sehen sich zwar nach Ihrer frühkindlichen Sicherheit, doch Sie sollten lieber einen Ausweg finden aus all Ihren Verirrungen.

▷ T: Auf der Suche nach Selbsterkenntnis sind Sie einem inneren Chaos (vielleicht in Ihrem Unterbewußtsein) begegnet, das Sie verwirrt oder ängstigt. Hier sollten Sie den »Ausgang« finden.

lachen

▷ V: Sie hören ein Lachen im Traum: Sie haben Angst, in einer Sache oder wegen Ihrer Person von anderen verspottet zu werden. Lacht ein früherer Bekannter, taucht ein vergangenes, etwas peinliches Erlebnis wieder auf, weil Sie es noch nicht ganz überwunden haben. Lachen Sie selbst, versuchen Sie, bedrückende Sorgen damit zu kaschieren (vor sich selbst und vor anderen).
▷ T: Ein befreiendes Traumlachen löst alle innere Spannungen in Ihnen auf; manchmal wäre es auch ratsam, über sich selbst, über andere oder über bestimmte Ereignisse zu lachen, diese nicht zu ernst zu nehmen.

Laden

▷ V: Sie sehen einen leeren Laden: Sie haben zuwenig Selbstvertrauen und sollten entschlußfreudiger werden. Ein gefüllter Laden: Er verspricht Ihren Plänen und Zielen viel Erfolg. Betreten Sie einen Laden: Sie werden Ihren gefaßten Entschluß bald verwirklichen, doch es kostet viel Geld.
▷ T: Oft symbolisiert ein Laden mit vielen Waren, daß Sie viele Möglichkeiten im Leben haben und sich bald entscheiden sollten.
→ einkaufen, → Waren

Lähmung, lahm

▷ V: Sie sehen einen Lahmen: Schwierigkeiten kommen auf, und Ihre Ziele und Vorhaben verzögern sich. Sie sind selbst lahm oder gelähmt: In allen Aktionen sind (oder werden) Sie gehemmt und ausgebremst. Vorsichtig abwarten! → Invalidität, → Krankheit
▷ T: Die Lähmung zeigt an, daß Sie sich im Moment mit Problemen, Sorgen oder Konflikten quälen (die meist mit Ihnen selbst zu tun haben). Manchmal zeigt sich dahinter eine unbewußte Angst, die Sie lähmt und über die Sie keinerlei Kontrolle haben. Sind Sie öfters etwas »lahm« in Ihren Reaktionen? Was hat Sie

so gelähmt? Überwinden Sie Ihre »innere Lähmung« möglichst bald!

Lamm

▷ S: Das Lamm ist Symbol der Unschuld und Demut. Es ist ein Opfertier.
▷ V: Sie sehen ein Lamm: Sie sind viel zu gutmütig – setzen Sie sich endlich durch. Scheren Sie im Traum Lämmer, mißbrauchen Sie die Gutmütigkeit anderer. Treiben Sie es nicht zuweit! Sie schlachten ein Lamm oder sehen dabei zu: Reagieren Sie in einer bestimmten Angelegenheit nicht recht unbarmherzig? → Schaf
▷ T: Das Lamm symbolisiert meistens die Sanftheit Ihrer Person, aber auch eine gewisse Unschuld und Reinheit. Sind Sie jedoch eher ein »Opferlamm«, dann sollten Sie schleunigst den »Täter« entlarven!

Lampe

▷ S: Die Lampensymbolik ist mit der Lichtsymbolik verwandt.
▷ V: Helles Licht brennt in der Traum-Lampe: Ein erfreuliches Ereignis trifft bald ein – die kommende Zeit verläuft reibungslos. Zünden Sie eine Lampe an, wird eine Verbindung mit einem lieben Menschen immer enger und vertrauter, weil Sie ihm eine große Freude machen. Rußt die Lampe jedoch, hat ein Mißgeschick ernsthafte Folgen. Verlöscht das Licht, wird eine bisher herzliche Beziehung getrennt. Zerbrechen Sie eine Lampe, werden Sie durch Ihre eigene Unachtsamkeit zu Schaden kommen.
▷ T: Die Lampe zeigt, daß Sie Menschen oder Zusammenhänge besser verstehen (durchschauen) wollen. Durch aufmerksame Konzentration wird Ihnen dies gelingen. → Licht, → Laterne

Land

▷ V: Sie kommen vom Meer oder einem See ans Land: All Ihre Vorhaben sind nun auf festem Fundament gebaut und werden erfolgreich enden. Sie gehen über Land: Der Zustand des Landes zeigt Ihren weiteren Lebensweg. Gehen Sie über gesunde → Wiesen, verspricht dies Aufstieg im Leben. Gehen Sie über Ackerland, werden Sie nur nach mühsamer Arbeit ernten. Ein Stoppelfeld steht für Enttäuschungen und Mißerfolg, da andere den Ertrag schon »abgeerntet« haben. → Erde, → Acker

Landkarte
▷ V: Sie sehen eine Landkarte: Entweder wollen Sie bald verreisen, oder dieser Traum will Ihnen helfen, Ihren rechten Weg zu finden. Sehen Sie eine bestimmte Gegend? → Himmelsrichtung, → Norden, → Osten, → Süden, → Westen
▷ T: Die Landkarte symbolisiert Ihre geistige Kraft, die Ihnen den weiteren Lebensweg vorzeichnen kann. → Kompaß

Landschaft
▷ V: Wenn Sie im Traum eine sonnige Landschaft sehen, gehen viele Wünsche in Erfüllung, und Sie werden schöne Stunden genießen. Zeigt sich die Landschaft düster und von Wolken verhangen, geraten Sie in einen Konflikt mit Ihrer Umwelt. Was sehen Sie in dieser Landschaft? Beispielsweise → Berge, → Täler, → Wiesen, → Wasser?

Landstraße
▷ V: Eine endlose Landstraße sehen oder darauf gehen kündigt viele Schwierigkeiten im Beruf an, die überwunden werden müssen. Ihr Erfolg liegt noch in weiter Ferne.
▷ T: → Allee, → Straße, → Weg

Lanze
▷ S: Eine der ältesten Trutzwaffen – phallisches Lebenssymbol, Zeichen des Sonnenstrahls und Werkzeug göttlicher Gerechtigkeit.
▷ V: Sie sehen eine Lanze: Diese kündigt einen baldigen Streit an, der von anderen angezettelt wird. Hantieren Sie selbst mit der Lanze, werden Sie einen Streit vom Zaum brechen oder ihn durch eigenes Verhalten verursachen. → Degen, → Dolch
▷ T: Die Tiefenpsychologie sieht in der Lanze das männliche Geschlechtsorgan. Sie zeigt also sexuelle Wünsche und Bedürfnisse an. → Waffe

Larve

▷ V: Sie sehen eine Larve: Sie fühlen sich im Moment keineswegs glücklich, denn alles scheint noch festzustecken. → Raupe

▷ T: Eine tiefgreifende Wandlung findet in Ihnen statt, doch nach außen ist noch nichts erkennbar (von der Raupe zum Schmetterling). Lassen Sie diesen inneren Prozeß reifen!

Last

▷ V: Sie schleppen eine schwere Last: Sie müssen eine große Hürde überwinden, doch mit viel Kraft werden Sie den Anforderungen zu Ihrem Vorteil gerecht. Werfen Sie im Traum eine schwere Last weg, besitzen Sie jetzt die nötige Kraft, um alte Schwierigkeiten und Probleme selbst zu lösen. Tragen andere eine schwere Last, müssen jetzt schwierige Aufgaben oder Arbeiten bewältigt werden.

▷ T: Eine belastende Situation oder eine zur Last gewordene Pflicht wird hierdurch symbolisiert – befreien Sie sich davon. → Klotz

Lastwagen

▷ T: Im Gegensatz zum Auto kann ein Lkw schwerere Lasten befördern. Sie haben sehr viel Ehrgeiz und Kraft, selbst schwierige Aufgaben zu meistern. Ein Möbeltransport oder → Umzug zeigt einen persönlichen Wandel an oder eine Meinungsänderung.

Laterne

▷ V: Leuchtet die Laterne hell, gewinnen Sie große Einsicht oder können ein Geheimnis lüften. Die Laterne verlöscht oder flackert: Mischen Sie sich nicht in die Angelegenheiten anderer Menschen, denn jetzt haben Sie sich in einer Sache geirrt. → Licht

▷ T: Wenn Sie mildes Laternenlicht sehen, so zeigt dies Ihre innere oder geistige Einsicht und Weisheit an. → Lampe

Laub

▷ V: Sie sehen grünes Laub: Sie befinden sich im seelischen Gleichgewicht und können in jeder Hinsicht wachsen. Wer wel-

kes oder faules Laub sieht, hat im Moment keine Erfolgschancen, eine alte Angelegenheit muß mit Verlust abgeschlossen werden. Laub sammeln ist ein schönes Zeichen für Geldzuwachs oder Erbschaft. → Blatt
▷ T: Sehen Sie grünes Laub, so will der Traum mitteilen, daß Sie Ihr Glück im Moment genießen sollten – denn Laub welkt und stirbt.

laufen
▷ V: Sie laufen im Traum und kommen gut voran: Alle Aktionen sind jetzt von Erfolg gekrönt, Beruf und Karriere »laufen« bestens. Laufen Sie, ohne richtig voranzukommen, hemmen Sie sich entweder selbst, oder Sie werden von anderen ausgebremst. → gehen
▷ T: Laufen Sie etwas (oder jemandem) hinterher? Laufen Sie vor etwas (oder jemandem) davon? Vor eigenen Ängsten oder gar Gefühlen? Wie fühlen Sie sich beim Laufen? Fröhlich oder gejagt?

lauschen
▷ V+T: Lauschen Sie an einer Tür o.ä., sollten Sie Ihre Neugierde bezwingen, denn Sie könnten sich selbst damit schaden. – Lauschen Sie lieber in sich hinein.

Laus
▷ V: Läuse sind meistens Vorboten für eine Verschlechterung der Lebensverhältnisse, können aber auch auf menschliche »Schmarotzer« hinweisen, die sich auf Ihre Kosten Vorteile verschaffen wollen. → Wanze
▷ T: Läuse sind ein Symbol für Ihre seelische Unruhe, für tiefsitzende Unsicherheiten, negative Gedanken oder Störungen im Nervensystem.

Lava
▷ T: Explosionsartig werden sich unterdrückte (unbewußte) Gefühle und Emotionen Luft verschaffen. → Berg, → Hitze, → Krater, → Vulkan

Lawine

▷ V: Eine Lawine rollt zu Tal: Ein Warntraum, denn Sie haben etwas Negatives selbst ausgelöst, das fast nicht mehr zu bremsen ist. Werden Sie von einer Lawine verschüttet, sind Sie bei einem unglücklichen Ereignis mit betroffen.

▷ T: Die Lawine will Sie immer warnen, einer kommenden Gefahr noch rechtzeitig auszuweichen. → Gletscher, → Schnee

Leber

▷ V: Sie essen Leber: Sie sollten Ihrer Gesundheit mehr Beachtung schenken – eine Krankheit schleicht sich an. Kaufen oder sehen Sie Leber, wird Ihre Gesundheit stabiler. Sehen Sie eine verdorbene Leber, ist eine Erkrankung im Anzug. Seien Sie vor allem mit Alkohol und Tabletten vorsichtig.

▷ T: Die Leber symbolisiert oft eine kommende Erkrankung; manchmal zeigen sich hier körperliche, seelische oder geistige »Vergiftungen«, die Sie sich selbst (oder von anderen) zugezogen haben. All dies hat Sie geschwächt. Sie sollten sich von diesem seelischen »Giftmüll« gründlich reinigen und innerlich befreien!

Leder

▷ V: Kaufen oder verkaufen Sie Leder, besitzen Sie viel Realitätssinn und einen klaren Verstand. Aus Leder etwas fertigen verheißt die baldige Erfüllung Ihres geheimen Wunsches (den Sie zäh verfolgt haben).

▷ T: Das Leder zeigt Ihre Ausdauer und Zähigkeit an. Doch da es vom Tier stammt, steht es auch für Ihre »niederen Bedürfnisse«, z. B. Instinkte, Triebe, Begierden u.ä. → Kuh, → Schwein

Lehm

▷ V: Sehen Sie Lehm, werden Sie nur mit viel Ausdauer und zähem Willen in allen persönlichen Angelegenheiten weiterkommen. Sie stecken im Lehm fest: Bei der Durchführung eines bestimmten Vorhabens »stecken Sie fest«; Sie brauchen viel Kraft, um dieses Hindernis zu überwinden. Hantieren Sie mit Lehm, wird sich Ihre berufliche Position festigen. Sie bauen ein Haus aus

Lehm: Entweder gründen Sie jetzt einen Haushalt, oder Sie vergrößern den bisherigen. → Erde, → Schlamm, → Ton
▷ T: Haben Sie Ihre Existenz auf einem unsicheren Fundament aufgebaut? Oder stecken Sie im Moment in Schwierigkeiten und kommen in einer Sache nicht so recht weiter? Sie können es schaffen, denn aus Lehm läßt sich vieles herstellen oder umformen!

Lehrer, Lehrerin
▷ S: Ein Lehrer in Männerträumen symbolisiert den Vater.
▷ V: Träumt ein Mann von Lehrerinnen, liegen verschüttete sadistische oder masochistische Züge vor (der Wunsch, bestraft zu werden oder ein Bedürfnis, jemanden zu züchtigen). Sie sehen im Traum einen Lehrer: Warnung vor unüberlegten und leichtsinnigen Handlungen. Sprechen Sie mit dem Lehrer, ist es höchste – und die beste – Zeit, alte, unerledigte Probleme zu klären. Sie sind in Ihrem Traum selbst ein Lehrer: Sie wollen immer alles besser wissen als andere und belehren Ihre Mitmenschen viel zu oft. → Prüfung
▷ T: Die Gestalt des Lehrers ist meist ein innerer Führer, der Ihnen hilfreiche seelische Unterweisungen erteilen wird. Manchmal kann er sogar einen → Weisen verkörpern. Im negativen Fall will er Sie vor Besserwisserei warnen; bisweilen kündigt er Prüfungen und Schwierigkeiten im Leben an, oder er zeigt Ihnen Ihre Selbstzweifel auf. → Steuer

Leiche
▷ V: Schleppen Sie im Traum eine Leiche im Koffer mit sich, so zeigt dies an, daß Sie längst Abgestorbenes in Ihrem Lebensgepäck mitschleppen, oder Ihr Gewissen läßt Ihnen keine Ruhe. Sie sehen eine Leiche: So manch altes Problem läßt sich bald überwinden; manchmal ist dies sogar ein Hinweis auf eine Hochzeit oder Geburt in Ihrem Familien- oder Freundeskreis. Sehen Sie sich selbst als Leiche, werden Sie eine große Sorge endlich los und können ein hohes Alter erreichen. → Skelett
▷ T: Die Tiefenpsychologie sieht in der Leiche Abgestorbenes, das Sie noch nicht beseitigt oder bewältigt haben. Manchmal weist

die Leiche darauf hin, daß Sie in lauter Konventionen erstarrt sind. Sind Ihre Gefühle für einen Menschen erkaltet? Haben Sie Angst vor dem → Tod, oder wünschen Sie einem anderen den Tod?

Leichenwagen
▷ V: Sehen Sie einen Leichenwagen vorüberfahren, sollten Sie Abschied nehmen – von einer Person, einer alten Gewohnheit oder einer längst überholten Einstellung. → Grab
▷ T: Im Leichenwagen können (sollten) Sie alte Gefühle, frühere Hoffnungen und Wünsche endlich abschließen und zu Grabe tragen.

Leihhaus
▷ V: Sie sehen oder betreten ein Leihhaus: Materielle Rückschläge kündigen sich an; leben Sie sparsamer und schränken Sie sich ein. Arbeiten Sie darin oder besitzen ein Leihhaus, werden Sie in die Probleme anderer verstrickt.

Leim
→ Kleister

Leiter
▷ S: Die Leiter symbolisiert den Weg zum Himmel: Man steigt auf durch Demut und sinkt ab durch Stolz.
▷ V: Sie steigen eine Leiter hoch: Sie wünschen sich sehnlichst, beruflich aufzusteigen. Steigen Sie doch nicht hinauf, verpassen Sie eine gute berufliche Chance. Sie fallen von der Leiter: ein Zeichen, daß Sie viel zu ehrgeizig sind, sich dadurch unbeliebt machen und sich selbst schaden. Fällt ein anderer von der Leiter, werden Sie von einem Menschen im Stich gelassen, von dem Sie es am wenigsten erwartet hätten. Sie sehen eine abgestellte Leiter: Eine sich bietende Chance sollten Sie nicht ungenutzt vorüberziehen lassen. Sehen Sie eine zerbrochene oder wackelige Leiter, sollten Sie Ihr jetziges Vorhaben ruhen lassen, denn es würde nur Schaden und Nachteile für Sie bringen.
▷ T: Die Leiter symbolisiert Ihre innere Unsicherheit, ob Sie

genügend Erfolg haben werden oder nicht. Wollen Sie Stufe für Stufe hohe Ziele erreichen? Steigen Sie hinab, um sich vor Gefahren zu retten? Haben Sie sich zuviel zugemutet? Üben Sie eine »leitende Funktion« aus? → Treppe

Leiterwagen
▷ V: Fahren Sie mit einem Leiterwagen, hoffen Sie, ohne großes Zutun Ihrerseits im Leben rasch vorwärtszukommen. Da werden Sie zwangsläufig enttäuscht. Sehen Sie einen hochbeladenen Leiterwagen, werden Sie zu Wohlstand kommen.

Leopard
▷ S: Ein altes Symbol des Stolzes, des Krieges und der Jagd.
▷ T: Der Leopard symbolisiert so starke sexuelle Triebe, daß Sie davon förmlich beherrscht werden. Bändigen Sie sich selbst. → Raubtier, → Tier

Lerche
▷ V: Sie hören eine Lerche trillern: Es erwarten Sie positive Zeiten sowohl im Beruf als auch im Privatleben. Fliegt der Vogel in die Luft, dürfen Sie damit rechnen, daß in Zukunft so manches viel leichter läuft als bisher. → Vogel, → Himmel
▷ T: Die Lerche symbolisiert, daß Sie geistige Höhen erreichen können oder bald einen guten Überblick über Ihr Leben, Ihre Vergangenheit und Ihre Zukunft gewinnen werden!

lernen, lesen
▷ T: Beide Symbole zeigen Ihr Denken auf, Ihre Vorstellungen und Erwartungen, aber auch eine gesunde Selbstkritik Ihrerseits. Bald wird Ihnen Ihre Lebenserfahrung von großem Nutzen sein!

Leuchter
▷ S: Der Leuchter symbolisiert das geistige Licht, das Leben und Heil.
▷ V: Ein Leuchter mit brennenden Kerzen verheißt Ihnen Glück in der Liebe und eine schöne Feier. → Lampe, → Licht

Leuchtturm

▷ V: Sie sehen einen Leuchtturm bei Tag: Ihre Aussichten für die Zukunft verbessern sich, denn Sie gewinnen Durchblick. Es ist auch ein Zeichen für eine glückliche Heimkehr. Blinkt der Leuchtturm, sollten Sie auf den Ratschlag guter Freunde achten, damit Sie sich Unannehmlichkeiten ersparen können.
▷ T: Der Leuchtturm warnt Sie meistens vor drohenden Gefahren, oder er weist Ihnen im Dunkel des Unterbewußtseins den richtigen Weg. → Licht

Libelle

▷ V+T: Sehen Sie eine Libelle, gehen Sie über vieles zu leicht hinweg und lassen sich gerne blenden. → Insekten, → Schmetterling

Licht

▷ S: »Gott ist Licht, und in ihm ist keine Finsternis« (1. Joh. 1, 5). Durch Licht wird Chaos geordnet.
▷ V: Lichter im Traum sind immer wegweisend. Sie befinden sich entweder auf einem guten Weg, oder Ihnen geht bald ein Licht auf, damit Sie sich richtig entscheiden können. Kerzenlicht ist eine Empfehlung zu mehr Innerlichkeit, Andacht oder Ehrfurcht. Sehen Sie Licht in weiter Ferne, kommen bald große Freuden auf Sie zu. Sie steuern auf gute Ziele hin.
▷ T: Das Licht zeigt an, daß Sie Bewußtsein erreichen durch Wahrnehmung. Nur durch Licht können Sie Ihr Leben klar sehen und verstehen! → Kerze, → Lampe, → Leuchtturm

Liebe, Liebesbrief

▷ V: Sie lieben im Traum einen Menschen: Sie haben Angst vor einer Liebesenttäuschung. Liebesträume haben nicht immer sexuelle Bedeutung; sie können sowohl Erfüllung in der Liebe anzeigen, als auch Ihr unerfülltes Verlangen danach (vor allem, wenn Sie momentan sehr einsam sind). Erhalten Sie einen Liebesbrief, werden bald schlechte Nachrichten eintreffen. Schreiben Sie einen, sind Sie zur Zeit verliebt.

▷ T: Meistens symbolisiert die Liebe, daß Sie sich nach menschlicher Wärme, Zuneigung und nach Zärtlichkeit sehnen!

Lift
▷ V: In Frauenträumen symbolisiert das »Hochfahren mit einem Lift« den beruflichen oder sozialen Aufstieg. Das »Hinabfahren mit dem Lift« zeigt Ihren Wunsch nach sexuellen Erlebnissen an (Orgasmussehnsucht). Sie sehen einen Lift: Sie möchten leicht und schnell Ihre Ziele erreichen. Diese Hoffnung sollten Sie als Illusion betrachten.
▷ T: Wenn Sie mit dem Lift fahren (wollen), dann erhoffen Sie sich entweder Hilfe bei einem Problem, oder Sie möchten rasch und ohne eigene Anstrengungen im Leben hoch hinaufkommen (was nicht gelingen wird)!

Lilie
▷ S: Symbol für die strahlende Reinheit, Unschuld und Jungfräulichkeit.
▷ V: Sie sehen eine blühende Lilie: Packen Sie es an – Ihre Erfolgschancen sind prächtig. Halten Sie eine Lilie in Händen, werden Sie von anderen geliebt und verehrt. Werfen Sie eine fort, haben Sie Ihre Macht mißbraucht, doch die Strafe folgt auf dem Fuße.
▷ T: Die Lilie zeigt an, daß Sie zur Zeit eine vertiefte Selbsterkenntnis erlangen können und dadurch innere Harmonie verspüren werden.

Limonade
▷ T: Trinken Sie dieses süße Getränk, so zeigt sich hierdurch etwas zuviel Oberflächlichkeit, denn Sie wollen sich Ihr Leben »versüßen« und möglichst oft genießen. → Coca-Cola

Linde, Lindenblüten
▷ V: Sie sehen eine Linde: Sie können Freude, Geselligkeit und Erholung bald miteinander verknüpfen. Sehen Sie eine blühende Linde, werden Sie sich bald an einem ruhigen Ort erholen können. Sitzen Sie unter einem Lindenbaum, verspüren Sie ein star-

kes Bedürfnis nach mehr Ruhe und Geborgenheit. Wer den Duft riecht, wird bald ein schönes Geheimnis erfahren.
▷ T: Die Linde zeigt Ihren Wunsch nach Harmonie, Frieden und Entspannung an – diesen Zustand werden Sie bald erreichen.

links
▷ V: Links steht für das Weibliche. Biegen Sie im Traum links ab, werden vor allem Frauen demnächst für Sie wegweisend sein, und Sie selbst gewinnen tiefe Einsichten in Ihr innerstes Wesen.
▷ T: Die Tiefenpsychologie sieht die linke Seite (die Tendenz nach links) etwas bedenklich, denn sie ist meist dunkel und unheimlich. Der »Pfad zur Linken« ist stets ein Abweg und gefährlich, weil links für alles Unbewußte, Zerstörerische und Irrationale in uns steht. Lähmungen auf der linken Körperseite zeigen, daß Sie zu sehr nach Ihrem Verstand und nach der Vernunft leben und Ihre Gefühle und Intuitionen verstärken sollten. → rechts

Linse
▷ T: Das Nahrungsmittel kündigt meistens problematischen Ärger oder Streit an. Die optische Linse dagegen zeigt an, daß Sie all Ihre Konzentration nur auf einen bestimmten Lebensvorgang oder Menschen richten werden. → Auge, → Brille

Lippen
▷ V: Sie sehen frische rote Lippen: Sie haben zur Zeit viel Glück in der Liebe und in Freundschaften. Blasse Lippen bedeuten, daß Sie in der Liebe auf etwas verzichten müssen oder daß Ihre Liebe welkt. Sehen Sie verbissene Lippen, tut Ihnen der Neid oder Haß anderer weh.
▷ T: Lippen symbolisieren meist erotische Bedürfnisse, stehen aber auch für Liebe, Sympathie und Freundschaften in Ihrem Privatleben. → Mund

Loch
▷ V: Sehen Sie ein Loch, stellt Ihnen demnächst jemand eine Falle. Fallen Sie in ein Loch, fügen Sie einem anderen Schaden zu,

doch das fällt auf Sie zurück. Sehen Sie ein Loch in Ihrer Kleidung, sollten Sie dringend Ihren Schuldenberg reduzieren. Stopfen Sie ein Loch, werden Sie einen recht unangenehmen Streit schlichten oder ein altes Problem lösen können. → Abgrund
▷ T: Das Loch kann (in Männerträumen) das weibliche Geschlechtsorgan andeuten, also sexuelle Wünsche anzeigen. Oft warnt es jedoch vor einer Falle im Alltag. Bisweilen taucht durch dieses Symbol Ihre Erinnerung an einen alten Fehler oder Irrtum auf. Schauen Sie nur durch ein kleines Loch in die Welt hinaus? Fallen Sie in ein Loch? Haben Sie »ein Loch im Kopf«?

Locken

▷ V: Sehen Sie Locken im Traum, sind Sie von Ihrer Partnerin oder Ihrem Partner sehr abhängig. Sind diese Locken sehr dunkel, liegt eine unbewußte Antipathie vor. Ist die Farbe der Locken für Sie schön, ist Ihnen diese Person sehr sympathisch. Viele Locken auf einem Kopf bedeuten, daß Sie in einer etwas verworrenen Liebesaffäre stecken. Schneiden Sie jemandem eine Locke ab, werden Sie bald einen »Korb« erhalten. Schneiden andere Locken ab, wird Ihnen bald eine heimliche Liebesaffäre als Geheimnis anvertraut werden.
▷ T: Was »lockt« Sie zur Zeit am meisten? → Haare

Löffel

▷ V: Sie sehen einen oder mehrere Löffel: Sie werden in den nächsten Tagen eine Einladung erhalten. Werden Sie mit dem Löffel gefüttert, will jemand in Ihrer Umgebung Sie bevormunden. Sehen Sie silberne Löffel, beneiden Sie andere, denen es materiell besser geht als Ihnen selbst. Sie essen mit einem Löffel: Jetzt müssen Sie Ihre Suppe auslöffeln, die Sie sich selbst eingebrockt haben. Sehen Sie einen großen Kochlöffel, haben Sie zu Hause nicht viel zu melden – jemand anders hat die Hosen an.
▷ T: Meistens symbolisiert der Löffel, daß Sie sich selbst in eine Situation oder Position hineinmanövriert haben, aus der Sie nun mit eigener Kraft auch wieder herauskommen sollten!

löschen

▷ V: Sie löschen Ihren Durst: Ihre Hoffnungen in der Liebe werden sich erfüllen. Sie löschen ein Feuer: Ein leidenschaftliches Verhältnis geht (gottlob) zu Ende – es würde Sie ansonsten verzehren; bisweilen entkommt man im letzten Moment einem Unglück. Löschen Sie einen Brand im Haus, werden Sie mit aktuellen Schwierigkeiten überhäuft, doch Sie können diese überwinden.
▷ T: Die Bedeutung Ihres Traums hängt davon ab, was Sie gelöscht haben. → Feuer, → Lampe, → Laterne, → Licht, → Kerze

Löwe

▷ V: Sie sehen einen Löwen: Ein bestimmter Freund wirkt manchmal etwas bedrohlich auf Sie. Werden Sie von einem Löwen angefallen, droht Gefahr. Besiegen Sie ihn, können Sie einen Gegner unschädlich machen. Sie sehen einen gefangenen Löwen: Ein mächtiger Gegner hat im Moment keine Angriffsfläche, denn man beschützt Sie. → Raubtier, → Tier, → Tiger
▷ T: Der Löwe ist ein Symbol für Wildheit und Würde – er zeigt gewaltige, konzentrierte Energie mit viel Aggressivität gegen andere. Der Traum zeigt Ihre Angst vor diesen Gefühlen (sowohl bei anderen Menschen als auch den eigenen aggressiven Anteilen) und will Sie auffordern, derlei Emotionen zu bändigen.

Lokomotive

▷ V: Träumen Männer von einer Lokomotive, treiben sie mit viel Kraft und Macht ihre Pläne voran. Läßt die Lok Dampf ab, ist das eine Aufforderung an Sie, das gleiche zu tun. In Frauenträumen kündigt eine Lokomotive oft eine große Reise an. Wenn Sie im Traum eine dampfende Lokomotive sehen, machen Sie zuviel Dampf um etwas, hegen zu große Pläne.
▷ T: Die Lokomotive symbolisiert Ihre seelische Energie, die Sie voranbringt im Leben. → Eisenbahn

Lorbeer, Lorbeerbaum

▷ S: Ein Götterbaum – Sinnbild der Unverweslichkeit und Jugend.

▷ V: Sie sehen Lorbeeren oder einen Lorbeerbaum: Für Ihre Leistungen werden Sie geehrt, und erhalten eine Anerkennung oder eine große Auszeichnung. Sehen Sie den Lorbeerkranz auf Ihrem Kopf, zeigt dies zuviel Ehrgeiz und Geltungssucht an, die Sie bekämpfen sollten. Pflücken Sie Lorbeer, werden Sie sich bald lächerlich machen.
▷ T: Sie wünschen sich entweder mehr Ansehen bei anderen, oder Sie erwarten eine Auszeichnung oder Ehrung. Entspringen diese Wünsche Ihrer Geltungssucht, dann werden Sie sich bald lächerlich machen.

Los, Lotterie
▷ V: Sie sehen oder ziehen ein Los: Ihr Schicksal macht nun eine etwas unangenehme Wende. Sehen Sie eine Nummer auf dem Los, sollten Sie im wirklichen Leben Ihr Glück bei der Lotterie versuchen – mit der Traumnummer. Spielen Sie im Traum in der Lotterie, geben Sie sich zur Zeit Hoffnungen hin, die entweder sehr zweifelhaft oder gar nicht zu verwirklichen sind. Nehmen Sie an der Ziehung teil, bahnt sich eine Enttäuschung an.

Luft
▷ T: Die Luft zeigt Ihren Geist an, der Ihr Innenleben in Bewegung bringt. Bekommen Sie im Traum zuwenig Luft? Geht Ihnen die Luft aus beim Laufen o.ä.? Schnürt Ihnen jemand (etwas) die Luft ab? Neigen Sie zu geistigen Höhenflügen? Seien Sie ehrlich zu sich!

Luftballon
▷ V: Sie sehen einen Luftballon: Eine Liebesaffäre können Sie zwar beginnen, doch das Ganze wird sich schnell in Luft auflösen.
▷ T: Siehe »Ballon« und »Luft«.

Luftschiff
▷ V: Fliegen Sie mit einem Luftschiff durch die Wolken, schweben auch Ihre Ziele und Vorhaben »auf Wolken« – zügeln Sie endlich Ihre allzu große Phantasie! Stürzen Sie mit dem Luftschiff ab,

kommen Sie durch einen eigenen Fehler oder Irrtum schwer zu Schaden. → fliegen, → Zeppelin
▷ T: Das Luftschiff zeigt auf, daß Ihre sexuellen Bedürfnisse, Triebe und/oder Leidenschaften stärker sind als Ihre geistigen Höhenflüge – deshalb ist Ihr inneres Gleichgewicht momentan gestört. – Sie sollten wieder auf dem Boden der Realität landen!

Lumpen
▷ V: Sammeln Sie Lumpen, stehen Ihnen schmerzliche Erfahrungen und trübe Gedanken bevor. Handeln Sie mit Lumpen, kommen Sie auf höchst ungewöhnliche Weise zu Geld. Sind Sie im Traum in Lumpen gekleidet, wird sich Ihre soziale und finanzielle Situation bald deutlich verschlechtern; Sie haben sich gesellschaftlich unbeliebt gemacht durch eine Peinlichkeit.
▷ T: → Abfall, → Kleidung

Lunge
▷ V: Besitzen Sie im Traum eine kräftige Lunge, werden Sie bald große Anstrengungen vollbringen müssen. Haben Sie eine schwache Lunge, werden Sie den kommenden Aufgaben nicht gewachsen sein. Sie essen eine Lunge: Ihre Gesundheit ist im Moment sehr labil.
▷ T: Entweder will Ihnen dieses Symbol raten, sich ärztlich untersuchen zu lassen (vor allem Bronchien und Lungen), oder es weist Sie auf schwierige Aufgaben hin, die demnächst zu bewältigen sind. Dann benötigen Sie »einen langen Atem«, um all diese Anforderungen letztendlich erfolgreich abschließen zu können (noch mal tief Luft holen).

Lupe
▷ V: Sie sehen eine Lupe: Eine kleine Ursache wird bald eine große Wirkung zeigen. Sehen Sie im Traum durch die Lupe hindurch, bauschen Sie entweder eine Sache unnötig auf, oder Sie glauben, etwas zu sehen, was gar nicht vorhanden ist. → Brille, → Linse, → Mikroskop
▷ T: Meistens warnt die Lupe, daß Sie Kleinigkeiten im Leben

zu sehr aufbauschen und größer sehen, als diese wirklich sind. Weniger Übertreibung wäre gut für Ihre Nerven. Im anderen Falle zeigt die Lupe auf, daß Sie eine Angelegenheit nicht für wichtig erachtet haben und nun einen konzentrierten Blick darauf werfen sollten!

lustig

▷ T: Im Traum lustig zu sein kann anzeigen, daß Sie über eine Sache endlich mal »lachen« sollten. Im umgekehrten Falle wollen Sie vielleicht mittels vorgespielter Heiterkeit von dem Ernst einer Angelegenheit fliehen? Dann könnte Ihnen bald das Lachen vergehen. Beachten Sie die restlichen Traumsymbole.

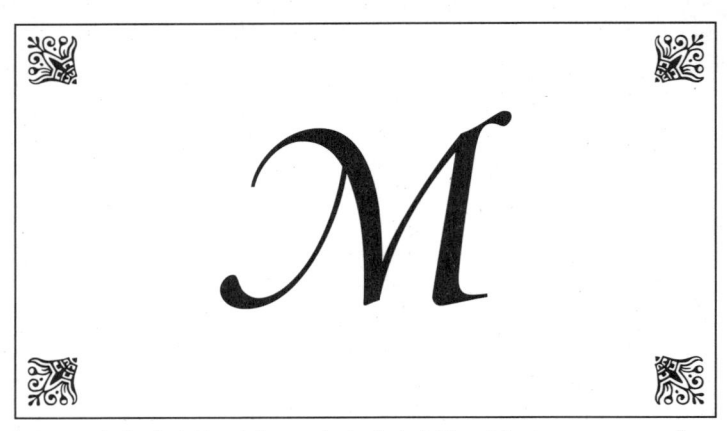

▷ S = symbolisch; ▷ T = tiefenpsychologisch; ▷ V = visionär, voraussagend

Macht
▷ V: Wenn Sie im Traum Macht besitzen oder ausüben: Sie sollten jetzt dringend Abstand gewinnen, damit Sie Ihre Charakteranlagen und Fehler in Ruhe überdenken können.
▷ T: Wenn hier nicht zuviel Herrschsucht angezeigt wird, dann sollten Sie zumindest eine gewisse Distanz zu sich selbst gewinnen, um Ihre eigenen Fehler zu entdecken und zu überwinden.

Made
▷ V: Sie sehen Maden auf Fleisch: Vorsicht, denn gewisse Personen wollen schmarotzerisch an Ihrem Erfolg teilhaben und beuten Ihr Wissen oder Können schamlos aus.
▷ T: Die Made symbolisiert meist eigene negative Verhaltensweisen; manchmal weist sie darauf hin, daß Sie gerade dabei sind, sich von all diesen negativen Eigenschaften zu befreien. Ein Leben »wie die Made im Speck« gibt es nicht auf Dauer!

Madonna
▷ V: Sie sehen die Madonna (auch auf einem Bild): Bald werden Sie von Ihren Leiden oder von einer Krankheit befreit werden.

▷ T: Die Madonna (nicht der weibliche Rockstar »Madonna«, sondern die heilige Mutter Maria) ist stets ein mütterliches Symbol für Sanftmut und Gefühlsreichtum. Ihre Verbindung zum Göttlichen ist fruchtbar und gebärt die Seele. Im religiösen Urvertrauen finden Sie jetzt Hilfe und/oder Erlösung.

Mädchen

▷ V: Träumen Männer, daß sie von Mädchen umschwärmt und umringt sind, sollten sie ihr Liebesverlangen etwas zügeln, sonst werden sie verspottet. Sie küssen ein Mädchen: Überschätzen Sie Ihre Kräfte nicht, Ihre Wünsche könnten Ihnen selbst schaden. Sie werden von jungen Mädchen geküßt: Der erste Liebesrausch ist zwar schön, doch die Ernüchterung folgt garantiert. Sehen Sie ein hübsches Mädchen im Traum, sollten Sie in den kommenden Tagen Ihr Geld zusammenhalten.
▷ T: Ältere Männer dürstet durch dieses Traumsymbol nach einer jungen Geliebten. Ansonsten verkörpert es heranreifende Weiblichkeit und Sexualität – wenn auch mit etwas unausgegorenen Gefühlen gepaart. Sind Sie in Frauenträumen selbst ein Mädchen oder begleiten es, dann möchten Sie gern Ihrer Erwachsenenrolle mit allen Verantwortungen entfliehen oder wünschen sich eine Rückkehr in »unschuldigere« Zeiten Ihres Lebens.

Märtyrer

▷ T: Für wen oder was opfern Sie sich auf? Oder verlangen Sie von einem anderen Menschen, daß dieser seine Gefühle, Ideale, Anschauungen oder Gewohnheiten Ihnen zuliebe opfert? Beides ist keine gesunde Lebensgrundlage. → Opfer

Magen, Magenbeschwerden

▷ V: Haben Sie im Traum Magenbeschwerden, sollten Sie sich nicht zuviel zumuten, denn Sie haben ein altes Problem seelisch noch nicht verdaut. Überspannen Sie in einer bestimmten Angelegenheit den Bogen nicht. Plagt Sie eine Magenkrankheit, ist Ihre Position zur Zeit geschwächt, und Verluste drohen.
▷ T: Der Magen repräsentiert Ihre seelische Verdauung und die

innere Aufnahmebereitschaft für neue Menschen und Eindrücke. Magenbeschwerden warnen vor Übertreibungen. Wer hat Ihnen den Magen verdorben? Was schlägt Ihnen auf den Magen?

Magerkeit
▷ V: Sehen Sie magere Männer, haben Sie schlechte Aussichten, daß Ihre alten Wünsche in Erfüllung gehen. Sind Sie selbst abgemagert, haben Sie sich durch Ihr eigenes Verhalten recht unbeliebt gemacht. Schlechtere Zeiten beginnen, und auch gesundheitliche Störungen machen sich bald bemerkbar.
▷ T: Wer selbst mager erscheint, wird Verluste überwinden müssen. Sehen Sie andere Traumgestalten mager, werden Ihre Erfolge vermutlich bald zunehmen. → abmagern

Magnet
▷ V: Sehen Sie einen Magneten, werden Sie bald eine wichtige Verbindung oder Bekanntschaft herstellen können. Ziehen Sie andere Menschen oder Gegenstände mit einem Magneten an, drohen der Verlust von teuren Dingen, Trennung oder Entfremdung von lieben Menschen. Werden Sie selbst von einem Magneten angezogen, werden Sie bald Ihr Herz an jemand verlieren.
▷ T: Der Magnet symbolisiert Ihre Anziehung und Sympathie für Dinge oder Menschen. Besitzen Sie selbst eine magnetische Ausstrahlung? Wirkt ein anderer oder etwas auf Sie magnetisch?

Mahlzeit
▷ V: Sie verzehren eine üppige Mahlzeit im Traum: Es mangelt Ihnen ein bißchen an Mitgefühl und Rücksichtnahme für andere – dies sollten Sie unbedingt bekämpfen. Wer gerade eine Fastenkur macht, darf sich über das reichliche Essen im Traum nicht wundern – eine Ersatzbefriedigung Ihres Unterbewußtseins. Wollen Sie essen, doch der Tisch ist leer, fehlen Ihnen im Moment wichtige Lebensenergien, oder diese werden Ihnen von anderen geraubt. Sie sitzen mit anderen bei einem schönen Mahl zusammen: Ihr Entgegenkommen macht Sie sehr beliebt. → Essen
▷ T: Essen symbolisiert, daß Ihre Seele irgendwoher ernährt

wird. Dieser Traum will Ihnen raten, daß Sie aus Geistigem neue Lebensenergien gewinnen können. Zusätzlich hat eine schöne Mahlzeit natürlich auch etwas äußerst Sinnliches.

Maikäfer
▷ V: Sie sehen viele schwärmende Maikäfer: Sie müssen mit starken Verlusten rechnen. Fangen Sie Maikäfer, werden Sie ein Problem bald lösen und neue Freundschaften schließen.

malen
▷ V: Sie lassen sich malen: Zügeln Sie Ihre Geltungssucht, und verkneifen Sie sich Ihre »grandiosen Auftritte« – das kommt nicht an. Malen Sie selbst, will eine künstlerische Ader in Ihnen entdeckt und gelebt werden, aber auch eine Liebelei kann erwachen. Die Farben im Traum sind zusätzlich sehr wichtig. → Kapitel »Farben im Traum«.
▷ T: Das Malen im Traum kann Ihre Selbstentfaltung und Selbstverwirklichung symbolisieren. Wie malen Sie sich Ihre Zukunft aus? Malen Sie öfters »den Teufel an die Wand«? Überpinseln Sie gerne unschöne Dinge? Was ist für Sie malerisch schön? → Bild

Maler, Malerin
▷ V: Sie sehen einen Maler oder eine Malerin: Sie haben sehr viel Glück beim anderen Geschlecht und wünschen sich eine Veränderung in Ihrem Leben – auch in erotischer Hinsicht. Den Maler bei der Arbeit sehen bedeutet Glück in vielen Lebensbereichen.
▷ T: Der Maler oder die Malerin symbolisiert Ihren unbewußten Wunsch nach Veränderung des bisherigen Lebens. Sie wollen am liebsten etwas Neues beginnen – Ihrem Leben eine neue »Farbe« verleihen – vielleicht auch in der Liebe. → malen, → Farben

Mandel
▷ V: Sie essen bittere Mandeln: Eine Enttäuschung im Freundes- oder Bekanntenkreis läßt nicht lange auf sich warten. Essen Sie süße Mandeln, werden Sie von Freunden geliebt, geschätzt und könnten durch diese Gewinne erzielen. → Nuß

Mann

▷ V: Sie sehen einen → alten Mann: Trotz problematischer Situation können Sie beruhigt sein; Sie werden einen sehr guten Ratschlag erhalten, und wenn Sie diesen sofort befolgen, ist Ihre schwierige Lage vorbei. Sehen Sie als Frau einen dicken Mann, gibt es einen bestimmten Mann in Ihrem Leben, der Ihnen jeden Wunsch von den Augen abliest. Sehen Sie einen jungen Mann, wird die nächste Zeit sehr unruhig und eine Strapaze für Ihre Nerven. Wenn Männer im Traum einen Mann ohne Kopf sehen: Sie handeln völlig unüberlegt, und diese »Kopflosigkeit« sollten Sie schleunigst überwinden. Träumen Frauen von einem Mann, stehen dahinter oft sexuell-erotische Wünsche. Bei Männern hingegen handelt es sich um die Auseinandersetzung mit sich selbst, und Sie sollten Ihre eigenen Mängel jetzt besser analysieren.
▷ T: In Frauenträumen symbolisiert der Mann meistens versteckte erotische und sexuelle Wünsche. In Männerträumen zeigt dieses Traumbild, wie man sich selbst sieht, beurteilt oder beobachtet.

Mantel

▷ S: Der Mantel ist Sinnbild des Schutzes.
▷ V: Sie tragen einen neuen Mantel: Sie beginnen nun eine neue Lebensepoche, und Ihr beruflicher Erfolg wächst. Tragen Sie einen alten Mantel, kündigt dies eine Verschlechterung Ihrer momentanen Lebenslage an. Zerreißen Sie einen Mantel, sind Sie innerlich wütend und protestieren gegen alle Heuchler und Falschspieler in Ihrer Umgebung.
▷ T: Der Mantel ist ein Symbol Ihrer Verhüllung. Vielleicht haben Sie Angst, von anderen durchschaut oder entlarvt zu werden? Soll Sie der Mantel wärmen oder beschützen? Wollen Sie damit etwas kaschieren oder verbergen? → Kleidung

Manuskript

▷ V: Sehen Sie ein Manuskript im Traum, wissen Sie nicht so recht, wie Sie sich jetzt verhalten sollen. Es wäre jedoch unklug, ein bestimmtes Vorhaben weiter »auf die lange Bank« zu schieben.

Mappe

▷ V: Sehen Sie im Traum eine Mappe, wird Ihnen bald jemand ein Geheimnis anvertrauen.

Marder

▷ V: Sie sehen einen Marder: Vorsicht, Betrüger oder Diebe haben es auf Sie abgesehen. Töten Sie einen Marder, können Sie einen drohenden Verlust noch rechtzeitig abwenden und Probleme beseitigen.
▷ T: Der Marder zeigt als Tier sexuelle Triebhaftigkeit, die Sie besser unter Kontrolle bringen sollten. → Tier

Marienkäfer

▷ V: Sehen Sie im Traum einen oder mehrere Marienkäfer, ist dies – wie auch im richtigen Leben – ein altes und schönes Glückszeichen.

Marionette (siehe auch Abb. S. 256)

▷ T: Marionetten symbolisieren meistens eigene Abhängigkeiten (von anderen Menschen, von Süchten, Begierden oder Leidenschaften). Manchmal stehen sie auch für Ihre negative Beeinflussung und Beherrschung anderer Menschen. Fühlen Sie sich selbst als Marionette, oder ziehen Sie gerne bei anderen Menschen »unsichtbare Fäden«? In beiden Fällen sollten Sie die nötige Konsequenz daraus ziehen! → Faden

Markt

▷ V: Sie befinden sich auf einem Markt: Sie haben viel mit anderen Menschen zu tun und pflegen zahlreiche Kontakte. Passen Sie nur auf, daß Sie geschäftlich nicht »abgezockt« werden. Kaufen Sie auf dem Markt ein, wird die kommende Zeit unbeständige und unsichere Verhältnisse bringen. Verkaufen Sie selbst auf dem Markt, verlaufen Ihre Geschäfte recht wankelmütig; eine berufliche Veränderung steht an. → einkaufen
▷ T: Der Markt symbolisiert immer Ihre Kontaktfähigkeit und Ihren Geschäftssinn. Sie sollten Ihr Selbstwertgefühl niemals am

Die Puppenspielerin
Ein weibliches Wesen läßt wie in der »Augsburger Puppenkiste« einen anderen »am Faden tanzen«. Entweder ist der Träumende der → Täter und kontrolliert gerne und oft den Partner (was diesen zum → Hampelmann stempelt), oder der Träumende selbst hat das Gefühl, daß ein anderer die → Fäden in der Hand hält, ihn am Gängelband führt, und akzeptierte bisher diese Opferrolle. Da ein Frauengesicht diesem Treiben etwas skeptisch zuschaut, könnte ein weibliches Wesen diesen Tatbestand demnächst aufdecken oder zur Sprache bringen!

Besitz messen. Manchmal treten verschlüsselt (vor allem in Männerträumen) starke sexuelle Bedürfnisse auf, da der Markt ein Bordell anzeigt, auf dem man sich sinnliche Genüsse erkaufen kann. → Jahrmarkt, → Kaufmann

Marmelade
▷ T: Die Früchte all Ihrer bisherigen Arbeiten und Mühen haben Sie mit der Marmelade »konserviert«, um auch in Zukunft davon noch zehren zu können. → Früchte, → Obst

Marmor
▷ V: Sie bearbeiten Marmor: Sie beschäftigen sich mit einer völlig aussichtslosen Sache und verschwenden Ihre Energie – Ihre Umgebung ist sehr hartherzig. Sehen Sie eine Marmorfigur, scheint Ihr Besitz gesichert, und Ihre Freundschaften erweisen sich als stabil. Sie sehen eine Marmorsäule: Sie sind in manchen Lebensbereichen viel zu stur und beharren selbst auf falschen Meinungen (»Hart wie Kruppstahl«)? → Fels
▷ T: Marmor zeigt sehr oft aussichtslose Wünsche, unerfüllbare Träume oder Ihre eigene Hartherzigkeit auf, die Sie schnellstens erweichen sollten.

Mars
▷ T: Dieser Planet, der »Kriegsgott«, verkörpert in milder Ausführung Ihren Mut, Ihre Willens- und Durchsetzungskraft sowie Ihre körperliche Energie. In negativer Ausführung steht er für die männlich-aggressive, jähzornige oder sogar zerstörerische Kraft in Ihnen. → Planet

Maschine
▷ V: Sehen Sie eine Maschine in Betrieb, wird Ihr weiterer Lebensweg reibungslos verlaufen. Steht die Maschine still, müssen Sie leider mit so manchen Hindernissen rechnen. Bedienen Sie eine Maschine, werden Sie sich mit einer ziemlich komplizierten Angelegenheit beschäftigen müssen.
▷ T: Die Maschine ist der bildliche Ausdruck für Ihre unbe-

wußte und bewußte Willensenergie, die Sie im Leben vorantreibt. »Es« (das Unbewußte) arbeitet quasi automatisch für Sie; außerdem symbolisiert die Maschine all Ihre »automatischen Lebensabläufe«, erstickt demnach oft Ihre Spontaneität. Funktionieren Sie nur noch wie eine Maschine?

Maschinengewehr
▷ V: Sie sehen ein Maschinengewehr oder hören es knattern: In Ihrer Umgebung hat jemand Ihnen gegenüber (zu Recht) ein schlechtes Gewissen. Bedienen Sie es selbst, machen Ihnen unterdrückte Aggressionen oder Gewissensbisse zu schaffen, und diesen inneren Druck wollen Sie im Traum loswerden.
▷ T: → Gewehr, → Pistole, → Waffe

Maske
▷ S: Masken symbolisieren die spöttische Einsicht in das »Theater des Lebens«.
▷ V: Sie sehen eine Maske: Entweder versteckt sich dahinter Ihre eigene Seele, oder Sie sollten vor einem falschen Freund, einer Intrige gewarnt werden. Lassen Sie sich nichts vormachen, und machen Sie auch anderen nichts vor. Tritt ein anderer in einer Maske auf, heuchelt ein guter Bekannter Ihnen schamlos etwas vor. Sie schauen einem Maskenball zu oder nehmen daran teil: Sie neigen leider dazu, mit den Gefühlen anderer Menschen (bewußt und unbewußt) zu spielen. Manchmal ist das auch eine Warnung, sich nicht zum Spielball eines anderen machen zu lassen.
▷ T: Die Maske im Traum symbolisiert immer Ihre Angst vor der Wahrheit oder vor einer seelischen Enthüllung. Möglicherweise sind Sie über sich selbst oder über andere im ungewissen.
→ Schminke

Massage, Masseur
▷ V: Werden Sie selbst massiert, äußern sich darin entweder sexuelle Wünsche, oder es ist Hinweis auf gesundheitliche Störungen. Sie sollten vorbeugende Maßnahmen ergreifen. Massieren Sie einen anderen, müssen Sie etwas korrigieren oder richtigstellen.

▷ T: Die Massage zeigt an, daß Sie entweder Ihr mechanisches Verhalten auflockern sollen oder sich von inneren Spannungen lösen können. Wer schon lange alleine lebt, braucht vermutlich dringend ein paar »Streicheleinheiten« von einem anderen Menschen.

Mastbaum
▷ V: Sie sehen einen Mastbaum: Sie haben mit viel Kraft enorme Leistungen vollbracht, und darauf können Sie stolz sein. Ihre großen Pläne können Sie bald anpacken. Hat der Mastbaum keine Segel, müssen Sie sich noch anstrengen, denn es ist längst nicht alles vollbracht, um die gesteckten Ziele zu erreichen. Ein Mastbaum mit Segel verspricht allerdings, daß Sie rasch vorankommen werden in all Ihren Bemühungen. → Baum, → Schiff
▷ T: Der Mastbaum symbolisiert einerseits das männliche Geschlechtsteil (demnach sexuelle Wünsche), andererseits kann er auch anzeigen, daß Sie eine starke Persönlichkeit sind, aufrecht und gerade Ihren Weg durchs Leben gehen, und vor niemandem »zu Kreuze kriechen«.

Matratze
▷ V+T: Sehen Sie eine Matratze, sollten Sie mehr Eigeninitiative und Fleiß entwickeln. Liegen Sie darauf, sind Sie unsicher und unentschlossen, doch durch diesen inneren Mangel an Festigkeit schaden Sie sich enorm. → Bett

Mathematik
▷ V: Träumen Sie von mathematischen Formeln, stehen Sie vor neuen, kniffligen Aufgaben, doch das werden Sie schaffen. → rechnen

Matrose
▷ V: Sehen Sie einen Matrosen, werden Sie bald verreisen, oder es kommen sehr außergewöhnliche Ereignisse auf Sie zu.
▷ T: Der Matrose könnte ein Symbol dafür sein, daß Sie sich neue Erfahrungen oder eine Veränderung wünschen – was meistens in Erfüllung gehen wird.

Matte

▷ V: Eine geflochtene Matte bedeutet, daß Sie sich eine solide Grundlage im Leben geschaffen haben und sich keine Sorgen zu machen brauchen. Liegen Sie auf Strohmatten, müssen Sie sich bald einschränken, denn Ihr Haushaltsbudget verringert sich. Träumen Sie von grünen Matten, ist das ein hoffnungsvolles Zeichen für Verbesserung Ihrer Lebensverhältnisse.

Mauer

▷ S: Sinnbild des Schutzes und der Bewahrung.
▷ V: Sie sehen sich vor einer Mauer: ein Zeichen, daß Sie von etwas ferngehalten werden sollen oder daß sich Ihnen Hindernisse in den Weg stellen werden (auf restliche Traumsymbole achten). Übersteigen Sie die Mauer, finden Sie aus Ihrer jetzigen verworrenen Situation bald einen Ausweg. Sind Sie von Mauern eingeschlossen, ist Ihr Handlungsspielraum eingeschränkt – so kann es nicht weitergehen. Springen Sie von einer Mauer, haben Sie sich auf ein gewagtes Unternehmen eingelassen. Stehen Sie auf einer, werden Sie ein wichtiges und hohes Ziel erreichen können.
▷ T: Die Mauer symbolisiert Ihr Streben nach Schutz und Sicherheit, kann aber auch anzeigen, daß Sie sich von einer Sache (einer Person) fernhalten sollten, oder – wenn Sie vor einer Mauer stehen –, daß Hindernisse auf Ihrem Lebensweg zu überwinden sind. Achten Sie auf die restlichen Traumsymbole. → Berg, → Fels

Maulkorb

▷ V: Sie sehen oder tragen einen Maulkorb: Ihre äußerst lebhafte Geschwätzigkeit sollten Sie in nächster Zeit unbedingt einschränken.

Maulwurf

▷ V: Einen Maulwurf sehen: In einer bestimmten Sache sind Sie nahe daran aufzugeben – halten Sie durch. Sie sehen einen grabenden Maulwurf: Vorsicht im Beruf – ein anderer möchte Ihre Stellung untergraben. Töten Sie einen Maulwurf, fallen Sie entweder einem Irrtum zum Opfer, oder Sie begehen selbst einen.

▷ T: Der Maulwurf könnte anzeigen, daß Sie einem anderen heimlich schaden wollen – er mahnt zu Aufrichtigkeit und Offenheit. Manchmal symbolisiert er auch, daß Sie sich von anderen verkannt und zuwenig beachtet fühlen. Fühlen Sie sich selbst wie ein Maulwurf? Graben Sie gerne in dunklen Bereichen anderer herum? Wollen Sie sich am liebsten wie ein Maulwurf vergraben oder verstecken?

Maurer
▷ V: Sehen Sie einen Maurer, sollten Sie in einer laufenden Angelegenheit viel mehr Geduld aufbringen. Arbeiten Sie selbst als Maurer, bauen Sie sich Ihr Glück selbst auf, und es wird dauerhaft sein.
▷ T: Ein schönes Symbol, denn es zeigt auf, daß Sie Ihr Leben auf ein sicheres Fundament aufbauen werden, wenn Sie Stück für Stück vorgehen und keine übereilten Entscheidungen treffen.

Maus, Mausefalle
▷ S: Sinnbild der starken Vermehrung und der Gefräßigkeit.
▷ V: Sehen Sie im Traum eine Maus, kommen viele Schwierigkeiten und Sorgen auf Sie zu. Hören Sie eine Maus pfeifen, warnt Sie dies vor einer Gefahr, der Sie noch rechtzeitig entgehen könnten. Fangen Sie eine Maus, werden Sie noch Glück im Unglück haben. Sehen Sie eine Mausefalle, sind Sie viel zu arglos – jemand stellt Ihnen eine gemeine Falle.
▷ T: Entweder sind Ihre Lebenskräfte durch die Einflüsse Ihrer Umwelt zu stark beansprucht oder sogar ziemlich aufgezehrt worden. Unangenehmes huscht lautlos um Sie herum und zehrt von Ihren Energien. Die Mausefalle symbolisiert eine Falle, die andere (oder Sie anderen) stellen. Was »nagt an Ihnen«? Ist Ihre Grundeinstellung zum Leben zu ängstlich? Würden Sie sich am liebsten »in ein Mauseloch verkriechen«?

Meditation
▷ T: Wenn Sie im Traum meditieren, wünschen Sie sich sehn-

lichst, Ihr eigenes Unterbewußtsein besser kennenzulernen. Setzen Sie dies in die Praxis um – es wird Ihnen guttun!

Medizin

▷ V: Nehmen Sie wohlschmeckende Medizin ein, hoffen Sie auf eine größere Geldsumme – leider vergeblich. Eine bittere Medizin nehmen: Sie sollten sich besinnen auf das Motto: »Ohne Fleiß kein Preis«, denn auf dieser Welt gibt es nichts umsonst. Geben Sie einem anderen Medizin, können Sie jemandem mit Rat und Tat zur Seite stehen.

▷ T: Entweder ein schönes Symbol, daß Ihre Selbstheilungskräfte jetzt aktiv werden, oder ein Hinweis darauf, daß Sie bald eine sehr »bittere Pille« schlucken müssen – je nach restlichen Traumsymbolen.

Meer

▷ V: Ein Mann sieht im Traum das Meer: Ausdruck einer Sehnsucht nach mehr Freiheit und Unabhängigkeit. Ein ruhiger Wellengang und ein klarer Himmel: Es kommen friedliche Tage, an denen alles reibungslos verläuft. Stürmische Wogen türmen sich vor Ihnen auf: Sie haben eine geheime Angst, daß Sie jemand bedroht, und müssen stürmische Tage überstehen. Sie baden oder schwimmen im Meer: Sie werden im Moment von »freundlich-unsichtbaren Kräften« weitergetragen. Fallen Sie ins Meer hinein, müssen Sie einen schweren Schicksalsschlag verkraften. Ertrinken Sie, werden Sie aus einer sehr negativen Lebenssituation befreit werden, weil Sie zum Grund Ihrer Seele vorstoßen. Tauchen Sie aus dem Meer auf, steht ein neuer Lebensanfang in Einklang mit den Tiefen Ihrer Seele.

▷ T: Das Meer symbolisiert Ihr kollektives Unterbewußtsein, von dem Sie sich vertrauensvoll tragen lassen können – es verkörpert die weibliche, mütterliche Seite in Ihnen. Aus dem Meer kam alles Leben, und daraus folgte Bewußtsein. Unbewußte Gedanken, Gefühle, Empfindungen und Hoffnungen sind im Meer zu Hause und könnten jetzt im Bewußtsein auftauchen. Auf diesem Meer schwimmt Ihr Lebensschiff. → Fluß, → Wasser, → Schiff, → Archetypen

Meerschweinchen
▷ V: Sehen Sie ein Meerschweinchen im Traum, werden bald glückliche und fröhliche Tage zu genießen sein.

Mehl
▷ V: Sie mahlen Mehl: Sie können einem anderen bewußt oder unbewußt eine große Freude bereiten. Sehen Sie viel Mehl, werden Sie finanziell eine erhebliche Aufbesserung erzielen. Ist Mehl auf Ihrer Kleidung, werden Sie unter einer Verleumdung leiden.
▷ T: → Bäcker, → Brot, → Getreide, → Korn

Meineid
▷ V: Andere leisten einen Meineid: Durch die Schuld anderer wird ein Unglück heraufbeschworen, und Sie hoffen auf Hilfe durch andere. Leisten Sie selbst einen Meineid, kommen Sie durch Ihr eigenes Verschulden in eine unglückliche Lage. → Eid
▷ T: Ihre momentanen Schwierigkeiten können Sie durch völlige Offenheit lösen. Legen Sie einen Meineid ab, dann möchten Sie sich Ihrer Probleme auf nicht ganz legale Weise entledigen.

Melken
▷ V: Melken Sie im Traum selbst, haben Sie ein glückliches Händchen in allen Angelegenheiten, die Sie jetzt beginnen. Wollen Sie melken, doch es ist keine Milch im Euter, haben Sie zwar ein lohnendes Objekt im Auge und den festen Willen, dies zu erreichen – doch Ihre Kraft reicht nicht aus. → Kuh
▷ T: Nehmen Sie Ihr Glück selbst in die Hand!

Melone
▷ V: Sie sehen oder essen eine Melone: Bald werden Sie ein zärtliches Treffen mit der oder dem Geliebten genießen dürfen.
▷ T: → Kürbis

Mensch
▷ V: Sie sehen einen schönen Menschen: Ein besonderer Genuß steht an. Einen häßlichen Menschen zu sehen kündigt an, daß Sie

etwas sehr Häßliches erleben werden. Menschen im Traum weisen oft darauf hin, daß Sie sich zu sehr mit sich selbst beschäftigen und wieder die Gesellschaft anderer oder Ihrer Freunde suchen sollten.
▷ T: Menschen im Traum wollen Sie darauf hinweisen, sich mehr mit anderen zu beschäftigen und weniger mit sich selbst!

Merkur

▷ T: Der geflügelte Götterbote Hermes oder Merkur ist Schutzpatron der Diebe und Kaufleute. Dieser Planet verkörpert Ihre finanzielle Situation oder Ihre Fähigkeiten in diesem Bereich, ist zuständig für Gespräche, Käufe, Verkäufe, alle geschäftlichen Verhandlungen und für Ihre Reisen. → Planet

Messe

▷ V: Sie nehmen an einem Gottesdienst teil: Ihr Alltag verläuft reibungslos, und Ihr Fortkommen im Beruf ist gesichert. Nehmen Sie an einer Warenmesse teil, werden Sie viele neue Verbindungen anknüpfen, und diese werden sich als nützlich erweisen.
▷ T: Ihre Teilnahme an einem Gottesdienst zeigt an, daß Sie in Zukunft mehr durch Ihren Geist gelenkt werden – die Warenmesse kündigt neue geschäftliche Kontakte an, die Sie nutzen sollten!

Messer

▷ S: Das wesentliche Opferinstrument, aber auch Mittel der Exekution – Tod, Gericht, Rache.
▷ V: Sie sehen ein großes Messer: Sie werden in sehr unerfreuliche Vorfälle hineingezogen werden – zum Teil sind Sie selbst daran schuld. Wer ein sehr scharfes Messer sieht, wird bald vor eine sehr schwere Entscheidung oder Trennung gestellt werden. Sehen Sie ein Messer unter vielen anderen Haushaltsgeräten oder Messer und Gabel, dürfen Sie bald mit einer erfreulichen Einladung rechnen. In Frauenträumen zeigt das Messer entweder versteckte Aggressionsanteile oder symbolisch das männliche Geschlechtsorgan an. Was haben Sie mit dem Messer gemacht? Wurden Sie damit bedroht? → schneiden, → Taschenmesser

▷ T: Das Messer symbolisiert einen primitiven, aber sehr gefährlichen Kräftedurchbruch. Steht etwas auf des »Messers Schneide«? Wer führt »messerscharfe Attacken« – gegen wen? → Aggression, → Dolch, → Waffe

Metzger
▷ V: Träumen Sie von einem Metzger, sollten Sie mehr auf sich achten und vor allem Ihre negativen Eigenschaften nicht länger dulden. Sehen Sie ihn bei der Arbeit, sollten Sie sich von hartherzigen Menschen baldmöglichst trennen. → Schlacht
▷ T: Machen sich hier (unterdrückte) aggressive Gefühle bei Ihnen breit, oder haben Sie Angst vor der Aggression eines anderen Menschen? Taucht ein Metzger im Traum auf, ist dies meist eine Warnung – beachten Sie die restlichen Traumsymbole!

Mieder
▷ V: Sehen Sie ein Mieder, werden Sie bald von lästig gewordenen »Fesseln« erlöst werden. Trägt ein hübsches Mädchen ein Mieder (in Männerträumen), kündigt dies Enttäuschungen mit einem weiblichen Wesen an. Tragen Sie selbst ein Mieder, sind Ihre Anstrengungen vergeblich. Ziehen Sie das Mieder aus, werden Sie von einem alten Leiden oder Problem befreit werden.

Mikrophon
▷ T: Wollen Sie endlich sagen, welcher Kummer Sie belastet? Wollen Sie sich mehr Gehör, mehr Aufmerksamkeit von anderen verschaffen? Versteckt sich dahinter eine Geltungssucht?

Mikroskop
▷ T: Mit dem Mikroskop können Sie kleinste seelische Regungen und Empfindungen bei sich selbst oder auch bei anderen entdecken – ein Hinweis auf große Sensibilität! → Linse, → Lupe

Milch
▷ S: Sowohl ein körperliches als auch ein geistiges Nahrungsmittel.

Million, Millionär

▷ V: Sie sehen oder trinken Milch: Prima – Sie plagt kein schlechtes Gewissen. Sie sind in Einklang mit sich und anderen Menschen und jederzeit bereit, in Not Geratenen zu helfen. Ihre Uneigennützigkeit wird bald belohnt! Ein Topf voller Milch kündigt lieben Besuch an. → Butter, → Sahne, → Quark

▷ T: Pflegen Sie neue Aspekte Ihrer Persönlichkeit, die sich im Moment bemerkbar machen. Milch symbolisiert auch Mütterlichkeit, Mitgefühl mit anderen, Selbstlosigkeit und ist eine lebensspendende Kraft!

Million, Millionär

▷ V: Sehen Sie im Traum eine Million, werden Sie bald getäuscht oder enttäuscht werden. Sind Sie selbst Millionär, wird sich Ihre soziale Lage bald verschlechtern – Geldverluste drohen.

▷ T: → Geld, → Reichtum

Militär

▷ V: Sehen Sie militärische Aufmärsche, drohen in den folgenden Wochen viele Aufregungen, vielleicht sogar Angst und Gefahren – höchste Vorsicht ist geboten. → General, → Soldat, → Uniform, → Waffen

▷ T: Träumen Sie von Militär, äußert sich hier meistens ein versteckter Wunsch, sexuell mißbraucht zu werden (sexuelle Phantasien). Tritt dieses Traumbild öfters auf, liegt evtl. eine Neigung zu Masochismus oder Perversion vor. (→ Offizier). Wichtig sind die restlichen Traumsymbole und was in Ihrem Traum noch alles geschah!

Mineralwasser

▷ V: Trinken Sie im Traum stilles Wasser, werden Sie eine kleine Freude erleben. Stark sprudelndes Wasser trinken: Die kommenden Freuden haben einen gewissen prickelnden Reiz. → Wasser

▷ T: Sie befinden sich in einem prickelnden, harmlosen erotischen Abenteuer, oder Sie wünschen sich ein solches.

Minister

▷ V: Träumen Sie, ein Minister zu sein, werden Ihnen bald Entscheidungen abverlangt, für die Sie nicht gern die Verantwortung übernehmen wollen. Holen Sie sich fachkundigen Rat ein.

Mißgeburt

▷ V: Sie sehen eine Mißgeburt: Ihre großen Hoffnungen erfüllen sich nicht, denn ein nahestehender Mensch enttäuscht Sie schmerzlich. Vielleicht mißbraucht er auch Ihr Vertrauen.
▷ T: Zu viele Ängste, Schuldgefühle oder andere Unsicherheiten hemmen und unterdrücken Ihre wahre Persönlichkeit.

Mist, Misthaufen

▷ V: Sie sehen einen Misthaufen oder treten hinein: Sie werden in Zukunft sehr viel Glück haben und sollten die Chancen nutzen (→ Dung). Arbeiten Sie mit Mist, werden Sie durch Ihren Fleiß zu Erfolg und Geld kommen.
▷ T: Eindeutig ein Glückssymbol!

Mitleid

▷ V: Sie spüren Mitleid im Traum: Wenn Sie sich nicht selbst bemitleiden (eine sinnlose Tätigkeit, die zu nichts führt), dann braucht jemand in Ihrer Umgebung dringend Hilfe.

Mittag

▷ V: In Ihrem Traum ist es Mittag: Ihnen steht eine sorgenfreie Zukunft bevor – alles läuft wie geplant. Neigt sich der Tag dem Abend zu, geht eine Angelegenheit ihrem Ende entgegen. Essen Sie im Traum zu Mittag, wird Ihre Not bald ein Ende haben.
▷ T: Der Mittag ist die Zeit der Reife – Ihr Bewußtsein und Ihr Verstand sind in Höchstform. → Abend, → Morgen

Möbel

▷ V: Sehen Sie Möbel im Traum, ist das ein Zeichen für Wohlstand. Doch Ihr materielles Denken ist viel zu groß und steht Ihnen im Wege wie sperrige Möbelstücke.

▷ T: Mit welchen Ansichten und Überzeugungen haben Sie Ihren seelisch-geistigen Lebensraum (Ihre innere Wohnung) ausgestattet? Sind die Möbel schwer, alt, beschädigt oder modern, hell und ästhetisch?

Mönch
▷ V: Träumt ein Mann von einem Mönch, ist dies vielleicht ein Aufruf, die sexuelle Energie nicht so wichtig zu nehmen und lieber geistige Kräfte zu mobilisieren. Taucht ein Mönch in anderen Träumen auf, könnten Sie jemandem begegnen, durch dessen Hilfe Ihr Lebensschicksal eine gute Wende nimmt. Geistig gesehen steht ein Mönch oft für unseren inneren Führer.
▷ T: Allzu weltliche Dinge interessieren nicht mehr, Sie streben nach Weisheit und Glauben oder suchen nach einem »inneren Führer«. → Nonne, → Kloster

Mohn
▷ V: Sie sehen roten Mohn: Sie verspüren leidenschaftliche Gefühle für einen bestimmten Menschen, doch das kann gefährlich werden, denn diese Liebesaffäre bringt Unglück. Sehen Sie ein großes Mohnfeld, sind Sie in der Liebe äußerst experimentierfreudig – auch das geht einmal »ins Auge«. Sie essen Mohnsamen: Sie täuschen sich – sowohl über sich selbst, als auch in bezug auf Ihre Fähigkeiten.

Mohrenkopf
▷ V: Essen Sie einen Mohrenkopf im Traum, übertreiben Sie gern, weil Ihre Phantasie oft mit Ihnen durchgeht. → Schokolade

Mond
▷ S: Symbol der Abhängigkeit, des weiblichen Prinzips, der Wandlung und des Wachstums, der biologischen Rhythmen und der vergehenden Zeit. Der Mond symbolisiert in Männerträumen immer das weibliche Gesäß.
▷ V: Zunehmender Mond: Ihre persönlichen Angelegenheiten entwickeln sich bestens. Abnehmender Mond: Warten Sie lieber

ab – im Moment gelingen all Ihre Vorhaben einfach nicht. Vollmond: All Ihre Liebesgefühle nehmen stark zu und verursachen schöne Erlebnisse. Halbmond: In der Liebe haben Sie jetzt nichts Gutes zu erwarten. Sie sehen einen Mond, der sich im Wasser spiegelt: Bei ruhigem Wasser können Sie eine schöne oder erfolgreiche Reise antreten oder Gewinne machen durch die Reise anderer. Ist das Wasser unruhig, kündigt dies Unglück oder Pannen auf Reisen an oder Unglück wegen der Reise eines anderen.
▷ T: Der Mond symbolisiert das weibliche Prinzip und im erotischen Bereich den »Hintern der Frau« (oft in Männerträumen). Dieses Prinzip ist für die Frau in der ersten Lebenshälfte wichtig, bei Männern in der zweiten. Der Mond im Traum reflektiert immer Ihre Gefühle, Ihre Sehnsüchte, Ihre Gemütsschwankungen, eine romantische Liebe und Ihre erotischen Bedürfnisse und/oder Wünsche! Eine Mondfinsternis (Ihre Gefühle leben im dunkeln) warnt Sie davor, logische Vernunft und Rationalität nicht dauernd zu übertreiben! → Planet

Moos
▷ V: Sehen Sie Moos, sind baldige Geldeinnahmen möglich, manchmal sogar viel Geld (»viel Moos«). Liegen Sie auf einem Moospolster, ist alles bestens, auch Ihre Gesundheit betreffend. → Gras
▷ T: Um Geld müssen Sie sich wohl keine Sorgen machen, doch Ihr übersteigertes materielles Denken sollten Sie schleunigst ablegen, denn auf Dauer macht es Sie unfrei, weil andere Persönlichkeitsanteile vom Moos schnell überwuchert werden!

Morast
▷ V: Sie waten durch Morast: Sie arbeiten zwar hart, doch der Lohn für all Ihre Mühen fällt sehr gering aus. → Schlamm, → Sumpf
▷ T: Seelische Hemmnisse behindern Ihre Selbständigkeit und Ihre Selbstentfaltung. Nehmen Sie dieses »schlammige« Traumsymbol ernst und erkunden Sie, was Sie noch in diesem »seelischen Morast« festhält (oft sind es Gefühle oder Bindungen)!

Mord, Mörder

▷ V: Sie morden selbst: Sie schlagen sich mit einem Problem herum, das Sie beseitigen möchten (unbewußter Aggressionstraum) – klären Sie das bald. Sie sind Augenzeuge eines Mordes: Die Streitigkeiten in Ihrer Umgebung betreffen und belasten Sie nicht: Hinweis auf ein langes Leben. Werden Sie selbst ermordet, wollen Sie harte Gegensätze in Ihrem Alltagsleben nicht wahrhaben – ein alter Lebensabschnitt soll zu Ende gebracht werden. Sind Sie an einem Mord beteiligt, nutzen Sie die Notlage eines anderen schamlos für Ihre eigenen Ziele aus. → ermorden

▷ T: Da sich Ihr Bewußtsein dafür schämen würde, haben Sie alle negativen Gefühle (auch Schuldgefühle) ins Unterbewußtsein abgeschoben. Nun müssen Sie sich erneut damit auseinandersetzen und sollten dies auch tun. Manchmal zeigt der Traum auf, daß Sie gewaltsam einen Lebensabschnitt beenden wollen (oder sollen). Der Mörder zeigt, daß sich bisher versteckte Ängste nun deutlicher zeigen werden. Ihre freie Selbstentfaltung ist dadurch enorm geschwächt oder droht sogar abzusterben. Tun Sie etwas dagegen, und zwar schnell! → Aggression, → Wut

Morgen

▷ V: Der Morgen entspricht der Jugend, der Mittag symbolisiert Ihre Reife, der Nachmittag führt dem Abgrund entgegen und der Abend nähert sich dem Ende.

▷ T: Der Morgen zeigt Ihre jugendliche Energie und Frische an (auch wenn Sie schon 70 sind), und er will Sie auf die Vielzahl der kommenden Möglichkeiten hinweisen, die noch vor Ihnen liegen bzw. auf Sie warten. → Mittag, → Abend

Morgenrot, Morgendämmerung

▷ V: Sehen Sie Morgenrot, werden sich all Ihre persönlichen Angelegenheiten bald deutlich verbessern. Wer seit langem leidet, darf auf eine psychische Erlösung oder große Erleichterung hoffen – eine seelische Verjüngungskur findet statt.

▷ T: Jetzt »dämmert Ihnen etwas«! Ihr Verständnis für andere Menschen, Zusammenhänge oder Ereignisse erwacht. Eine neue

Hoffnung mag aufkeimen, oder es findet auf sanfte Weise eine Bewußtseinserweiterung in Ihnen statt – ein sehr schönes und vielversprechendes Traumsymbol!

Mosaik
▷ V: Sie sehen ein Mosaik: Sie stecken mitten in einer recht komplizierten Angelegenheit. Stellen Sie ein Mosaik selbst her, wird sich durch Ihr eigenes Verhalten eine Sache unnötig komplizieren.
▷ T: Das »Mosaik Ihres Lebens« besteht aus vielen Gedanken, Ideen und Erfahrungen, die Sie gemacht haben. Ist Ihr Mosaik im Traum harmonisch und einheitlich, oder erschien es Ihnen nur bruchstückhaft? Beachten Sie die restlichen Traumsymbole.

Most
▷ V: Sehen Sie Most, ist dies eine Warnung, sich von Ihren Begierden nicht zügellos treiben oder beherrschen zu lassen. Stellen Sie Most her, wollen Sie andere dazu verführen, ihre Triebe und Leidenschaften auszuleben, doch die Strafe folgt auf dem Fuße.
▷ T: Der Most zeigt, daß in Ihnen Triebe und Leidenschaften gären, doch die Ernüchterung wird schon bald nach Ihrem billigen Vergnügen folgen. → Alkohol, → Wein

Motorboot
▷ V: Sie sehen ein Motorboot: Bald werden Sie eine schöne Vergnügungsreise beginnen können.
▷ T: → Boot, → Motor, → Schiff

Motorrad
▷ V: Sie fahren selbst ein Motorrad: Sie werden einen schönen Ausflug unternehmen und eine bleibende Erinnerung mit nach Hause nehmen.
▷ T: → Auto, → Motor, → Fahrrad

Motten
▷ V: Sehen Männer Motten fliegen, sollten sie in der Wahl ihrer weiblichen Bekanntschaften etwas vorsichtiger sein. Tragen Sie

von Motten zerfressene → Kleidung, ist dies ein Hinweis, daß Ihre jetzige Lage von Unsicherheit geprägt ist. Nur durch innere Festigkeit werden Sie das positiv ändern können.
▷ T: → Insekten, → Ungeziefer

Mücken
▷ S: Mücken, Fliegen, Schnaken sind allesamt Symbole des Teufels.
▷ V: Sie werden im Traum von Mücken umschwärmt: Sie sind viel zu freigebig und lassen sich von anderen schamlos ausnutzen; vielleicht kommt auch ein lästiger Besuch. Werden Sie dagegen gestochen, geraten Sie in sehr schlechte Gesellschaft, und daraus entstehen später viele Unannehmlichkeiten, doch die Reue kommt zu spät. Möglicherweise wird durch Ihre Gastfreundschaft viel Unfrieden ins Haus kommen.
▷ T: → Fliege, → Insekten

Mühle, Mühlrad, Mühlstein
▷ V: Sie sehen eine Mühle: Ihr Einkommen wird sich verbessern, all Ihre Vorhaben machen gute Fortschritte, und Sie werden in der Zukunft viel Glück haben. Sehen Sie das laufende Mühlrad, können Sie jetzt schnelle Gewinne machen. Steht das Mühlrad still, ist in einer bestimmten Angelegenheit alles ins Stocken gekommen. Ein zerbrochenes Mühlrad steht für alte Probleme, Krankheit oder Tod eines nahestehenden Menschen. Tragen Sie einen Mühlstein um den Hals, sollten Sie sich schnellstens von bedrückenden Lebensbedingungen befreien. → Last, → Gepäck, → Klotz
▷ T: Die Mühle zeigt Ihr Streben nach Sicherheit. Trotzdem haben Sie eine heimliche Angst, nicht ans Ziel oder sogar »unter die (Mühl)räder« zu kommen. Alte Einstellungen und Überzeugungen müssen jetzt sogar zusammenbrechen (»zermahlen« werden), geistige oder gefühlsmäßige Konflikte drehen sich in Ihrem Kopf »im Kreis«.

Münze
▷ V: Sehen Sie Münzen oder nehmen diese an, wird ganz uner-

wartet eine größere Geldeinnahme eintreffen. Verteilen Sie im Traum Münzen, sollten Sie mit Ihren Geldausgaben nicht so leichtsinnig verfahren. Fremde Geldmünzen bedeuten, daß unerwartet Geld eintrifft oder fremde Vermögenswerte für Sie demnächst eine wichtige Rolle spielen werden. Sammeln Sie alte Münzen, beschäftigen Sie sich mit ungewöhnlichen Dingen, oder ein außergewöhnliches Ereignis tritt bald ein.
▷ T: → Geld

Mumie
▷ V: Sie sehen eine Mumie: Eine längst vergangene und vergessene Geschichte wird erneut aufgerollt werden.
▷ T: Ihre Persönlichkeit sollte sich wandeln und an die neuen Lebensumstände anpassen. Doch Sie wollen sich am liebsten selbst »konservieren«, Ihre alte Wesensform mumifizieren – und das zieht zwangsläufig viele Schwierigkeiten nach sich oder würde Konflikte mit anderen auslösen. Sie sollten rechtzeitig etwas dagegen tun und sich den Veränderungen stellen. → Konserve, → Leiche, → Skelett

Mund
▷ V: Sehen Sie im Traum an einer Person einen großen Mund, sollten Sie Ihren Mund nicht zu voll nehmen oder nicht zuviel ausplaudern. In der Stille liegt die Kraft, und nur dort entdecken Sie Ihre inneren Fähigkeiten. → Lippen
▷ T: Der Mund ist ein wichtiges menschliches Werkzeug. Mit dem Mund können wir essen (Neues aufnehmen, Sinnlichkeit genießen), durch ihn erbrechen wir (Unverdauliches ausspucken oder abstoßen), mit ihm können wir sprechen (zwischenmenschliche Kontakte pflegen und Gefühle aussprechen), aber auch küssen (erotische Bedürfnisse pflegen). Was macht Ihr Mund im Traum?

Muschel
▷ S: Die Muschel ist das Bild des Grabes, aus dem der Mensch eines Tages auferstehen wird, ein Symbol der Fruchtbarkeit.

▷ V: Sie sehen oder finden Muscheln: Die kommende Zeit verläuft sehr ausgeglichen, friedlich und harmonisch – innere Ruhe kehrt ein (vor allem für weibliche Träumer). Wird die Muschel geöffnet, wird Ihr sorgfältig gehütetes Geheimnis offenbart oder verraten werden.

▷ T: Die Muschel ist ein weibliches Symbol der Geschlechtsorgane und drückt deshalb unbewußte erotische Wünsche aus (vor allem in Männerträumen). Sie zeigt aber auch Ihren Gefühlsreichtum an und Ihre Verletzlichkeit, die unter einer »harten Schale« verborgen liegt. Ist vielleicht sogar eine Perle in Ihrer Muschel versteckt (→ Juwelen, → Perle)? Oder ziehen Sie sich gerne in Ihre Muschel zurück (→ Krebs)?

Musik, Musikinstrumente

▷ V: Hören Sie schöne Musik im Traum, sollten Sie mit lieben Menschen zusammen feiern und sich freuen. Hören Sie eine unschöne Musik, machen Sie eine unangenehme Bekanntschaft, oder in Ihrem Freundeskreis tauchen Spannungen auf. Machen Sie selbst schöne Musik, wächst Ihr häusliches und familiäres Glück. Katastrophale Töne bedeuten Konflikte und Streitigkeiten in der Familie. → Orchester

▷ T: Hören oder spielen Sie selbst eine schöne Musik im Traum, dann zeigt dies symbolisch an, daß in Ihrer Persönlichkeit Einheit und Harmonie vorherrschen – bei unharmonischen Tönen natürlich das Gegenteil. Auch eine künstlerische Ader oder Ihre Lebensfreude kann sich hierdurch bemerkbar machen. Auf welchem Instrument spielen Sie? → Tanz

Mutter

▷ V: Träume von der eigenen Mutter zeigen entweder Ihr schlechtes Gewissen an oder aber die Sehnsucht nach einer seelischen Stütze. Die Mutter kann Ihnen Gutes bringen, oder sie warnt vor dem Weitergehen auf recht verhängnisvollen Wegen. Wichtig dabei ist, was sie sagt oder tut. Sehen Sie eine glückliche Mutter, die sich um ihr Kind bemüht, werden Sie an dem Glück eines anderen teilhaben können oder sogar davon profitieren. Ist

diese Mutter ängstlich um ihr Kind bemüht, werden Sie durch das Unglück eines anderen Menschen in Mitleidenschaft gezogen. Träumen Sie von Ihrer verstorbenen Mutter, neigt sich Ihre seelische Trauerarbeit dem Ende zu, aber oft warnt auch hier die Mutter vor unbedachten Handlungen, die Sie später bereuen würden.
▷ T: Träumen Sie nur selten von Ihrer Mutter, vertritt die Psychologie die Ansicht, daß Ihr seelisches Verhältnis zu ihr ziemlich in Ordnung ist. Träumen Sie häufig von Ihrer Mutter, dann symbolisiert dies Ihre innere Unsicherheit, jemals eine seelische Selbständigkeit und Unabhängigkeit zu erlangen. Ungelöste Kindheitsprobleme sind ebenfalls ein Anzeichen für häufige Mutterträume. In positiven Mutterträumen zeigt sich Ihr Verhältnis zum geistig-seelischen Aspekt Ihrer Person, zu Ihren weiblichen und unterbewußten Anteilen, und daß Sie im Moment in Einklang mit sich selbst sind! → Frau, → Vater

Mutterschoß
▷ T: Dieses Traumbild zeigt an, daß Sie sich vor der Eigenverantwortung am liebsten drücken (zurück in den Mutterschoß fliehen) wollen. Ist das Leben mit all seinen Verpflichtungen, Aufgaben und Problemen für Sie momentan mit großen Ängsten verbunden? Befinden Sie sich zur Zeit psychisch in frühester Kindheit, um damalige Erlebnisse zu verarbeiten? Möchten Sie etwas Neues in Ihrem Leben gebären? Ergründen Sie die für Ihre aktuelle Lebenssituation richtige Antwort und beachten Sie die weiteren Traumsymbole!

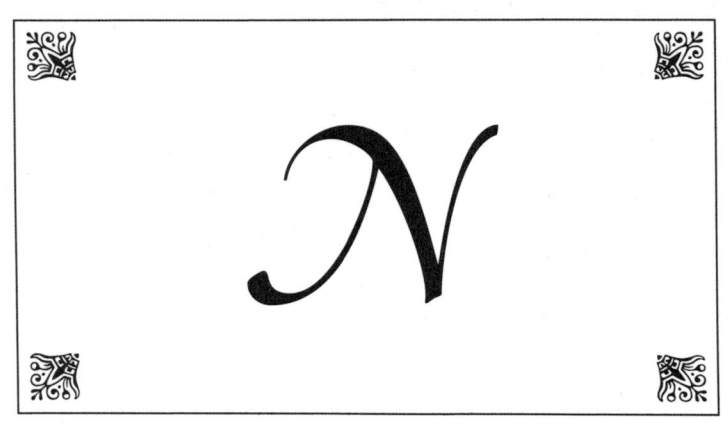

▷ S = symbolisch; ▷ T = tiefenpsychologisch; ▷ V = visionär, voraussagend

Nabel

▷ V: Sehen Sie im Traum einen Nabel, droht Ihren Angehörigen eine Gefahr. → Bauch

▷ T: Sie beschäftigen sich zu sehr mit sich selbst; Sie sind nicht »der Nabel der Welt« – manchmal symbolisiert der Nabel zu große seelische oder psychische Abhängigkeiten von der eigenen Mutter oder von anderen nahestehenden Personen!

Nachbar, Nachbarin

▷ V: Sehen Sie einen Nachbarn oder eine Nachbarin im Traum, bringt jemand in Ihrer Umgebung Gerede über Sie in Umlauf. Mit einem Nachbarn sprechen kündigt eine unangenehme Auseinandersetzung an.

▷ T: Meistens verkörpern Nachbarn entweder Ihre männlichen Energien (beim Nachbarn), oder Ihre weiblichen Wesensanteile (bei der Nachbarin) – oft kommt darin auch das tatsächliche Verhältnis zu Ihren Nachbarn zum Ausdruck, und die weiteren Traumsymbole geben Auskunft, ob dieser Kontakt positiv oder negativ verläuft.

Nachricht

▷ V: Erhalten Sie im Traum eine Nachricht, dürfen Sie allerlei Neuigkeiten erwarten. Ist die Nachricht schlecht, wird in der Realität bald eine gute Nachricht eintreffen. Ist sie erfreulich, wird bald eine schlechte Nachricht eintreffen.
▷ T: Die Nachricht zeigt an, daß Sie eine Unsicherheit oder ein Problem entweder durch Ihre eigene Einsicht oder mittels eigener Überlegungen bald klären können. → Brief, → Telefon

Nacht

▷ V: Wandern Sie nachts im Traum umher, mahnt Sie dies zur Vorsicht: Es lauern Gefahren, die Sie noch nicht erkennen können. Die Nacht kann auch Sinnbild für eine noch nicht geklärte Zukunft sein. Ist die Nacht im Traum sternenklar, befinden Sie sich auf dem richtigen Weg. → Dunkelheit
▷ T: Die Nacht ist immer der Übergang, den wir häufig zu bestehen haben, damit ein neuer Morgen folgt. Die Nacht zeigt auch Gefahren auf, die in Ihrem eigenen Unterbewußtsein (Nacht) schlummern. → Morgen, → Mittag, → Abend

Nachthemd

▷ V: Sehen Sie jemanden im Nachthemd, sind Sie laufend bemüht, Ihren wahren Charakter vor anderen zu verbergen. Ist das Hemd sauber oder schmutzig, zerrissen oder schön? → Kleidung
▷ T: Das Nachthemd könnte auf versteckte erotische Wünsche und Bedürfnisse hinweisen, aber auch auf den eigenen Charakter und den von anderen Menschen, die Sie im Traum damit bekleidet sehen.

Nachtigall

▷ V: Sie sehen eine Nachtigall, oder Sie hören eine singen: Ein sehr gutes Omen für Berufs- und Privatleben. Sehen Sie eine Nachtigall im Käfig, möchte Ihnen ein Mensch in Ihrer Umgebung am liebsten »die Flügel stutzen« oder Sie ganz beherrschen bzw. besitzen.
▷ T: → Vogel

Nachtlokal

▷ V+T: Sie sehen im Traum ein Nachtlokal, oder Sie verkehren darin: Sie geraten demnächst in sehr schlechte Gesellschaft, geben für unnütze Dinge viel zuviel Geld aus oder unterliegen einer Versuchung, die Sie später bereuen werden. Seien Sie vorsichtig!

Nachttopf

▷ V: Einen Nachttopf zerbrechen: Machen Sie sich nicht so viel Sorgen um Ihre Zukunft, denn Sie werden Glück im Unglück haben!

Nachtwächter

▷ V: Sie sehen einen Nachtwächter: Achten Sie mehr auf Ihren Besitz, denn wenn Sie etwas verleihen, werden Sie es nicht wiedersehen. Sind Sie im Traum selbst ein Nachtwächter, wird Ihr häuslicher Frieden gestört werden.
▷ T: Der Nachtwächter symbolisiert Ihre Hilflosigkeit und Unsicherheit dem Leben gegenüber. Am liebsten würden Sie gern alle Verantwortung in die Hände eines Wächters, eines Hüters legen. Andererseits lehnen Sie jede Einmischung anderer in Ihre persönlichen Angelegenheiten ab.

Nacktheit

▷ V: Sie träumten, daß Sie nackt auf der Straße gehen oder daß Sie nackt von anderen Menschen beobachtet werden? Vergessen Sie all Ihre Schamgefühle, die nach diesem Traum zurückbleiben. Hinter einem solchen Geschehen steckt eigentlich nur die in der Kindheit durch die Eltern verdrängte Freude an der eigenen Nacktheit. Ihre Psyche braucht ab und zu die berauschende Wiederholung eines früheren Gefühls: an den Händen des Vaters zu fliegen oder die frühkindliche Freude am eigenen nackten Körper. Wenn Sie häufiger träumen, daß Sie nackt durch die Straßen gehen, hinderte Ihr Minderwertigkeitsgefühl Sie bisher daran, Ihre beruflichen und gesellschaftlichen Ziele zu erreichen. Ziehen Sie sich im Traum aus, wollen Sie mehr Freiheit und Unabhängigkeit. Nackte Kinder im Traum zu sehen ist oft ein Zeichen für Fami-

lienzuwachs (bei Ihnen selbst oder in Ihrem Umfeld). Sehen Sie einen schönen gegengeschlechtlichen Menschen nackt, wird Ihre heimliche oder heiße Sehnsucht sich bald erfüllen lassen.
▷ T: Die Nacktheit im Traum verrät Ihre Angst vor Bloßstellung, weil irgend etwas seelisch bei Ihnen nicht in Ordnung ist und Sie dieses Manko vor anderen nicht zeigen wollen. Der Traum ist als Aufforderung gedacht, sich vor anderen »seelisch bloßzustellen«, also zu seinen Schwächen zu stehen. Schließlich kann in diesem Traumbild ein erotisches Bedürfnis zum Ausdruck kommen, das entweder ausgelebt wird oder Ihnen selbst ein wenig lächerlich erscheint.

Nadel
▷ V: Stechen Sie sich an einer Nadel, drohen Streit, Spitzfindigkeiten und Ärger; manchmal auch der Verlust eines Freundes. Sehen Sie eine Nadel, hegen andere Menschen feindliche Gefühle gegen Sie. → stechen
▷ T: Die Nadel zeigt oft seelische Schmerzen an, unangenehme Einsichten und Erkenntnisse. Wer hat Ihnen weh getan? Was hat bis ins Herz hinein »gestochen«? Bisweilen ist die Nadel ein Symbol für das männliche Geschlechtsorgan, oder ein Mensch in Ihrer Umgebung sticht mit seinen Worten »wie eine Nadel«. → nähen

nähen
▷ V: Wenn Sie im Traum nähen, haben Sie es durch viel Ausdauer zu einem gewissen Wohlstand gebracht. Näht ein Mann und sticht sich dabei, dann werden Sie wohl bald geheiratet werden. → Nadel
▷ T: Sie wollen eine Naht herstellen – zu einem anderen Menschen oder zwischen Ihren eigenen Stärken und Schwächen? → Reißverschluß

Nagel, Fingernagel, Zehennagel
▷ V: Finden Sie einen Nagel, wird sich Ihr Vermögen vermehren, wenn Sie die nächste Zeit sparsam leben. Schlagen Sie einen Nagel ein, werden Sie bald in eine Situation kommen, bei der es bes-

ser wäre, die Wahrheit zu sagen; einen Widersacher sollten Sie entlarven. Besonders lange Fingernägel warnen Sie vor einer sehr unsicheren Spekulation – Vorsicht ist geboten.

▷ T: Der Nagel aus Metall verkörpert die Kraft, die Ihre zwischenmenschlichen Verbindungen zusammenhält. Der Finger- oder Zehennagel zeigt, daß Sie an einem Menschen oder einem Besitz festhalten wollen, der Ihnen trotzdem langsam entgleiten wird. Wie das Ganze ausgeht, zeigen die restlichen Traumsymbole an.

Nahrung

▷ T: Die Nahrung, die Sie im Traum aufnehmen, zeigt an, was für Sie persönlich lebenswichtig ist. Ist es die Liebe, sind es Ideale oder Hoffnungen, oder eher Reichtum und Selbstsicherheit? Die Erfahrungen Ihres Lebens zeigen sich ebenfalls in der Nahrung, die Sie gut oder schlecht verdauen können. Wer sehr viel ißt, zeigt sehr maßlose Bedürfnisse, die auf ein gesundes Maß reduziert werden sollten. → Essen, → Mahlzeit

Name, namenlos

▷ V: Sie hören Ihren Namen oder schreiben diesen nieder: Bald wird eine erfreuliche Botschaft eintreffen, doch Sie sollten sich nicht gleich festlegen oder unüberlegte Verpflichtungen eingehen. Lesen Sie Ihren eigenen Namen, wird Ihr Name entweder in der Öffentlichkeit genannt oder bekannt werden.

▷ T: Ihr Name im Traum ist meist ein Appell zur Selbstbesinnung und zugleich eine Warnung, daß Sie Gefahr laufen, Ihre Persönlichkeit und Individualität zu verlieren. Gelegentlich kommt darin auch zuviel Eitelkeit oder Geltungssucht zum Ausdruck. Sind Sie im Traum jedoch namenlos, konnten Sie noch keine eigene Persönlichkeit entwickeln (ein Warntraum). Sind andere namenlos, so nehmen Sie diese Personen nicht besonders ernst. → Seele

Narbe

▷ V: Sehen Sie eine Narbe am eigenen Körper, haben Sie ein einschneidendes Erlebnis innerlich noch nicht überwunden. Wenn

Sie in Kürze einem neuen Menschen begegnen, wird auch dieser Ihnen eines Tages ein großes Leid zufügen.
▷ T: Die Narbe zeigt, daß Sie sich bald an eine schmerzhafte Lebenserfahrung erinnern werden, doch eigentlich ist diese Wunde schon verheilt. Wer oder was hat Narben in Ihrer Seele hinterlassen?

Narr
▷ V: Sehen Sie sich selbst als Narr oder begegnen Sie einem, sollten Sie sich und andere Menschen nicht allzu ernst nehmen. Doch es wäre der falsche Weg, andere zu verspotten – besser ist es, über sich selbst zu lachen. → lachen
▷ T: → Clown, → Hampelmann

Nase, Nasenloch (siehe auch Abb. S. 282)
▷ V: Ist Ihre Traumnase größer als real, haben Sie beste Aussichten, sehr einflußreich und wohlhabend zu werden, doch Sie sollten Ihre Nase nicht dauernd in die Angelegenheiten anderer stecken. Ist sie kleiner als real, sollten Sie sich mit einem bescheidenen Glück zufrieden geben. Wenn Sie ein anderer an der Nase zieht, sollten Sie sich mal »an der eigene Nase packen«! Ziehen Sie einen anderen an der Nase, haben Sie in einer Beziehung oder Ehe wohl nicht den richtigen Partner für sich gefunden. Bekommen Sie keine Luft durch die Nase, werden Sie in einer bestimmten Angelegenheit Schwierigkeiten bekommen. Träumt ein Mann von (s)einer Nase, dann wünscht er sich, ein besonders guter Liebhaber zu sein. In Frauenträumen zeigt eine große Männernase starke sexuelle Bedürfnisse an.
▷ T: Überlegen Sie, was Ihnen dieser Traum sagen will. Wen können Sie »nicht riechen«? Wer oder was »stinkt Ihnen«? Stecken Sie Ihre Nase ständig in die Angelegenheiten anderer? Gehen Sie »immer der Nase nach«? Oder haben Sie einen »besonders guten Riecher« für günstige Gelegenheiten? Das Nasenloch ist ein Teil Ihrer Persönlichkeit. Sehen Sie das → rechte oder → linke Nasenloch?

Männer – Nasen – Helm
*Träumt eine Frau von Männern, so regen sich hier bislang
versteckte erotische oder sexuelle Wünsche. Auch die großen
Nasen weisen darauf hin. Träumt ein Mann davon, so
wünscht er sich, sexuell potent zu sein, oder sieht sich selbst
so. Der auffällige Helm (→ Ritter, → Rüstung) könnte ein
Schutzbedürfnis des Träumers anzeigen. Entweder fürchtet er
sich vor den Bosheiten anderer Männer oder vor seinen
eigenen »männlichen Wesensstrukturen«!*

Nasenbluten
▷ V: Ihre Nase blutet: Sie glauben, Ihre Umwelt verachtet sie, oder Sie sind irgendwie bedrückt oder von einer Fessel behindert. Sehr selten droht auch ein Vermögensverlust.
▷ T: → Blut, → Nase, → Wunde

Nashorn
→ Rhinozeros

Natter

▷ V: Sie sehen eine Natter: Vorsicht im Umgang mit anderen – jemand führt etwas Böses gegen Sie im Schilde, ein gesundes Mißtrauen hilft. Werden Sie von der Natter gebissen, sollten Sie jedem Streit aus dem Weg gehen und sich nicht in Angelegenheiten anderer hineinziehen lassen – all das hätte sehr ungünstige Folgen. Möglicherweise stecken Sie in einer unglücklichen Verbindung fest.
▷ T: → Schlange

Nebel

▷ V: Sind Sie selbst in Nebel eingehüllt, sollten Sie aktuelle Vorhaben verschieben, denn im Moment ist kein Durchblick möglich. Sehen Sie Nebelschwaden, sind Ihre persönlichen Verhältnisse momentan sehr ungeklärt und »nebulös«; Sie können sich im Moment nur auf Ihr Gefühl und eine gute Menschenkenntnis verlassen.
▷ T: Der Nebel symbolisiert Ihre innere Unsicherheit und Unklarheit, welchen Weg Sie in Zukunft einschlagen sollen. Oder vernebeln Sie gerne Ihre Absichten vor sich selbst oder vor anderen?

Neid

▷ V+T: Spüren Sie Neid im Traum, ist Ihre Beziehung zur Umwelt zur Zeit keineswegs harmonisch. Sie werden einer Versuchung begegnen, bei der es Ihnen äußerst schwerfällt, ihr nicht zu erliegen. Sie brauchen jetzt viel Charakterstärke und sollten alle inneren Spannungen oder Neidgefühle gegen andere Menschen abbauen.

Nelke

▷ S: Die Nelke war Symbol der Passion und ist auch häufig auf Madonnenbildern zu sehen.
▷ V: Von Nelken träumen: Ihr Liebesleben entwickelt sich prächtig, und auch beruflich haben Sie gute Chancen. In Männerträumen haben Nelken und Blumen oft die Bedeutung von käuflichen Mädchen. Vielleicht erhofft sich der Träumer von einem solchen Abenteuer die Erfüllung gewisser Wünsche, doch er traut sich nur »durch die Blume«, diese Wünsche sich selbst einzugeste-

hen. Pflücken Sie eine Nelke, wird durch unüberlegte Handlungen eine Freundschaft in eine Krise geraten. Sehen Sie eine welke Nelke, wird eine mitmenschliche Verbindung zu Ende gehen.
▷ T: Meistens symbolisieren Nelken Ihre Freundschaften zu anderen Menschen. Die Farbe der Nelke ist hierbei wichtig. → Kapitel »Farben im Traum«

Neptun
▷ T: Dieser »Meeresgott« symbolisiert Ihr innerstes Wesen, all Ihre unbewußten Gefühle, Ihre Phantasie, Ihre Träume, aber auch Ihre negativen Süchte oder den Realitätsverlust. Sehen Sie vieles »durch eine rosarote Brille«, oder sind Sie vielleicht ein sehr spiritueller Mensch? Hegen Sie viele Illusionen? Sind Sie ein »Tagträumer«? Nur eine ehrliche Selbstanalyse hilft!

Nerz
▷ T: Sehen oder tragen Sie einen Nerz im Traum, dann zeigt dies starke sexuelle und materielle Wünsche an sowie eine gewisse Geltungssucht. Übersteigern Sie diese Bedürfnisse nicht! → Pelz

Nesseln
▷ V+T: Sehen Sie im Traum Nesseln, ist das eine Warnung vor übereilten Entschlüssen und Handlungen. Zudem bringt jemand eine Verleumdung über Sie in Umlauf, und das ärgert Sie sehr. In welche »Nesseln« haben Sie sich gesetzt?

Nest
▷ V: Sieht eine Frau in ihrem Traum ein Vogelnest, so will sie entweder mehr Freiheit (→ Vogel), oder aber sie fühlt sich nicht geborgen. Ein Nest sehen bedeutet, daß eine Freundschaft in die Brüche gehen wird, weil Sie evtl. viel zu geizig sind. Sehen Sie ein leeres Nest, möchten Sie ein eigenes wohliges Zuhause einrichten. Wer noch bei den Eltern wohnt, wird bald ausziehen. In anderen Fällen wird eine ersehnte Liebesverbindung nicht zustande kommen. Sehen Sie Vögel oder Eier im Nest, können Sie sich auch weiterhin auf Ihr bisheriges Glück verlassen.

▷ T: Wenn Sie ein Nest mit Eiern sehen und bislang viel seelisches Leid ertragen mußten, dann sind Sie im Begriff, diese negative Lebensepoche abzuschließen und in eine positive zu wechseln (→ Ei). Das Nest symbolisiert aber auch Ihre Sehnsucht nach Gefühlswärme, Familie und Geborgenheit und kann zudem Ihre Beziehung zur Mutter (eigene Nestwärme) aufzeigen. Oft werden Kindheitsprobleme durch dieses Symbol angesprochen. Bauen Sie jetzt Ihr eigenes »Nest« (seelische Geborgenheit in sich selbst) aus! → Haus, → Küken

Netz
▷ S: Das Netz symbolisiert Enge, Beklommenheit und Angst.
▷ V: Wollen Sie Fische mit einem Netz fangen, möchten Sie etwas erreichen, doch Sie hoffen, daß es Ihnen durch Glück gelingen wird. Verwickeln Sie sich in ein Netz, haben Sie sich zu etwas verleiten lassen und anderen damit Unrecht getan. In Frauenträumen symbolisiert das Netz oft den unbewußten Wunsch, »ins Netz eines Mannes« zu geraten. In Männerträumen steht es ebenfalls für den Wunsch nach einer Bindung. Haben Sie ein Netz ausgeworfen? Wen wollen Sie damit fangen?
▷ T: Auch in der Tiefenpsychologie zeigt das Netz meist sexuelle und/oder erotische Bedürfnisse an: Ihren Wunsch nach einer gefühlsmäßigen Bindung (Vernetzung), nach sexueller Hingabe (im Netz der Liebe gefangen zu werden) oder einen anderen zu fangen! Mal ehrlich, was trifft auf Sie zu?

Neubau
▷ V: Sie sehen oder betreten einen Neubau: Sie suchen für sich selbst und im Beruf neue Ansätze und Möglichkeiten. Wenn Sie eine neue Lebenseinstellung gewinnen, dann folgt das Gewünschte auf dem Fuße.
▷ T: → bauen, → Haus

Neugier
▷ V+ T: Empfinden Sie im Traum Neugier, sollten Sie Ihre Umwelt und Ihre Mitmenschen mehr achten und respektieren.

Neujahr

▷ V: Sie erleben im Traum ein fröhliches Neujahrsfest: Das neue Jahr wird Ihnen viel Kummer und Sorgen bescheren. Erleben Sie hingegen ein ernstes Neujahr, wird im neuen Jahr viel Freude eintreffen. Sind Sie am Neujahrstag sehr traurig, wird sich im Laufe des Jahres ein lange gehegter Wunsch erfüllen lassen.

niedrig

▷ T: Hier zeigen sich meistens Gemeinheiten, eine etwas fragwürdige Moral oder Gesinnung, ein vulgäres Verhalten (von Ihnen selbst oder von anderen) oder eine sehr niedergeschlagene seelische Stimmung. Die restlichen Traumsymbole sind wichtig! → schrumpfen

niesen

▷ V: Wenn Sie im Traum niesen, ist dies eine Bestätigung dessen, was Sie für etwas zweifelhaft oder fragwürdig hielten.
▷ T: Das Niesen zeigt eine plötzliche und explosionsartige Selbstreinigung an, die bei Ihnen eingeleitet wird. Plötzlich sehen Sie wieder klar, haben Sie die Nase und den Kopf frei. Sie werden bald neue Erkenntnisse haben, oder eine gute Idee wird alte Probleme lösen. → Nase

Nilpferd

▷ T: Sehen Sie ein Nilpferd im Traum, so verkörpern Sie zwar durch Ihr äußeres Erscheinungsbild und Auftreten eine gewisse Autorität, doch in Ihrem Inneren stehen Sie auf recht unsicheren Beinen. → Tier, → Wal

Nische

▷ T: Sehen oder betreten Sie eine Nische im Traum, dann sind Sie in der Liebe (oder in einer wichtigen Freundschaft) nicht ganz ehrlich. Heimlichkeiten untergraben diese Verbindung.

Nixe

▷ V: Träumen Männer von einer Nixe, sollten sie vorsichtig

sein: Sie werden von einer weiblichen Bekannten verführt, doch dies könnte gefährlich für sie werden.
▷ T: Die Nixe zeigt sinnliche Weiblichkeit an, die noch nicht ganz bewußt gelebt wird (vor allem in Frauenträumen). Sie kann aber auch eine starke, völlig unbewußte Liebe anzeigen, die Sie für jemanden empfinden (vor allem in Männerträumen).

Nonne
▷ V: Wenn ein Mann von Nonnen träumt, machen sich hier dunkle Regungen in den Tiefen seines Trieb- und Gefühlslebens bemerkbar. Ein weiteres Verschleiern ist auf Dauer nicht möglich. Der Traum ist ein Aufruf zu mehr Selbsterkenntnis. Andere Träumer will die Nonne vor einer drohenden Gefahr warnen; sie kündigt manchmal sogar einen Todesfall an. → Mönch, → Schwester
▷ T: Die Nonne verkörpert Ihre vergeistigten Gefühle oder Ihre seelische Aufnahmefähigkeit für geistige Erfahrungen. Manchmal warnt sie vor Ihrer Scheinheiligkeit anderen gegenüber und vor der Falschheit anderer Ihnen gegenüber.

Norden
▷ T: Der Norden zeigt Ihre momentane Gefühlsarmut, eine Zeit des geistigen Stillstands und der Verdunkelung Ihres Gemüts. Von diesem Ort aus suchen Sie immer nach dem Licht, und der → Morgen wird bald kommen. → Licht, → Himmelsrichtung

Not, Notbremse
▷ V: Befinden Sie sich im Traum in Not, wird bald ein glückliches Ereignis eintreffen. Helfen Sie anderen in Not, werden Sie selbst eine wertvolle Hilfe erhalten. Ist Ihnen im Traum die Not anderer gleichgültig, droht ein schwerer Schicksalsschlag.
▷ T: Die Notlage im Traum warnt meistens vor tatsächlichen Lebensproblemen, die bald auftauchen werden – manchmal weist sie auch auf Ihren → Geiz hin, den Sie überwinden sollten. Die Notbremse rät Ihnen dringend, in einer aktuellen Angelegenheit sofort auszusteigen, da sonst Schaden droht!

Notar

▷ V: Ein Notar symbolisiert bevorstehende Amtsgeschäfte, bisweilen ein großes Familienereignis und manchmal sogar eine Erbschaft. → Rechtsanwalt

Noten

▷ V: Wenn Sie im Traum Noten schreiben, haben Sie falsche Freunde.
▷ T: → Musik

Notizbuch

▷ V: Im Notizbuch lesen: Ihnen fällt bald etwas Wichtiges ein, das Sie schon vergessen hatten. Verlieren Sie ein Notizbuch, wird ein bislang gut gehütetes Geheimnis ganz plötzlich herauskommen. Schreiben Sie in ein Notizbuch, wird ein anderer seiner Verpflichtung Ihnen gegenüber nachkommen, obwohl Sie daran nicht mehr geglaubt haben.
▷ T: Das Notizbuch will Sie ermahnen, Ihre Vergeßlichkeit und Unordentlichkeit besser unter Kontrolle zu bringen. Schreiben Sie sich wichtige Erledigungen und Termine besser auf!

Nudeln

▷ V: Im Traum Nudeln sehen: Jemand langweilt Sie, oder Ihr Leben ist zur Zeit insgesamt recht ereignislos. Kaufen oder kochen Sie Nudeln, wird langweiliger Besuch eintreffen. Essen Sie Nudeln, müssen Sie einen lästigen Besuch absolvieren – auch das verläuft recht langweilig. Bei italienischen Nudeln → Italien
▷ T: In Nudelträumen äußern sich entweder unbefriedigte sexuelle Bedürfnisse, oder Sie haben nachts tatsächlich Hunger, weil Sie gerade Diät halten oder fasten.

Null

▷ V: Sehen Sie im Traum die Zahl Null, ist dies ein sehr gutes Zeichen für alle geschäftlichen Vorhaben, Erfolge sind möglich, und sogar in der Lotterie könnten Sie Glück haben.
▷ T: → Kapitel »Zahlen im Traum«

Nuß, Nußknacker
▷ S: Die Nuß vereinigt drei Substanzen: Leder, Schale und Kern, oder Fleisch, Knochen und Seele.
▷ V: Sehen oder essen Sie im Traum Nüsse, werden Glück und Anerkennung nicht mehr lange auf sich warten lassen. Knacken Sie Nüsse, essen diese jedoch nicht, müssen Sie noch viel harte Arbeit leisten, sich »durchbeißen«, bis Erfolge möglich werden. Ist das Nüsseknacken schwierig, müssen Sie jetzt all Ihre Kräfte konzentrieren, um Ihr Ziel zu erreichen. Sie sehen eine Nuß: Sie werden einen Menschen treffen, hinter dessen rauher Schale ein edler Kern steckt. Sie essen eine bittere Nuß: Sie werden Pech haben, doch nehmen Sie die kommenden Ereignisse nicht allzu ernst. Eine leere Nuß finden: Von einem bestimmten Menschen werden Sie sehr enttäuscht werden. → Mandel
▷ T: Die Nuß könnte den »Kern Ihres Wesens« aufzeigen oder die Wahrheit in einer Angelegenheit. Manchmal zeigt sie auch eigene Dummheiten auf, oder die anderer Menschen (»Eine Kopfnuß erhalten bzw. erteilen«). Ein Nußknacker zeigt eine schwierige Aufgabe an, die Sie ohne Hilfsmittel nicht lösen können.

Nußbaum
▷ V: Sehen Sie einen schönen grünen Nußbaum, ist das ein günstiges Omen für ein gesundes und langes Leben. Klettern Sie darauf oder sitzen Sie unter ihm, müssen Sie noch manche Hürde nehmen, bis Sie den gesicherten Ruhestand genießen können.
▷ T: → Baum

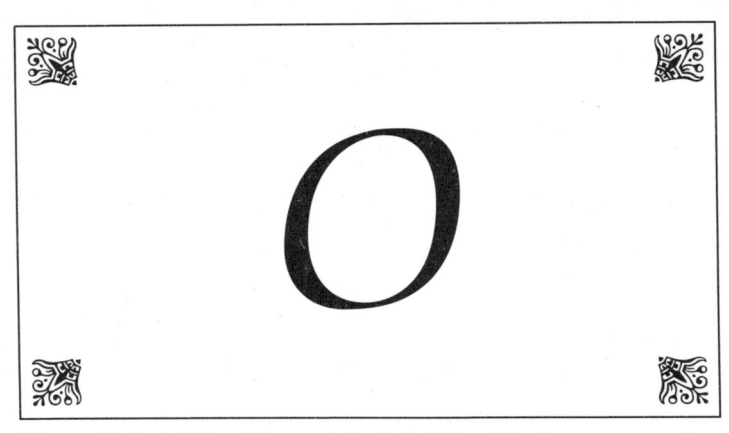

▷ S = symbolisch; ▷ T = tiefenpsychologisch; ▷ V = visionär, voraussagend

Oase
▷ V: Träumen Sie, in der Wüste eine Oase zu finden, haben sich viele Ihrer Wünsche nicht erfüllt; Sie sind im Leben zu kurz gekommen, doch Sie sollten jetzt in Ihren Bemühungen nicht nachlassen. Vielleicht erscheint Ihnen Ihr Leben wie eine Wüste, und Sie suchen darin nach einer Oase? Sehen Sie eine Oase, werden Sie sich bald entspannen können, Ferien und Erholung stehen an. Träumen Sie, daß Sie eine Oase verlassen, steht Ihnen ein schwerer Gang bevor.
▷ T: Die Oase zeigt an, daß in Ihrem Leben für Gefühle zu wenig Platz war vor lauter intellektuellen und materiellen Bestrebungen. Das sollten Sie jetzt endlich ändern. → Wüste

Obdach, obdachlos
▷ V: Sie suchen nach einem Obdach: Bald werden Ihnen Menschen in einer unangenehmen Lage beistehen. Verlieren Sie Ihr Obdach im Traum, werden Sie sich in der nächsten Zeit schutzlos und hilflos dem Leben ausgeliefert fühlen, doch mit Mut können Sie es schaffen.
▷ T: Ein Symbol für Ihre innere Angst und Ihren Wunsch nach

Schutz, Hilfe und gefühlsmäßiger Wärme. Wer im Traum obdachlos bleibt, wird diese Wünsche so schnell nicht erfüllen können.

Oblaten
▷ V: Sie sehen oder essen Oblaten: Eine erfreuliche Nachricht wird bald eintreffen. Sehen oder essen Sie dagegen eine Hostie (in der Kirche), ist dies ein Zeichen für innere Einkehr, höhere Ziele und geistige Führung.

oben
▷ T: Geht es im Traum nach oben, haben Sie hohe Ziele vor sich (die hoffentlich nicht zu hoch gesteckt wurden). Vielleicht will Sie der Traum auch informieren, daß Sie zu kopflastig sind, zu stark intellektuell ausgerichtet? → niedrig

Obst, Obstgarten
▷ V: Im Traum Obst essen steht für Ihren Wunsch nach Liebeserlebnissen. Reifes Obst: Neue private Pläne und Unternehmungen reifen in Ihnen heran. Wer einen Obstkorb erhält, befürchtet insgeheim, in der Liebe eine Abfuhr zu erhalten. Sehen Sie faules Obst, sind Sie mit der Entwicklung in Ihrer Beziehung recht unzufrieden. Obst in einem Geschäft sehen: Vorteilhafte Geschäfte bahnen sich an. Bieten Sie selbst Obst an, bemühen Sie sich ernsthaft, die Gunst eines anderen zu gewinnen. Süßes Obst essen: Ihr Vorhaben wird sehr gut gelingen. Bitteres oder saures Obst essen: In einer Sache müssen Sie mit Schwierigkeiten rechnen. Sammeln Sie Obst vom Boden auf, wird eine kleine Mühe Ihrerseits Ihnen reiche Ernte bringen. Sie besitzen einen Obstgarten: Sie erhalten diverse Zuwendungen – manchmal sogar eine Erbschaft. Sehen Sie einen Obstgarten, können Sie sich noch nicht für einen Partner entscheiden, weil Sie im unklaren sind, wen Sie am meisten lieben.
▷ T: Meistens repräsentiert das Obst Ihre sexuellen Bedürfnisse und Wünsche. → Früchte, → Garten

Ochse

▷ S: Der Ochse ist ein Symbol der Güte, Ruhe und friedlichen Kraft.

▷ V: Sie sehen einen arbeitenden Ochsen auf dem Feld: Sie werden die Bekanntschaft einflußreicher Menschen machen, und diese erweisen sich als sehr nützlich für Sie. Sie sehen einen Ochsen vor den Wagen gespannt: Sie haben zwar eine mühevolle Arbeit zu leisten, doch der Einsatz Ihrerseits wird sich lohnen. Hören Sie einen Ochsen brüllen, warnt er Sie vor einer drohenden Gefahr. Werden Sie von einem Ochsen angefallen, wird eine einflußreiche Person Sie anfeinden. Wird ein Ochse geschlachtet, ist eine Krankheit im Anzug, achten Sie auf die körperlichen Symptome. Auch hier gilt, nicht nur an sich selbst, sondern auch an andere zu denken.

▷ T: Der Ochse symbolisiert eine gewisse Schwerfälligkeit und Erdverbundenheit Ihrerseits, bisweilen auch Einfältigkeit. Bei älteren Menschen ist er ein Symbol der nachlassenden Sexualität. Schuften Sie wie ein Ochse? Oder haben Sie sich wie ein Ochse benommen? Schimpfen Sie sich selbst »einen Ochsen«?

Öl

▷ S: Das Öl symbolisiert den Geist Gottes und die von ihm ausgehende geistige Kraft.

▷ V: Sie sehen Öl: Alles läuft reibungslos in Ihrem Leben (gut geölt). Brennendes Öl: Sie können mit einem unerwarteten Gewinn rechnen. Öl trinken: Sie erfreuen sich bester Gesundheit. Verschütten Sie Öl, ist eine Zeit voller Unannehmlichkeiten zu überwinden. Ölen Sie etwas, sollten Sie sich öfter daran erinnern, daß man mit Höflichkeit leichter durchs Leben kommt. Kaufen Sie Öl, werden Sie einen Gewinn einstreichen können.

▷ T: Öl kann ein Symbol für vieles sein. Eine Salbung mit Öl zeigt Ihre innere Reifung an. Das Öl kann Reibung und Streit vermeiden (jemanden einölen), man kann aber auch Öl ins Feuer gießen, was heftige Gefühlswallungen anzeigen würde. Oder gießen Sie Öl aus, um Ihren Gegnern keine Angriffsfläche zu bieten oder damit diese ausrutschen? Die Wahrheit sollten Sie selbst herausfinden und die nötigen Konsequenzen ziehen!

Ölbaum
▷ V: Sehen Sie einen Ölbaum, enden die konflikt- und sorgenvollen Zeiten in der eigenen Familie in Frieden und Harmonie.

Ofen
▷ V: In Frauenträumen symbolisiert der Ofen den derzeitigen Partner. War der Ofen heiß oder kalt? Wenn im Traum das Feuer im Ofen erloschen ist, zeigt sich die Angst, daß die bestehende Verbindung zu Ende gehen könnte. Sehen Sie nur einen Ofen, sollten Sie einiges unternehmen, um nicht länger alleine zu bleiben. Sitzen Sie an einem warmen Ofen, werden Sie stets bei Ihren Freunden herzlich willkommen sein, und Sie haben einen Menschen, der Sie liebt. Verbrennen Sie sich am Ofen, werden Sie sich in einer Liebe die »Finger verbrennen«. → Herd, → Kamin
▷ T: Der Ofen zeigt im allgemeinen Ihren Wunsch nach Wärme und Geborgenheit in einer Beziehung, aber auch sexuelle Wünsche an. Hegen Sie »warme Gefühle« für jemanden? Ist der Ofen kalt? → Bäcker, → Koch

Offizier
▷ V: Träumt eine Frau von einem Offizier, sehnt sie sich danach, daß ihre bestehende Liebe »offiziell« wird, daß Ordnung in ihr Leben kommt. → Militär, → Soldat, → Uniform
▷ T: Der Offizier im Traum will all Ihre unterbewußten Begierden und Triebe unter Kontrolle bringen oder halten. Dies wird durch Ihren Geist gelenkt – entweder übertreiben Sie es damit, oder es gelingt Ihnen. Die restlichen Traumsymbole zeigen das!

Ohnmacht
▷ V: Sie fallen im Traum in Ohnmacht: Entweder haben Sie bald ein sehr starkes Liebeserlebnis, oder der Traum weist auf eine große persönliche Niederlage hin, die Ihnen Ihre Kraft rauben wird. Fällt ein anderer in Ohnmacht, wird Sie ein Mensch um etwas bitten (bei Geld sollten Sie vorsichtig sein).
▷ T: Ohnmacht zeigt Ihre Hilflosigkeit einem anderen Menschen gegenüber, entlastet Sie allerdings vorübergehend aus die-

ser Eigenverantwortung (→ Schwindel). Träumen Sie häufig von Ohnmachten, liegen möglicherweise auch Durchblutungsstörungen Ihres Gehirns während der Nacht vor.

Ohr

▷ S: In der Antike galt das Ohr als Sitz des Gedächtnisses.
▷ V: Sehen Sie im Traum ein Ohr oder mehrere Ohren, sollten Sie sich nicht an dem Gerede anderer Leute beteiligen. Der Klatsch über Sie selbst kommt Ihnen sonst »zu Ohren«. Sehen Sie Eselsohren, ist dies eine Warnung vor einer Dummheit, die Sie gerade begehen möchten. Sind Ihre Ohren verstopft oder gar taub, haben Sie Ihr Vertrauen in einen Menschen gesetzt, doch dies wird mißbraucht. Reinigen Sie Ihre Ohren, ist Ihr Mißtrauen in einer bestimmten Angelegenheit völlig richtig. Zieht Sie jemand an den Ohren, werden Sie bald an ein Versprechen erinnert werden. Ziehen Sie jemand anders an den Ohren, bereitet Ihnen der Fehltritt eines Menschen Leid und Kummer.
▷ T: Das Ohr zeigt Ihre Empfänglichkeit für andere. Lauschen Sie gerne jemandem? Verschließen Sie Ihre Ohren zeitweise? Vor was oder vor wem? Sind Ihre Ohren geschwollen, weil Sie von anderen buchstäblich »vollgequatscht« wurden? Schenken Sie gerne jemandem Ihr Ohr, weil Sie Zuneigung verspüren?

Ohrfeige

▷ V: Werden Sie im Traum geohrfeigt, sollten Sie sich vor unguten Freunden hüten, die Ihnen weh tun; vielleicht haben Sie wirklich etwas falsch gemacht? Ohrfeigen Sie jemand anderen, sollten Sie Ihre Gefühle etwas im Zaum halten, es könnte Streit geben.
▷ T: Die Ohrfeige, die Sie im Traum erhalten, warnt Sie davor, ein bestimmtes Problem schlagartig zu beseitigen – ein solches Vorgehen würde nur neue Probleme heraufbeschwören!

Ohrringe

▷ V: Sie verlieren Ohrringe: Vorsicht, ein finanzieller Verlust droht. Jemand schenkt Ihnen Ohrringe: Entweder werden Sie geliebt, oder jemand will Sie als Freund oder Freundin gewinnen. Sehen Sie im Traum Ohrringe, werden Sie die Bekanntschaft einer Frau machen. Träumen Männer, daß sie Ohrringe kaufen, sollten sie sich vorsehen: Ein Liebesabenteuer wird teurer, als Sie dachten. Kaufen Frauen im Traum Ohrringe, sind sie gesellschaftlich im Moment nicht sehr beliebt.

Olive

▷ S: Mit einem Olivenzweig kommt die Taube am Ende der Sintflut zu Noah zurück. Sie ist ein Symbol des Friedens.
▷ V: Sie sehen Oliven: Eine Streitfrage, die noch im Raum steht, wird sich bald harmonisch klären. Sie essen Oliven: In einer persönlichen Beziehung bzw. Liebe werden Sie bald auf den »harten Kern« der Wirklichkeit stoßen, das könnte zur Trennung bzw. Scheidung führen.
▷ T: Oliven können zwar auch erotische Wünsche anzeigen, doch sie stehen meistens für Ihr Bedürfnis nach Frieden, Harmonie, nach Güte und Liebe zu anderen Menschen. → Öl

Olymp, Olympiade

▷ T: Sehen Sie den Olymp, dann erhoffen Sie sich geistige Einsichten, oder Sie warten auf eine »Hilfe von oben«. Im besten Fall besitzen Sie ein gesundes Urvertrauen in eine höhere Führung. Die Traum-Olympiade zeigt Ihren alltäglichen Konkurrenzkampf an. Haben Sie sich selbst daran beteiligt? Als Sieger oder Verlierer?

Omnibus

▷ V: Träumt ein Mann von einem Omnibus, dann will er mit Gewalt und Ehrgeiz beruflich vorwärtskommen. Ansonsten zeigt die Fahrt mit dem Omnibus Ihre Zufriedenheit an, aber Sie beharren noch zu sehr auf alten Anschauungen. Fahren Sie mit dem Bus in eine falsche Richtung, sondern Sie sich von Ihrer Umwelt zu sehr ab.
▷ T: → Auto, → Eisenbahn, → Fahrt, → Lastwagen

Onkel

▷ T: Der Onkel im Traum zeigt männliche Wesensanteile und meistens das tatsächliche Verhältnis zum eigenen Onkel oder zu anderen männlichen Verwandten auf.

Oper

▷ T: In der Oper wird die »Bühne Ihres Lebens« dargestellt. Manchmal warnt sie vor Übertreibungen, vor Heucheleien und allzuviel Dramatisierung kleiner Angelegenheiten. → Bühne

Operation

▷ V: Träumen Sie von einer Operation, ist dies möglicherweise ein Hinweis auf eine gesundheitliche oder seelische Störung, die behandelt werden muß. Allerdings werden Sie Hilfe erhalten in Ihrer Not oder Bedrängnis. Wird ein anderer operiert, ist dies die Ankündigung eines traurigen Ereignisses oder eines Schicksalsschlags. → Krankheit, → Krankenhaus
▷ T: Die Operation zeigt an, daß in Ihrem seelischen Leben dringend etwas zu entfernen ist, oder Sie sollten diesen Zustand in »einschneidender Weise« ändern. Manchmal zeigt sie eine tatsächliche Angst vor Krankheiten, doch meist steht Ihnen eine tiefgreifende Veränderung bevor, weil krankhafte Verhaltensformen dringend beseitigt werden müssen.

Operette

▷ V: Sie hören eine Operette: Bald werden Sie in lustiger Gesellschaft feiern. Wirken Sie darin selbst in der Operette mit, bauen Sie sich immer noch viel zu viele Luftschlösser in Ihrem Leben.
▷ T: Die Operette zeigt an, daß Sie Ihr Leben insgesamt mehr von der heiteren, beschwingten Seite aus betrachten. → Oper

Opernglas

▷ T: Fühlen Sie sich von anderen ständig beobachtet? Praktizieren Sie eine krankhafte Selbstbeobachtung? Wünschen Sie sich einen besseren Überblick oder eine klare Beobachtung Ihrer Lage?
→ Fernglas, → Lupe, → Mikroskop

Opfer
▷ V: Sie müssen im Traum ein Opfer bringen: Entweder wird bald zuviel von Ihnen verlangt, oder Sie selbst überfordern sich. Sie bringen freiwillig ein Opfer: Bald werden Sie eine Belohnung für Ihren selbstlosen Einsatz erhalten.
▷ T: Entweder haben Sie eigene Wesensanteile selbst aufgegeben, diese einer Sache oder einem anderen »geopfert«, oder aber Sie fungieren im Traum als → Täter und opfern die Bedürfnisse anderer ziemlich rücksichtslos Ihren eigenen Absichten und Zielen. Sind Sie in Ihren Träumen selbst ständig das Opfer, dann sollten Sie sich ehrlich fragen, ob Sie nicht mittlerweile von den Verletzungen des Täters abhängig geworden sind. In der Psychologie bedingen Opfer und Täter einander – der eine kann ohne den anderen nichts ausrichten! → Märtyrer

Opium
▷ V: Rauchen Sie im Traum Opium, haben Sie recht unrealistische Vorstellungen über Ihr eigenes und das Leben an sich – diese Selbsttäuschung kann für Sie gefährliche Folgen haben. Sehen Sie andere rauchen, haben Sie Kontakt zu recht zweifelhaften Menschen mit leichtsinnigen Charakteren. Betreten Sie eine Opiumhöhle, werden Sie sich bald auf ein recht gewagtes Unternehmen (Abenteuer) einlassen.
▷ T: Durch das Opium ist meistens Flucht vor der Realität angezeigt, oder Sie versuchen, Ihre Fehler und Schwächen hinter den Nebelschwaden Ihrer Ideale zu verbergen. Beide Möglichkeiten führen nicht ans Ziel und schwächen Ihre Persönlichkeit. → rauchen

Orange
▷ V: Eine Orange sehen: Die Orange ist ein Symbol für Ihre erotischen Bedürfnisse und Wünsche (→ Obst). Manchmal weist sie auch auf eine beginnende Gelbsucht hin. Orangen essen: Ihre Liebesgefühle werden bald erwidert, doch auch gesundheitlich sind Sie bald wieder fit!
▷ T: Die Orange drückt vor allem Ihre erotischen Bedürfnisse

aus, die Farbe symbolisiert Ihren Geist und die Sonne Ihrer Persönlichkeit. → Obst, → Kapitel »Farben im Traum«

Orchester

▷ V: Sie sehen ein Orchester: Sie nehmen bald an einer größeren Veranstaltung teil. Sie wirken darin mit oder dirigieren: Entweder treten Sie einer Organisation, einem Verein bei – oder Sie gründen selbst eine Vereinigung. → Musik
▷ T: Es ist Ihnen gelungen, all Ihre widersprüchlichen Gefühle, Gedanken und Wünsche zu einem »harmonischen musikalischen Ganzen« zu verbinden – eine tolle Leistung!

Orchidee

▷ V: Erhalten Sie im Traum eine Orchidee, wird jemand in Ihrer Umgebung demnächst versuchen, Sie mit allerlei Schmeicheleien zu umgarnen. → Blume

Orden

▷ V: Sie erhalten einen Orden: In Ihnen steckt unbewußt ein bißchen zuviel Ehrgeiz, und auch an Selbstgefälligkeit mangelt es Ihnen gar nicht. Wer Orden an andere verleiht, kann mit einem Karriereschub bzw. mit einem höheren beruflichen Posten rechnen.
▷ T: Ihre Suche nach Anerkennung, Auszeichnung oder Autorität ist schon fast krankhaft geworden – das sollten Sie schnell ändern, denn zuviel Stolz und Geltungssucht vertreiben gute Freunde und Beziehungspartner schnell. → Quaste

Orgel

▷ V: Hören Sie im Traum eine Orgel, werden Sie bald an einer großen Feierlichkeit (vielleicht sogar Hochzeit) teilnehmen. Spielen Sie selbst darauf, sehnen Sie sich nach mehr Alleinsein, um Ihren Interessen in Ruhe nachgehen zu können. → Klavier, → Musik
▷ T: Sie sind eine ernsthafte Persönlichkeit und streben danach, alle Aspekte Ihres Wesens harmonisch zu vereinen. Das wird Ihnen gelingen, wenn das Orgelspiel schön bzw. harmonisch war!

Orkan

▷ V: Sie sehen oder erleben einen Orkan: Ein sehr schlechtes Vorzeichen für alle Pläne, Geschäfte und für Privates. Sie können froh sein, wenn es nur bei einem größeren finanziellen Verlust bleibt – bisweilen richtet ein Orkan nämlich größere Schäden an. Diesen Traum sollten Sie unbedingt ernst nehmen! → Sturm
▷ T: Ein Warntraum, denn ein Orkan kündigt immer eine Lebenskrise an. Alte Einstellungen, Ideale, veraltete Normen und Wertbegriffe werden in diesem Wirbelsturm erschüttert. Nichts ist danach mehr auf dem Platz, an dem es vorher war. Der Traum sagt Ihnen, daß Sie jetzt schon Neues in sich selbst aufbauen bzw. kommende Veränderungen schon jetzt geistig zulassen sollten, damit der kommende Orkan keine schweren Persönlichkeitsschäden anrichten kann!

Osten

▷ T: Der Osten zeigt Ihre geistige Seite an, das Irrationale und Mystische in Ihrem Wesen, aber auch Ihre Sehnsucht nach dem Licht (denn im Osten geht die Sonne auf), das eine Wiedergeburt verkörpert. → Himmelsrichtungen, → Licht

Osterei, Ostern

▷ V: Sie suchen im Traum nach Ostereiern: Sie werden bald ein neues Liebesverhältnis beginnen. Essen Sie die Eier, empfinden Sie für einen bestimmten Menschen sehr leidenschaftliche Gefühle; das kann biologische Folgen haben. Ostereier verstecken: Sind Sie mal ehrlich – Ihren Freunden und Bekannten gegenüber spielen Sie nicht mit ganz offenen Karten. Ostereier verschenken: Jemand begehrt und liebt Sie, und bald gehen Sie darauf ein. Erhalten Sie Eier geschenkt, wird Ihnen demnächst ein sympathischer Mensch eine Liebeserklärung machen.
▷ T: Ostereier sind ein Fruchtbarkeitssymbol und zeigen Ihren Wunsch nach körperlicher Liebe an (→ Ei). Ostern dagegen symbolisiert Ihren Wunsch nach Erlösung und/oder Auferstehung in einer bestimmten Angelegenheit.

Ozean

▷ V: Sie sehen einen weiten Ozean oder sind auf einem Ozeandampfer unterwegs: Dieser Traum kündigt eine weite Reise an, oder er steht für Ihre Sehnsucht nach mehr Weite und Befreiung in Ihrem Leben.

▷ T: → Meer, → Schiff, → Wasser

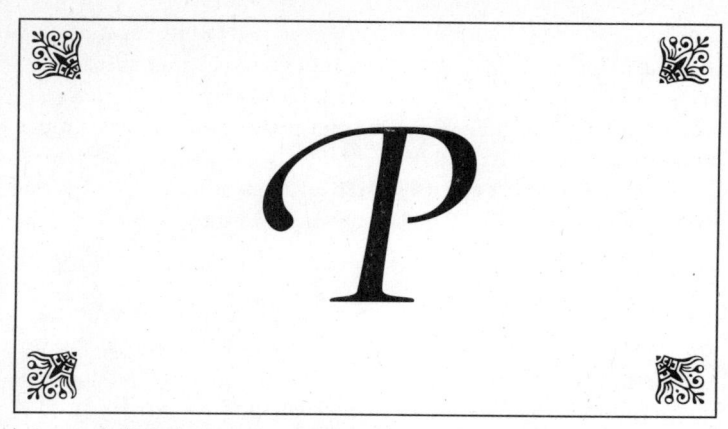

▷ S = symbolisch; ▷ T = tiefenpsychologisch; ▷ V = visionär, voraussagend

packen
▷ V: Sie packen Ihre Sachen: Lebensveränderungen bahnen sich an, die mit vielen Sorgen, inneren Umstellungen oder einer Loslösung zusammenhängen. Fremde beim Packen zu sehen kündigt einen Besuch an.

▷ T: Innere oder äußere Einflüsse verändern bald Ihr gewohntes Leben, ob dieser Prozeß von außen oder von Ihnen selbst ausgelöst wird, zeigen die restlichen Symbole.

Paddel, paddeln
▷ T: Das Paddel zeigt, mit welcher Kraft und durch welche Antriebe Sie Ihr Lebensschiff bewegen können. Sind es Ihre Wünsche, Ihre Hoffnungen, Ideale oder gar Begierden? Paddeln Sie im Traum, ohne voranzukommen, oder ist Ihr Ziel schon in Sicht?
→ Boot, → rudern

Paket
▷ V: Sie erhalten ein volles Paket: Sie werden eine Überraschung erleben, die zugleich nützlich für Sie ist. Wenn Sie hingegen ein leeres Paket erhalten, werden Sie eine Enttäuschung erleben. Ent-

hält das Paket Gold oder andere wertvolle Dinge, können Sie sich über eine größere Geldeinnahme freuen, oder Sie werden geehrt.
▷ T: Das Paket enthält eine Lebenserfahrung, die Sie noch nicht bewußt verarbeitet haben. Manchmal verpackt man auch uneingestandene sexuelle Bedürfnisse darin. Hier hilft nur Auspacken und Anschauen. Ist das Paket noch verschnürt? → Kasten

Palast
▷ V: Einen Palast sehen: Sie fühlen sich Ihren Mitmenschen zuweilen haushoch überlegen und unterschätzen zwangsläufig deren Qualitäten; auf Dauer eine gefährliche Einstellung! In einem Palast wohnen: Sie werden in einer Sache unsanft wieder auf den Boden der Tatsachen zurückgeführt, das »böse Erwachen« folgt auf dem Fuße. → Schloß
▷ T: Vielleicht wünschen Sie sich mehr Ansehen bei anderen und deren Wertschätzung? Ist Ihr Palast ein »goldener Käfig«, dann sind Sie durch Äußerlichkeiten und materielle Werte in Ihrer Selbstentfaltung stark eingeschränkt (eingesperrt). Befinden Sie sich zur Zeit in einem finanziellen Engpaß, sorgt der Traum quasi für eine kleine Ersatzbefriedigung bzw. Beschwichtigung.

Palette
▷ V: Sie sehen eine Palette mit vielen Farben: Sie sollten Ihre schöpferischen Anlagen pflegen. Vielleicht haben Sie auch eine künstlerische Ader, die ausgelebt werden will?
▷ T: → malen, → Kapitel »Farben im Traum«

Palisaden
▷ V+T: Sehen Sie im Traum Palisaden, kündigt dies unruhige Zeiten an – viele Hindernisse und Probleme können nur durch größte Vorsicht Ihrerseits gemeistert werden. → Mauer

Palme

▷ S: Die Palme symbolisiert Sieg, Aufstieg, Wiedergeburt und Unsterblichkeit; die Palmzweige deuten die Auferstehung jenseits des Leidens und des Todes an.

▷ V: Sehen Sie eine Palme, schwelgen Sie gern in romantischen Illusionen. Dieses Traumbild warnt, den Boden unter den Füßen nicht zu verlieren und die Realität mehr zu beachten. Hat Sie vielleicht jemand »auf die Palme« gebracht? Steht die Palme im Freien, könnte ein langgehegter Wunsch bald in Erfüllung gehen. Eine Zimmerpalme sehen: Eine Angelegenheit entwickelt sich nicht nach Wunsch, Sie sind unzufrieden.

▷ T: Vor allem in Frauenträumen zeigt die Palme erotische Bedürfnisse an: Ihre Sehnsucht nach einem sehr männlichen Partner.

Panther

▷ V: Einen Panther sehen: Vorsicht vor falschen oder hinterlistigen Menschen in Ihrer Umgebung. Einen Panther erlegen: Sie werden von falschen Anschuldigungen rehabilitiert werden. Werden Sie von einem Panther angefallen, werden Sie durch eine hinterlistige Intrige und Verleumdung Schaden erleiden.

▷ T: → Leopard, → Raubtier, → Tiger, → Tier

Pantoffel

▷ V: Tragen Sie einen Pantoffel auf dem Kopf, machen Sie sich für jeden zum Narren. Etwas mehr Selbstbewußtsein wäre dringend erforderlich, damit Ihre Persönlichkeit keinen Schaden nimmt. Tragen Sie zerrissene Pantoffeln, spitzt sich eine Beziehungs- oder Ehekrise langsam zu. Sie tragen abgetragene Pantoffeln: Wollen Sie aus Ihrer Beziehung oder Ehe ausbrechen? Es wäre jedoch viel klüger, beim Partner zu bleiben – in einem neuen Leben würden Sie sich gar nicht zurechtfinden. Sehen Sie Pantoffeln, ermahnt Sie das, sich nicht so leicht unterkriegen zu lassen – zeigen Sie mal »Ihre Zähne«. Kaufen Sie Pantoffeln, werden Sie bald eine große Dummheit machen. Wenn Sie Holzpantoffeln tragen, haben Sie die Neigung, oft etwas zu herrschsüchtig aufzutreten.

▷ T: Entweder stehen Sie »unterm Pantoffel« Ihres Partners, oder Sie wünschen sich eine gesicherte und behagliche Existenz. Was zutrifft, müssen Sie selbst herausfinden. → Kleidung, → Schuhe

Panzer, Panzerwagen

▷ V: Sie sehen einen Panzer: Viele Schwierigkeiten türmen sich vor Ihnen auf. Sie sind selbst gepanzert: Sie haben Angst, daß andere Menschen Sie angreifen könnten – dieses negative Gefühl engt Sie stark ein. Sehen Sie einen Panzerwagen, will jemand Sie beruflich »überrollen« – bringen Sie sich in Sicherheit. In einem Panzerwagen fahren: Jemand erinnert Sie recht unliebsam an ein lästiges Versprechen oder eine Verpflichtung, die Sie einhalten müssen, auch wenn es Ihnen schwerfällt.

▷ T: Als Waffe zeigt der Panzer Ihre eigenen Aggressionen an; als Rüstung Ihr Bedürfnis nach Schutz. Wünschen Sie sich vielleicht ein »dickeres Fell«? Oder haben Sie sich vor lauter Angst »eingepanzert« gegen äußere, aggressive Einflüsse oder Mitmenschen?

Papagei

▷ V: Sie sehen oder hören einen Papagei: Wenn Sie jetzt Ihr großes Mitteilungsbedürfnis einschränken könnten, dann wäre ein dummes Gerede über Sie noch rechtzeitig zu vermeiden. Vielleicht »plappert« ein Freund Ihr gut gehütetes Geheimnis aus.

▷ T: Plappern Sie nicht alles nach, was andere Ihnen weismachen wollen – entwickeln Sie Ihre eigene Meinungs- und Urteilsfähigkeit!

Papier

▷ V: Sehen Sie im Traum bedrucktes Papier, halten Ihre Mitmenschen Sie für sehr vertrauenswürdig. Zerrissenes Papier: Sie sind nicht im Recht und haben durch eigene Schuld Zerwürfnisse provoziert; bei Rechtsstreitigkeiten sollten Sie jetzt äußerst vorsichtig sein. Leere Papierblätter: Bald wird ein wichtiges Schrift-

stück plötzlich eine große Rolle spielen. Sie beschreiben oder bemalen Papier: Eine ganz persönliche Angelegenheit wird Sie innerlich stark beschäftigen. Bedrucktes Papier: Sie müssen viel unnötigen und belanglosen Schriftverkehr erledigen.
▷ T: Ein »unbeschriebenes Blatt« zeigt entweder Ihre mangelnde Lebenserfahrung an oder Offenheit für neue Gedanken und Ansichten. Auf dem beschriebenen Papier erhalten Sie neue Anweisungen oder geistige Impulse, die Ihnen bald nützlich sein könnten. → Blatt, → schreiben, → Zeitung

Pappel
▷ V: Sehen Sie Pappeln: Im Gegensatz zur Palme verspricht die Pappel viel Freude in kommenden Zeiten und ein ruhiges, friedvolles Alter, denn Sie befinden sich auf dem richtigen Weg. Sehen Sie eine krumme oder verkümmerte Pappel: Sie sollten sowohl Ihre falschen Einstellungen als auch Ihre negative Grundhaltung aufgeben, da Sie sonst immer ergebnislos den falschen Zielen nachlaufen.
▷ T: Die aufrechte Pappel ist ein schönes Zeichen, daß Sie sich auf dem richtigen Lebensweg befinden. Die krumme Pappel zeigt an, daß Sie etwas verändern sollten!

Paprika
▷ V: Sehen Sie eine rote Paprika, drohen Streit und Ärger. → Gemüse, → Kapitel »Farben im Traum«

Papst
▷ V: Sehen Sie im Traum den Papst, erhalten Sie entweder die Anerkennung Ihrer Leistungen, oder sogar eine Auszeichnung für Ihre Dienste; frühere Fehler werden Ihnen verziehen. Sind Sie selbst ein Papst, dann sollten Sie jetzt viel Selbstkritik und Demut praktizieren, denn Sie stehen vor schwerwiegenden Entscheidungen, die für Ihr Leben weitreichende Folgen haben werden.
▷ T: Wollen Sie Ihren »inneren Papst« um Verzeihung bitten für Fehler und Schwächen, die zu Schuldgefühlen führten? Vielleicht

symbolisiert der Papst auch Ihre eigenen geistigen und religiösen Wertvorstellungen?

Parade

▷ V: Sie sehen eine Parade oder machen mit: Leben Sie nicht andauernd über Ihre Verhältnisse. Sie wollen immer mehr darstellen, als Sie wirklich sind, oder mit Ihren Auftritten Ihr schwaches Selbstwertgefühl vor anderen aufblähen.

▷ T: Die Parade will Sie immer zu mehr Selbstdisziplin auffordern, denn nur so lösen Sie aktuelle Schwierigkeiten.

Paradies

▷ S: Der Garten Eden als ursprüngliche Schöpfungswelt Gottes vor dem Sündenfall.

▷ V: Sehen Sie im Traum ein Paradies, hoffen Sie auf »göttliche Belohnung« und könnten bald glücklichen Tagen entgegensehen. Sie befinden sich mitten im Paradies: Auf Erden gibt es kein »Dauerparadies«, verabschieden Sie sich von den vielen Flausen in Ihrem Kopf.

▷ T: Ist Ihr Paradiestraum schön, dann zeigt er Ihre innere Ausgeglichenheit an – oder Ihren Wunsch nach diesem Zustand. Durch innere Reinheit und Unschuld werden Sie in Harmonie mit sich selbst und anderen gelangen!

Parfüm

▷ V: Sie riechen (in Männerträumen) starkes Parfüm: Sie sind dem Einfluß einer weiblichen Person ausgesetzt, die Ihr Denken und Handeln durch Täuschungen zum Nachteil beeinflussen wird. Sie parfümieren sich selbst (bei Frauen und Männern): Sie wollen andere täuschen. Sie verschenken Parfüm: Ihre Bemühungen, die Gunst einer anderen Person zu erhalten, werden bald erfolgreich sein. → Schminke

▷ T: Das Parfüm zeigt an, daß Sie Ihre Fehler und Schwächen vor anderen beschönigen (Negatives als Wohlriechendes verkaufen) wollen; meistens wird diese Absicht von Ihren Mitmenschen bald durchschaut. → Geruch

Paar im Paradies
*Ist Ihr Paradiestraum schön, dann könnte er tatsächlich ein
kleines »Paradies auf Erden« – eine schöne, harmonievolle
Zeit in Ihrer Partnerschaft ankündigen. Stecken Sie jedoch
mitten in großen Konflikten, so ersehnt sich die Seele einfach
ein kleines Paradies, um diesen negativen Zustand besser
aushalten zu können. Wer ethisch und moralisch sehr rein
oder unschuldig lebt, hat die größten Chancen, dieses Paradies auch bald im wirklichen Leben zu finden!*

Park
▷ V: Sie gehen im Park spazieren: Machen Sie sich keine unnötigen Sorgen um Ihre Zukunft; bald können Sie einen schönen Urlaub genießen. Sehen Sie den Park, haben Sie entweder die Sehnsucht nach Ruhe, oder Sie können tatsächlich bald ausspannen
und sich erholen.
▷ T: Ihr Nervenkostüm braucht jetzt wirklich Erholung, damit
Sie Ihre innere Ausgeglichenheit wiederfinden können. Machen

Sie mal Urlaub oder gönnen Sie sich eine kleine Ortsveränderung!

Paß, Paßkontrolle

▷ V: Sehen Sie Ihren Paß, werden Sie in Kürze verreisen. Verlieren Sie Ihren Paß, schwindet Ihr Ansehen bei anderen. Sehen Sie einen fremden Paß, haben Sie Probleme mit den Behörden oder machen sich Sorgen wegen der Reise eines anderen. Erleben Sie eine Paßkontrolle, werden Sie durch »höhere Umstände« in Ihrer Bewegungsfreiheit eingeschränkt werden. Sie sehen einen Bergübergang (als Paß): Aktuelle Probleme können mit Ausdauer und Konzentration endlich überwunden werden. Überschreiten Sie diesen Paß, werden Sie die »Kehrseite einer Medaille« kennenlernen, entweder bei einer Sache oder bei einem Menschen.

▷ T: Wenn Sie sich nicht gerade mit Behördenangelegenheiten im Alltag beschäftigen müssen oder sogar verreisen möchten, dann zeigt der Paß als Ausweis ähnliches wie Ihr → Name. Der Bergübergang kündigt Probleme an, die sich Ihnen bald in den Weg stellen werden, die Sie aber überwinden können.

Pastete

▷ V: Essen Sie im Traum eine Pastete, sollten Sie jede körperliche Maßlosigkeit vermeiden, denn Ihre Gesundheit ist zur Zeit nicht belastbar. Sehen Sie jedoch nur eine Pastete, können Sie ein kleines Vergnügen genießen. Pasteten selbst zubereiten: Sie machen sich eine kleine Freude – das können Sie ruhig öfter tun.

▷ T: Die Pastete symbolisiert eine feinere Form von → Brot oder → Nahrung. Bereiten Sie die Pastete selbst zu: → Bäcker, → Koch

Patent

▷ V: Sie erhalten ein Patent: Sie haben bald eine tolle Idee, die Sie in die Tat umsetzen sollten. Sehen Sie ein fremdes Patent, haben Sie in einer bestimmten Angelegenheit leider viel zu spät reagiert.

▷ T: Meistens zeigt das Patent eine gute Idee an, die Sie unbedingt umsetzen sollten. Beachten Sie die weiteren Traumsymbole!

Pauke

▷ V: Sie hören eine Pauke: Bei Rechtsstreitigkeiten und anderen Konflikten sollten Sie jetzt äußerst wachsam sein und besser einen Vergleich anstreben. Schlagen Sie selbst auf die Pauke, ist das ein Hinweis, weniger rücksichtslos oder gar überheblich zu sein, denn Sie werden nur unangenehm auffallen. Sind Sie vielleicht »mit Pauken und Trompeten« durchgefallen, oder haben Sie triumphal gesiegt?

▷ T: Hauen Sie selbst manchmal »auf die Pauke« und fallen so unangenehm auf? Dahinter könnte sich ein etwas überzogener Geltungsdrang verbergen. Falls nicht, werden Sie bald eine Neuigkeit erfahren. → Trommel, → Trompete

Pavillon

▷ V: Sehen Sie einen Pavillon, könnten Sie demnächst ein heimliches Liebesabenteuer beginnen. Steht er in einem → Park?

▷ T: → Palast, → Schloß

Pech

▷ V: Sie arbeiten mit Pech: Kommende Hindernisse führen Sie geradewegs zu Glück und Erfolg. Sehen Sie Pech, »schwärzt« jemand Sie bei einer Person an, deren Wertschätzung Ihnen sehr wichtig ist. Sehen Sie Pechschwärze an anderen, stecken diese Personen Erfolge ein, die eigentlich Ihnen und Ihrer Arbeitsleistung zukämen.

▷ T: Das Pech im Traum kündigt entweder eigene Mißerfolge an oder den Neid anderer Menschen, die Ihnen Ihren Erfolg nicht gönnen. Haben Sie zur Zeit »eine Pechsträhne«? Klebt »Pech« an Ihren Händen? Sehen Sie alles »pechschwarz«? Dagegen sollten Sie etwas unternehmen! → Ruß

Peitsche

▷ V: Eine Peitsche im Traum zu sehen oder ausgepeitscht zu werden zeigt masochistische Züge, die nicht ausgelebt werden können. Träumt eine Frau von einer Peitsche, so möchte sie sich sexuell oder geistig dem Partner unterwerfen. Schwingen Sie selbst eine Peitsche, regiert in Ihnen eine versteckte Herrschsucht, die bei anderen Menschen auf Ablehnung oder sogar Haß stoßen wird. Hören Sie eine Peitsche knallen, könnten Sie in Ihrem Leben noch sehr viel erreichen.

▷ T: Auspeitschen im Traum könnte abnorme Persönlichkeitsanteile andeuten, die psychotherapeutisch behandelt werden sollten (vor allem, wenn diese Träume öfters auftreten). Die Peitsche selbst kündigt oft Aggressionen, Haß, Verachtung oder auch Hochmut an – prüfen Sie ehrlich, ob Sie zur Zeit → Täter oder → Opfer sind!

Pelz

▷ V: Sie sehen einen Pelz: Auch gute Eigenschaften werden von der Umwelt nicht immer entsprechend gewürdigt. Sie tragen einen Pelz: Durch die Anstrengung oder Arbeitsleistung anderer können Sie einen großen Gewinn erzielen oder mit profitieren. Liegen Sie auf einem Pelz, verläuft Ihr Leben zur Zeit recht behaglich, Sie müssen sich nicht groß anstrengen. Schenkt Ihnen jemand einen Pelz, kündigt dies entweder eine Geldheirat an oder den Beginn einer rein geschäftlichen Verbindung.

▷ T: → Nerz, → Tier

Perle

▷ S: Symbol der Erleuchtung und der geistigen Wiedergeburt.

▷ V: Perlen in Frauenträumen kündigen nicht immer Tränen an, sondern zeigen den Wunsch, etwas Wertvolles zu schaffen. Oft träumen Hausfrauen mit einem beengten Leben von Perlen. Tragen Sie Perlen, oder erhalten Sie diese geschenkt, tauchen alte seelische Schmerzen wieder auf und sollten verarbeitet werden. Verschenken Sie im Traum Perlen, werden Sie für Ihre Hilfsbereitschaft keinen Dank erhalten.

▷ T: → Juwelen, → Schmuck, → Muschel

Perücke

▷ V: Sehen Sie Menschen mit Perücken, geben Sie sich leider den Täuschungsmanövern anderer Menschen hin; nehmen Sie sich

in acht vor arroganten Zeitgenossen. Sehen Sie eine Perücke, lassen Sie sich viel zu leicht etwas vormachen. Wenn Sie selbst eine Perücke tragen, leiden Sie unter Minderwertigkeitsgefühlen.
▷ T: Meist symbolisiert die Perücke falsche Einstellungen und Verhaltensweisen – bisweilen auch Ihre Minderwertigkeitsgefühle. → Haare, → Puder

Petersilie
▷ V: Sehen Sie im Traum Petersilie, ist das ein sehr gutes Zeichen für ein glückliches Zuhause und ein gesundes Leben. → Gewürz, → Kräuter

Petroleum
▷ V: Sie sehen Petroleum: Eine Bekanntschaft könnte zwar nützlich sein, doch leider recht unangenehm. Zünden Sie im Traum Petroleum an, ist dies eine Warnung vor großem Leichtsinn. Verschütten Sie Petroleum, geht eine auf Zweckmäßigkeit reduzierte Verbindung zu Ende. → Öl

Pfad
▷ V: Sie sehen einen breiten Pfad: Sie gehen gerne allen Schwierigkeiten aus dem Weg und machen sich lieber ein bequemes Leben. Ein schmaler Pfad: Passen Sie auf, daß Sie nicht von Ihrem geplanten Lebensweg abkommen. Sehen Sie einen Pfad vor sich, halten Sie Ihr kleines Glück gern vor anderen verborgen. Sie gehen auf einem Pfad: Auch wenn andere dagegen sind – Sie gehen unbeeindruckt Ihren Weg weiter. Wer den Pfad verliert, sich verirrt: Sie befinden sich auf dem falschen Weg. Stehen Sie an einem Kreuzweg, sollten Sie sich jetzt unbedingt für den richtigen Weg entscheiden, der Ihrem innersten Wesen entspricht.
▷ T: Der Pfad symbolisiert Ihre Einstellungen, Ideale und/oder Hoffnungen, die Ihren Lebensweg bestimmen. Ihre Suche nach Selbstverwirklichung kommt darin zum Ausdruck, oder auch schlummernde Möglichkeiten. → Weg

Pfadfinder

▷ V: Sehen Sie im Traum einen Pfadfinder, mahnt er Sie, nicht vom rechten Weg abzukommen. Sind Sie selbst einer, können Sie stilles Glück im Verborgenen finden und sollten es vor anderen geheimhalten.

▷ T: Entweder suchen Sie nach der richtigen Anleitung für Ihren weiteren Lebensweg, oder der Pfadfinder warnt Sie vor dem falschen → Pfad

Pfahl

▷ V: Sie sehen einen Pfahl: Wenn Sie sich in einer bestimmten Sache mehr anpassen, dann wird ein langgehegter Wunsch bald in Erfüllung gehen. Rammen Sie den Pfahl in die Erde, können Sie jetzt den Grundstein für ein gesichertes Fortkommen und Glück legen!

▷ T: Der Pfahl könnte eine sichere Grundlage Ihres Lebens symbolisieren oder eine feste und solide Absicht Ihrerseits. → Haus

Pfand, Pfändung

▷ V: Sie geben ein Pfand ab: Sie sind unüberlegt eine nachteilige Bindung oder Verpflichtung eingegangen. Nehmen Sie ein Pfand entgegen, können Sie sich auf eine Freundschaft fest verlassen. Werden Sie gepfändet, droht Ihnen ein Verlust oder eine Trennung. Pfänden Sie selbst einen Schuldner, wird Ihre allzu große Gutmütigkeit schamlos ausgenutzt.

Pfanne

▷ V: Sehen Sie im Traum eine Pfanne, werden Sie bald alte Bekannte wiedertreffen. Schlagen Sie Eier in eine Pfanne, haben Sie sich in der Liebe eindeutig übernommen – mehr Passivität Ihrerseits wäre jetzt wesentlich gesünder.

▷ T: In der Pfanne kann man »heiße Gefühle« kochen (hemmungslose sexuelle Begierden), bei denen Sie sich leicht den Mund oder die Finger verbrennen könnten. Zügeln Sie diese »heißen Triebe«, ohne sie jedoch massiv zu unterdrücken. → Koch

Pfarrer

▷ V: Sie sehen einen Pfarrer: Sie werden immer unbeliebter, wenn Sie dauernd andere Leute belehren oder ihnen sagen, was sie zu tun haben. Sind Sie selbst ein Pfarrer, so sollten Sie allen Mut zusammennehmen und etwas bekennen oder zugeben, was Ihnen äußerst schwer fällt. Sprechen Sie mit einem Pfarrer, plagt Sie in einer bestimmten Angelegenheit ein schlechtes Gewissen – erleichtern Sie sich von diesem Druck.

▷ T: → Priester, → Kirche, → Prediger

Pfau

▷ S: Ein Sonnenzeichen durch sein Rad, doch auch Symbol der Eitelkeit

▷ V: Sie sehen einen Pfau: Es wäre viel besser für Ihre Wirkung auf andere Menschen, wenn Sie nicht so eitel und überheblich auftreten würden. Träumen Männer von einem Pfau, begegnen sie einer schönen Frau, die ihren eigenen Ehrgeiz und Egoismus hinter Charme verbergen kann. Schlägt der Pfau ein Rad, ist Ihre Selbstdarstellung und Überheblichkeit zwar grandios, doch manchmal äußerst lächerlich. Schreiende Pfaue: Jemand schlägt Ihnen eine verlockende Sache oder Einladung vor, bei der jedoch größte Vorsicht geboten ist.

▷ T: Ein bißchen zuviel Eitelkeit ist immer dabei – ob es sich nun um ganz normale Angebereien handelt, mit denen Sie bei anderen Eindruck schinden wollen, oder um das Präsentieren Ihrer geistigen Anlagen, mit denen Sie vor anderen glänzen können (wollen). Eines Tages machen Sie sich lächerlich – geben Sie es auf!

Pfeffer

▷ T: Dieses scharfe Gewürz zeigt entweder Ihre leidenschaftlichen Bedürfnisse an oder will Sie dazu ermuntern, mit etwas mehr »Pfeffer« eine Sache oder Ihr Leben im allgemeinen zu würzen.
→ Gewürz, → Salz

Pfeife, pfeifen

▷ V: Sehen Sie im Traum eine Pfeife, wird ein alter Freund Sie bald besuchen. Sehen Sie jemanden Pfeife rauchen, ist das ein Hinweis, in allen Aktivitäten und Handlungen etwas bedächtiger vorzugehen, denn Ihr Leben braucht jetzt mehr Behaglichkeit (nicht nur Streß). Hören Sie ein schrilles Pfeifen, sollten Sie sich in den kommenden Tagen vorsehen – eine Gefahr ist im Anzug. Spielen Sie selbst auf einer Pfeife, machen Sie sich Sorgen um eine nahestehende Person.

▷ T: Die schrille Pfeife warnt Sie vor einer kommenden Gefahr im Alltag – die Tabakspfeife symbolisiert selbstsichere Männlichkeit, innere Ruhe und Ausgeglichenheit. In Frauenträumen ist sie ein Zeichen, daß Sie sich so einen Partner wünschen. → Rauch, → rauchen

Pfeil

▷ S: Sonnenstrahl und phallisches Fruchtbarkeitssymbol.

▷ V: Sehen Sie einen Pfeil, sind Sie nicht ganz unschuldig, wenn sich bald Ärger oder Streit ergeben wird. Schießen Sie einen Pfeil ab, ist das ein Hinweis, daß Sie selbst getroffen werden, denn durch Ihr Verhalten könnte eine gute Freundschaft auseinandergehen, oder eine Trennung steht bevor. Werden Sie von einem Pfeil getroffen, steht ein Zusammenbruch bevor, oder eine andere Katastrophe zieht auf. Sehen Sie dagegen einen Pfeil als Wegweiser, zeigt dieser Ihnen, welche Richtung Sie in Beruf und in persönlichen Angelegenheiten wählen sollten. → Himmelsrichtungen

▷ T: Der Pfeil als → Waffe zeigt meistens verletzende Verhaltensweisen an, die Sie anderen Menschen gegenüber ausleben oder unter denen Sie zu leiden haben, z. B. Gemeinheiten, Gehässigkeiten oder eine zu aggressive Sexualität. → Lanze

Pferd

▷ V: Sie sehen ein Pferd mit Reiter oder reiten selbst: Jetzt sollten Sie die Zügel fest in der Hand halten und eine gute Haltung bewahren, damit Sie eine bestimmte Sache erfolgreich abschließen können. Stürzen Sie vom Pferd, sollten Sie von Ihrem geplanten Vorhaben schleunigst die Finger lassen, sonst ist ein Absturz unvermeidlich. Ein Pferd auf der Wiese: Sie sehnen sich nach mehr Freiheit und Unabhängigkeit in Ihrem Leben. Ein Pferd zieht einen Wagen: Am liebsten möchten Sie sich aus der Abhängigkeit einer bestimmten Person befreien. Pferde auf einer Koppel: Sie gewinnen Ihre Unabhängigkeit zurück oder streben eine berufliche Selbständigkeit an. Ein unruhiges, sich bäumendes Pferd besteigen: Nach Überwindung großer Schwierigkeiten werden Sie sehr dauerhafte Erfolge erzielen. Führen Sie ein Pferd am Halfter, sollten Sie sich eine wichtige Sache für Ihre Zukunft erst noch in Ruhe überlegen und danach langsam, aber sicher zum Erfolg führen. Sehen Sie ein junges Fohlen, wird bald ein sehr glückliches Ereignis stattfinden. Schimmel verstärken die günstigen Symbole – Rappen verstärken die negativen Symbole. → Rennbahn

▷ T: Dieses Tier steht für aufsteigende Begierden, Ihre sexuellen Bedürfnisse und Leidenschaften, die sich bald deutlich zu Wort melden werden – je wilder das Pferd, um so stärker sind diese Energien. Der Reiter auf dem Pferd deutet darauf hin, daß diese Triebe vom Geist gelenkt werden. Das ruhige Traumpferd symbolisiert Ihre gezügelte und geformte Triebhaftigkeit. Schwarze Pferde zeigen Tod oder Auflösung; braunrote Pferde einfache und sichere Instinkte. Ein weißes Pferd hat vor allem geistige Bedeutung und steht für hohe Ziele und geistige Kraft, die Neues schöpfen kann. Halten Sie die Zügel zu straff, sollten Sie diese unbewußten Energien mehr aufsteigen lassen. Der Hengst im Traum zeigt Männlichkeit, Potenz, Kraft und Aggression an; die Stute Weiblichkeit, Sanftmut und Harmoniebedürftigkeit (aber auch Fruchtbarkeit). Pegasus, das geflügelte Pferd, versinnbildlicht Ihre Phantasie und weist darauf hin, daß Sie Ihre Instinkte und Triebe in schöpferische Energien umgewandelt haben. → reiten, → Tier

Pferderennen

▷ V: Sehen Sie im Traum ein Pferderennen, leisten Sie sich ein extravagantes Vergnügen. Sind Sie als → Jockey dabei, brauchen

Sie jetzt eine Portion Glück, doch zuviel Sorglosigkeit wäre fehl am Platz.
▷ T: Wer an Pferderennen im Traum teilnimmt, hat seinen Erfolg mehr dem glücklichen Zufall als seinen eigenen Leistungen zu verdanken. Der Traum warnt davor, diese Devise ständig ins Leben aufzunehmen, denn Glück gibt es nicht auf Dauer.

Pfingstrose
▷ S: Als »Rose ohne Dornen« ein Mariensymbol.
▷ V: Blühende Pfingstrosen kündigen Liebesglück an. Erhalten Sie eine geschenkt, haben Sie einen heimlichen Verehrer oder eine Verehrerin. Wenn Sie selbst eine verschenken, sollten Sie nicht so zaghaft in der Liebe sein, nur Mut! Werfen Sie die Blume fort, oder ist diese verwelkt, geht eine Liebesverbindung in die Brüche (welkt). → Blume
▷ T: Eine schöne Pfingstrose steht immer für Liebesglück. Eine abgebrochene kündigt Beziehungskonflikte an, eine welke das Schwinden Ihrer Liebe.

Pfirsich
▷ V: Wie jedes → Obst, so weisen auch die Pfirsiche auf erotische Wünsche und Bedürfnisse hin. Sehen Sie einen Pfirsich, wird eine verloren geglaubte Liebe sich neu beleben. Schütteln Sie Pfirsiche vom Baum, sind Sie in der Liebe höchst ungeduldig und können es nicht erwarten. Einen Pfirsich essen: Ihr Partner nimmt die Liebe zwischen Ihnen ernster, als Ihnen selbst lieb ist. Ein fauler Pfirsich kündigt eine unschöne Entdeckung an, die zur Enttäuschung in der Liebe führt. Sehen Sie einen reifen Pfirsich, wechselt Ihre Liebesbeziehung von der Leidenschaft zur Reife hin, Ihr Liebesglück bleibt beständig. → Früchte
▷ T: Der Pfirsich symbolisiert immer, daß in Ihnen erotische Neigungen nach außen drängen und sexuelle Bedürfnisse erwachen.

Pflanze

▷ V: Sehen Sie Pflanzen, könnten Sie eine vorteilhafte Beziehung eingehen und demnächst sogar heiraten. Gießen Sie junge Pflanzen, ist dies ein schönes Symbol für eine große Familie oder auch soziales Wachstum. → Baum, → Busch, → Blume, → Wiese

Pflaster, Pflastersteine

▷ T: Das Heftpflaster zeigt entweder eine Kränkung oder Verletzung durch andere an, oder Sie haben ein schlechtes Gewissen, weil Sie einen anderen Menschen verletzt haben. Ein Pflaster auf dem Mund ist ein deutliches Zeichen, daß Sie weniger reden sollten. Der Weg aus Pflastersteinen zeigt eine sichere Lebensrichtung an, warnt aber auch vor Herzlosigkeit im Umgang mit anderen (Sie sollten Ihr Herz nicht zupflastern). → Verband

Pflug, pflügen

▷ V: Sie sehen einen Pflug oder arbeiten damit: Sie waren in vergangener Zeit nicht fleißig genug. Jetzt wäre es angebracht, sich noch mehr anzustrengen und trotz aller Widerstände zäh und ausdauernd bei der Arbeit zu bleiben. Nur Ihre Beharrlichkeit führt Sie zum Ziel und zum Erfolg. Sehen Sie einen zerbrochenen Pflug, wollen Sie etwas Neues beginnen, doch dieses Vorhaben ist zum Scheitern verurteilt! Sehen Sie einen Menschen pflügen, oder tun Sie es selbst, stehen Sie vor einer Aufgabe und überlegen noch, ob Sie diese anpacken sollen. Es wäre erfolgversprechend!
▷ T: Der Pflug ist eine deutliche Aufforderung, Ihre früheren Erfahrungen, Verletzungen, alten Verhaltensformen und Ansichten »umzupflügen«, damit all diese Erfahrungen in Zukunft neuen, gesunden Lebensboden erschaffen, auf dem neues Wachstum (neue Früchte) gedeihen können. → Erde

Pfütze

▷ V: Sie treten in eine Pfütze: Vorsicht, Sie sind dabei, Ihren guten Ruf zu riskieren. Beteiligen Sie sich nicht an »unsauberen Geschäften« – Sie könnten damit ein Unglück heraufbeschwören.

Photo, Photograph

▷ T: Das Photo oder der Photograph stehen für Ihre unbewußten Erinnerungen, die – im Unterbewußtsein schon abgelichtet – jetzt plötzlich wieder lebendig werden. → Bild

Pilger, Pilgerstab

▷ S: Ein Wallfahrer nach fernen, heiligen Orten.
▷ V: Sehen Sie einen Pilger, gleicht Ihr Leben im Moment mehr einer mühseligen Wanderschaft. Behalten Sie Ihr fernes Ziel jedoch im Auge. Sie sind selbst ein Pilger: Vorübergehend ist eine gewisse Einsamkeit gut für Sie, um sich innerlich wiederzufinden. Sehen Sie einen Pilgerstab, ist das ein Hinweis dafür, daß Ihnen auf Ihrem schweren Weg geholfen wird. → Wallfahrt
▷ T: Der Pilger und der Pilgerstab zeigen immer Ihre Wanderschaft zur Selbstverwirklichung an. Aber auch Ihr Verständnis für Sie selbst wird bald zunehmen, und eventuell finden Sie sogar geistige Erkenntnisse auf diesem Weg.

Pillen

▷ V: Schlucken Sie im Traum Pillen, wird die nächste Zeit zwar etwas unangenehm, doch Sie werden mit diesen kleinen Ärgernissen fertig. Hat man selbst Fehler gemacht, muß man jetzt »bittere Pillen« schlucken.
▷ T: Welche »bittere Pille« (Lebenserfahrung) mußten Sie schlucken? Wie hat sie Ihnen geholfen, mit den Vorgängen in Ihrem Inneren fertig zu werden, diese Lebenerfahrung zu verdauen und positiv umzusetzen? Die Pille im Traum kann Ihre seelische Heilung unterstützen, wenn Sie sich von allen Vorurteilen trennen!

Pilze

▷ V: Pilze sammeln: Lieber sollten Sie mit Ihrem bescheidenen Gewinn zufrieden sein, als weiter hochfliegenden Plänen nachzujagen. Ihr Glück finden Sie nur abseits vom Lärm der Welt. Wenn Pilze aus dem Boden schießen, werden Sie laufend von angenehmen Ereignissen überrascht. Giftige Pilze: Warnung vor den bö-

sen Absichten anderer Menschen. Pilze essen: Sie kommen in all Ihren Angelegenheiten jetzt gut voran.
▷ T: In erotischen Träumen zeigen die Pilze (ein Phallussymbol) Ihre sexuellen Bedürfnisse an – im anderen Fall warnen sie vor Versuchungen, die Ihnen schlecht bekommen könnten, denn nicht alle Pilze sind gesund und bekömmlich.

Pinguin
▷ T: Der Pinguin zeigt, daß Ihre Persönlichkeit nach außen stets korrekt erscheint, doch in Ihrer Alltagswelt sind Sie ein bißchen zu schwerfällig, weil Sie noch viel zu stark in Ihrer Gefühlswelt gefangen sind. Ändern Sie das!

Pinsel
▷ V: Sie sehen einen Pinsel: In einer Angelegenheit sind Sie viel zu einfältig und naiv. Sie malen mit einem großen Pinsel: Nur Mut – in Ihnen steckt ein unternehmungsfreudiger und schöpferischer Geist (Plan). Malen Sie mit einem kleinen Pinsel, soll das dumme Gerede anderer Ihr Vorhaben nicht stören. → malen
▷ T: Entweder symbolisiert der Pinsel starke erotische Bedürfnisse und Wünsche, oder er zeigt Ihnen auf, daß Sie in einer speziellen Angelegenheit ein »Einfaltspinsel« waren oder von solchen Menschen zur Zeit umgeben sind.

Pistole
▷ V: Sie sehen im Traum eine Pistole: Sie werden von einem schlechten Gewissen geplagt; Feindschaften entwickeln sich. Schießen Sie damit, wissen Sie genau, daß Sie jemanden zum Feind haben, doch in der Wahl Ihrer Verteidigungsmittel sollten Sie behutsamer sein. Wollen Sie abdrücken, doch die Kugel bleibt im Lauf stecken, dann sind Sie wehr- und machtlos einer unangenehmen Situation ausgeliefert.
▷ T: → schießen, → Waffe

Plakat

▷ V: Ein Plakat kündigt interessante Neuigkeiten an. Steht Ihr eigener Name darauf, haben Sie in einer Sache keine »saubere Weste« und müssen damit rechnen, von anderen bloßgestellt zu werden.
▷ T: Das Plakat kündigt meistens kommende Neuigkeiten an, manchmal sogar eine Aufregung. → Zeitung, → Reklame

Planet

▷ T: Der Planet im Traum symbolisiert Ihr individuelles Unterbewußtsein. Jeder Planet steht für bestimmte Lebens- und Persönlichkeitsbereiche. Träumen Sie davon, sind die entsprechenden Aspekte zur Zeit wichtig für Sie.
Sonne: Selbstbewußtsein, Lebensziele, Wille, männliche Energien.
Mond: Gefühlswelt, Sensitivität, Kontaktwunsch, weibliche Energien.
Merkur: Vernunft, Verstand, Kommunikation, Lernen, Information, Verhandlungen, Reisen, Verkauf, Kauf
Venus: Ästhetik, Harmonie, Kunst, Assimilation, Liebe, Sinnlichkeit, Genüsse, weibliche Libido
Mars: Leistungskraft, Mut, Wille, Durchsetzung, Entschlossenheit, männliche Libido
Jupiter: Wertbewußtsein, Urteilsvermögen, Güte, Toleranz, Weisheit, religiöse Verankerung
Saturn: Körperlichkeit, Ordnung, Abgrenzung, Sicherheit, Ruhe, Konzentration, Pflichten.
Uranus: Intuition, schöpferische Intelligenz, Neues, Veränderungen, Forscher- und Erfindergeist, Reformen.
Neptun: universelle Menschenliebe, Idealismus, Helferwille, Sozialengagement
Pluto: Stirb und Werde, Masse, Metamorphose, Transformation, kollektive Energie, Zerstörung, (Ohn-)Macht.

Platzregen

▷ V: Werden Sie von einem Platzregen überrascht, ergeben sich demnächst plötzliche Schwierigkeiten, die Ihnen zu schaffen

machen. Sind Sie völlig durchnäßt, haben Sie in einer Angelegenheit mehr Glück als Verstand. Den Platzregen sehen verkündet baldiges Glück oder einen großen Gewinn. → Regen
▷ T: Der Platzregen kündigt Ihnen unverhofftes Glück in einer Sache an, die Sie mit dem Verstand alleine nicht klären können. Deshalb ist er ein Glückssymbol, auch wenn Sie dabei etwas »naß« werden!

plündern
▷ T: Nur wer in finanzielle Not geraten ist, kann im Traum ungestraft plündern, als Ersatzbefriedigung des Unterbewußtseins. In allen anderen Fällen zeigt dieses Symbol eine viel zu materialistische Einstellung an und eine gewisse egoistische Rücksichtslosigkeit.

Pluto
▷ T: Dieser Planet – Herrscher im Unterbewußtsein – ist für Tod und Wiedergeburt, Zerstörung und Auferstehung, Stirb und Werde zuständig. Er unterstützt seelisch-psychische Wandlungen und die Metamorphose. Seine gewaltige Motivationskraft ist die treibende Energie für tiefgreifende Wandlungen. → Planet

Pokal
▷ V: Überreicht Ihnen jemand einen Pokal, werden Sie mit einer Unternehmung grandiosen Erfolg haben. Ist der Pokal silbern oder golden, sind große Ehrungen oder eine Erbschaft möglich. Trinken Sie aus einem wertvollen Pokal, werden Sie vollkommen gesund werden. Zerbrechen Sie hingegen einen Pokal, kündigt dies eine Krankheit an.
▷ T: → Becher, → Gefäß

Pollen
▷ T: Sehen Sie Blütenpollen im Traum, zeigen diese an, daß Ihre neuen Ideen oder Einsichten »befruchtend« für Ihre persönlichen Weiterentwicklung sein werden. → Samen

Polizei, Polizist

▷ S: Ein Polizist in Männerträumen symbolisiert den Vater.

▷ V: Abgesehen davon steht er für Einengung und Kontrolle. Träumen Männer von einem Polizisten, fühlen sie sich im Alltag eingeengt und kontrolliert. Sehen Sie einen Polizisten im Traum, sollten Sie sich auf keinen Fall in den Streit anderer einmischen, das würde enorm schaden. Holen Sie einen Polizisten, treten Sie eine Sache breit, die von selbst wieder in Ordnung käme. Werden Sie vom Polizist verhaftet, ist es höchste Zeit, Ihr Verhalten der Umwelt gegenüber zu ändern – Sie waren viel zu unbeherrscht, und Ihre Aktivitäten sind moralisch und ethisch nicht einwandfrei. Polizei sehen: Sie sind im Begriff, sich in einer Sache höchst unkorrekt zu verhalten. Rufen Sie die Polizei, haben Sie mit jemandem »ein Hühnchen zu rupfen«, doch sollten Sie das unter vier Augen erledigen. Sie sehen eine Polizistin (Politesse): Der weitere Inhalt Ihres Traums bezieht sich vor allem auf Ihren Gefühlsbereich.

▷ T: Der Polizist zeigt Ihre inneren Konflikte mit den konventionellen Vorschriften an. Andererseits will er dafür sorgen, daß Sie sich an diese kleineren Gesetze der Moral wieder anpassen. Die Polizei verkörpert demnach Ihr eigenes Gewissen – unliebsame Begegnungen mit der Polizei lassen auf ein schlechtes Gewissen oder Schuldgefühle Ihrerseits schließen. Tritt er als »Freund und Helfer« auf, ist Ihre innere Einstellung zu Normen, Geboten oder Werten harmonisch.

Polyp

▷ T: Wollen Sie einen anderen Menschen an sich binden (fesseln)? Haben Sie Angst vor solchen emotionalen Abhängigkeiten? Plagen Sie Ängste oder Bedrohungen, die rational nicht faßbar sind, vor denen Ihnen jedoch ekelt?

Porzellan

▷ V: Sie sehen Porzellan: Sie sehnen sich nach Wohlstand mit einem »Schuß Reichtum« – hier übertreiben Sie. Porzellanscherben sehen:»Scherben bringen Glück« – auch im Traum! Zerbrechen oder zerschlagen Sie selbst Porzellan, haben Sie Fehler gemacht, die Sie nicht wiedergutmachen können. Sie sollten aus Ihren Erfahrungen endlich dazulernen. → Geschirr, → Scherben

Posaune
▷ V: Sehen Sie eine Posaune, meldet sich ein schlechtes Gewissen bald zu Wort. Hören Sie die Posaune, bereuen Sie tief innen jetzt so manche Dummheit, die Sie schon vor längerer Zeit begangen haben. Blasen Sie selbst auf der Posaune, werden Sie einen bestimmten Menschen bald zur Rechenschaft ziehen. Mehrere Posaunen sehen: Sie müssen jetzt einige Verpflichtungen übernehmen. → Trompete

Post, Postbote, Postkarte
▷ V: Der Postbote im Traum bringt Ihnen meistens sehr erfreuliche Nachrichten ins Haus. Begegnen Sie einem Geldbriefträger, geben Sie Ihr Geld für etwas aus, das keinen Nutzen bringt. Sehen Sie ein Postpaket, werden Sie bald etwas geschenkt bekommen. Wer eine Postkarte schreibt, muss eine unangenehme Verpflichtung erledigen. Erhalten Sie eine Postkarte, werden Sie in einer bestimmten Angelegenheit viel eher von trügerischen Hoffnungen als von Ihrem Realitätssinn geleitet. → Paket
▷ T: Die Post zeigt Ihre eigenen Ansichten und Gedanken, mit denen Sie jedoch andere Menschen beeinflussen können (→ Brief). Die Postkarte kann eine lästige Verpflichtung aufzeigen, die Sie so schnell wie möglich hinter sich bringen wollen.

Prämie
▷ T: Erhalten Sie im Traum eine Prämie, zeigt dies die Belohnung für eine tiefe Einsicht an, zu der Sie aus eigener Kraft gelangt sind. Nur selten symbolisiert sie Ihr übersteigertes Bedürfnis nach Überlegenheit bzw. Ihre Angst vor Unterlegenheit.

Prediger, Predigt
▷ V: Sie hören einer Predigt zu: Sie sind nicht gerne bereit, die Ratschläge anderer zu beherzigen – auch wenn diese richtig sind.

Sie hören einen Prediger: Mit einem Menschen wird es zu Meinungsverschiedenheiten kommen. → Pfarrer, → Priester
▷ T: Das Traumsymbol zeigt an, daß Sie sehr hohe geistige und moralische Ansprüche entweder an sich selbst oder an die Menschen Ihrer Umgebung stellen.

Priester

▷ V: Priester deuten immer an, daß Sie sich Ihren Lebensaufgaben und Aufträgen (Verantwortungen) nicht länger entziehen sollten.
▷ T: → Pfarrer, → Prediger

Prinz, Prinzessin

▷ V: Der Traum-Prinz verheißt Ihnen baldiges Glück. Sprechen Sie mit ihm, wird sich ein Wunsch erfüllen lassen. Sie sehen eine Prinzessin oder sprechen mit ihr: Eine Frau schätzt Sie sehr und könnte Ihnen sogar behilflich sein. → Kaiser, → König
▷ T: Träumen Sie von einem Prinzen, so verkörpert dieser Männlichkeit, Verstand und Intellekt: Entweder wünschen Sie sich einen solchen Mann, oder Sie sollten diese Eigenschaften in sich selbst stärken. Wer von einer Prinzessin träumt, unterdrückt vielleicht bewußt oder unbewußt die innere Weiblichkeit, das Mitgefühl und Gefühlsleben allgemein. Oder Sie wünschen sich (vor allem in Männerträumen) eine weibliche Gefährtin, die etwas »Besseres« darstellt als die normalen Frauen – entweder vom Aussehen her oder von ihrer Herkunft, Erziehung, Ausbildung.

Promenade

▷ V: Wandern Sie auf einer Promenade, gehen Sie erfreulichen und angenehmen Zeiten entgegen. Begegnen Sie einem Bekannten auf der Promenade, wird ein geplantes Treffen mit einer Person von dieser nicht eingehalten. → Allee, → Pfad, → Weg

Prostituierte

▷ T: Die Prostituierte kann vielerlei symbolisieren. Beispielsweise Ihre hemmungslose Lust, weil Sie ansonsten keinen Sinn in

Ihrem Leben sehen. Bisweilen zeigt sie auch eine gewisse Hörigkeit einem anderen Menschen gegenüber an. Manchmal kommen in einem solchen Traum Schuldgefühle zum Ausdruck, weil man die Liebe eines anderen Menschen für egoistische Zwecke mißbraucht hat. Sehr oft steht die Prostituierte im Traum für »alltägliche Prostitutionen«: wenn man nett zu Leuten ist, die man eigentlich nicht mag, von denen man sich aber Vorteile erhofft; wenn man Arbeiten des Geldes wegen verrichtet, die dem innersten Wesen widersprechen, u.v.m. – unser menschliches Leben ist voll von Prostitutionen aller Art. Wie sieht es damit in Ihrem Leben aus?

Prozeß
▷ V: Sie führen einen Prozeß: Bald werden Sie in recht unangenehme Dinge verwickelt, die ganz am Ende zum Guten abgeschlossen werden können. Werden Sie verklagt, wird Ihr egoistisches Verhalten ein paar Nachteile bringen. Sie gewinnen einen Prozeß: »Meistens kommt es anders, als man denkt!« Sie verlieren ihn: Sie sollten sich mit Ihrem Gegner versöhnen oder einen Kompromiß anstreben.
▷ T: → Gericht, → Rechtsanwalt

Prozession
▷ V: Sie sehen eine Prozession: Sie blicken vertrauensvoll in Ihre Zukunft und haben sich innerlich mit bisherigen Problemen und Gegnern ausgesöhnt. Sie nehmen an einer Prozession teil: Jemand erinnert Sie an eine fast vergessene Pflicht, die Sie bald erfüllen sollten.
▷ T: Vielleicht versteckt sich hinter der Prozession eine verdrängte Verpflichtung, die Sie endlich erfüllen sollten? Möglicherweise versuchen Sie auch, »mit der Masse zu schwimmen«, um nicht unangenehm aufzufallen. Eventuell wollen Sie sich durch die Teilnahme an einer Prozession von alten Schuldgefühlen befreien? Was paßt auf Sie? → Pilger, → Wallfahrt

Prüfung

▷ V: Wenn Sie im Traum eine Prüfung ablegen müssen, steckt eine unbewußte Angst vor einer fälligen Entscheidung dahinter oder auch berufliche Aufregungen und Engpässe. Vor allem in Männerträumen symbolisiert der Prüfungstraum die aktuellen Probleme bzw. Ängste, sich beim Vorgesetzten oder im Beruf durchzusetzen. Solche Träume zeigen auf, daß innere und äußere Konflikte bestanden werden müssen. Meist sind Prüfungsträume psychische Ermunterungen, denn solange wir leben, haben wir zu lernen. Der qualvolle Prüfungstraum will Ihr Selbstbewußtsein und Ihre Kräfte für die bevorstehenden Aufgaben stärken. Stehen Sie im richtigen Leben kurz vor einem Examen und träumen, daß Sie durchfallen, müssen Sie keine Angst haben: Der Traum ist ein Zeichen dafür, daß Sie die Prüfung bestehen werden. → Lehrer, → lernen, → Schule

▷ T: Der Prüfungstraum symbolisiert eine Prüfung Ihrer Persönlichkeit und Reife. Bestehen Sie diese Prüfung, läßt Sie das Leben zu neuen Ufern und neuen Bewährungsproben weiterziehen. Haben Sie Angst vor kommenden Problemen? Zweifeln Sie an sich selbst? Steht Ihr Glaube an die eigenen Fähigkeiten auf wackeligen Beinen? Sie sollten jetzt Ihr Selbstbewußtsein stärken!

Prügel

▷ V: Beziehen Sie im Traum Prügel, stellt sich jemand oder etwas Ihren Absichten und Zielen in den Weg – oder Sie erhalten eine »Strafe« für unrechtes Vorgehen. Prügeln Sie einen anderen, können Sie trotz aller Schwierigkeiten kraftvoll alle Pläne durchsetzen. Sie lassen sich nicht von anderen davon abbringen. → Aggression, → Rauferei, → Kampf

Psychologe, Psychoanalyse

▷ T: Beides zeigt deutlich Ihren Wunsch auf, sich besser zu verstehen. Wenn Sie im Traum in einer Psychoanalyse sitzen, werden Sie bald damit beginnen, äußere Handlungen auf innere Vorgänge zu beziehen. Der Psychologe verkörpert Ihre eigene Fähigkeit, die inneren Konflikte auch tatsächlich zu verarbeiten. Haben Sie manchmal Angst (meist irrational), »verrückt« zu werden? Im Wiederholungsfall sollten Sie einen geeigneten Therapeuten aufsuchen und um Unterstützung bitten, damit der Traumauslöser gefunden werden kann.

Pudel
▷ V: Sehen Sie einen Pudel, ist dies ein Zeichen, daß Sie noch mehr Wissen und Erfahrungen sammeln müssen, wenn Sie es zu einem Erfolg in Ihrem Leben bringen möchten. Beißt Sie der Pudel, sind Sie drauf und dran, sehr unüberlegt oder gar dumm zu handeln.
▷ T: → Hund, → Tier

Puder
▷ V: Sehen Sie im Traum Puder, sollten Sie nichts Negatives beschönigen oder vor andern vertuschen wollen. Tragen Sie Puder auf, haben Sie leider gar kein sauberes Gewissen. Verstreuen Sie ihn, möchten Sie etwas wiedergutmachen, doch es wird Ihnen nicht gelingen.
▷ T: → Schminke

Puls
▷ T: Ein hoher Pulsschlag zeigt an, daß Sie im Moment sehr viel Kraft und Energie einsetzen, um Ihre augenblickliche Lebenssituation bewältigen zu können. Ein ruhiger Pulsschlag zeigt ein momentan sehr ausgewogenes Leben an. → Ader, → Herz

Pulver
▷ V: Schießpulver zu sehen mahnt Sie zur Vorsicht: Ihre jetzigen Bestrebungen sollten Sie sofort einstellen. Hantieren Sie damit, lassen Sie sich bald auf ein sehr gewagtes Abenteuer ein – das kann durchaus gefährlich für Sie werden! → Kanone, → schießen

Pumpe, pumpen
▷ V: Sehen Sie eine Pumpe, müssen Sie bald mit beruflichen Sorgen rechnen und all Ihre Kräfte »anpumpen«. Vielleicht wagen

Sie sich an eine Sache nicht so recht heran. Packen Sie es an! Sie bedienen die Pumpe, bis Wasser daraus fließt: Wenn Sie jetzt besonders fleißig sind, könnten Sie einen großen Gewinn erzielen.
→ Wasser

▷ T: Die Pumpe will Sie dazu ermuntern, in eine aktuelle Angelegenheit, die Sie schon lange vor sich herschieben, mehr Energien »zu pumpen«. Nur Mut – Sie schaffen es!

Puppe

▷ V: Sehen Frauen im Traum eine Puppe, ist es ihr größter Wunsch, ein eigenes Kind zu gebären. Sieht ein Mann eine Puppe, wünscht er sich ein Liebesverhältnis, und dieses Bedürfnis könnte er bald in die Tat umsetzen – auch wenn nichts Echtes oder Wertvolles daraus entstehen wird.

▷ T: Tiefenpsychologisch zeigt die Puppe aber auch ein unerwidertes Zärtlichkeitsbedürfnis, Wünsche und Hoffnungen an, die auf baldige Verwirklichung drängen.

putzen

▷ V: Wenn Sie im Traum putzen, sollten Sie Ihre zwischenmenschlichen Kontakte viel mehr pflegen und Freunden gegenüber hilfsbereiter sein. Putzen Sie sich selbst heraus, ist dies eine Mahnung zu mehr Bescheidenheit und Schlichtheit. Das Putzen im Traum will uns auffordern, am eigenen Charakter immer wieder zu putzen und die »Schmutzstellen« zu reinigen.

▷ T: Sie sollten sich von seelischem, geistigem und moralischem Schmutz und Unrat befreien, der Ihre feinen Kanäle zur geistigen Ebene verstopft. Wichtig ist auch, welche Gegenstände Sie im Traum hinaus»fegen« oder welchen Dreck Sie wegputzen – beachten Sie deshalb die restlichen Traumsymbole.

Pyramide

▷ V: Sehen Sie eine Pyramide oder mehrere, haben Sie entweder Sehnsucht nach weit entfernten Ländern oder danach, kosmische Gesetzmäßigkeiten besser zu verstehen. Gleichzeitig ist ein solcher Traum ein Aufruf, sich mit Geisteswissenschaften tiefer auseinanderzusetzen, denn hier können Sie eine wunderbare Offenbarung haben.

▷ T: Die Basis der Pyramide zeigt Ihren Körper – die Seitenflächen zeigen Ihre geistigen Bestrebungen – die Spitze dagegen symbolisiert die harmonische Vereinigung des Menschlichen mit dem »höheren Selbst« (Gott). Die Pyramide ist fließende Energie, die das materielle Fundament mit den geistigen Regionen durchdringt. Deshalb kann sie Ihnen Auskunft geben über Ihre innere, geistige Reife. Je kraftvoller diese Pyramide im Traum erscheint, desto mehr Persönlichkeitsreife haben Sie bereits erlangt. Befinden sich Teile der Pyramide im Dunkeln, sollten Sie alles daran setzen, die noch unbewußten (dunklen) Persönlichkeitsanteile durch Erkenntnisse ins helle Licht des Bewußtseins zu heben.

▷ S = symbolisch; ▷ T = tiefenpsychologisch; ▷ V = visionär, voraussagend

Quadrat
▷ V: Sehen Sie im Traum ein Quadrat, sind Sie in wichtigen Problemen gefangen, die Sie baldmöglichst lösen sollten. Durch Ruhe und Zuversicht werden Sie alles erledigen können.
▷ T: Das Quadrat zeigt eine gewisse seelische Stärke und Stabilität bei Ihnen an. → Kapitel »Zahlen im Traum«: vier

Quaken
▷ V: Hören Sie einen Frosch quaken, machen sich bald unterdrückte Liebessehnsucht oder erotische Triebe in Ihnen bemerkbar.
▷ T: Diese Laute werden als Symptom für eine seelische Unterentwicklung angesehen; oft auch ein Hinweis, daß Sie nach einem Ausweg suchen. Sie sollten mehr an sich selbst arbeiten.

Qual
▷ V: Quälen Sie sich im Traum ab, oder fühlen Sie sich gequält, haben Sie entweder vieles noch nicht verarbeitet, oder es fallen Qualen auf Sie zurück, die Sie anderen zugefügt haben. Erleiden Sie eine Qual, bestehen Aussichten auf zukünftige Verbesserungen.
▷ T: → Schmerz

Qualle
▷ V: Sehen Sie Quallen, zeigen sich hier entweder gesundheitliche Störungen, oder Sie sind von Menschen umgeben, die sich nicht festlegen, auf deren Hilfe Sie vergeblich warten oder die Sie im Stich lassen werden.

Quark
▷ V: Sie sehen oder essen Quark: Eine momentan recht ärgerliche Angelegenheit erweist sich bald als großer Vorteil für Sie.
▷ T: → Milch, → Sahne

Quarz
▷ T: Der Quarz symbolisiert den festen inneren Kern Ihrer Persönlichkeit. → Fels

Quaste
▷ V: Sehen Sie im Traum Quasten, können Sie an Ehre und Ansehen gewinnen.
▷ T: Quasten weisen meistens auf zuviel Eitelkeit und Geltungsdrang hin. → Orden

Quecksilber
▷ V: Sehen Sie Quecksilber, ist Ihr Leben voller Unruhe. Sie sollten mehr Konzentration und Stetigkeit in Ihre Handlungen einfließen lassen, sonst werden sich Ihre Lebensverhältnisse andauernd verändern und Sie nicht mehr zur Ruhe kommen lassen.
▷ T: Quecksilber zeigt ein wechselhaftes Schicksal an oder die Launen Ihres Glücks. Sind Sie selbst unruhig wie »Quecksilber«, oder ist Ihre Umgebung, Ihr Alltag so hektisch? Tun Sie etwas dagegen – denn Quecksilber ist Gift für Sie!

Quelle
▷ S: Die Quelle ist ein weibliches Symbol der Fruchtbarkeit und zeigt das ewige, nie versiegende Leben und die Wiedergeburt.
▷ V: In Mädchen- oder Frauenträumen sind die Quellen immer ein Symbol der Reinheit. Entweder drückt sich hierdurch die

Angst vor dem Verlust der Unschuld aus oder das schlechte Gewissen (z. B. bei mehreren Liebespartnern) der »befleckten Reinheit«. Eine Quelle sehen: Wenn Sie Ihre Ideen in die richtige Bahn lenken, werden Sie alle persönlichen Angelegenheiten bereinigen können und eine Verjüngung erfahren. Trinken Sie aus einer Quelle, können Sie ein hohes Alter erreichen. Schöpfen Sie aus einer trüben Quelle, haben Sie es bald mit sehr unaufrichtigen Menschen zu tun. Trinken Sie aus einer klaren Quelle, können Sie ein ganz bestimmtes Vorhaben bald erfolgreich abschließen.
▷ T: Die Quelle symbolisiert Ihr Streben nach geistiger Klarheit.
→ Bach, → Fluß, → Wasser

Quirl
▷ V: Erhalten Sie einen Quirl geschenkt, sind Sie ein sehr unruhiger Geist und sollten diese Wesensmerkmale beruhigen, z. B. mit autogenem Training, Yoga oder Meditation. Ist der Quirl zerbrochen, wird eine mitmenschliche Verbindung zerbrechen.

Quitte
▷ V: Bei den alten Griechen mußte die Braut vor der Hochzeit eine Quitte essen, damit sie spürte, daß in der Ehe Bitterkeit und Süße gemischt sind. Essen Sie selbst Quitten im Traum, werden Sie bald Ihrem Lebenspartner begegnen, nur noch ein bißchen Geduld. Schütteln Sie Quitten vom Baum, sind Sie drauf und dran, sich bei einem geliebten Menschen durch zu stürmisches Vorgehen unbeliebt zu machen. Wenn Sie rechtzeitig umschwenken und behutsam vorgehen, werden Sie Ihre Absichten verwirklichen können. Sammeln Sie Quitten vom Boden auf, ist Ihr Liebespartner leider kein unbeschriebenes Blatt mehr. Faule Quitten sehen: Ein von Ihnen geliebter Mensch ist Ihrer Liebe nicht wert.
▷ T: Auch diese Frucht symbolisiert Ihre erotischen oder sexuellen Bedürfnisse und Wünsche. → Früchte, → Obst

Quittung
▷ V: Wird Ihnen im Traum eine Quittung vorgelegt, sollten Sie dringend noch etwas in Ordnung bringen – nehmen Sie diese

Quittung

Mahnung ernst! Vorsicht auch in allen Geldangelegenheiten. Irgend etwas fällt auf Sie zurück, wofür Sie jetzt die »Quittung« bekommen, Sie müssen jetzt für eine Dummheit bezahlen. Schreiben Sie eine Quittung aus, wird Ihr Geldbeutel bald empfindlich strapaziert. → Rechnung

▷ T: Haben Sie im Traum die Quittung bezahlt, dann werden Sie bald von einer Schuld befreit werden. Im anderen Falle warnt sie immer vor unüberlegten Handlungen, für die Sie später »bezahlen« müssen.

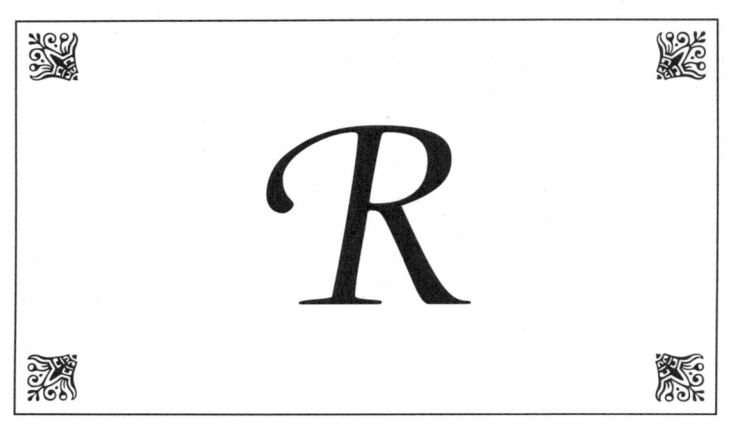

▷ S = symbolisch; ▷ T = tiefenpsychologisch; ▷ V = visionär, voraussagend

Rabe
▷ S: Der Rabe ist schlau und findig, doch meist ein Unglücksbringer.
▷ V: Sie sehen oder hören einen Raben: Ärgernisse und Mißgeschicke kommen auf Sie zu, manchmal droht sogar Diebstahl. Scheuchen Sie Raben selbst auf, können Sie einer Gefahr noch einmal aus dem Weg gehen, wenn Sie Ihre Augen und Ohren offenhalten. Auffliegende Raben: Sie können einem drohenden Mißerfolg rechtzeitig ausweichen.
▷ T: Der Rabe ist bisweilen sogar ein Todesbote oder ein Sinnbild für verdrängte, dunkle Triebe. Sind Sie im Moment öfter in »düsterer Rabenstimmung«? Erwarten Sie in einer Sache den Mißerfolg? Haben Sie Angst vor dem Tod oder vor Unbekanntem? Sehen Sie zur Zeit alles »rabenschwarz«? → Kapitel »Farben im Traum«: schwarz

Rache
▷ T: Sie stecken in einer recht verzwickten Lage und geben anderen die Schuld dafür (was meistens nicht stimmt). Deshalb sinnen Sie auf Rache und hoffen so auf eine Befreiung. Kein guter Plan!

Rad
▷ S: Die Bewegung des Rades ist der Weg in die Vollkommenheit, der Weg in die Zukunft, sie bringt Ortsveränderung und Befreiung.
▷ V: Sie sehen ein sich drehendes Rad: Ihr Leben wandelt und verändert sich; etwas, das Sie in Gang gesetzt haben, läuft weiter. Auf dem Fahrrad sitzen: Sie werden in einer Angelegenheit schneller vorankommen, als Sie dachten. Steht ein Rad still, können geplante Änderungen nicht durchgeführt werden, oder sie erweisen sich gar als nachteilig.
▷ T: Das Rad symbolisiert das ewige Auf und Ab Ihres Lebens. Ist der Radtraum harmonisch, so zeigt er an, daß auch Ihre Persönlichkeit »rund« ist. → Fahrrad

Radieschen
▷ V: Träumen Sie von Radieschen, werden Sie bald die schöne Gelegenheit haben, an kleinen Vergnügungen teilzunehmen. Essen Sie Radischen, ärgern Sie sich sehr über eine spitze, gehässige und verletzende Bemerkung.
▷ T: Das Radieschen könnte eine sexuelle Affäre anzeigen, über die Sie sich selbst noch nicht im klaren sind, vielleicht auch nur Ihren Wunsch nach einem erotischen Abenteuer. Manchmal kündigt es auch Ärger und Gehässigkeiten an, die andere Menschen Ihnen zufügen – oder die Sie anderen antun. → Rettich

Radio
▷ V: Sehen oder kaufen Sie ein Radio, werden Sie bald viel herumkommen und Abwechslungen erleben. Hören Sie schöne Musik daraus, können Sie demnächst eine »heimliche Freude« herzhaft genießen. Hören Sie eine Stimme aus dem Radio, werden Sie bald ein Geheimnis erfahren.
▷ T: Dieses Gerät zeigt Ihren Wunsch nach Unterhaltung, nach sozialen Kontakten oder nach Neuigkeiten an. Per Radio erfahren telepathisch veranlagte Träumer so manche Nachricht »von oben« (lassen Sie also »Ihr Radio eingeschaltet« im Traum!).

Rahmen

▷ T: Einen Rahmen zu sehen zeigt Ihnen zwar Ihre eigenen Begrenzungen auf (bei Fähigkeiten oder Möglichkeiten), doch er tröstet indirekt, denn auch jedes Leid hat seine Grenzen! → Bild

Rakete

▷ V: In Ihrem Traum werden Raketen abgefeuert: Plötzlich werden sich Chancen ergeben, die Ihnen Vorteile bringen. Aufsteigende Raketen: Sie haben sehr gute Ideen, die Sie jetzt auch verwirklichen sollten.
▷ T: Die Rakete symbolisiert leider oft, daß Sie im Begriff sind, über Ihr Ziel hinauszuschießen. Im besten Fall zeigt Sie Ihre Bestrebungen nach höheren, geistigen Zielen und Werten an. → Kanone

Rand

▷ T: Der Rand symbolisiert immer Ihre Wesensanteile, Ziele oder Probleme, die in Ihrem Alltagsleben nur eine untergeordnete Rolle spielen – Sie stehen quasi am Rand. → Zaun

Rasen

▷ V: Sie sehen einen grünen Rasen: Bald finden unerwartete Begegnungen statt; Sie könnten sogar eine verlorene Liebe wiedergewinnen. Gehen Sie über den Rasen, bessern sich Ihre Beziehungen zu den Verwandten, manchmal verbessern sich auch Ihre persönlichen Verhältnisse. Den Rasen mähen: Ein Abschied oder gar ein Todesfall in Ihrem Freundes- oder Bekanntenkreis wird zu verkraften sein. Sitzen oder liegen Sie auf dem Rasen, geht es Ihnen bestens, und Ihr Körper ist vital.
▷ T: Meist zeigt der Rasen erotische Beziehungen an – sein Zustand versinnbildlicht auch den Zustand Ihrer momentanen Partnerschaft. Ist der Rasen grün? Sieht er verwildert oder ungepflegt aus? Wie zeigt sich Ihr Beziehungsleben? → Gras, → Wiese

rasieren, Rasierapparat, Rasiermesser

▷ V: Sie rasieren sich: Sie sollten sich nicht von anderen Menschen etwas einreden lassen (z. B. eigene Schwächen); andere haben zu leichtes Spiel mit Ihnen. Jemand anders rasiert Sie: Sie werden von jemandem getäuscht, denn er will Sie betrügen. Sehen Sie einen anderen beim Rasieren, sollten Sie sich nicht auf zweifelhafte Geschäfte einlassen.

▷ T: Das Rasiermesser oder der Rasierapparat zeigen Ihren scharfen Verstand, der logisch und analytisch arbeitet (scharf wie ein Rasiermesser). Diese Schärfe kann aber sehr schnell Gefühle, Seeleninhalte oder intuitive Begabungen zerstören. Sie wandern auf einem gefährlichen Grat! → Bart, → Haare

Rathaus

▷ V: Sehen Sie ein Rathaus, haben Sie recht gute Aussichten, ein Ehrenamt oder einen guten Posten zu erhalten. Betreten Sie ein Rathaus, sind Schwierigkeiten mit Behörden zu meistern. Sie haben darin etwas zu tun: Der Mensch lernt nicht freiwillig, doch jetzt werden Sie aus Schaden klug.

▷ T: Wollen Sie gerade eine wichtige Entscheidung fällen und träumen vom Rathaus, dann sollten Sie das Ganze noch mal in Ruhe durchdenken. Manchmal symbolisiert das Rathaus, daß Sie einen fachkundigen Rat erhalten werden, der sehr hilfreich für Sie wäre. → Regierung

Ratte

▷ V: Sehen Sie im Traum Ratten, machen Sie mit anderen Menschen bald schlechte Erfahrungen. Werden Sie von Ratten gebissen, ist dies ebenfalls ein Warntraum: In Ihrer Umgebung befindet sich ein »Freund«, der alles daran setzt, Sie in Verruf zu bringen. Sehen Sie eine gefangene Ratte, ist Ihre Freundin oder Ihr Freund sehr treulos. Fangen oder erschlagen Sie selbst eine Ratte, kündigt dies Kummer in der Liebe (bei jüngeren Träumern) oder in einer Freundschaft (bei älteren Träumern) an. Die Ratten verlassen ein sinkendes Schiff: Sie haben in beruflichen Angelegenheiten falsch kalkuliert, und das werden Sie bald zu spüren bekommen. → Maus, → Tier

▷ T: Die Ratten zeigen an, daß Sie sich durch negative Einflüsse in Ihrer Umgebung Ihre Lebenskraft zerstören lassen. Ratten- und

Mäuseträume kündigen immer Sorgen oder versteckten Kummer an, der an Ihnen »nagen« wird. Spüren Sie manchmal Ekel oder Abscheu vor anderen oder gar vor sich selbst?

Raub, Räuber

▷ V: Werden Sie von Räubern überfallen, drohen Verluste, und Sie sollten jetzt besonders vorsichtig sein, doch an dem Geschehen sind Sie nicht ganz unschuldig. Werden Sie während einer Reise beraubt, sollten Sie es bei Ihren sportlichen Hobbies jetzt kräftemäßig nicht übertreiben! Sind Sie selbst ein Räuber, lassen Sie sich auf eine sehr gefährliche Sache ein. Ertappen Sie einen auf frischer Tat, werden Sie einen Verlust verkraften müssen. Sie sehen einen Raub oder sind selbst daran beteiligt: Hier zeigt sich eine versteckte Gewalttätigkeit; Sie wollen etwas an sich reißen, was Ihnen gar nicht zusteht. → Dieb

▷ T: Der Räuber ist ein Teil von Ihnen – er symbolisiert primitive und gefährliche Wesensanteile, die Sie nicht verdrängen sollten. Dieser Traum warnt Sie auch oft vor kommenden Mißerfolgen und Verlusten; Sie sollten deshalb in der folgenden Zeit sehr achtsam sein. Bisweilen werden Sie auch von einem Menschen sehr enttäuscht, dem Sie vertrauten.

Raubtier, Raubkatze

▷ V: Raubtiere in Frauenträumen sind immer ein Hinweis auf unbewußte sexuelle Energien: Schöne, große Raubtiere bedeuten, daß Sie sexuell äußerst hungrig sind (Vorsicht). Sehen Sie kleine Raubtiere, plagen Sie noch Unsicherheiten wegen der männlichen Sexualität. Angst oder Flucht vor Raubtieren und eingesperrte Raubtiere stehen für Flucht vor der eigenen Sexualität. → Löwe, → Tiger

▷ T: Jetzt sollten Sie aufkommende Leidenschaften, Triebe oder gar hemmungslose Begierden zügeln (→ Tier). Eine Raubkatze warnt Sie vor Hinterlist (Ihrer eigenen oder die anderer). → Katze

Rauch

▷ V: Sehen Sie hellen Rauch aufsteigen, genießen Sie entweder bald Ihr häusliches Glück, oder Sie finden eine Zuflucht bei anderen. Dicker, beißender Qualm kündigt an, daß Widerstand von anderen zu erwarten ist und ein Streit unumgänglich sein wird. Sehen Sie weißen Rauch, haben Sie Glück, doch es währt nur kurze Zeit.
▷ T: Dunkler Rauch kündigt Ärgernisse an – heller dagegen eine kurze Glückssträhne. Bisweilen versteckt sich dahinter Ihre innere Nervosität und Unruhe oder Gewohnheiten, von denen Sie abhängig geworden sind.

rauchen

▷ V: Rauchen Sie selbst, sind Sie mit sich selbst und der Welt unzufrieden (nicht im reinen). Rauchen Sie in verbotenen Zonen, wollen Sie jetzt am liebsten mit dem Kopf durch die Wand. Sehen Sie andere rauchen, werden Sie von jemandem belästigt. Bieten Sie Rauchwaren an, können Sie endlich jemandem näherkommen, um den Sie sich schon länger bemühten.
▷ T: → Rauch, → Tabak, → Zigarre

Rauferei, raufen

▷ V: Sie schauen bei einer Rauferei zu oder machen selbst mit: Sie sollten sich nicht in die Angelegenheiten anderer Leute einmischen, sonst werden Sie dabei den kürzeren ziehen.
▷ T: → Prügel, → Kampf

Raupe

▷ V: Sie sehen eine Raupe: Es gibt Entwicklungsmöglichkeiten, die Sie noch nicht beachtet haben, doch Sie sollten dabei klug vorgehen. Sie sehen viele Raupen: Von einigen Menschen ist nichts Gutes zu erwarten – Sie sollten jetzt besonders vorsichtig sein, denn diese werden sich ganz anders »entpuppen«. Fangen oder töten Sie eine Raupe, ist Ihr Mißtrauen einem bestimmten Menschen gegenüber berechtigt, wie Sie bald sehen werden.
▷ T: In Ihnen – oder in Menschen in Ihrer Umgebung – schlum-

mern noch Eigenschaften, die sich erst später entpuppen werden. Die Raupe kann aber auch sexuelle Bedürfnisse anzeigen, denn sie ist »blind für geistige Dimensionen«.

Rausch

▷ T: Wie auch im Tagesbewußtsein, so zeigt der Rausch im Traum eine kurzfristige oder schöne Illusion an, die jedoch an der harten Realität meistens sehr schnell wie eine Seifenblase zerspringt.

Razzia

▷ V: Sie sehen eine Razzia: Eine Gefahr lauert, wenn Sie Ihren Leichtsinn nicht bekämpfen. Geraten Sie selbst in eine Razzia, geraten Sie ohne Ihr eigenes Zutun in eine recht kritische oder furchtbar peinliche Situation.
▷ T: Entweder sind Sie jetzt schuldlos in eine sehr unangenehme Lage gebracht worden, oder Sie werden bald betrogen werden, wenn Sie weiterhin so leichtsinnig sind. Augen und Ohren offenhalten, damit Sie noch rechtzeitig entkommen können!

Rebe

▷ V+T: Sehen Sie Reben voller Trauben, sollten Sie mehr Initiative und Fleiß zeigen, denn Ihre Mühe wird dann reiche Ernte einbringen. Sind die Reben leer, werden sich Ihnen große Hindernisse in den Weg stellen. Schneiden Sie im Traum Reben, verheißt das Glück in der eigenen Familie oder Wohnung. → Wein

Rebell

▷ V: Sehen Sie einen Rebellen, erwarten oder wünschen Sie sich etwas von einem Menschen, doch der lehnt sich dagegen auf. Verkehren Sie mit dem Rebellen, provozieren Sie großen Ärger mit Vorgesetzten oder Autoritätspersonen.
▷ T: Rebellieren Sie im Traum gegen Ihren Chef oder andere höhergestellte Personen? Der Rebell zeigt Streit mit anderen oder Abneigung gegen andere an; aber auch den Widerstand, den andere Menschen Ihren Zielen und Projekten entgegensetzen.

Rebhuhn

▷ V: Sehen Sie im Traum ein Rebhuhn, sind Sie viel zu bescheiden und sollten sich ruhig etwas in den Vordergrund drängen, damit man Ihre Qualitäten und Fähigkeiten erkennen und würdigen kann. Fangen Sie ein Rebhuhn, werden Sie von einem Menschen in Ihrer Umgebung getäuscht. Sehen Sie (in Männerträumen) einen Schwarm Rebhühner aufflattern, ist Vorsicht angeraten: Die Damen in Ihrer Umgebung wollen Sie zwar verführen, doch sie hegen dabei nur oberflächliche Absichten. Ein Rebhuhn schießen: Ihr Liebespartner oder Ihre Liebespartnerin ist extrem eifersüchtig. → Huhn

rechnen, Rechenschieber

▷ V: Rechnen Sie im Traum, sollten Sie einmal ehrlich überlegen, ob Sie es sich leisten können, daß andere Menschen immer auf Ihre Kosten leben. Lösen Sie Rechenaufgaben, ist dies eine Mahnung, die eigenen Lebenskosten einmal gründlich zu überprüfen, denn Sie sollten aus einer schwierigen Lage bald einen Ausweg finden.

▷ T: Wenn Sie im Traum rechnen, dann werden Sie durch Einsatz Ihres Verstandes Ihre Probleme überwinden können. Der Rechenschieber zeigt an, daß Sie sich in einer bestimmten Angelegenheit »gründlich verrechnet« haben und auf Hilfe hoffen. Manchmal träumen sehr »berechnende Menschen« von diesen Symbolen!

Rechnung

▷ V: Wird Ihnen eine Rechnung präsentiert, sollten Sie sich ernsthaft bemühen, anderen gegenüber gerecht zu sein – wenn es auch noch so schwerfällt. Sie erhalten eine Rechnung: Ihr gegebenes Versprechen sollten Sie endlich einhalten. Schreiben Sie eine Rechnung aus, lassen Sie sich auf ein recht unsicheres Unterfangen ein.

▷ T: Wenn in Männerträumen die Sexualität immer eine große Rolle gespielt hat, dann drückt die Rechnung große Unsicherheit und die Angst vor Impotenz aus. Das Leben selbst präsentiert uns oft eine »Rechnung« für vorausgegangene Fehlentscheidungen, eigene Schwächen oder Fehler. Haben auch Sie solch eine Rechnung vor kurzem erhalten? → Quittung

rechts
▷ V: Die rechte Seite weist immer auf das Männliche hin. Befinden sich Personen oder Gegenstände im Traum rechts, zeigen sie männliche Energien. Wenn eine Frau träumt, daß sie einen Ring an ihrer rechten Hand hat, hegt sie die Absicht, mit einem Mann eine feste Bindung einzugehen. Die rechte Seite ist die gute, positive Seite – der Pfad zur Rechten ist der richtige Pfad.
▷ T: Rechts symbolisiert Ihre bewußten Eigenschaften, die Sie nach außen leben – Aktivität, Energie, Kreativität, Tatkraft. Haben Sie das Gefühl, im »Recht« zu sein, auf der richtigen Seite zu stehen? → links

Rechtsanwalt
▷ V: Haben Sie es im Traum mit einem Rechtsanwalt zu tun, dann sollten Sie sich auf Streitigkeiten oder behördliche Auseinandersetzungen gefaßt machen. Vielleicht haben Sie auch ein Unrecht gutzumachen, und jetzt wäre der richtige Zeitpunkt dazu. Sie sehen einen Rechtsanwalt: Sie müssen eine rechtliche Angelegenheit klären und in Ordnung bringen. Der Rechtsanwalt trägt eine schwarze Robe: Dies verspricht leider keine Aussicht auf Besserung Ihrer aktuellen Situation. → Notar
▷ T: → Gericht

Rede, reden
▷ V: Reden Sie laut im Traum, befinden Sie sich zur Zeit mit sich selbst im Streit. Reden andere auf Sie ein, ist dies nur ein Spiegelbild, damit Sie sehen können, wie Sie anderen Menschen immer auf die Nerven fallen. Halten Sie eine Rede, ist Ihr Geltungsbedürfnis etwas übertrieben. Hören Sie einer Rede zu, sollten Sie sich nicht so leicht von anderen bequatschen lassen.
▷ T: Wollen Sie sich besser verständlich machen? Wollen Sie endlich Ihre Meinung oder eine Überzeugung anderen kundtun? Fühlen Sie sich zur Zeit unverstanden oder mißverstanden? Für

sehr schweigsame Träumer ist dies ein Aufruf zu mehr Mut und Selbstdarstellung, im anderen Falle eine Warnung vor zuviel Geltungsbedürfnis, Schwatzhaftigkeit und allen Überredungsversuchen. Sie wissen selbst am besten, welche der beiden Varianten auf Sie zutrifft.

Regen, Regenmantel

▷ V: Der Regen im Traum eines Mannes zeigt das ungestillte Bedürfnis nach einer totalen Entspannung. (Der Regen ist in der Symbolik der Traumsprache die Ejakulation des Himmels.) Fällt warmer Regen auf Sie herab, ist dies ein Symbol für Fruchtbarkeit, Erfolg im Beruf und Glück in der Liebe. Ein kalter Regen: Andere Menschen werden Sie bald schlecht behandeln. Sie werden naß vom Regen: Sie werden Ihr Glück ganz woanders finden, als Sie suchten. Regnet es und scheint dabei die Sonne, lacht unter Ihren Tränen schon wieder das Glück.

▷ T: Der Regen zeigt freigesetzte Emotionen auf, die Sie herauslassen sollten – keine Angst, es passiert nichts (→ Wasser). Der Regenmantel symbolisiert Ihre Fähigkeit, negative Einflüsse, die von außen auf Sie zukommen, an sich abperlen zu lassen. Vielleicht kommt ja auch bald ein → Platzregen auf Sie hernieder!

Regenbogen

▷ S: Das farbige, bogenförmige Licht verbindet die Erde mit dem Himmel.

▷ V: Wenn Sie im Traum einen Regenbogen sehen, will er Sie warnen, denn Ihr Glück könnte sich als trügerisch erweisen. Geistig gesehen ist der Regenbogen jedoch ein positives Zeichen des inneren Friedens mit Gott und den Menschen, und er zeigt oft, daß jetzt eine wichtige Aussöhnung stattfinden könnte.

▷ T: Der Regenbogen zeigt Ihre innere Harmonie an, weil Körper, Geist und Seele harmonisch zusammenwirken.

Regenschirm

▷ V: Sehen Sie ihn aufgespannt, sollten Sie jetzt mit Worten und Handlungen viel behutsamer sein, denn auch spätere Reue würde nichts wiedergutmachen. Sehen Sie einen Regenschirm, plagt Sie eine unnötige Angst. Spannen Sie ihn selbst auf bei Regen, sehen Sie Ihr Glück nicht und laufen blindlings daran vorbei.

▷ T: Fürchten Sie sich vor etwas? Fürchten Sie, daß Ihnen Ihre Gefühlswallungen schaden könnten? Lassen Sie Ihren Gefühlen freien Lauf – es wird Ihnen danach viel besser gehen! Oder haben Sie gerade Angst, »vom Regen in die Traufe« zu kommen? → Schirm

Regenwurm

▷ V: Sie sehen einen Regenwurm: Sie sollten den stillen Fleiß anderer Menschen nicht übersehen und selbst etwas bescheidener leben (ein sehr passender Traum für Chefs, Politiker und Manager). Benutzen Sie ihn zum Angeln, gehen Sie zwar Ihren Weg, doch dabei handeln Sie mitunter sehr bedenkenlos, bisweilen gar skrupellos.

▷ T: Der Regenwurm ermahnt Sie, bei Ihren Lebenszielen nicht so rücksichtslos vorzugehen. Nur Sie können das ändern!

Regierung

▷ T: Hier zeigen sich immer Ihre inneren Überzeugungen, die durch äußere Zwänge und Normen entweder harmonisch gelebt werden können (wenn eine weise Regierung herrscht) oder aber unterdrückt werden (wenn die Regierung Fehlentscheidungen fällt oder bedenkenlose Beschlüsse faßt). → Rathaus

Reh

▷ V: Sehen Sie in Ihrem Traum Rehe, werden Sie bald eine freundliche Begegnung erleben. Die Rehe flüchten: Stoßen Sie Ihre Freunde und Bekannten nicht durch Ihr Benehmen vor den Kopf – Sie könnten vor Ihnen flüchten. Ein zahmes Reh: Sie werden viel Freude durch Kinder erleben. Schießen Sie eines auf der Jagd, wird Ihre Liebesbeziehung durch Kummer und Leid getrübt. Sehen Sie einen Rehbock, sind Sie im Begriff, eine große Dummheit zu machen (→ Hirsch). Essen Sie einen Rehbraten, erhalten Sie entweder eine Einladung oder vornehmen Besuch.

▷ T: Dieses sanfte und scheue Tier zeigt Ihre weiche, verletzliche

Seele an. Sie sollten diese Seite Ihres Wesens nicht dauernd verstecken. → Tier, → Wald

Reichtum
▷ T: Dieses Traumbild zeigt Ihren Wunsch nach mehr Besitz (vor allem materiell), oder Sie wünschen sich mehr Macht und Einfluß über andere Menschen. → Bank, → Million

Reif
▷ V: Sehen Sie eine von Reif überzogene Landschaft, sollten Sie sich in einer bestimmten Angelegenheit keine Hoffnungen machen. Auch Ihrer Vergangenheit sollten Sie nicht weiter nachtrauern.
▷ T: Im Moment sind Ihre Gefühle einem anderen Menschen gegenüber etwas »unterkühlt«, doch es bestehen noch viele Möglichkeiten der Verbesserung (wenn die Sonne auf den Reif scheint).

Reifen
▷ V: Sehen Sie einen Kinderreifen, sehnen Sie sich nach den sorglosen Spielen in Ihrer Kindheit zurück. Sehen Sie größere Reifen, sollten Sie Ihre neuen Verbindungen zu anderen pflegen.
▷ T: → Kreis, → Ring

Reis
▷ V: Essen Sie Reis, ist Ihre Gesundheit längerfristig stabil, und was Sie anpacken, gelingt Ihnen mühelos. Sehen Sie Reis, werden Sie bald zusätzliche Einnahmen erhalten.
▷ T: Entweder haben Sie nachts tatsächlich Hunger, oder Ihre Seele oder Ihr Geist »hungert« nach neuen Eindrücken und Gefühlen. → Getreide, → Korn

Reise, Reisende
▷ V: Reisen Sie im Traum, so steht in Ihrem Leben bald eine Veränderung an, möglicherweise auch eine Trennung von liebgewordenen Menschen und Gewohnheiten. Sehen Sie Reisende, werden Sie entweder bald selbst verreisen, oder Sie bekommen Besuch von außerhalb.

▷ T: Die Reise symbolisiert Ihren Wunsch, Ihren Lebensweg auf einer neuen Basis fortzusetzen, neue Aufgaben und Pläne anzupacken. Vielleicht reisen Sie auch im Moment in die eigene Persönlichkeit hinein, auf der Suche nach vertiefter Selbsterkenntnis?

Reißverschluß
▷ T: Ähnlich der Naht zeigt der Reißverschluß vor allem Ihre liebevollen Verbindungen zu anderen Menschen auf. Ist er kaputt, drohen zwischenmenschliche Enttäuschungen. → nähen

reiten
▷ V: Reiten Sie auf einem → Elefanten, werden Sie bald ein sehr schönes Abenteuer erleben können. Wer auf einem → Esel reitet, den verspotten andere zu Unrecht. Auf einem → Kamel zu reiten, bedeutet, daß Sie viel Ausdauer und Beständigkeit besitzen, wenn es um das Erreichen Ihrer Ziele geht. Reiten Sie auf einer → Kuh, wissen Sie nicht so recht, was Sie eigentlich wollen, wohin es mit Ihnen gehen soll. Reiten Sie auf einem → Pferd, sind Sie eitel und ein wenig geltungssüchtig.
▷ T: Das Reiten kann Ihre sexuellen Bedürfnisse und Wünsche anzeigen, oder Ihren bewußten Willen, mit dem Sie Ihre Triebe steuern und kontrollieren können.

Reiter
▷ S: In der neutestamentlichen »Offenbarung des Johannes« gibt es vier Reiter: Der Reiter auf dem weißen Pferd ist Christus selbst; der Reiter auf dem feuerroten Pferd ist der Krieg; der Reiter auf dem schwarzen Pferd mit der Waage in der Hand ist der Hunger; der Reiter auf dem grünlichen Pferd ist die Pest!
▷ V: Sie sehen einen Reiter: Ihr Ansehen wächst, und in Ihrer Karriere können Sie nach oben klettern. Reiten Sie in schnellem Galopp, jagen Sie einem trügerischen Ziel hinterher und sollten mehr Realitätssinn entwickeln. Sehen junge Mädchen einen Reiter, beginnen sie bald eine heimliche Liebelei.
▷ T: → Pferd, → reiten

Reklame

▷ V: Sie sehen im Traum Reklame: Einem Angebot gegenüber sollten Sie etwas vorsichtiger sein – es könnte ein Reinfall werden. Machen Sie selbst Reklame, finden Sie in einer bestimmten Angelegenheit weder den Beifall noch das Verständnis von anderen.
▷ T: Irgend etwas aus Ihrem Unterbewußtsein möchte sich bemerkbar machen, beachtet werden. Vielleicht haben Sie es bisher übersehen oder gar verdrängt → Plakat

Rekrut

▷ V: Sehen Sie Rekruten, sind Sie in Ihrer Freiheit eingeschränkt, doch Ihre Kraft reicht nicht aus, diese Schranken zu durchbrechen. Eine erlittene Demütigung haben Sie seelisch noch nicht verkraftet.
▷ T: Entweder wird demnächst Ihre Selbstverwirklichung durch äußere Umstände sehr beschränkt werden, oder Sie sollten jetzt mehr Selbstbeherrschung üben. Manchmal (wenn Sie es mit der Disziplin übertreiben) will der Rekrut Sie auffordern, die inneren Zügel etwas lockerer zu lassen. Sie wissen selbst, was auf Sie am ehesten zutrifft! → Parade, → Soldat

Rennbahn, Rennen

▷ V: Wenn Sie von der Rennbahn träumen, müssen Sie mit so manchen Aufregungen in den nächsten Wochen rechnen, und Sie sollten aufpassen, daß ein anderer nicht schneller reagiert als Sie. Einem Rennen zuschauen: Wenn Sie all Ihre Kräfte gut einteilen, werden Sie die kommenden Hindernisse überwinden können. Machen Sie bei dem Rennen selbst mit, werden Sie in einer Sache den Anschluß verpassen. → Pferd, → reiten
▷ T: Vielleicht haben Sie so viel Selbstvertrauen, daß Sie sich im Konkurrenzkampf des Lebens durch Ihre Schnelligkeit behaupten können. Womöglich laufen Sie vor Ihren eigenen Fehlern, einem Versagen oder Ihrem Unterlegenheitsgefühl davon? Bleiben Sie mal kurz stehen, und überlegen Sie, was auf Sie zutrifft, und handeln Sie dann!

Restaurant

▷ V: Sie sitzen in einem Restaurant: Mal ehrlich, sind Sie nicht ein bißchen zu genußsüchtig mit all Ihren kostspieligen Vorlieben? Was treibt Sie von zu Hause weg? Sehen Sie ein Restaurant, werden Sie einen guten Bekannten bald wiedersehen. Speisen Sie in einem Restaurant, sehnen Sie sich nach sozialen Kontakten, nach Unterhaltung und »Nahrung für die Seele«. → Café

▷ T: Ihr Wunsch nach Geselligkeit kann hier symbolisiert sein. Sie sehnen sich nach mehr mitmenschlichen Kontakten und Unterhaltung. Vielleicht braucht Ihr Leben ein bißchen mehr Abwechslung?

Rettich

▷ V: Sehen oder essen Sie einen Rettich, brauchen Sie eine gesundheitliche und seelische Auffrischung und Aktivierung. – Sie müssen selbst dafür sorgen!

▷ T: Der Rettich zeigt meistens Ihre sexuellen Wünsche und Bedürfnisse an. Bisweilen (wenn Sie vor kurzem einen Rückschlag erlitten haben) kündigt er neue Kräfte an, die in Ihnen wachsen werden. → Radieschen

Rettung, retten

▷ V: Retten Sie einen Menschen, dann haben Sie eine Aufgabe sozialer Art zu bewältigen und sollten dies bald tun, denn Sie erhalten eine Anerkennung oder Belohnung für Ihren Verdienst. Werden Sie selbst gerettet, brauchen Sie eine starke oder fachmännische Hilfe, um eine Krise zu bewältigen.

▷ T: Entweder plagen Sie gerade viele Ängste, oder der Traum kündigt eine tatsächliche Gefahr an, der Sie äußerst achtsam begegnen sollten.

Reue

▷ V+T: Bereuen Sie etwas: Wenn Sie die ehrlichen und gutgemeinten Ratschläge eines Menschen befolgen, werden Sie in einer unangenehmen Lage den richtigen Ausweg finden.

Revolution
▷ V: Sie sehen im Traum eine Revolution: Sehr unerwartete Ereignisse greifen störend in Ihren geregelten Alltag ein. – Manchmal ist dies auch ein visionärer Traum kurz vor großen, politischen Unruhen und Ereignissen. Beteiligen Sie sich selbst an der Revolution, brechen Sie einen Streit vom Zaun und sorgen selbst für große Unruhen in Ihrem Leben. → Rebell
▷ T: Durch äußere Umstände und Ereignisse werden Sie selbst und Ihr Leben tiefgreifende Veränderungen erleben. Die weiteren Traumsymbole sind hier besonders wichtig, um nähere Aufschlüsse zu erhalten.

Revolver
▷ V: Halten Sie einen Revolver, mahnt dies zur Vorsicht: Sie sollten jetzt behutsam sein, sonst machen Sie sich selbst kampfunfähig. Sie sehen einen Revolver: Sie versuchen angestrengt, eine bestimmte Sache mit Gewalt durchzusetzen. Zielen Sie damit auf jemanden, werden Sie in einer Angelegenheit ganz sicher den kürzeren ziehen. Werden Sie damit bedroht, drohen Ihnen durch ein plötzliches Ereignis oder einen gewalttätigen Menschen Schaden und Verluste.
▷ T: Wollen Sie etwas mit Gewalt durchsetzen? Dann drohen Ihnen Mißerfolge. Manchmal warnt der Revolver Sie auch vor anderen Menschen, die Ihnen schaden könnten. → Pistole, → Waffe

Rezept
▷ V: Erhalten Sie ein Rezept: Sie sollten jetzt eine ehrliche Überprüfung Ihrer Charakterschwächen vornehmen und sich dabei nichts mehr vormachen oder vorlügen. → Apotheke, → Pillen
▷ T: Was steht auf Ihrem Rezept? Meistens erwartet man sich »den goldenen Mittelweg«, die Lösung aus sich widerstreitenden Gefühlen und Hoffnungen. Oft enthält das Rezept wertvolle Hinweise für Sie!

Rheuma

▷ T: Plagt Sie im Traum das Rheuma, zeigt dies Ihre seelische Verbitterung und Enttäuschung, die Sie nach außen hin nicht zeigen. Verarbeiten Sie diesen Ärger endlich, damit Sie wieder innere Stabilität erzielen.

Rhinozeros

▷ V: Sehen Sie dieses Tier, ist das eine Mahnung, in Ihren Zielen nicht blindwütig drauflos zu stürmen, sondern Ihren Verstand einzusetzen. Träumen Männer von einem Rhinozeroshorn, wünschen sie sich eine Steigerung ihrer Potenz.

▷ T: Dieses Tier zeigt zwar rein äußerlich Macht und Autorität, doch die innere Veranlagung stimmt mit der imposanten Erscheinung nicht überein. Das kann auch bei Ihnen gemeint sein, oder Sie fühlen sich einem anderen unterlegen, der auf Sie wie ein Rhinozeros wirkt. Dieses Geltungsbedürfnis oder Minderwertigkeitsgefühl kann im sexuellen Bereich ein Problem sein, das es zu lösen gilt.

Richter

▷ V: Sehen Sie im Traum einen Richter, sollten Sie sich nicht zu übereilten (Vor-)Urteilen hinreißen lassen, und bedenken Sie Ihre Worte und Handlungen etwas sorgfältiger. Sie sind selbst ein Richter: All Ihre Entscheidungen sollten jetzt sehr sorgfältig durchdacht werden, bevor Sie an die Umsetzung gehen. Haben Sie amtlich mit einem Richter zu tun, erhalten Sie bald für Ihre guten und schlechten Handlungen den gerechten Lohn. → Gericht, → Rechtsanwalt

▷ T: Der Richter symbolisiert Ihren inneren Gerechtigkeitssinn. Hat er Sie im Traum bestraft für alte Fehler? Winkt Ihnen ein gerechter Lohn für Ihre Leistungen? War sein Urteil milde, hart oder gerecht?

Richtung

▷ V: Wenden Sie sich im Traum in eine bestimmte Richtung, → Süden, → Osten, → Westen, → Norden, → Himmelsrichtung

Riegel

▷ V: Ein Riegel an der Tür bedeutet, daß Sie sich davor hüten sollten, die Geheimnisse anderer Menschen aufzudecken – es würde Ihnen viel Ärger und Aufregung bescheren. Schieben Sie selbst einen Riegel vor, waren Sie allzu offenherzig anderen Menschen gegenüber und sollten das jetzt ändern.
▷ T: → Schloß, → Schlüssel

Riese

▷ V: Einen Riesen sehen: Wenn es Ihnen gelingt, Menschen zu Freunden zu machen, von denen Sie Hilfe erwarten, dann wird ein großes Geschäft sehr gut gelingen. Haben Sie einen Riesen zum Freund, werden Sie einen großen Erfolg erzielen können. Werden Sie von einem bedroht, wird ein sehr gewagtes Unternehmen am Ende doch noch glücken. → groß
▷ T: Der Riese ist ein menschliches Ursymbol, das vor Hemmungslosigkeiten im Triebleben warnt, da diese Gefühle und Instinke an Einfluß gewinnen. Er verkörpert männliche Sexualität. Gelegentlich zeigt er Ihr Überlegenheitsgefühl an (wenn Sie selbst ein Riese sind) oder Ihre Minderwertigkeitskomplexe (wenn andere Riesen sind). Dieses Traumsymbol ist äußerst wichtig und sollte tiefer analysiert werden! → Zwerg

Rinde

▷ T: Die Rinde im Traum schützt Ihre Privatsphäre. Möglicherweise ist sie eine Aufforderung, Ihre Intimssphäre nicht jedem offenzuhalten – im Falle der verletzten Rinde ist Ihre Intimssphäre schon durch andere verletzt worden. Ritzen Sie in die Rinde eines Baumes etwas ein, dann zeigen sich hier erotische Hoffnungen, die bald aufkeimen werden! → Baum, → Panzer, → Schale

Ring

▷ S: Der Ring ist Zeichen eines Bundes, eines Gelübdes, einer Gemeinschaft oder eines gemeinsames Geschickes – ohne Anfang und Ende.
▷ V: In Frauenträumen symbolisiert ein Ring am Finger oder das

Anstecken eines Rings immer die Unfähigkeit, eine alte Beziehung zu vergessen. Läßt ein Ring sich nicht mehr vom Finger ziehen, zeigt dies noch größere Schwierigkeiten auf, den alten Partner innerlich loszulassen. Finden Sie einen Ring, werden sich Ihre Liebesangelegenheiten sehr vorteilhaft entwickeln, Singles werden sich bald verlieben. Zerbrochene Ringe: Eine Trennung ist unvermeidbar. Einen Ring verlieren: Ihr Geliebter oder der Ehepartner ist untreu, oder Sie sind zeitweise voneinander getrennt. Zwei schöne Ringe sehen kündigt eine baldige Bindung oder sogar Hochzeit an. Ziehen Sie einen Ring vom Finger, wird Ihr Seitensprung böse Folgen haben.
▷ T: Meistens zeigt ein Traum-Ring Ihre Beziehung an zu der Person, der Sie den Ring schenken bzw. von der Sie einen Ring geschenkt bekommen. → Kreis

Ringkampf, ringen
▷ V: Tragen Sie im Traum einen Ringkampf aus, ringen Sie am meisten mit sich selbst, obwohl Ihnen auch die Konflikte mit anderen zu schaffen machen. Unterliegen Sie beim Ringen, kann eine heftige Auseinandersetzung bald darauf friedlich beigelegt werden. Siegen Sie beim Ringen, geraten Sie sich mit einem Menschen heftig in die Haare – eine Trennung folgt.
▷ T: Im Moment stehen Sie mit einem Menschen auf Konfrontationskurs. Gewinnen Sie den Kampf, dann werden Sie sich behaupten können und sich trennen. Verlieren Sie den Traum-Kampf, findet man einen Kompromiß und verträgt sich wieder. Beachten Sie auch die restlichen Traumsymbole. → Kampf

Ritter
▷ V: Sie sind ein Ritter: Von Ihren Freunden werden Sie in jeder Notlage tatkräftig unterstützt. Sie sehen einen Ritter: Jetzt stehen harte Kämpfe bevor – sowohl beruflich als auch allgemein.
▷ T: Der Ritter zeigt entweder Ihr eigenes Schutzbedürfnis an, oder Sie verhalten sich einem Menschen gegenüber selbst sehr ritterlich. → Burg, → Rüstung

Ritual
▷ T: Sehen Sie im Traum diverse Rituale, dann sollten Sie sich auch im Alltag nicht in so vielen Förmlichkeiten ergehen und leere Phrasen verwenden. → Zeremonie

Robbe
→ Seehund

Rock
▷ V: *In Männerträumen:* Sehen Sie einen schönen Rock, werden Sie bald eine charmante Eroberung machen. Einen kurzen, engen Rock sehen: Sie machen eine unseriöse Bekanntschaft. Einen weiten Rock sehen: Durch eine Frauengeschichte kommen Sie bald ins Gerede.
In Frauenträumen: Sehen Sie einen weiten Rock, kommen Sie in eine recht peinliche Verlegenheit. Einen engen, kurzen Rock sehen: Ein bestimmter Mann wird bald sehr zudringlich werden, doch Sie sind daran nicht ganz unschuldig. Einen schäbigen Rock sehen: Sie kommen beim anderen Geschlecht im Moment nicht gut an – eine Enttäuschung droht. Einen schönen Rock sehen: Jetzt haben Sie viel Erfolg bei den Männern! → Hose, → Kleidung
▷ T: Der Rock zeigt wie die Hose Ihre erotischen Wünsche und Bedürfnisse an – der Unterrock sogar noch deutlicher Ihren Wunsch nach Geschlechtsverkehr.

Röntgenbild
▷ V: Sehen Sie ein Röntgenbild von sich selbst, kommen Sie durch Ihr eigenes Verschulden in eine recht unangenehme Lage. Das Röntgenbild eines anderen sehen: Sie kennen einen Menschen schon lange und sehr genau, doch plötzlich lernen Sie eine ganz andere Seite von ihm kennen.
▷ T: Haben Sie Angst, von anderen »durchschaut« zu werden? Haben Sie andere Menschen oder Zusammenhänge plötzlich »durchschaut«? Das Röntgenbild kann aber auch Ihre echte Angst vor Krankheiten anzeigen oder Ihren Wunsch, die eigenen inneren Vorgänge besser zu verstehen. Im besten Fall (wenn das Röntgen-

bild sehr klar ist) zeigt es Ihren Scharfsinn an, mit dem Sie neue Einsichten in innere Vorgänge gewinnen können! → Lupe

Roggenfeld
▷ V: Sie sehen ein Roggenfeld: Jetzt kommen sehr freudige Tage, denn Ihre Hoffnung wird sich bald erfüllen. Blühender Roggen: Sie können bald sehr gute Geschäfte abschließen.
▷ T: → Getreide, → Korn

Rohr, Röhre
▷ T: »Stecken Sie im Moment fest« oder »schauen Sie in die Röhre«? Dann würde die Röhre Mißerfolge und aktuelle Schwierigkeiten anzeigen. Manchmal ist sie auch nur die Erinnerung an die eigene Geburt.

Rollschuhlaufen
▷ V: Andere fahren Rollschuh: Sie waren in letzter Zeit im Denken und Handeln viel zu langsam – andere haben Sie überholt. Laufen Sie selbst Rollschuh, sollten Sie es sich bei einer wichtigen Aufgabe nicht allzu leicht machen und jede Eile vermeiden. Sehen Sie Rollschuhe, ist jetzt höchste Eile geboten, handeln Sie schnell!
▷ T: Entweder sollten Sie jetzt nichts übereilen, oder es ist sogar Eile geboten, damit Ihnen andere in einer wichtigen Angelegenheit nicht zuvorkommen – je nach restlicher Traumhandlung!

Rolltreppe
▷ T: Wollen Sie ohne große Anstrengungen möglichst weit emporsteigen (Karriere), oder zeigt die Rolltreppe an, daß Sie mit fremder Hilfe schneller vorwärts kommen werden?

Roman
▷ V: Sie lesen einen Roman: Sie sind ein Mensch voller Illusionen, doch Ihr Realitätssinn kommt dabei zu kurz, und Ihren Fleiß sollten Sie noch stärken.
▷ T: Wer erzählt Ihnen »ganze Romane« – oder wem erzählen Sie so viel? → Buch, → lernen, → schreiben

Rose
▷ V: Sehen Sie im Traum rote Rosen, lieben Sie einen Menschen aufrichtig und werden bald auf die gleiche schöne Gegenliebe stoßen. Weiße Rosen: Ein Mensch liebt Sie heimlich und ist zu schüchtern, Ihnen diese Gefühle zu gestehen. Gelbe Rosen warnen vor Eifersucht und Entfremdung in der Liebe. Welkende Rosen: Ihre Liebe zu einem anderen Menschen ist im Absterben begriffen. Stechen Sie sich an den Dornen, sind Hindernisse zu überwinden, und eine große Enttäuschung in der Liebe tut weh. Pflücken Sie rote Rosen, wollen Sie Ihre Liebe im Sturm erobern (oder erobert werden). Pflücken Sie gelbe Rosen, belasten Eifersuchtsszenen Ihre Liebe. Sehen Sie Heckenrosen, führen Sie eine eher kameradschaftliche Ehe. Träumen junge Mädchen von einem Kranz roter Rosen, steht eine Hochzeit bevor! → Blume
▷ T: Die Rose versinnbildlicht das Aufblühen oder Vergehen Ihrer Liebesgefühle. Sie zeigt aber auch den Reichtum Ihrer Seele an und vielleicht auch ein Bedürfnis nach der »reinen« (platonischen) Liebe – der höchsten Form dieses schönen Gefühls.

Rosenkranz
▷ S: Der Rosenkranz besteht aus aneinandergereihten Perlen – die Gebetsfolge wird mit aufblühenden Rosen verglichen.
▷ V: Sehen Sie den Rosenkranz, müssen Sie jetzt sehr tapfer und standhaft bleiben, um sich nicht von Trauer und Leid allzu tief bedrücken zu lassen. → Perle
▷ T: Der Rosenkranz zeigt Ihre Lebenserfahrungen an, mit denen Sie Stück für Stück Ihre geistige Vollkommenheit erreichen können oder wollen; bei sehr religiösen Menschen die Nähe zu Gott.

Rosinen
▷ V: Sie essen Rosinen: Mit Ihren Nachbarn wird es bald Ärger geben, und finanziell sollten Sie sich demnächst etwas einschränken. Sie sehen getrocknete Rosinen: Vergangenes und Verflossenes belastet Ihre Seele. Sehen Sie Rosinen im Kuchen, werden sich bald recht günstige Gelegenheiten zeigen. Holen Sie Rosinen aus

dem Kuchen heraus, werden Sie leider demnächst nicht nur die angenehmen Seiten des Lebens genießen können.
▷ T: Die Rosine (und das getrocknete Obst) symbolisiert etwas Vergangenes, Verflossenes oder Gestorbenes, das sich jetzt seelisch erneut bemerkbar macht. Vielleicht wollen Sie sich ja »die Rosinen aus dem Kuchen« einer Sache picken, allen unangenehmen Erfahrungen möglichst aus dem Weg gehen?

Rosmarin
▷ V: Sie sehen Rosmarin: Dieses Pflänzchen bringt Trennung oder allgemeine Traurigkeit.
▷ T: → Kräuter

Rost
▷ V: Sehen Sie verrostete Dinge, ist dies ein Sinnbild für Ihre mangelnde Aktivität im Beruf, für Vernachlässigung wichtiger menschlicher Beziehungen oder auch Ungeschick in der Liebe. Rostiges Eisen sehen: Sie sollten sich anstrengen, daß Ihr Ansehen bei anderen tadellos bleibt. Einen Ofenrost sehen: Eine Liebe oder Leidenschaft wird leider sehr unangenehme Begleiterscheinungen bringen. → Ofen
▷ T: Der Rost zeigt das Altern, aber auch die zerstörerische Wirkung von Lebenserfahrungen oder einfach die Vergänglichkeit an sich. Der Rost am Ofen zeigt eine verlöschende Liebe oder Leidenschaft an. Vielleicht wollen sich hierdurch auch Verhaltensweisen bemerkbar machen, die Ihre Ehre beflecken könnten (»Rost am Charakter haben«)?

rot
▷ V: Sehen Sie rote Flammen, wird sich etwas sehr gut entwickeln, oder eine flammende Liebe erwacht. Sehen Sie rothaarige Menschen, ist das eine Warnung vor leidenschaftlichen oder jähzornigen Gefühlen. Sie mißtrauen außerdem einem Menschen, der es wirklich gut mit Ihnen meint.
▷ T: → Kapitel »Farben im Traum«

Rotkehlchen

▷ V+T: Sie sehen ein Rotkehlchen: Es zeigt zarte, aufkeimende Gefühle in Ihnen an und ist Überbringer von Liebesbotschaften und freudigen Nachrichten. → Vogel

Roulette

▷ V+T: Sehen Sie andere Roulette spielen, wird jemand Sie in Versuchung führen. Spielen Sie selbst und verlieren dabei, werden Sie trotz aller Unkenrufe großes Glück haben. Gewinnen Sie beim Roulette, ist dies eine Warnung vor einem baldigen Verlust. → Glücksrad

Rucksack

▷ V: Sie tragen einen Rucksack: Bald werden einige Probleme Sie stark belasten oder Ihren Alltag erschweren. → Gepäck
▷ T: Welche Verpflichtungen haben Sie sich aufgeladen? Welche vergangenen Erfahrungen schleppen Sie noch mit sich herum? Sind Sie diesen Lasten gewachsen, oder drücken sie Sie nieder? Der Rucksack ist ein wichtiges Traumsymbol und sollte mittels der restlichen Traumbilder tiefer analysiert werden. → Koffer

Rübe

▷ V: Ernten Sie Rüben, werden Sie bald Ihr Schäfchen ins Trokkene bringen können. Sie essen Rüben: Eine etwas fragwürdige materielle Aktion wird doch noch glücken. Sie sehen gelbe oder rote Rüben: Dies verheißt Glück in der Familie und mit Freunden, stabile Gesundheit. Eine weiße Rübe in Frauenträumen kündigt Komplikationen in der Liebe an.
▷ T: Die Rübe zeigt manchmal sexuelle Bedürfnisse an, die auf eine etwas billige Art befriedigt werden. Außerdem ist sie ein Symbol für Glück, Wohlstand, Freude oder auch Spott – je nach restlicher Traumhandlung.

Rücken

▷ V: Sehen Sie im Traum einen Rücken, werden Sie die »Kehrseite der Medaille« bald kennenlernen. Jemand kehrt Ihnen den

Rücken zu: Eine alte, zerbrochene Freundschaft kann sich neu beleben. Manche Mitmenschen behandeln Sie sehr herablassend und zeigen unverblümt ihre Geringschätzung – auch mit umgekehrten Rollen möglich.

▷ T: Alles hat zwei Seiten und kann aus diesen unterschiedlichen Aspekten betrachtet werden. Der Rücken zeigt die hintere Seite. Möglicherweise haben Sie Angst, daß sich etwas hinter Ihrem Rücken abspielt oder daß Sie etwas nicht bemerken (z. B. eigene oder andere unbewußte Vorgänge). Was verstecken Sie hinter sich? Hier hilft nur umdrehen und nachschauen! → Vorderseite

Rüssel

▷ V: Sehen Sie einen Elefantenrüssel, möchten Sie am liebsten weit ausholen, um sich fremde Güter zu schnappen. In Männerträumen zeigt dies oft den Wunsch, mit einer liierten oder verheirateten Frau ein Verhältnis zu beginnen. Der Rüssel fordert Sie jedoch auf, eine Kehrtwendung nach innen zu vollziehen, um sich in der Stille und Einsamkeit selbst zu finden.

▷ T: Meistens symbolisiert der Rüssel sexuelle Potenz und eigene Triebe, die sich bald bemerkbar machen werden. → Elefant

Rüstung

▷ T: Sie suchen nach Schutz oder wollen sich gegen fremde Einflüsse abschirmen. Möglicherweise wollen Sie sich vor den Aggressionen und Bosheiten anderer Menschen durch ein »dickes Fell« schützen (→ Panzer). Vielleicht verhalten Sie sich selbst so »gepanzert«, daß Gefühle anderer Menschen an Ihnen förmlich abprallen? Die passende Deutung sollte Anlaß zu Veränderungen geben, denn wer mit Rüstung durchs Leben läuft, hat es viel schwerer!

rudern

▷ V+T: Rudern Sie im Traum, müssen Sie sich wirklich anstrengen, um ein gestecktes Ziel zu erreichen. Das schaffen Sie am besten mit Ausdauer und gleichmäßigem Einsatz. → Boot, → Paddel, → Steuer

Ruf, rufen
▷ V: Hören Sie einen Ruf, wird bald eine größere Aufgabe oder ein wichtiger Auftrag an Sie herangetragen werden. Stellen Sie all Ihre Antennen auf Empfang, damit Sie ihn nicht überhören – es wäre wichtig! Ruft im Traum jemand Ihren Namen, braucht ein entfernter Mensch dringend Ihre Hilfe, oder er will Sie vor einem Unglück warnen.
▷ T: Ihr Unterbewußtsein ruft! Es möchte Sie auf Dinge hinweisen oder vor Gefahren warnen. Sie sollten versuchen, den tieferen Inhalt dieses Traums herauszufinden, denn dieser Ratschlag wäre im Moment sehr hilfreich für Sie.

Ruhe
▷ T: Entweder haben Sie sich jetzt wirklich eine kleine Verschnaufpause verdient, oder die Ruhe zeigt eine Stagnation in Ihrer persönlichen Entwicklung an.

Ruine
▷ V: In Männerträumen auftauchende Ruinen zeigen zu große Vergnügungssucht oder zuviel Ehrgeiz an. Sie sind ein warnender Hinweis, ein wenig zurückzustecken, denn sonst drohen gesundheitliche »Ruinen«. Wer im Traum eine Ruine sieht, hält noch immer an Vergangenem fest – oder Sie vernachlässigen eine Sache in Ihrem Leben sträflich. Halten Sie sich in einer Ruine auf, werden Sie bald etwas Seltsames erleben, doch achten Sie auch auf Ihre Gesundheit. Sehen Sie eine abgebrannte Ruine, sind Sie selbst im Moment sehr »reparaturbedürftig« – vielleicht haben Ihre Leidenschaften und Begierden Sie zur sehr »ausgebrannt«? → Feuer
▷ T: Die Ruine kann alte Erfahrungen anzeigen, die Sie noch nicht ganz verarbeitet haben, meistens jedoch symbolisiert sie Ihre Angst vorm Altern, vor Krankheiten, vor Vitalitätsverlust. Manchmal warnt sie sogar vor materiellen Verlusten (vor dem »Ruin«).

Runzeln
▷ V: Träumen Sie, daß Ihr Gesicht voller Runzeln ist, werden Sie lange jung bleiben und ein hohes Alter erreichen, auch wenn Sie

im Moment eine schmerzliche Erfahrung plagt. Sind andere Gesichter runzelig, sollten Sie andere Menschen nicht so hochmütig behandeln. Eine bestimmte Angelegenheit wird sich enorm in die Länge ziehen.

▷ T: In den Runzeln des Gesichts zeigen sich all Ihre Erfahrungen, Enttäuschungen oder negativen Erlebnisse. Ihr jetziges Verhalten (positiv oder negativ) basiert auf all diesen früheren Lebenserfahrungen. Das weitere Traumgeschehen ist hier wichtig!

Ruß

▷ V: Sehen Sie Ruß, müssen Sie eine unangenehme Arbeit erledigen, doch Sie werden dabei erfolgreich sein. Reinigen Sie einen rußigen → Ofen oder → Kamin, dann haben Sie Menschen vertraut und wurden bitter enttäuscht – auch mit umgekehrten Rollen möglich.

▷ T: Der Ruß warnt vor Verleumdungen anderer, vor übler Nachrede, vor Vertrauensverlust. Oder er zeigt Ihnen auf, daß Sie sich selbst »beschmutzt« haben (→ Kapitel »Farben im Traum«: schwarz). Manchmal kündigt der Ruß unangenehme Aufgaben an, die Sie bald erfolgreich erledigen könnten. → Pech

Rute

▷ V: Sehen Sie eine Rute, ist dies eine Mahnung, denn Sie haben etwas Wichtiges vergessen. Manchmal ist sie auch ein Hinweis auf eheliche Untreue. Schlagen Sie einen anderen mit einer Rute, sollten Sie sich vor Ungerechtigkeiten und Härte anderen gegenüber hüten. Wenn Sie im Traum Ruten binden, geraten Sie in Schwierigkeiten, weil Sie zu unüberlegt handeln.

▷ T: → Peitsche, → Stab, → Stock

Rutschbahn

▷ V+ T: Sie sehen eine Rutschbahn: Sie geben sich einem Vergnügen hin, das reine Zeitverschwendung ist. Gleichzeitig warnt die Rutschbahn, sich nicht in unsichere Dinge einzulassen, die Sie auf die »schiefe Bahn« führen würden.

▷ S = symbolisch; ▷ T = tiefenpsychologisch; ▷ V = visionär, voraussagend

Saal
▷ V: Tanzen Sie in einem Saal, werden Sie bald recht lustige gesellschaftliche Anlässe erleben, die Ihnen gute Laune machen. Sehen Sie sich in einem großen Saal, werden Sie demnächst mit vielen Menschen zu tun haben. Nehmen Sie im Saal an einer Versammlung teil, sind Konflikte mit anderen Menschen zu lösen:
▷ T: Der Saal ist ein Ort, wo Sie mit anderen Menschen zusammentreffen. Sehen Sie sich nach mehr Kontakten, nach Abwechslung oder Geselligkeit? War dieses Treffen fröhlich oder ernst?

Saat
▷ V: Sehen Sie ein Saatfeld voll Unkraut, steuern Sie in eine recht ungewisse Zukunft. Sehen Sie junge, grüne Saat, ist dies ein sehr gutes Zeichen für baldigen Gewinn. → Früchte, → Getreide
▷ T: Dieses Traumsymbol zeigt an, daß Sie hoffen, daß »Ihre Saat« (all Ihre Arbeiten und Bemühungen) bald aufgehen wird, d.h., Sie erwarten oder erhoffen sich einen gerechten Lohn für Ihre Tätigkeiten.

Sack

▷ V: Ein leerer Sack bedeutet, daß auf Ihrem Konto Ebbe herrscht, und das wird wohl noch einige Zeit so bleiben. Sind Sie mit einem schweren Sack beladen, haben Sie sehr viele Arbeiten zu erledigen. Ein gefüllter Sack: Demnächst dürfen Sie mit Geldeinnahmen rechnen. Sie verlieren ihn: Eine Angelegenheit klappt nicht, doch die Erfolgsaussichten waren ohnehin aussichtslos. Kramen Sie in einem Sack und finden unerwartete Dinge, kommen aus Ihrem Unterbewußtsein Inhalte zum Vorschein, die Sie an sich selbst noch nicht kennen. → Rucksack

▷ T: Im Sack befinden sich stets Inhalte Ihrer unbewußten Persönlichkeit, die entweder fördernd oder hemmend für Sie sind. Schauen Sie sich deshalb genau an, was »Ihr Sack« (Ihr Unterbewußtsein) enthält. Es wäre schlecht, den Sack voll Abscheu wegzuwerfen, denn damit verdrängen Sie nur unbewußte Wesensanteile, die später noch negativer spürbar sein würden. Der Sack ruft Sie zur vertieften Selbsterkenntnis auf und ist ein sehr wichtiges Traumsymbol!

Säge, Sägespäne

▷ V: Sehen Sie eine Säge, oder arbeiten Sie mit einer, will Sie jemand demütigen oder setzt Ihnen zu. Hören Sie das Geräusch einer Säge, ist das ein deutliches Zeichen, sich mehr Ruhe zu gönnen, denn Ihre Nerven sind überstrapaziert. Sie sehen andere sägen: Jemand verschwindet aus Ihrer Umgebung, und dadurch müssen Sie einen Verlust verkraften. Eine stumpfe Säge sehen: Sie arbeiten mit ungeeigneten Mitteln – deshalb bleibt der Erfolg aus. Sehen Sie viele Sägespäne, fällt bei Ihrer Arbeit viel unnützer »Abfall« an. → Feile

▷ T: Die Säge zeigt an, daß Ihre Lebenseinstellung überkritisch, bisweilen sogar zynisch ist. Arbeiten Sie mit einer Säge, sollten Sie durch eigene Bemühungen Konflikte und Probleme lösen oder sich aus unbefriedigenden Beziehungen befreien. Manchmal kündigt die Säge auch sexuelle Bedürfnisse an, die sich bald melden werden.

Säule

▷ S: Die Säule ist Stütze des Gebäudes und Garant seiner Festigkeit. Sie ist Baum des Lebens und Achse der Welt.

▷ V: Sehen Sie eine Säule oder mehrere Säulen, sind Sie bei Ihren Mitmenschen sehr beliebt, da man sich auf Sie verlassen kann. In einer Notlage können Sie immer auf die Hilfe anderer zählen. Eine zerbrochene Säule: Jetzt, wo Sie dringend Hilfe bräuchten, läßt Sie ein Freund im Stich. Sie errichten selbst eine: Sie haben aus eigener Kraft etwas geschaffen, und dies bringt Ihnen wertvolle Menschen nahe, die Sie in Zukunft stützen werden. → Pfahl

▷ T: Wenn keine erotischen Wünsche dahinter verborgen sind, zeigt Ihre Traumsäule eine feste und sichere Lebensgrundlage an oder den Halt in einer schwierigen Lage. Nur wenn die Säule im Traum umstürzt, haben Sie Konflikte zu bewältigen und erhalten keine Hilfe. Sind Sie zur »Salzsäule« erstarrt und warum? → Salz

Säure

▷ T: Die Säure könnte Ihre Angst anzeigen, die zersetzend und ätzend auf Sie selbst wirkt – oder Ihr Verhalten ist äußerst zynisch anderen Menschen gegenüber. Ändern Sie das baldmöglichst, sonst lösen Sie selbst Ihre mitmenschlichen Verbindungen auf. Oder überschüttet Sie ein anderer Mensch im Traum mit Säure?

Sahne

▷ V: Schöpfen oder essen Sie Sahne, können Sie sich einen guten Vorteil verschaffen, doch sollten Sie dabei nicht zu egoistisch vorgehen.

▷ T: → Butter, → Milch, → Quark

Salat

▷ V: Sie essen Salat: Ihr Körper braucht jetzt dringend Vitamine, denn eine kleine Erkältung könnte sich bald bemerkbar machen. Sehen Sie eine große Schüssel voll Salat, sollten Sie sich auf eine bestimmte »Prüfung« sehr gut vorbereiten, sonst geraten Sie in arge Verlegenheit. Sehen Sie aufgeschossenen Salat im Freiland, machen sich sexuelle Bedürfnisse bemerkbar.

▷ T: Der Salat symbolisiert die lebendige Nahrung für Ihre Seele; aufgeschossener Salat zeigt Ihre sexuellen Wünsche an oder ist ein Hinweis, Ihre Triebe »nicht hoch aufschießen zu lassen«. →Gemüse

Salbe

▷ V: Sehen Sie im Traum Salbe, können Ihre körperlichen oder seelischen Leiden können bald geheilt werden. Sie kaufen Salbe: Nur noch ein wenig Geduld – bald geht's Ihnen wieder besser. Tragen Sie Salbe bei sich auf, sollten Sie anderen Menschen jetzt beistehen und niemandem das Herz schwermachen. Salben Sie mit Öl, kündigt sich baldige Genesung an. → Öl
▷ T: Sie haben schmerzhafte Erfahrungen gemacht. Die Traum-Salbe kündigt jetzt die baldige Heilung Ihrer Wunden an!

Salmiak

▷ V: Sie riechen im Traum Salmiak: Sie geraten in eine höchst unangenehme Situation.
▷ T: → Säure

Salz, Salzfaß

▷ V: Sie salzen Ihr Essen: Mischen Sie sich nicht in die Angelegenheit anderer Menschen ein. Jemand reicht Ihnen Salz: Ihr Familienleben ist sehr harmonisch, und Ihr Hausstand gesichert. Sie verschütten Salz: Sie werden Kummer und Sorgen oder sogar Streit mit dem Ehe- oder Lebenspartner erleben. Sie sehen ein Salzfaß, einen Salzstreuer: Bald müssen Sie etwas bereuen, denn Sie haben jemandem »die Suppe versalzen« – oder umgekehrt. → Zucker
▷ T: Das »Salz Ihres Lebens« ist Ihr Lebensstoff, Ihre Energie, Ihre Würze – sein Anblick verspricht Ihnen Gesundheit und neue Lebenskraft. Oder sind Sie »zur Salzsäure erstarrt«? Stagniert alles, weil Sie nur Ihre Vergangenheit betrachten? Salz ist aber auch ein Symbol Ihrer Gastfreundschaft. Wie wichtig sind Ihnen Freunde?

Samen

▷ V: Sie säen im Traum Samen: Wenn Sie jetzt neue Pläne anpacken, werden Sie sehr erfolgreich sein – vor allem beruflich.

▷ T: Der Samen zeigt an, daß neue Einsichten in Ihnen entstehen und neue Chancen in der Zukunft das Wachstum Ihrer Persönlichkeitsentwicklung fördern werden. → Keim

Samt
▷ V: Sehen Sie samtene Kleidung, wächst Ihr Ansehen enorm. Tragen oder streicheln Sie Samt, wollen Sie Ihrem gewohnten Einerlei entfliehen und sehnen sich nach einem liebevollen Menschen. Tragen andere Samt, wird Ihnen Ihre Bekanntschaft mit angesehenen Menschen ein paar Vorteile bringen.
▷ T: Wenn Sie im Traum Samt tragen, dann versteckt sich dahinter eine gewisse Eitelkeit oder Überheblichkeit in Ihrem Wesen. Wollen Sie sich durch rein äußere Symbole mehr Achtung oder Ansehen bei anderen verschaffen? Dies wird Ihnen kaum gelingen! → Kleidung, → Seide

Sanatorium
▷ V: Liegen Sie in einem Sanatorium, sollten Sie alles daransetzen, um aus Ihrer Stagnation schnellstmöglich herauszufinden – Schwierigkeiten und Enttäuschungen sind zu bewältigen. Sehen Sie eines, benötigen Sie dringend etwas Ruhe und sollten Abstand zu den Menschen und Geschehnissen nehmen. Arbeiten Sie darin, wird Ihre Klugheit und Hilfsbereitschaft belohnt werden.
▷ T: Der Anblick eines Sanatoriums zeigt an, daß Sie Rückschläge und Mißerfolge doch schneller überwinden können, als Sie befürchtet haben. → Krankheit, → Krankenhaus

Sand
▷ V: Sehen Sie im Traum Sand, verschwenden Sie Ihre Energien in ein Vorhaben, das keinen Erfolg verspricht. Liegen Sie im Sand, wird Ihre Lebenssituation immer unsicherer. Einen Sandsturm erleben kündigt das Ende Ihrer bisherigen Erfolge an.
▷ T: Der Sand zeigt auf, daß Sie in einer Sache kein Fundament und keine Grundlage besitzen, denn Sie haben »auf Sand gebaut«. Damit kann auch die Unfruchtbarkeit einer menschlichen Verbindung angezeigt sein.

Sandalen

▷ V: Sehen oder tragen Sie Sandalen, sind Sie entweder dabei, ein kleiner Sonderling zu werden, oder Sie besitzen einen leichtfüßigen Charakter und ein großes Freiheitsbedürfnis. → Fuß, → Schuhe

Sanduhr

▷ S: Die Sanduhr ist Emblem der Zeit und des Todes, aber auch Kardinaltugend der Mäßigkeit.
▷ V: Sehen Sie im Traum eine Sanduhr, zeigt Sie Ihnen die Vergänglichkeit des Lebens an. Dies kann die Trennung von einem nahestehenden Menschen sein oder daß Sie eigene »Uhr« langsam abläuft.
▷ T: Die Zeit verrinnt wie »Sand zwischen den Fingern«, ohne daß Sie schon viel erreicht hätten. Ziehen Sie daraus Konsequenzen!

Sarg

▷ V: Sehen Sie einen leeren Sarg, werden Sie ein hohes Alter erreichen können; Sie machen sich unnötige Sorgen. Liegt ein Toter im Sarg, zeichnen sich berufliche Rückschläge oder Verluste ab. Liegen Sie in einem Sarg, werden Sie noch lange gesund und munter sein. → Urne
▷ T: Der Sarg zeigt ein inneres Abschiednehmen von etwas Vergangenem, da Sie neue Vorhaben entwickeln. Neues können Sie aber erst verwirklichen, wenn Sie das Alte endlich »begraben«, also innerlich verarbeiten. → Friedhof, → Grab, → Tod

Satan

→ Teufel

satt

▷ T: Fühlen Sie sich rundherum satt im Traum, versteckt sich dahinter entweder ein Hungergefühl, oder Sie sind im Moment in einer sehr ausgeglichenen Lebenssituation. Bisweilen enthält der Traum auch die Warnung, nicht weiterhin so träge zu sein!

Sattel

▷ V: Sie sitzen im Sattel: Sie werden ganz sicher in Ihrem Leben weiter vorankommen, denn Sie sitzen fest im Sattel. Sie fallen vom Sattel: Bald werden Sie Ihr Ansehen bei anderen verlieren. Sehen Sie einen Sattel, werden Sie demnächst ein recht wertvolles Geschenk erhalten, doch damit ist eine Verpflichtung verbunden.

▷ T: Sie sind jetzt bereit, eine unangenehme Verpflichtung auf sich zu nehmen. Allerdings sollten Sie anderen Menschen nicht Ihren Willen aufzwingen oder diese für Ihre egoistischen Wünsche mißbrauchen. Im besten Fall können Sie Ihre unbewußten Impulse nun besser durch den Geist lenken und für Ihre größeren Ziele einsetzen. → Pferd, → reiten

Saturn

▷ T: Dieser Planet verkörpert meistens eine gefühlsarme Zeit, sehr viele Pflichten und Arbeiten, die zu bewältigen sind, oder Hindernisse, die Ihre Lebensfreude und Ihren Erfolg dämpfen. Eigene (seelische oder körperliche) Unzulänglichkeiten plagen Sie, und Saturn trennt uns manchmal von Menschen und Dingen, die Sie in Ihrem weiteren Wachstum hemmen. → Planet

saugen

▷ T: Saugen Sie an der Mutterbrust, dann herrschen im Moment sehr kindliche Gefühle vor, oder alte Erinnerungen tauchen auf. Zusätzlich weist dieses Traumsymbol darauf hin, daß noch große Abhängigkeiten (von einem anderen Menschen oder von der eigenen Mutter) bestehen und Sie hemmen. → Baby

Schach

▷ V: Spielen Sie selbst oder jemand anderes Schach, sollten Sie jetzt im Umgang mit anderen besonders behutsam sein und sich jeden Schachzug gut überlegen. Eignen Sie sich mehr Wissen an, und setzen Sie dies um. Sie gewinnen beim Schach: Ihr Partner hat Vorteile zu bieten, die Sie entweder nicht wahrnehmen oder aufs Spiel setzen und verlieren werden. Sie verlieren: Durch die Intel-

Schacht

Männer im Schachspiel
Dieses Traumsymbol ist eine deutliche Aufforderung an den Träumer, jetzt »männliche Wesenseigenschaften« einzusetzen, vor allem den logischen Verstand, und sich jeden Zug in einer aktuellen Angelegenheit sehr gut zu überlegen. Der rauchende Mann symbolisiert innere Nervosität, die noch im »Dunst illusionärer Vorstellungen« gefangen ist. Wer diesen → Nebel verläßt, könnte das → Spiel gewinnen!

ligenz eines Partners können Sie große Erfolge oder Gewinne einstreichen. → Spiel
▷ T: Dieses »königliche Spiel« ist eine Mahnung, Ihren Verstand und Ihr logisches Denken stärker einzusetzen, damit Sie Ihre Möglichkeiten und Vorteile erkennen und besser nutzen können.

Schacht
▷ V: Sie sehen einen tiefen Schacht, ein Bergwerk: Sie sollten jetzt allen Dingen auf den Grund gehen und die Tiefe, das Verborgene ergründen – bei sich selbst und bei anderen.
▷ T: → Bergwerk, → Höhle

Schachtel
▷ V: Sie sehen eine Schachtel: Sie verschwenden so viel Zeit und Energie, Ihrer schwindenden Jugend nachzutrauern, daß Sie die Vorteile und das Glück des Alters gar nicht mehr sehen. Halten Sie die Schachtel in der Hand, sollten Sie sich mal in Ruhe überlegen, ob es sich lohnt, sich auch in Zukunft für Ihre Verwandten und Bekannten so aufzuopfern? Eine offene Schachtel sehen: Vorsicht, jemand will Sie bestehlen. Jemand schenkt Ihnen eine Schachtel: Bald wird eine recht angenehme Überraschung eintreffen. → Paket

Schaden
▷ T: »Aus Schaden wird man klug« – mit dieser Devise können Sie Ihre jetzigen Erfahrungen für die Zukunft festhalten und daraus lernen. Möglicherweise ist jetzt ein früherer »Schaden« sehr hilfreich für die Lösung eines aktuellen Problems!

Schädel
▷ S: Symbol der höchsten Stelle des Menschen und seiner Vergänglichkeit.
▷ V: Einen Totenschädel zu sehen mahnt immer zu Ehrlichkeit und einer nüchternen Betrachtung der Realität. Dann werden Sie jedoch Erfolg bei all Ihren Unternehmungen erzielen. Finden Sie einen z. B. beim Graben, erhalten Sie Zuwendungen.
▷ T: → Kopf, → Skelett

Schaf, Schäfer

▷ V: Sehen Sie im Traum ein Schaf oder mehrere Schafe, naht eine sehr beschauliche Epoche. Ein Schaf scheren: Sie nutzen andere Menschen aus. Dafür werden Sie eines Tages zur Rechenschaft gezogen. Sehen Sie eine Schafherde, werden Sie bald einen guten Verdienst erwirtschaften können, weil Sie fleißig und bescheiden zugleich sind. Sehen Sie einen Schäfer, wird Ihnen jemand ein wichtiges Geheimnis anvertrauen. → Lamm

▷ T: Das Schaf symbolisiert, daß Sie leicht zu beeinflussen sind und ebenso leicht ausgenützt werden können. Sie sind einfach zu weich und können bei »stärkeren Naturen« schlecht nein sagen. Fühlen Sie sich als »dummes Schaf«, oder wurden Sie von anderen so betitelt? Warum? Sind Sie ein »Wolf im Schafspelz«?

Schafott

▷ V: Sie besteigen im Traum ein Schafott: Keine Angst, jetzt werden nur all Ihre Qualitäten geprüft, und bei guter Eigenleistung können Sie viele Schwierigkeiten bald überwinden.

▷ T: → Galgen, → Hinrichtung

Schale

▷ S: Die Schale symbolisiert Überfluß; sie enthält den »Trank der Unsterblichkeit«.

▷ V: Halten Sie eine Schale, werden Sie bald einen neuen Auftrag erhalten. Schenkt Ihnen jemand eine Schale, verheißt dies Glück für Ihr Familienleben und in der eigenen Häuslichkeit. Sehen Sie eine volle Schale, werden Sie bald eingeladen, oder Sie werden selbst Gäste begrüßen können. Streifen Sie Eierschalen ab, möchten Sie sich vom Einfluß Ihrer Eltern befreien. → Gefäß, → Panzer

▷ T: Die Schale als Gefäß zeigt Ihnen, daß Sie jetzt erholungsbedürftig sind, daß Sie Ihre »innere Substanz« (den Inhalt Ihrer Schale) wieder auffüllen müssen. Tun Sie es! Die Schale um Sie herum zeigt, ob Sie sich gegen negative Einflüsse von außen gut schützen können – oder sich vom Einfluß Ihrer Eltern oder anderer wichtiger Bezugspersonen »abschälen« sollten!

Schatten

▷ V: Sehen Sie Ihren eigenen Schatten, sollten Sie sich schnellstens von unguten menschlichen Verbindungen lösen – Kummer kommt auf Sie zu. Sie sitzen im Schatten: Vorsicht, jemand will Sie betrügen. Sie sehen den Schatten von Gegenständen: Sie ängstigen sich vollkommen umsonst, weil Sie an eingebildeten Gefahren leiden.

▷ T: Der Schatten zeigt Ihre zur Zeit unsichere Lage. Sie selbst stehen im Schatten. Er symbolisiert aber auch die Begegnung mit Ihren eigenen unbewußten Seiten. Sehen Sie den Schatten vor sich, so wirft Ihre zukünftige Entwicklung im Leben quasi einen Schatten voraus. Sehen Sie ihn hinter sich, verfolgen Sie alte Ängste und Schuldgefühle auf jedem Schritt. Oder stehen Sie im Schatten anderer Menschen? Vielleicht wohnen Sie im Moment »auf der Schattenseite des Lebens«? Achten Sie deshalb auf weitere Trauminhalte.

Schatz

▷ V: Sie graben nach einem Schatz: Sie laufen einer völlig nutzlosen Sache hinterher und sollten die Finger davon lassen, denn Sie könnten dabei betrogen werden. Sie vergraben einen Schatz: Sie werden sich die Sympathien anderer durch Ihr eigenes Verhalten verscherzen und neue Sorgen verursachen. Sie finden einen Schatz: Jetzt sollten Sie Augen und Ohren aufsperren, denn Sie gehen sonst an einer sehr wertvollen oder aussichtsreichen Sache vorbei.

▷ T: Der Schatz zeigt, daß Sie sich im Moment die Frage stellen, ob sich Ihr Leben überhaupt lohnt oder bisher gelohnt hat. Oder hat Sie ein »Schatz« enttäuscht? Vielleicht mußten Sie ja auch materielle Verluste verkraften? Wenn der Traumverlauf sehr positiv war, könnten Sie sogar bald einen »Schatz« finden oder auf einen »inneren Schatz« stoßen! → Goldschatz

Schaufel

▷ V: Arbeiten Sie im Traum mit einer Schaufel, werden Sie trotz größter Mühen keinen Dank und Lohn ernten für all Ihre Mühen. Sehen Sie eine Schaufel, braucht jemand Ihre Arbeitskraft, oder andere bitten um Mithilfe. → Graben

Schaukel, Schaukelpferd

▷ V: Sie sitzen oder schaukeln auf einer Schaukel: Sie lassen sich viel zu leicht von anderen beeinflussen, können sich nur schwer entscheiden und sind insgesamt sehr wankelmütig – manchmal sogar unzuverlässig. Sehen Sie eine Schaukel, sollten Sie endlich Ihre Unentschlossenheit bekämpfen. Reiten Sie auf einem Schaukelpferd, verzetteln Sie sich, und Ihre Liebe ist eigentlich nur reine Schwärmerei.

▷ T: Sie schaukeln mit Ihren Gefühlen hin und her, können sich nicht entscheiden. In Männerträumen zeigt sich hier oft der Konflikt, sich zwischen Ehefrau und Geliebter zu entscheiden. Der Traum ist eine Warnung: Sie sollten jetzt endlich eine Entscheidung herbeiführen und entschlossener auftreten.

Schaum, Schaumbad

▷ V: Sie essen etwas Schaumiges, oder Sie sitzen im Schaumbad: Sie fallen sehr leicht Ihrem Idealismus und Ihrer Phantasie zum Opfer. Auch in der Liebe geben Sie sich allzugern Ihren Täuschungen hin.

▷ T: → Bad, → Seife

Schauspieler

▷ V: Sie sehen einen Schauspieler: Ihre Bekanntschaft mit einem interessanten Menschen wird Ihnen guttun und Ansporn liefern. Spielen Sie im Traum eine ganz andere Rolle als im Leben, befindet sich Ihr äußeres Verhalten nicht in Übereinstimmung mit Ihrem innersten Wesen – dieser »Betrug« schwächt Ihre Selbstverwirklichung. → Film

▷ T: Wollen Sie mehr Anerkennung oder Beachtung? Sind Sie vielleicht etwas geltungssüchtig? Beides werden Sie mit den bisherigen Mitteln nicht durchsetzen können. Was spielen Sie sich oder anderen vor? Mit welchem Zweck? → Bühne

Scheck

▷ V: Sie stellen einen Scheck aus: Versprechen Sie nicht leichtsinnig, was Sie doch nicht halten können. Sehen oder erhalten Sie

einen Scheck, wird ein Versprechen, das andere Ihnen gegeben haben, wahrscheinlich nicht eingehalten. → Bank, → Geld
▷ T: Geben Sie auf keinen Fall Versprechungen ab, die Sie nicht einhalten können. Machen Sie diese Erfahrung zur Zeit mit anderen Menschen?

Scheidung
▷ V: Erleben Sie im Traum Ihre eigene Scheidung, haben Sie unnötig Angst, einen lieben Menschen durch eigene Schuld zu verlieren. Sehen Sie die Scheidung anderer, sollten Sie den abgegebenen Treueschwur ein bißchen ernster nehmen.
▷ T: Plagt Sie im Moment die Angst vor einer tatsächlichen Trennung, oder warnt Sie Ihr Unterbewußtsein davor, Ihre jetzige Beziehung durch einen Seitensprung zu gefährden? Die ehrliche Antwort wissen nur Sie selbst!

scheintot
▷ T: Sind Sie im Traum scheintot, dann ist dieses Symbol ein Zeichen, daß im Moment verdrängte Seeleninhalte vorübergehend aus Ihrem Bewußtsein verschwunden sind. Sie werden bald wieder auftauchen und sollten dann von Ihnen bearbeitet werden. Auf jeden Fall sollten Sie eine Persönlichkeitsveränderung anstreben (alte Wesensanteile loslassen), damit etwas Neues in Ihnen entstehen kann. → Tod

Schein, Scheinwerfer
▷ V: Sehen Sie einen hellen Schein, werden Sie »geistige Führung« erhalten und können so mit viel Selbst- und Gottvertrauen eine schwere Lebenslage überbrücken und bewältigen. Die Scheinwerfer eines Autos zu sehen, kündigt an, daß Sie in einer bestimmten Angelegenheit eine böse Überraschung erleben werden. → Licht
▷ T: Der Scheinwerfer zeigt Ihre geistige Konzentration und höchste Aufmerksamkeit an. Werden Sie davon selbst angeleuchtet, dann werden Sie von anderen Menschen durchschaut. Erhellen die Scheinwerfer einen Weg, erhalten Sie dadurch einen Blick in Ihre Zukunft!

schenken

▷ V: Sie verschenken im Traum etwas: Sie werden bald ganz überraschend selbst etwas geschenkt bekommen. Werden Sie im Traum beschenkt, sollten Sie jetzt Ihr Herz für andere öffnen.
▷ T: → Geschenk

Scherben

▷ V: Sie sehen Scherben oder zerbrechen selbst etwas: Ihre momentan recht angenehme Lebenslage werden Sie bald durch Ihr ungeschicktes Verhalten selbst verschlechtern. Sie zerbrechen Porzellan: Jetzt wird Altes beseitigt, damit Neues Platz hat.
▷ T: »Scherben bringen Glück.« Manchmal trifft dies zu, doch oft warnen sie vor eigenem Übermut, weil Ihre Hoffnungen und Wünsche ganz schnell wieder »zu Scherben« werden könnten. Sind die Scherben aus → Glas oder aus → Porzellan?

Schere

▷ V: Sie sehen eine Schere: Wenn zwei sich streiten, und Sie mischen sich ein, dann werden sich die Streithähne zusammenschließen, um Ihnen zu schaden. Der Traum kündigt oft auch Trennung durch eine Frau an. → Schneiden Sie mit einer Schere (in Männerträumen): Sie werden Ihre Beziehung zu einer Frau bald auflösen.
▷ T: In Männerträumen symbolisiert die Schere sehr oft die Angst vor → Kastration oder vor sexuellem Versagen. Die Schere zeigt aber auch ganz allgemein die Angst vor dem Verlust eines Liebespartners an. Möglicherweise will Sie der Traum auch dazu ermuntern, sich endlich von Ihrer Beziehung zu trennen, diese Verbindung durchzuschneiden? Ein weiterer Aspekt der Schere ist Ironie, Sarkasmus oder verletzende Kritik, die Sie selbst ausüben oder der Sie ausgesetzt sind. Bei Scherenträumen sind die weiteren Symbole von großer Bedeutung!

Scheune

▷ V: Sehen Sie im Traum eine volle Scheune, zeigt sich darin all Ihr Erfolg, den Sie durch eigene Arbeit erzielen konnten. Eine

leere Scheune bedeutet, daß Sie sich in einer bestimmten Angelegenheit vergebliche Hoffnungen gemacht haben.
▷ T: → Gras, → Heu

schielen
▷ T: Sehen Sie aktuelle Dinge aus der etwas verzerrten Perspektive? Können Sie sich selbst oder andere Menschen nicht richtig erkennen? Haben Sie Probleme, sich verständlich zu machen? → Auge, → Blindheit → Brille

schießen
▷ V: Schießen Sie, oder hören Sie Schüsse im Traum, werden Sie über eine bald eintreffende Nachricht sehr glücklich sein und machen aus Ihrem Herzen keine Mördergrube. Andere schießen: Sie verfolgen zwar ehrgeizige Ziele, doch dabei brauchen Sie noch mehr Energie und Ausdauer. Sie hören viele Schüsse: Turbulenzen und Unruhen drohen.
▷ T: Das Schießen kann andeuten, daß Sie sich sehr plötzlich für oder zu etwas entscheiden müssen. Vielleicht bestehen Sie selbst aus zwei Persönlichkeiten, und die eine Seite versucht, die andere zu zerstören! Schießen Sie selbst, sollten Sie sich allen Kummer und Ärger von der Seele reden, damit wieder innerer Friede herrscht. → Gewehr, → Pistole, → Pulver, → Waffe

Schiff, Schiffbruch
▷ S: Das Schiff ist Sinnbild der Reise und des Übergangs für die Lebenden und die Toten.
▷ V: Träumt ein Mann von einem Schiff, drückt sich darin die Sehnsucht nach einer Frau aus (ein Schlachtschiff symbolisiert eine Prostituierte, ein Segelschiff z. B. ein junges Mädchen). Ein abfahrendes Schiff kündigt eine Trennung oder einschneidende Veränderungen an. Sind Sie an Bord eines Schiffes, gefällt Ihr jetziges Leben Ihnen nicht – Sie sehnen sich nach anderen Verhältnissen. Sind Sie auf dem falschen Schiff gelandet, sollten Sie all Ihre beruflichen Verbindungen und Ziele genauestens überprüfen, denn Sie haben die falsche Entscheidung getroffen. Geht das

Schiff unter, ist dies eine ernste Warnung: Sie sollten sich sofort aus einer unguten menschlichen Verbindung lösen.

▷ T: Das Schiff im Traum zeigt Ihr »Lebensschiff« an, das Ihnen auf seiner Fahrt sowohl Glück als auch Unglück bescheren kann. Fuhr das Schiff auf ruhigem → Wasser? Tobten Wellen oder → Stürme? War das Ziel in Sicht oder völlig unbekannt? Hier sind alle zusätzlichen Traumbilder sehr wichtig, denn Sie könnten erkennen, ob Sie sich auf dem richtigen Lebenskurs befinden oder umkehren sollten. Ein Schiffbruch warnt Sie vor drohenden Gefahren und Schwierigkeiten, die von Ihnen selbst ausgelöst werden! → Boot, → Jacht, → Meer

Schild

▷ V: Sie sehen ein leeres Schild an einem Haus oder an einer Tür: Sie befinden sich zur Zeit in höchst ungeklärten Verhältnissen und sollten schnellstens eine Lösung, einen Ausweg finden. Jemand reicht Ihnen ein Schild: Jetzt müssen Sie hellwach und aufmerksam sein, denn unerwartete Angriffe fordern Ihre Gegenreaktion heraus. Sehen Sie ein Schild über einem Laden, gönnen Freunde Ihnen Ihren Erfolg nicht, und das ärgert Sie zu Recht.

▷ T: Ein Schild mit Beschriftung fordert Sie auf, eigene Wesensanteile besser nach außen zu bringen. Das Schild als Teil einer → Rüstung zeigt Ihr Schutzbedürfnis an oder Ihren Wunsch, einen anderen Menschen zu beschützen. → Ritter

Schildkröte

▷ S: Ein Fruchtbarkeitssymbol der Aphrodite (Venus); Symbol der Gesundheit, Vitalität und Unsterblichkeit.

▷ V: Sie sehen eine Schildkröte: Sie sind gut beschützt und haben wertvolle Freunde. Trotzdem kann man Sie leicht ausnutzen, denn Sie reagieren in manchen Situationen viel zu langsam. Töten Sie eine, werden Sie sich die Unterstützung eines Beschützers verscherzen. Finden Sie eine tote Schildkröte, verlieren Sie durch äußere Umstände Ihren Beschützer oder guten Freund.

▷ T: Der Panzer der Schildkröte symbolisiert, daß Sie sich nach außen hart zeigen, um Ihr empfindsames Innenleben vor Verletzungen anderer zu schützen. Die Schildkröte selbst zeigt zwar eine gewisse Trägheit im Denken an, doch andererseits haben Sie viel Geduld und verfolgen Ihren Lebensweg beharrlich.

Schilf
▷ V: Sie sehen Schilf: Sie sollten viel entschlossener als bisher Ihren Lebensweg verfolgen. Ihre Verzögerungstaktik und Unentschlossenheit bringt Ihnen nur Nachteile. Viele Hindernisse sind noch zu bewältigen, ehe Sie ins offene Fahrwasser (Handlungsfreiheit) gelangen.
▷ T: Sie beugen sich wie das Schilfrohr dem Sturm (sind demnach sehr anpassungsfähig), richten sich danach aber wieder auf. Sie besitzen demnach sehr viel Klugheit, Willenskraft und sind geistig äußerst biegsam. Im positivsten Sinne besitzen Sie eine demütige Grundhaltung, die sich jederzeit einer höheren Fügung (oder einem Sturm im Leben) beugt. Aus diesem Urvertrauen gewinnen Sie stets Vertrauen und neue Kraft!

Schimmel
▷ T: Für das Tier → Pferd. Der Schimmelpilz dagegen weist auf krankhafte seelische Vorgänge in Ihrem Inneren hin, die Ihre ganze Persönlichkeit überwuchern werden, wenn Sie sich nicht möglichst bald fachmännische Hilfe holen.

schimpfen
▷ V: Schimpfen Sie im Traum, haben Sie während des Tages allen Ärger unterdrückt – fressen Sie nicht alles in sich hinein! Werden Sie ausgeschimpft, müssen Sie jetzt Ihr Verhalten zu den Mitmenschen korrigieren, denn Sie haben jemand falsch eingeschätzt, und das erzeugt Streitigkeiten.

Schinken
▷ V: Kaufen oder sehen Sie einen Schinken, wünschen Sie sich vor allem äußeren (materiellen) Wohlstand; übertreiben Sie diese Wunschziele nicht. Schinken essen: Sie haben sich selbst etwas vorenthalten, und das schmerzt Sie noch immer. Sie tun zwar

sehr bescheiden, doch tief innen wünschen Sie sich eigentlich mehr.
▷ T: Sie sollten Ihre allzu materielle und genußsüchtige Grundeinstellung genauestens überprüfen – Sie übertreiben hier maßlos. Bisweilen äußern sich hier sexuelle Bedürfnisse – was trifft auf Sie zu?

Schirm
▷ V: Sehen Sie einen Schirm, werden Sie zwar in einer Notlage ganz sicher Hilfe erhalten, doch durch Ihre eigene Ungeschicklichkeit könnten Sie »vom Regen in die Traufe« kommen. Vergessen Sie Ihren Schirm, werden Sie aus Ihrem kleinen Dämmerschlaf durch äußere Umstände unsanft wachgerüttelt. Sie spannen einen Sonnenschirm auf: Machen Sie dem Glück die Tür auf, sonst verpassen Sie noch Ihre besten Chancen.
▷ T: → Regenschirm

Schlacht, schlachten
▷ T: Bei älteren Träumern erinnert die Traum-Schlacht an frühere Kriegserlebnisse. Oder Sie fürchten sich, vor anderen Menschen angefeindet zu werden. Das Schlachten eines Tieres zeigt Ihnen auf, daß Sie in einer bestimmten Sache zwar finanzielle Gewinne erzielen könnten, doch gleichzeitig dabei Ihren guten Ruf verlieren würden. So ermuntert Sie dieser Warntraum, Ihre Schritte bzw. Ihre Entscheidung nochmals zu überdenken! → Krieg, → Kampf

schlafen, Schlafzimmer
▷ V: Sehen Sie schlafende Menschen, werden Sie sich bald über etwas sehr freuen. Eine schlafende Frau: Ihre Liebesbeziehung wird sich vertiefen (ebenso, wenn eine Frau von einem schlafenden Mann träumt). Im Freien schlafen: Sie könnten bald verreisen. In einem Wagen oder Boot schlafen: Jetzt kommen sehr unruhige Tage; Sie sollten auf der Hut sein und sich nicht von anderen zu etwas überreden lassen. Sehen Sie ein Schlafzimmer, wünschen Sie sich sehnlichst, nicht mehr allein zu leben.
▷ T: Das Schlafen symbolisiert Ihre unbewußte Furcht oder Flucht vor der Wirklichkeit. Vielleicht schlummern in Ihnen noch

viele Eigenschaften, die Sie wecken sollten? Das Schlafzimmer zeigt Ihr unausgesprochenes Glück oder Unglück einer menschlichen Gemeinschaft und Ihre sexuellen Bedürfnisse. Schlafzimmerträume erscheinen meistens, wenn zwischen diesen beiden Menschen etwas nicht mehr in Ordnung ist. Sprechen Sie mit Ihrem Partner offen über diesen Traum! → Haus, → Zimmer

Schlagbaum
▷ V: Sie sehen einen Schlagbaum: Sie werden in der nächsten Zeit mit vielen Hindernissen konfrontiert. Ihnen wird Einhalt geboten, und Sie sollten ernsthaft überlegen, ob Sie sich auf dem richtigen Weg befinden. Ist der Schlagbaum geöffnet, sollten Sie sich darauf vorbereiten, daß ein Hindernis auftaucht und ernste Probleme auslöst. Ist er geschlossen, werden Sie das kommende Problem leicht überwinden.

Schlamm
▷ V: Sie waten durch Schlamm: In den nächsten Tagen geht alles nur sehr zäh voran, die Stimmung ist trüb, und viel Ärger plagt Sie. Stecken Sie darin fest, brauchen Sie viel innere Ruhe, um eine schwierige Situation, in der Sie »feststecken«, wieder in Gang zu bringen. Vor allem brauchen Sie festen Boden unter den Füßen. Sehen Sie im Traum Schlamm, pflegen Sie Umgang mit sehr unseriösen Leuten. → Morast, → Sumpf
▷ T: Im »Schlamm Ihres Unterbewußtseins« können noch viele Schätze verborgen sein. Sie sollten danach graben, wenn Sie auch im Traum im Schlamm buddeln. Der Schlamm zeigt aber auch zunächst negativ erscheinende Ereignisse Ihrer Vergangenheit an, woraus Einsicht und Weisheit sprießen können. Vielleicht plagt Sie eine Angst oder Begierde, die Ihnen »schmutzig« erscheint. Je mehr Sie es zu verdrängen versuchen, desto stärkeren Einfluß wird diese Energie über Sie gewinnen. Nehmen Sie ein Schlammbad, kann dies sogar die Heilung von (seelischen) Krankheiten ankündigen. Schlammträume sind sehr wichtig – deshalb beachten Sie bitte die weiteren Traumsymbole. Fühlen Sie sich schmutzig? Oder stecken Sie mitten im Schlamm fest? Wird eine

»Schlammschlacht« zwischen Beziehungspartnern ausgetragen? Da Schlamm zumeist aus → Erde und → Wasser besteht, sollten Sie auch diese Symbole durchforsten. → Schmutz

Schlange

▷ S: Symbol des sich selbst erneuernden Lebens, aber auch des durchdringenden Wissens und des Drachens.

▷ V: Junge Mädchen träumen häufig von Schlangen, darin drückt sich die Angst vor der männlichen Geschlechtskraft aus. Bei reiferen Frauen kann die Schlange im Traum die Angst vor einer Nebenbuhlerin zeigen, doch meistens symbolisiert die Schlange das männliche Glied. Sie sehen im Traum eine Schlange: Eine Frau will Sie in ihren Bann ziehen oder gar verführen – es können aber auch falsche Freunde sein oder sehr unaufrichtige, hinterlistige Menschen in Ihrer Umgebung. Werden Sie von einer Schlange gebissen, steht dies meistens für einen noch unterdrückten Wunsch nach Sexualität und Erotik, der bald deutlicher werden wird. Oder eine hinterlistige Frau setzt Ihnen zu. Eine weiße Schlange: Geistig gesehen ist diese eine Überbringerin von Weisheiten oder geheimen Botschaften. Die Schlange häutet sich: Sie wachsen über sich hinaus, weil Sie Ihre alte Existenz und Persönlichkeit zurücklassen. Sehen Sie die »Schlange des Äskulap« (Kennzeichnung der Ärzte), werden Sie von Ihren inneren Konflikten bald geheilt werden. → Natter

▷ T: Die Schlange symbolisiert psychische Energie, etwas faszinierend Unheimliches, etwas Bedrohliches, das Sie zugleich anzieht. Bei Frauen steht sie für die Angst vor und zugleich Sehnsucht nach männlicher Sexualität. Sie ist aber auch eine listige Waffe gegen das andere Geschlecht. Die Schlange kann als Phallussymbol Versuchung, Verführung und ungezügelte Triebhaftigkeit anzeigen. Die weiße, gelbe oder goldene Schlange kündigt geistige Einsichten und Entwicklungen an; die rote Schlange vor allem starke sexuelle Bedürfnisse; die orangefarbene Schlange ein Zusammenwirken von Idealismus, Emotion und Sexualität; die blaue Schlange steht für Religiosität; die violette symbolisiert viel geistige Energie; die grüne Schlange verspricht seelische Energie und neu aufkeimende Hoffnungen. Auf jeden Fall weckt die Schlange Ihre unterbewußten Kräfte aus dem Gefühls-, Trieb- oder Instinktbereich, die jetzt in Ihr Bewußtsein aufsteigen und für Ihre Persönlichkeitsentwicklung dienlich sein werden. Sie kann und will Ihre Selbsterkenntnis enorm vertiefen. Ein sehr wichtiges Traumsymbol!

Schleier
▷ V: Wollen Sie etwas verbergen oder verschleiern (sich selbst oder anderen gegenüber)? Frauen, die einen Orgasmus vorspielen, träumen häufig von Schleiern. Tragen Sie einen Schleier, wollen Sie etwas vor anderen verbergen. Tragen andere einen Schleier, will jemand Ihnen etwas verheimlichen, das Sie gerne wissen möchten; jetzt sollten Sie nicht zu leichtgläubig sein. Ein zerrissener Schleier: Ihre Beziehung könnte jetzt sehr leicht in die Brüche gehen.
▷ T: Laufen Sie im Moment etwas »verschleiert« durch Ihr Leben (isoliert oder vereinsamt)? Haben sich andere verschleiert und Ihnen etwas vorgetäuscht? Hat sich ein Schleier zwischen Ihnen und einen geliebten Menschen gelegt? → Vorhang

schleifen, Schleifstein
▷ V: Arbeiten Sie im Traum mit einem Schleifstein, sollten Sie jetzt einer Sache auf den Grund gehen und alle schlechten Eigenschaften an sich selbst »glattschleifen«, denn sonst werden Sie bei anderen Menschen enorm anecken. Sehen Sie einen Schleifstein, werden Sie bald mit anderen streiten. Sie schleifen Messer: Sie werden bald mit scharfer Zunge reden.
▷ T: → Feile

Schleim
▷ T: Zäher Schleim kann geistige Trägheit anzeigen, aber auch an Tatkraft mangelt es Ihnen zur Zeit, oder Ihre persönliche Entwicklung stagniert insgesamt. Vielleicht verstecken sich dahinter einige Bedürfnisse, vor denen Ihnen ekelt? Diesen »seelischen Schleim« sollten Sie baldmöglichst »abhusten«!

Schleuder

▷ V+T: Sie werfen mit einer Steinschleuder: Eine heimtückische Attacke ist gegen Sie geplant. Sie sehen andere mit der Schleuder: Jemand plant hinterlistige Vorhaben, doch Ihre Mittel zur Gegenwehr sind ebenfalls etwas fragwürdig.

Schlinge, Schlingpflanze

▷ V: Eine Schlinge liegt um Ihren Hals: Sie haben sich mit unsauberen Mitteln in eine schlimme Situation hineinmanövriert und sollten schnell eine ehrliche Lösung anstreben. Liegt eine Schlinge auf Ihrem Weg, sollten Sie bei den kommenden geschäftlichen Angelegenheiten größte Vorsicht walten lassen – jemand legt Ihnen eine Falle. Sie sehen eine Schlingpflanze: Sie werden von Ängsten geplagt, sind unsicher und voller Selbstzweifel.

▷ T: Wollen Sie etwas fangen oder einfangen? Oder ängstigt es Sie, selbst eingefangen zu werden? Aufmerksame Konzentration ist jetzt das beste Mittel, um eine Gefahr rechtzeitig zu erkennen und eigene Vorhaben nicht aus den Augen zu verlieren. Die Schlingpflanze läßt Ihre Unsicherheiten und Ängste erkennen, die im Moment hemmend auf Sie einwirken!

Schlitten, Schlittschuh laufen

▷ V: Sie sehen einen Schlitten: Sie müssen sich den jetzt vorliegenden Verhältnissen anpassen, sonst ernten Sie keinen Erfolg. Fahren Sie auf einem Schlitten, ist das ein gutes Zeichen für schnellen Erfolg (beruflich und in der Liebe). Kippt er um, weckt Ihr kleines Mißgeschick die Schadenfreude anderer, doch Ihre Liebe wird noch intensiver. Sie sehen einen Schlittschuhläufer: Auch hier zeigen sich sehr schnelle Erfolge, wenn Sie dabei »moralisch sauber« vorgehen. Sehen Sie andere Schlittschuh laufen, sollten Sie sich von anderen Menschen einiges abschauen bzw. ihnen etwas nachmachen. Laufen Sie unsicher, oder fallen Sie dabei hin, packen Sie Dinge an, von denen Sie nichts verstehen, und das geht schief.

▷ T: Mit diesen »Geräten« ausgerüstet, kommen Sie im Leben gut voran. Sie pflegen ein harmonisches Verhältnis zu anderen und besitzen das rechte Augenmaß für all Ihre Erwartungen, Wünsche und Ziele. Verletzen Sie sich oder andere bei diesem Sport, dann wird Gefühlskälte verletzend auf Sie oder andere wirken. → Eis, → Schnee

Schloß, Türschloß
▷ V: Sie sehen ein Schloß: Sie sind viel zu phantasievoll und hängen gern Ihren schönen Träumen nach – dies führt zwangsläufig zu Enttäuschungen. Sie wohnen in einem Schloß: Hochmut kommt stets vor dem Fall. Sind Sie Gast darin, werden Sie einen einflußreichen, vornehmen Menschen kennenlernen. Sie sehen ein Türschloß: Jetzt sollten Sie die negativen Handlungen anderer mit positiven eigenen Aktionen erwidern, damit Sie nicht später vor verschlossenen Türen stehen. Öffnen Sie das Schloß, ergeben sich bald erfreuliche Perspektiven für Ihre Zukunft.
▷ T: Das Türschloß zeigt oft Ihre sexuellen Bedürfnisse an, will Ihnen jedoch gleichzeitig mitteilen, daß Sie mit Vernunft alle Schwierigkeiten bewältigen können. Das Schloß als Gebäude warnt vor zuviel Eitelkeit oder Geltungsstreben. → Palast, → Schlüssel

Schlucht
▷ V: Sie sehen eine Schlucht: Durch Ihre unüberlegte Handlungsweise könnten Sie anderen Menschen schaden. Fallen Sie in eine, birgt Ihr leichtfertiges Handeln die Gefahr des Absturzes; Sie sollten sich lieber mit etwas bescheidenerem Glück zufriedengeben, als eine ungewisse Zukunft zu riskieren. Sind andere in der Schlucht, sollten Sie jetzt einem guten Freund schnell helfen.
▷ T: Die Schlucht warnt Sie immer vor Gefahren: Entweder befinden Sie sich auf dem falschen Lebensweg, oder Sie handeln unüberlegt und erzeugen so große Probleme. → Abgrund

Schlüssel
▷ S: Der Schlüssel kann sowohl öffnen als auch schließen.
▷ V: Sehen Sie im Traum einen Schlüssel, dürften Sie bald entweder ein Geheimnis erfahren oder »des Rätsels Lösung« finden.

Schließen Sie etwas damit auf, mahnt dies zur Vorsicht: Lassen Sie sich nicht auf ein gefährliches Abenteuer ein. Verlieren Sie einen Schlüssel, werden Sie durch Ihre eigene Unachtsamkeit eine gute Gelegenheit verpassen. Finden Sie Ihren Schlüssel, haben Sie jetzt neue Chancen im Beruf und in der Liebe. Finden Sie einen fremden Schlüssel, werden Sie bald die Geheimnisse eines anderen Menschen lüften können. → Tür

▷ T: Sie können mit Vernunft, Intelligenz oder logischem Denken alltägliche Lebensprobleme selbst bewältigen. Manchmal symbolisiert der Schlüssel das männliche Geschlechtsorgan und damit Ihre sexuellen Bedürfnisse (in Frauenträumen)! → Schloß

Schlüsselblume

▷ V: Eine Schlüsselblume zu sehen verheißt baldiges Glück in der Liebe. Schlüsselbumen geschenkt bekommen: Ein Mensch liebt Sie aufrichtig, doch Sie wissen es noch nicht. Diese pflücken: Wenn Sie noch etwas Geduld aufbringen, erfüllt sich Ihre Liebessehnsucht.

▷ T: → Blume, → Schlüssel

Schmeichelei

▷ V: Schmeichelt Ihnen jemand, ist dies eine Warnung: Sie sollten sich von Ihrer Umwelt nicht so nachteilig beeinflussen lassen.

Schmelztiegel

▷ T: Im Schmelztiegel werden all Ihre Hoffnungen, Wünsche, Einsichten und Leidenschaften mit der Einheit Ihrer Persönlichkeit »verschmolzen«. Sie sollten sämtliche Widersprüche in sich verschmelzen. Geht das im Traum langsam vor sich, zeigt sich Ihre kontinuierliche Entwicklung an; brodelt oder zischt es, ist dieser innere Prozeß jetzt mit vielen Spannungen verbunden!

Schmerz

▷ V: Träumen Sie von körperlichen Schmerzen, zeigen sich hier meist seelische Schmerzen, die Sie jetzt genauer lokalisieren sollten. Manchmal fällt der Schmerz, den Sie einem anderen angetan haben, auch auf Sie zurück.

▷ T: Die Schmerzen symbolisieren, daß ein Teil Ihrer Persönlichkeit jetzt entweder überfordert oder verletzt worden ist. Wichtig ist die schmerzende Körperstelle, dessen Bedeutung dem entsprechenden Stichwort zu entnehmen ist. → Körper, → Wunde, → Verletzung

Schmetterling
▷ S: Sinnbild der unsterblichen Seele, die den Körper des Toten verläßt.
▷ V: Der Schmetterling ist meistens ein Symbol für Treulosigkeit, Flatterhaftigkeit und Unbeständigkeit – vor allem in der Liebe. Auch durch eigenes Verhalten, durch zuviel Eitelkeit oder Untreue werden Sie Enttäuschungen erleben. Fangen Sie einen, können Sie zwar ein Glück genießen, doch es wird nicht lange währen. Sehen Sie einen, ist entweder Ihr Partner sehr treulos oder ein Freund, eine Freundin zu flatterhaft.
▷ T: Der Schmetterling zeigt zusätzlich, daß in Ihnen eine innere Wandlung stattfindet – so wie die → Raupe zur Puppe und zum Schmetterling wird. Sorgen Sie selbst dafür, daß diese Wandlung sehr schön ausfällt, wenn auch der Ursprung dazu (die Raupe) meist recht häßlich war.

Schmied, schmieden
▷ V: Sehen Sie einen Schmied, sollten Sie jetzt vermehrt an sich selbst arbeiten, Ihre Fähigkeiten entwickeln und Schicksalsschläge mutig überwinden, damit Sie zur echten Persönlichkeit »geschmiedet« werden. Sehen Sie den Schmied arbeiten, so sollten Sie Ihr Eisen ebenfalls schmieden, solange es noch heiß ist!
▷ T: Der Schmied gestaltet in Ihnen alles, was sehr hart und unbeugsam erscheint. Schmiedeträume sind immer Zeichen einer Wandlung, denn geschmiedet wird hier Ihre innere Persönlichkeit. Welche Pläne »schmieden« Sie im Traum? Vielleicht zeigt sich durch diesen Traum Ihre Kraft und Kreativität, mit deren Hilfe Sie Aufgaben und Probleme lösen können!

Schminke, schminken

▷ V: Geschminkte Menschen sehen: Sie sollten sich jetzt vor Ihren falschen Freunden in acht nehmen. Sie sind selbst geschminkt: Sie wollen bei den Menschen besser erscheinen, als Sie tatsächlich sind. Sie sollten sich und anderen nichts mehr vormachen! Schminke sehen: Lassen Sie sich von anderen nicht blenden und vom schönen Schein nicht trügen. → Perücke, → Puder

▷ T: Die beste Devise im Leben ist immer, die »ungeschminkte Wahrheit« zu sehen und zu leben. Wollen Sie etwas vertuschen oder beschönigen? Lassen Sie sich leicht vom Schein anderer trügen, die es gar nicht ehrlich mit Ihnen meinen? Diese Fragen können nur Sie selbst beantworten – so aufrichtig wie möglich. → Maske

Schmuck

▷ V: Sie tragen im Traum Schmuck: Sie sollten nicht so eitel und überheblich sein, so machen Sie sich keine Freunde. Schmuck an anderen: Sie lassen sich allzuleicht von anderen Menschen blenden und schätzen diese völlig falsch ein. → Juwelen

▷ T: Schmücken Sie sich selbst aus, um mehr Beachtung und Ansehen zu gewinnen? Oder zeigt der Schmuck schöne Gefühle, die Sie anderen schenken (wenn Sie z. B. Schmuck verschenken) oder die Sie selbst erhalten (wenn Ihnen jemand ein Schmuckstück schenkt)?

Schmutz

▷ V: Sie sehen Schmutz: Sie wollen sich von Negativem lösen und von schlechter Gesellschaft befreien – tun Sie es! Manchmal zeigt der Schmutz einfach nur äußere Probleme an, die wir beseitigen sollen. Ein anderer tritt in den Schmutz: Sie werden einem anderen Menschen Ärger bereiten, doch es war wirklich nicht Ihre böse Absicht. Sie finden im Schmutz Geld: Behalten Sie Ihre Brieftasche im Auge – jemand möchte sie sich aneignen.

▷ T: Der Schmutz symbolisiert, daß Sie sich entweder selbst als schmutzig (im moralischen Sinn) erachten oder als unansehnlich (körperlich oder geistig gesehen) betrachten. Wenn dahinter ein Minderwertigkeitsgefühl verborgen ist, sollten Sie fachmännische

Hilfe in Anspruch nehmen. Schmutz ist aber nicht nur negativ, sondern für Ihre Weiterentwicklung wichtig. → Dung, → Erde, → Schlamm

Schnabel
▷ T: Sehen Sie einen Schnabel, könnte darin die Aufforderung versteckt sein, endlich »den Schnabel« aufzumachen oder – je nach restlicher Traumhandlung, »Ihren Schnabel zu halten«. Sie wissen selbst am besten, was im Moment auf Sie zutrifft!

Schnaken
▷ V: Sehen oder umschwärmen Sie diese, droht Ärger mit einigen unangenehmen Zeitgenossen. → Fliege, → Insekten

Schnaps
▷ V: Sie trinken Schnaps: Sie wollen sich neue Energie verschaffen, suchen aber auf dem falschen Platz danach. Scharfer Schnaps: Sie brauchen jetzt einen kräftigen Anstoß, um eine bestimmte Sache endlich durchzuziehen.
▷ T: → Alkohol

Schnecke, Schneckenhaus
▷ S: Sinnbild der Auferstehung und zugleich Zeichen der Jungfräulichkeit.
▷ V: Sehen Sie eine Schnecke, will sie Ihnen folgendes sagen: »Wer langsam geht, kommt auch zum Ziel.« Verkriecht sich die Schnecke in ihr Haus, wollen Sie etwas von einem Menschen, doch der läßt sie zappeln. Sie essen eine Schnecke: Sie stellen die Geduld eines anderen Menschen auf eine wirklich harte Probe. Zertreten Sie eine, entsteht durch Ihre Unvorsichtigkeit ein großer Nachteil – selbst schuld!
▷ T: Die Traum-Schnecke weist auf Ihre sensible, leicht verletzbare Seele hin – das Schneckenhaus zeigt an, daß Sie sich zurückziehen oder von der Umwelt abkapseln. → Schildkröte

Schnee, Schneemann, Schneesturm

▷ V: Sie sehen im Traum Schnee: Manche Ihrer Wünsche werden sich nicht erfüllen, und manches ist »Schnee von gestern«. Fallen dicke Flocken vom Himmel, sind in Ihrem Privatleben einige Probleme zu klären. Schmelzender Schnee: Aus einer akuten Bedrängnis kommen Sie bald heraus – die Sache löst sich auf. Ein Schneemann bedeutet eine Warnung: Sie sind im Umgang mit anderen etwas kalt und fröstelig, und dieser Charakterzug wird falsch interpretiert (oder Ihr Liebespartner ist gefühlsmäßig recht kühl veranlagt). Ein Schneesturm: Schwierige Zeiten sind durchzustehen, doch Sie schaffen das. → Sturm

▷ T: Im Schnee schlafen noch unterbewußte Inhalte Ihrer Seele, die erst zum Vorschein kommen, wenn der Schnee schmilzt. Wer »seelisch friert«, träumt oft vom Schnee. Er kann aber auch Ihr Altern symbolisieren oder erkaltete, zu Eis erstarrte Gefühle anzeigen (beim Schneemann). Ein Schneesturm warnt vor Gefahren und Konflikten, die durch Gefühlskälte noch verschlimmert werden!

schneiden

▷ V: Schneiden Sie Essen klein, werden Sie Ihr Vorhaben erfolgreich abschließen können. Schneiden Sie sich jedoch selbst, wird es einen glatten Reinfall geben – aber im Grunde wußten Sie das schon.

▷ T: Das Schneiden zeigt an, daß Sie sich von Ihrer Vergangenheit lösen sollten. Vielleicht haben Sie gegenüber Mitmenschen aggressive Gefühle? Oder Sie sind von Gefühlsbindungen, Idealen und Wünschen durch widrige Umstände abgeschnitten? → Schere

Schneider

▷ V: Sie sind selbst ein Schneider: Sie sollten sich mehr anstrengen, in Form zu bleiben und den Erwartungen anderer gerecht zu werden. Haben Sie mit einem zu tun, sollten Sie demnächst endlich mal mehr auf Ihre äußere Erscheinung achten – sie mißfällt anderen. Schneidern Sie Kleidung für sich selbst, bringen Ihre Vorhaben in der Liebe Glück.

▷ T: Sie beabsichtigen, Ihre Ansichten, Ihre äußere Erscheinung oder Ihr Sozialverhalten zu verändern. Träumen Sie oft davon, dann legen Sie viel zuviel Wert auf Äußerlichkeiten. → Kleidung

Schnittlauch
▷ T: Eine Sache, die Ihnen langweilig oder unwichtig erschien, gewinnt jetzt an Bedeutung und strahlt einen gewissen Reiz aus. Sie finden förmlich Geschmack daran. → Kräuter

Schnupfen, Schnupftabak
▷ T: Beide Symbole kündigen einen baldigen Ärger an, der sich plötzlich entladen wird – manchmal auch Schwierigkeiten, vor denen Sie sich möglichst hüten sollten. Sind Sie zur Zeit durch Ereignisse oder Mitmenschen »seelisch verschnupft«? Der Schnupftabak wird diesen Stau bald entladen – machen Sie Ihrem Ärger Luft!

Schnur
▷ V: Sie knoten im Traum eine Schnur auf: Auch wenn im Moment eine Angelegenheit äußerst verwickelt erscheint, so löst sich diese Verwirrung bald glücklich auf. Schneiden Sie die Schnur auf, werden Sie bald eine böse Enttäuschung erleben. Ein verwirrtes Knäuel: Bringen Sie endlich Ordnung in Ihre chaotischen Lebensverhältnisse. Sie entwirren das Knäuel: Jetzt müssen Sie gute Miene zum bösen Spiel anderer machen. Eine ordentliche Schnur: Die nächste Zeit wird ziemlich ereignislos ablaufen.
▷ T: Die Schnur zeigt als »Richtschnur« Ihre weitere Lebensrichtung an. Die Paketschnur, die Sie aufknoten, kündigt Erfolge durch Ihre Bemühungen an – die aufgerissene Schnur dagegen den Mißerfolg einer Sache. → Faden

Schokolade
▷ V: Sehen Sie im Traum Schokolade, sollten Sie sich von Ihren genußreichen und unüberlegten Abhängigkeiten beim Essen freimachen. Schenkt Ihnen jemand Schokolade, haben oder bekommen Sie einen sehr verläßlichen Kumpel. Verschenken Sie Schokolade, möchten Sie gerne einen bestimmten Menschen für sich gewinnen.

▷ T: Die Schokolade steht für eine Versuchung, die von Menschen oder Dingen Ihrer Umgebung ausgeht, aber sie zeigt auch viel Kraft und Gesundheit an. Wollen Sie jemanden mit Schokolade »ködern«, oder will ein anderer Sie mit »Süßem einfangen«?

Schornstein, Schornsteinfeger

▷ V: Ein rauchender Schornstein verspricht gute Erfolge und daraus folgend gute Verdienstmöglichkeiten. Sehen Sie einen Schornsteinfeger bei der Arbeit, ist das ein Glücksbringer, denn er schenkt Ihnen eine gute Wende im Beruf und Privatleben. Stoßen Sie mit ihm zusammen und beschmutzen sich, wird Ihr heimliches Liebesabenteuer nicht mehr länger im verborgenen bleiben.
→ Ruß
▷ T: Der Schornsteinfeger schenkt Ihnen immer Glück und Erfolg. Zum Schornstein: → Kachelofen, → Kamin

Schoß

▷ V: Träumt ein Mann vom Schoß einer Frau, wird er von starken geschlechtlichen Begierden geplagt, die er etwas bändigen sollte. Sitzen Sie auf einem Schoß, haben Sie zur Zeit ein großes Zärtlichkeitsbedürfnis.

Schrank

▷ V: Sie sehen einen Schrank: Sie sollten jetzt Ordnung in Ihre persönlichen und beruflichen Angelegenheiten bringen. Ein offener Schrank rät Ihnen, anderen Menschen gegenüber etwas vorsichtiger zu sein. Ein verschlossener Schrank: Etwas mehr Entgegenkommen und ein freundlicheres Verhalten Ihrerseits wäre jetzt empfehlenswert.
▷ T: Der Schrank ist Ihr Körper und symbolisiert seine Bedürfnisse. Haben Sie einen vollen, geordneten Schrank? Ist er leer, dann benötigen Sie »seelisches Füllmaterial« oder Erholung und Ruhe für den Körper, damit sich neue Energien sammeln können.
→ Möbel

Schrauben, Schraubstock

▷ V: Sehen Sie Schrauben, sollten Sie jetzt alles festhalten, was Ihnen gehört. Verlieren Sie eine Schraube, wird eine sehr nützliche menschliche Verbindung auseinandergehen. Arbeiten in Ihrem Traum andere an einem Schraubstock, kommen Sie wahrlich »in die Klemme«. Arbeiten Sie selbst daran, können Sie sich jetzt aus einer Bedrängnis befreien. Eine Schraube eindrehen: Ihre Persönlichkeit ist rund, und eine Verbindung zu einem anderen Menschen wird fester. Eine lockere Schraube: Eine Verbindung zu einem Menschen wird langsam in die Brüche gehen.
▷ T: Die Schraube zeigt, daß Sie bisher Erreichtes absichern wollen und auch in Zukunft Sicherheit wünschen. Der Schraubstock zeigt deutlich an, daß Sie in der Klemme stecken. Lösen Sie sich daraus!

Schreck, erschrecken

▷ V: Erleben Sie einen Schrecken im Traum, werden Sie bald eine sehr erfreuliche Mitteilung erhalten. Sind Sie öfter erschreckt im Traum, sind Ihre Nerven zur Zeit völlig überlastet; Sie brauchen dringend Ruhe und Erholung.
▷ T: Ihre Ängste oder Gefühle verunsichern oder erschüttern Sie, weil Sie diese bisher noch nicht richtig verarbeitet haben. Beachten Sie die weiteren Traumsymbole!

schreiben

▷ V: Schreibt ein anderer in Ihrem Traum, sollten Sie jetzt keine schriftlichen Abmachungen unterzeichnen – Sie würden es später bereuen. Schreiben Sie selbst, sollten Sie in einer bestimmten Angelegenheit mündliche Zusagen nicht ernst nehmen und auf schriftlichen bestehen.
▷ T: Schreibend bringt der Mensch oft am leichtesten Klarheit in seine Gedanken, Gefühle oder Ideale. Wollen Sie sich gerade über etwas klarwerden, es »schwarz auf weiß« sehen? Was schreiben Sie im Traum, was schreiben andere? → Blatt, → Papier, → Quittung, → Rechnung

Schritt

▷ T: Schreiten Sie im Traum, dann tun Sie sich leicht, Ihr Ziel zu erreichen, sollten aber dabei nicht hochmütig sein. Gehen Sie schrittchenweise vorwärts, dann bewegen Sie sich auf Ihr Ziel zu, oder Sie sollen dieses Schritt für Schritt realisieren. → gehen

schrumpfen

▷ T: Schrumpft etwas in Ihrem Traum, dann verlieren einige Persönlichkeitsinhalte für Sie an Wirkung oder Einfluß, weil Sie Ihre innere Haltung mit der Zeit verändert haben. Bisweilen enthält der Traum die Empfehlung, Äußerlichkeiten nicht so zu überschätzen (sie schrumpfen zu lassen), da sie keinen hohen Stellenwert für Sie haben! → klein, → niedrig

Schürze

▷ V: Tragen Sie als Mann eine Schürze, kümmern Sie sich dauernd um Dinge, die Sie nichts angehen. Außerdem laufen Sie hinter jedem Rock her. Trägt eine Frau eine Schürze, rufen viele häusliche Pflichten, die sorgfältiger erledigt werden sollen, oder Ihr Mann macht Ihnen viel Arbeit.

Schüssel

▷ V: Ist die Traum-Schüssel mit Essen gefüllt, sollten Sie sich in Zukunft etwas mäßigen und Ihr Hab und Gut besser einteilen, um nicht in Not zu geraten. Eine leere Schüssel zeigt an, daß Sie sich im Moment große Sorgen um Ihre Zukunft machen, und auf eine Einladung warten Sie leider vergeblich. → Schale

Schuhe

▷ V: Sehen Sie im Traum Schuhe, haben Sie bald viele Laufereien zu erledigen. Ziehen Sie bequeme Schuhe an, wird Ihr Gang sehr erfolgreich enden. Ein zu enger Schuh: Sie haben einen sehr beschwerlichen Weg vor sich. Finden Sie einen herrenlosen Schuh, werden Sie demnächst die Bekanntschaft eines fremden Menschen machen. Sie schenken jemandem Schuhe: Entweder wollen Sie diesen Menschen wirklich loswerden, oder er wird sich bald

von Ihnen entfernen. Kaufen Sie sich Schuhe, haben Sie noch eine lange Wegstrecke vor sich, um Ihr Ziel zu erreichen; Versprechungen anderer werden nicht eingehalten. Wenn Sie abgetragene Schuhe sehen, müssen Sie sehr sorgfältig vorgehen, um eine recht unangenehme Angelegenheit wieder zu bereinigen. Mit Ihrer augenblicklichen Lage sind Sie ohnehin keineswegs zufrieden.
▷ T: Durch Schuhe werden Ihre Standpunkte und Ihr Fundament angezeigt, auf denen all Ihre Ansichten, Hoffnungen und Ziele Ihres Lebens aufgebaut sind. Wo laufen Sie hin? → Fuß

Schumacher, Schuster
▷ V: Sehen Sie einen: Sie werden jetzt mehr Geld ausgeben müssen und sollten sich neue Unterlagen beschaffen für Ihr berufliches Fortkommen. Lassen Sie bei ihm arbeiten: Ein aussichtsloses Unterfangen wird durch die Hilfe eines Freundes doch noch erfolgreich.
▷ T: Durch die Hilfe anderer werden Sie Ihren bisherigen Lebensstandpunkt verändern können, denn Sie korrigieren jetzt Ihre falschen Einstellungen und gelangen so zu neuen Erkenntnissen!

Schulden
▷ T: Alte Handlungen und Verhaltensweisen sollen innerlich verarbeitet werden (diese »Seelenhypotheken« sollten Sie abtragen), damit Ihre seelische Harmonie nicht dauernd gestört wird. Manchmal zeigen sich hier auch Ihre Minderwertigkeitsgefühle, wenn Sie den Erwartungen anderer oder den Alltagsforderungen des Lebens nicht gerecht werden können (anderen etwas »schuldig bleiben«).

Schule, Schüler
▷ V: Sie sehen sich als Erwachsener auf der Schulbank sitzen: Sie müssen jetzt einiges aus Ihrer Kinder- und Jugendzeit verarbeiten, außerdem will Ihnen das Leben eine Lektion erteilen, damit Sie verstehen, daß wir Menschen immer nur »Schüler« sind. Sie sehen eine Schule: Sie machen immer wieder die gleichen Fehler und

sollten endlich aus alten Erfahrungen lernen. Sehen Sie einen Schüler, will Ihnen jemand einen Streich spielen.
▷ T: Erinnern Sie sich in diesem Traum an entscheidende oder sehr prägende Schulerlebnisse, die noch nicht verarbeitet wurden? Wenn nicht, dann zeigt dieser Traum die »Schule des Lebens« an und fordert Sie auf, aus früheren Erfahrungen endlich zu lernen. Vielleicht kommen in der nächsten Zeit Prüfungen auf Sie zu?

Schulter

▷ V: Legt ein anderer im Traum seinen Kopf auf Ihre Schulter, appelliert jemand an Ihr Mitgefühl oder Ihre Hilfsbereitschaft. Legen Sie Ihren Kopf an eine Schulter, brauchen Sie jetzt Trost oder einen hilfreichen Menschen, der Ihnen unter die Arme greift.
▷ T: Die gesunde Schulter zeigt Ihre Kraft und Fähigkeit an, Ihre Lebensaufgaben zu bewältigen. Weinen Sie sich im Traum an einer Schulter aus, dann sollten Sie einmal Ihren Gefühlen freien Lauf lassen – ein guter Freund wird Ihnen hierbei nützlich sein!

Schutt

▷ V: Sie sehen Schutt oder transportieren diesen ab: Endlich werden Ihre finanziellen Verhältnisse wieder einen deutlichen Aufschwung erleben, und Ihre Zukunft hat viel mehr Freiraum, als Sie dachten.
▷ T: → Abfall, → Schmutz

Schutz

▷ V+T: Suchen Sie Schutz im Traum, sollten Sie Ihr Selbstvertrauen wieder stärken, damit Sie im Leben auf eigenen Füßen stehen können.

Schwäche

▷ T: Die Schwäche zeigt entweder Ihre Mutlosigkeit auf, oder Sie sind dem Einfluß stärkerer Menschen nicht gewachsen. Vielleicht haben Sie auch eine »Schwäche« für jemanden, der dies ausnutzt? Oder Sie sind zu schwach (weich) und lassen sich von anderen einspannen? Tritt dieses Traumsymbol häufiger auf, zeigt dies Ihre grundsätzliche Lebensangst, die therapeutisch ergründet werden sollte!

Schwalbe, Schwalbennest
▷ S: Die Schwalbe war in der Antike Lichtsymbol, im späten Mittelalter ein Symbol der Auferstehung.
▷ V: Sehen Sie Schwalben, verheißen diese Ihnen meist sehr gute Nachrichten für die Liebe, bisweilen auch für den Beruf. Hören Sie Schwalben zwitschern, erhalten Sie einen heißersehnten Brief. Sehen Sie ein Schwalbennest, können Sie entweder bald einen eigenen Hausstand gründen oder Ihre Wohnung verschönern bzw. vergrößern. Ein Schwalbennest mit Eiern kündigt bei jungen Träumern Nachwuchs an – bei älteren Träumern Enkelkinder. Zerstören oder plündern Sie das Nest, sind Sie drauf und dran, sich Ihr Glück zu zerstören. Zerstören andere das Nest, wird Ihr häuslicher Frieden von außen bedroht. → Storch
▷ T: Diese beiden Symbole zeigen deutlich Ihren Wunsch nach einer Familie, nach Liebe, Geborgenheit oder häuslichem Glück auf. Wenn Verheiratete davon träumen, sollte man dieses Problem mit dem Ehegatten offen besprechen.

Schwan
▷ S: Ein Symbol des Lichts (man sagt, daß der Schwan singt, wenn er stirbt).
▷ V: Sehen Sie Schwäne, sind diese ein sehr glückliches Zeichen für eine gute Ehe und viel häusliche Harmonie. Hören Sie einen Schwanengesang, wird dadurch meist ein Todesfall angekündigt. Füttern Sie Schwäne, können Sie einen Menschen finden, der Ihnen im ganzen Leben ein treuer Kamerad sein wird.
▷ T: Der Schwan zeigt oft Ihre seelischen Gefühle auf, die von anderen entweder nicht verstanden bzw. nicht erwidert werden (vor allem, wenn der Schwan im Traum alleine auftritt).

Schwangerschaft

▷ V: Sie sehen eine schwangere Frau: All Ihre schöpferischen Pläne und neuen Ideen reifen jetzt heran und nehmen Gestalt an. Sie träumen, selbst schwanger zu sein: ein Aufruf, Ihre Ideen jetzt in die Tat umzusetzen. → Geburt

▷ T: Bei schwangeren Träumerinnen zeigen sich hier die eigenen Hoffnungen oder Befürchtungen einer Schwangerschaft. Alle anderen werden neue Gefühle, Ideen, Talente oder neue Verhaltensweisen in sich verspüren, die langsam nach außen dringen und dann sichtbar werden (für Sie und andere).

Schwanz

▷ S: Ein Sexualsymbol.

▷ V: Sehen Sie einen Ringelschwanz, necken Sie sich gerne mit einem anderen Menschen und treiben lustigen Schabernack. Ein Tier mit langem Schwanz sehen: In der nächsten Zeit müssen Sie sich andauernd mit kleinen und größeren Ärgernissen auseinandersetzen; alles zieht sich enorm in die Länge. Fassen Sie ein Tier am Schwanz, zäumen Sie das Pferd von hinten auf, das kann nicht gutgehen. Wedelt ein Tier mit dem Schwanz, ist dies ein gutes Zeichen für eine bald eintreffende Freude.

▷ T: Der Schwanz symbolisiert meist Ihre sexuellen Bedürfnisse – aber auch Ihre Tatkraft, Energie, Ihre Instinkte und Triebe werden dadurch angezeigt.

schwarz

→ Kapitel »Farben im Traum«

Schwarzer

▷ V: Sehen Sie einen Schwarzen, machen Sie bald eine unangenehme Bekanntschaft, und das kann Ärger bringen. Es können sich auch persönliche Angelegenheiten ungünstig entwickeln. Streiten Sie mit einem Schwarzen, wird man Sie demnächst schweren Anfeindungen aussetzen. Sind Sie im Traum selbst ein Schwarzer, sollten Sie in einer bestimmten Sache endlich aufrichtig und offen sein.

▷ T: Der Schwarze zeigt an, daß im Moment eine innere Auseinandersetzung stattfindet mit Ihren hellen, bewußten Wesensanteilen und den dunklen Seiten Ihres Trieblebens (die zur Zeit drängender sind).

schweigen
▷ T: Schweigen Sie im Traum, dann zeigt dies Ihren inneren Frieden an, die Ausgeglichenheit Ihrer Seele und sogar eine gewisse abgeklärte Weisheit. »Reden ist Silber, Schweigen ist Gold!« → sprechen, → stumm

Schwein
▷ S: Das Hausschwein symbolisiert große Fruchtbarkeit – das Wildschwein ist ein Symbol des Dämonischen.
▷ V: Sehen Sie ein Schwein, verheißt dies Ihnen Glück in allen Lebenslagen, sogar im Spiel. Füttern Sie es, werden Sie viel Glück und Erfolg in Ihrem Leben haben. Schweinefleisch essen: Wenn Sie sich in manchen Dingen etwas mäßigen, können Sie materielle Erfolge erzielen. Einen Schweinestall sehen: Sie befinden sich unter sehr unseriösen Menschen und sollten diesen den Rücken kehren.
▷ T: Meist symbolisiert das Schwein innere Rückschlüsse auf sich selbst (z. B. »Jetzt hab ich mich wie ein Schwein benommen«), oder auf andere (»Der ist wirklich ein Schwein«). Es zeigt Ihre zu starke materialistische Einstellung an und viel Gier. Vielleicht haben Sie ja auch vor kurzem »Schwein gehabt« in einer verzwickten Lage – dann zeigt Ihr Traumschwein unverhofftes Glück an!

Schweiß, schwitzen
▷ T: Wie im Alltag so auch im Traum – warum schwitzen Sie? Meist sind starke Gefühlsregungen die Ursache, sehr oft aber große Ängste. Sollen Sie vielleicht etwas Negatives förmlich »ausschwitzen« mittels einer »Psycho-Sauna«? Dann tun Sie es, damit Sie seelisch wieder gesunden!

Schwelle

▷ V: Überschreiten Sie im Traum eine Schwelle, beginnen Sie entweder bald einen neuen beruflichen oder privaten Lebensabschnitt, oder Sie gründen ein eigenes Heim. Sehen Sie sich vor einer Schwelle, sollten Sie jetzt vorsichtig sein, damit Sie eine schwierige Situation nicht übersehen und dabei stolpern.
▷ T: Sie haben sich zu einer neuen Entscheidung oder Einstellung durchgerungen, die eine neue Lebensrichtung ermöglicht. Wichtig dabei ist, ob Sie noch vor der Schwelle stehen (noch vor dieser Entscheidung zögern) oder diese im Traum bereits überschreiten.

Schwerkraft

▷ T: Werden Sie durch das Gesetz der Schwerkraft im Traum nach unten gezogen, zeigt dies eine zu starke materialistische Grundeinstellung an, die Ihre geistig-seelische Höherentwicklung immer wieder hemmt oder behindert. Das sollten Sie baldmöglichst ändern!

Schwert

▷ T: Das Schwert kann Ihren Mut, Ihre Willensstärke, Ihre Charakterveranlagung, Ritterlichkeit oder Wahrheitsliebe anzeigen. Je nachdem, wie Sie das Schwert im Traum einsetzen, werden diese Wesensanteile von Ihnen positiv oder negativ im Leben umgesetzt. → Dolch, → Waffe

Schwester

▷ V: Sehen Sie im Traum Ihre Schwester, erfreuen Sie sich bester Gesundheit. Stirbt Ihre Schwester, wird Ihre eigene Lage sich verschlechtern. Verabschieden Sie sich von ihr, sind Sie die nächste Zeit auf sich alleine gestellt. Sehen Sie eine Ordensschwester, werden Sie in Ihrer bedrängten Situation bald Hilfe erhalten. Sieht eine Frau eine Ordensschwester, sollte sie jetzt mehr Hilfsbereitschaft an den Tag legen. → Nonne
▷ T: Besitzen Sie tatsächlich eine Schwester, kann der Traum Ihr reales Verhältnis zu ihr anzeigen. Manchmal zeigen sich in diesem Symbol auch Charakterzüge, die zwar »verwandt« mit Ihnen sind, aber doch nicht völlig mit Ihnen übereinstimmen. → Geschwister

schwimmen
▷ V: Träumen Sie, daß Sie schwimmen, werden Sie im Leben gut vorankommen, wenn Sie sich von Ihren »inneren Elementen« tragen lassen. Kämpfen Sie dabei mit Wellen, sollten Sie sich von den bald anstehenden schwierigen Aufgaben nicht entmutigen lassen.
▷ T: Im Wasser zeigen sich all unsere Gefühle, Instinkte und Triebe. Entweder haben Sie die Fähigkeit (wenn Sie im Traum gut schwimmen), in Einklang mit diesen Inhalten des Unterbewußtseins zu leben, oder Sie sind noch unfähig (Nichtschwimmer), unterbewußte Regungen mit Ihrer bewußten Persönlichkeit zu vereinen. → Wasser

Schwindel, schwindeln
▷ V: Erleben Sie im Traum einen Schwindelanfall, sind Sie im Moment in all Ihren Handlungen höchst unsicher. Ertappen Sie andere beim Schwindeln, sind zur Zeit Gerüchte über Sie im Umlauf, doch Sie sollten jetzt auch selbst nicht schwindeln, sonst würden Sie dabei ertappt werden. → Gleichgewicht
▷ T: Sie haben Angst, Ihr inneres Gleichgewicht zu verlieren, denn Sie fühlen sich den Anforderungen, Gefühlen oder Bedürfnissen nicht mehr gewachsen (zur Zeit sind Sie einfach überfordert)! Bisweilen ist der Traum-Schwindel auch ein rein körperliches Symbol, das Sie beim Arzt näher untersuchen lassen sollten.

See
▷ V: Sie sehen einen glatten See mit klarem Wasser: Die kommende Zeit wird äußerst ruhig und friedvoll verlaufen. Ein unruhiger See: Störungen tauchen auf, doch die Ursachen liegen meist bei Ihnen selbst. Sie baden in einem See: »Stille Wasser sind tief« – damit sind Sie gemeint!
▷ T: → Meer, → Wasser

Segelboot
→ Boot

Seehund

▷ T: Da diese Tiere im Wasser leben, handelt es sich um Energien, die aus Ihrem Unterbewußtsein aufsteigen und genutzt werden könnten. Wenn Sie bei »Greenpeace« organisiert sind, werden Sie des öfteren von Robben träumen, weil Sie deren Geschicke zutiefst berühren. Ansonsten sind die restlichen Traumbilder und die Handlungen der Robbe wichtig, um weitere Hinweise zu erhalten. → Hund, → Wasser

Seele

▷ T: Verkaufen Sie Ihre Seele im Traum? An wen oder an was? Ihre allzu materialistische Grundhaltung schreckt selbst vor dem Verkauf der eigenen Persönlichkeit nicht zurück! Verlieren Sie Ihre Seele? Sie haben ein großes Stück Ihrer Individualität verloren! Wie konnte das geschehen? Dieser Warntraum fordert Sie auf, baldmöglichst Gegenmaßnahmen zu ergreifen! → Name

Segelschiff

→ Luft, → Schiff, → Wind

Segen, segnen

▷ T: Segnen Sie im Traum einen anderen Menschen, so zeigt dies Ihre große Hilfsbereitschaft an, denn Sie werden jemanden tatkräftig unterstützen. Werden Sie gesegnet, steigen neue kraftvolle Energien aus Ihrem Innersten auf, die Ihnen bald helfen werden.

Seide

▷ V: Sehen Sie seidene Stoffe, werden Sie glanzvolle Zeiten oder rauschende Feste genießen. Sie kaufen Seide: Mal ehrlich, Sie sind drauf und dran, Ihre Geliebte oder Ihren Geliebten zu betrügen. Tragen Sie seidene Kleidung, möchten Sie von Ihrer Umwelt noch mehr bewundert werden (verbirgt sich dahinter vielleicht ein kleiner bzw. größerer Minderwertigkeitskomplex?) Weben Sie Seide selbst, werden in Ihrem Leben noch viele Unsicherheiten zu bewältigen sein – vielleicht »spinnen« Sie sich öfter Illusorisches zurecht?

▷ T: Mal ehrlich – sind Sie nicht ein bißchen zu eitel; wollen Sie nicht gerne bei anderen »glänzen« und dadurch Ihr Ansehen erhöhen? Übertreiben Sie es nicht, Seide reißt sehr schnell. → Samt, → Kleidung

Seife, Seifenblasen, Seifenschaum
▷ V: Sehen Sie Seife, sollten Sie besser auf Ihren Ruf und Ihr Ansehen bei anderen achten. Sehen Sie Seifenblasen, neigen Sie öfter dazu, sich Luftschlösser zu bauen. Sie waschen Ihre Hände mit Seife: Eine tiefe Schuld bedrückt Sie, die Sie baldmöglichst wiedergutmachen sollten, doch in einer anderen Sache werden Sie grundlos verdächtigt. → Bad, → waschen
▷ T: Die Seife will eine innere Selbstreinigung erreichen oder Ihre Befreiung von alten Schuldgefühlen. Die Seifenblasen zeigen Illusionen an, die bald wie Seifenblasen platzen werden. Hier können Sie nichts mehr festhalten – das Leben ist vergänglich! Der Seifenschaum zeigt Ihre überschäumenden Emotionen an, wie z. B. Aggressionen, Ärgernisse oder zornige Gefühle.

Seil, Seiltänzer
▷ V: Sehen Sie im Traum ein Seil, werden Sie eine mitmenschliche Bindung eingehen. Lösen Sie ein Seil, macht Ihre Toleranz auf einen anderen Menschen tiefen Eindruck und erweckt Sympathie. Ein gespanntes Seil: Sie lassen sich in Wagnisse ein, die sehr gefährlich sein könnten; vielleicht stellt Ihnen jemand eine Falle? Sie klettern an einem Seil hinauf: Gerade durch Ihren Mut und Ihre Entschlossenheit werden Sie Ihr Ziel erreichen. Sind Sie ein Seiltänzer, wird Ihr seelisches Gleichgewicht durch andere bedroht werden. Sie haben den Boden unter Ihren Füßen verloren. Stürzen Sie als solcher ab, drohen schwere seelische Konflikte. → Strick
▷ T: Das Seil zeigt negative oder positive Abhängigkeiten und Bindungen von Menschen oder Dingen auf. Vielleicht sollten Sie mit anderen Menschen »an einem Strang ziehen«? Der Seiltänzer symbolisiert Ihr vorhandenes (wenn Sie sicher auf dem Seil tanzen) oder fehlendes (wenn Sie abstürzen) inneres Gleichgewicht.

Ist das Seil sehr straff gespannt, sollten Sie möglicherweise etwas toleranter reagieren!

Sekretärin
▷ T: In Männerträumen ist sie häufig der Wunsch nach einer erotischen Verbindung zu ihrer echten Sekretärin. In anderen Träumen zeigt sie Ihre Lebensbereiche an, die zwar wichtig sind, aber trotzdem eine untergeordnete Rolle spielen. Um näheren Aufschluß zu gewinnen, sind hier die Handlungen der Sekretärin wichtig.

Sekt
▷ T: Dieses schäumende Getränk zeigt entweder überschäumende sexuelle Bedürfnisse an, die Sie bald nicht mehr kontrollieren können – oder Ihren inneren Widerstand gegen gesellschaftliche Normen. Meistens steht der Sekt jedoch für Ihren Wunsch nach lustiger Gesellschaft. → Alkohol

Selbstbildnis
▷ T: Wenn Sie im Traum ein Bild von sich selbst erblicken, dann zeigen all Ihre Handlungen, Gesten, Worte und Verhaltensweisen auf, wie Sie sich selbst beurteilen oder verstehen. Sie sehen ein Portrait von sich selbst: Sie waren in letzter Zeit nicht ehrlich sich selbst gegenüber und viel zu sehr von Ihren Qualitäten und Ihrer Meinung überzeugt. → Bild, → Gemälde

Sellerie
▷ V: Essen Sie Sellerie, werden Sie bald sehr vielversprechende Abenteuer in der Liebe erleben können. → Gemüse

Sense
▷ S: Ein Todessymbol.
▷ V: Sehen Sie eine Sense, werden Sie von jemandem aus Ihrer unmittelbaren Umgebung sehr gekränkt werden, doch ein langgehegter Wunsch wird sich erfüllen. Arbeiten Sie mit einer Sense, wird in Ihrem Freundeskreis ein Todesfall stattfinden.

Sessel
▷ V: Träumen Sie von einem Sessel, haben Sie recht gute Aussichten auf eine Gehaltserhöhung oder Beförderung im Beruf. Sehen Sie einen alten Sessel, vermiesen Ihnen Zank und Ärger die Freude – vor allem in persönlichen Beziehungen. Schlafen Sie in einem Sessel, könnte eine Krankheit länger dauern, als Sie anfangs dachten.
▷ T: → Möbel, → Stuhl, → Sofa

Seuche
▷ T: In unserer vom Kapitalismus regierten Welt zeigt eine Seuche im Traum meist eine zu materialistische Weltanschauung an, die Ihre innere Harmonie auf Dauer stören und sogar zu Krankheiten führen kann. Diese auf Geld und Besitz konzentrierte Seite Ihres Wesens sollten Sie in mehr geistige Energien verwandeln!

Seufzer
▷ V+T: Seufzen Sie selbst, oder hören Sie im Traum einen Seufzer, treibt Sie eine starke Sehnsucht, die Sie sich selbst nicht eingestehen möchten oder können.

Sexualität
▷ T: Sexuelle Handlungen im Traum spiegeln meistens Ihre verborgenen erotischen Bedürfnisse wider; manchmal handelt es sich um verdrängte Wünsche, bisweilen auch um praktische Schwierigkeiten mit der eigenen Sexualität oder der des Partners. Die weiteren Traumsymbole sind äußerst wichtig. → Beischlaf, → Vergewaltigung

sezieren
▷ T: Sie wollen einer Sache auf den Grund gehen und setzen jetzt vor allem Ihren Verstand und Intellekt ein. Ob dies wirklich notwendig oder richtig ist, zeigt die restliche Traumhandlung. Im besten Fall sollten Sie jetzt den goldenen Mittelweg zwischen Ihrer Vernunft und Ihren Gefühlen wählen!

Sieb, sieben

▷ V: Sie sehen ein Sieb: Durch eigenen Leichtsinn könnten Sie recht unangenehme finanzielle Folgen auslösen. Passen Sie rechtzeitig auf! Sie sieben etwas durch: Sie wollen etwas beginnen, das sich als hoffnungslos erweisen würde und nur Ihre Kräfte vergeudet. Benutzen Sie ein Sieb, werden Sie jemandem Rechenschaft ablegen müssen über Ihre Handlungen.

▷ T: Jetzt sollten Sie »aussieben« – das Gute ins Töpfchen, das Schlechte ins Kröpfchen! Eine Ermahnung, mehr Kritik und Selbstkritik zu üben und eine zu materialistische Weltanschauung endlich zu korrigieren.

Siegel, Siegellack

▷ V: Sehen Sie ein Siegel, werden Sie sich mit einer vollendeten Tatsache abfinden müssen. Ein versiegeltes Schriftstück: Sie streben nach Sicherheit und werden dabei erfolgreich sein. Einen Brief versiegeln: Sie wollen mit allem Nachdruck Ihr Geheimnis unbedingt vor anderen verbergen und lassen sich dabei viel einfallen. Siegellack: Neue Aufträge oder Bestellungen beleben Ihren Arbeitsgeist.

▷ T: Ist etwas versiegelt, dann müssen Sie sich einer Entscheidung unterwerfen, bei der Widerstand zwecklos wäre. Haben Sie selbst etwas versiegelt (eigene Entscheidung) oder einen versiegelten Brief von anderen erhalten?

Signal

▷ T: Hören Sie ein Signal, so will es Sie vor kommenden Ereignissen warnen oder auch vor bestimmten Menschen. → Glocke, → Klingel, → Pfeife

Silber

▷ V: Sie sehen silberne Dinge: Ihre Privatangelegenheiten entwickeln sich prächtig, und Sie haben Glück auf Ihrem zukünftigen Lebensweg.

▷ T: Wie auch in der Astrologie, so untersteht auch das Traum-Silber dem Einfluß des → Mondes und ist dem Tierkreiszeichen

Krebs zugeordnet. Es symbolisiert Ihre Seele, Ihren weiblichen, gefühlvollen Anteil.

singen
▷ V: Sie singen selbst ein Lied: Im Moment ist Ihre Seele mit sich im reinen, und Sie erleben viel Fröhlichkeit. Hören Sie Chöre singen, kommen sehr bedeutungsvolle Stunden auf Sie zu. Ein fröhliches Lied hören oder singen, kündigt das Eintreffen guter Nachrichten an. Ein trauriges Lied hören: Leider werden schlechte Nachrichten eintreffen. Singen Sie selbst ein trauriges Lied, sind Sie zur Zeit sehr melancholisch und grübeln zuviel.
▷ T: Singen symbolisiert Ihre innere Ausgeglichenheit und zeigt Ihre harmonischen Beziehungen zu anderen Menschen auf. Ein Lied bedeutet, daß vergangene Erlebnisse und Ihre damit verbundenen Gefühle Ihnen noch mal bewußt geworden sind. War das Lied fröhlich oder traurig? → Gesang, → jodeln, → Musik

Sintflut
▷ T: Eine Sintflut kündigt immer plötzliche, unkontrollierte Gefühle an, die Sie überschwemmen werden, manchmal einen großen Schreck oder gar einen Nervenzusammenbruch. Ob diese Einflüsse durch Sie selbst oder von anderen hervorgerufen werden, ob diese positiv oder negativ verlaufen, zeigen die restlichen Traumsymbole an!

Skandal
▷ V+ T: Sie träumen von einem Skandal: Wenn Sie sich in einer Streiterei mäßigen, dann wendet sich das Blatt bald zum Guten.

Skelett
▷ S: Die Personifikation des Todes, Ankündigung und Werkzeug eines neuen Lebenszustandes.
▷ V: Sehen Sie ein Skelett, verweist Sie dieser Anblick nur auf Ihre inneren Grundlagen, die Sie nicht vergessen sollten. Alte Traumdeutungsbücher versprechen hierdurch sogar ein sehr langes Leben. → Leiche, → Tod

Ski, Skiläufer

▷ V: Sehen Sie im Traum Skier, sollten Sie daran erinnert werden, daß Sie Ihre Ziele am besten erreichen werden, wenn Sie sich sehr geschickt und wendig verhalten. Sie fahren selbst Ski: Oft geht es schneller abwärts, als man denkt.

▷ T: Mit diesem Hilfsmittel könnte man schwierige Situationen schneller schaffen. Steigen Sie im Schnee auf Skiern aufwärts, oder fahren Sie nach unten? Fahren Sie so schnell, daß Sie die Kontrolle verloren haben? Aus diesen Zusatzbeschreibungen ergeben sich die positiven oder negativen Inhalte Ihres Traums.

Sklave

▷ T: Sehen Sie männliche oder weibliche Sklaven, dann werden Sie selbst zu stark von Begierden, Trieben oder Leidenschaften beherrscht, so daß Sie von diesen »versklavt« worden sind. Hier hilft nur ein sehr mutiger Befreiungsakt, damit diese Energien keinen weiteren Schaden anrichten können.

Skorpion

▷ S: Tödlicher Feind des Menschen; Zeichen teuflischer, lebens- und heilsgefährdender Mächte.

▷ V: Sie sehen einen Skorpion: Sie haben heimliche Feinde und sollten diese bald enttarnen. Werden Sie von einem gestochen, wird Ihnen ein heimlicher Feind schwer zu schaffen machen.

▷ T: Dieses Tier verkörpert verletzenden Sarkasmus, Zynismus, Aggressivität und Verbitterung. Entweder sind Sie selbst der → Täter, oder Sie müssen diese negativen Einflüsse erleiden (als → Opfer). Setzen Sie sich vehement zur Wehr!

Socken

→ Strumpf

Sofa

▷ T: Dieses gemütliche Möbelstück steht für behagliche Gefühle oder für das Auftauchen alter Erinnerungen an schöne Seiten (Zeiten) Ihrer Vergangenheit. → Sessel, → Möbel

Sohn

▷ V: Träumt ein Mann von einem Sohn, ist dies ein Zeichen, daß er sich als Vater bestätigt fühlen möchte. Sind Sie im Traum selbst Sohn eines Vaters, sollten Sie Vertrauen in eine »göttliche Führung« aufbauen und nicht gleich in Opposition verfallen, wenn jemand etwas von Ihnen will oder fordert. Sehen Sie den eigenen Sohn, finden entweder gerade Gedankenübertragungen statt, oder Sie empfangen hellseherische Botschaften, wie es Ihrem Sohn geht.
▷ T: Wenn obige Deutungen nicht zutreffen, dann ist Ihr Innenleben wahrscheinlich momentan etwas aus dem Gleichgewicht geraten, weil sich neue Wesenszüge entfalten (beim Sohn die eher männlichen Anteile, bei der → Tochter die weiblichen). → Kind

Soldat

▷ V: Sehen Sie im Traum Soldaten, sollten Sie in einer aktuellen Angelegenheit jetzt sehr treu und standhaft bei der Sache bleiben. Werden Sie von Soldaten verfolgt, muß eine sehr unruhige Zeit mit vielen Problemen bewältigt werden. Träumen Frauen von einem Soldaten, werden Sie eine kurze Liebesaffäre beginnen. Wenn Männer von Soldaten träumen, kündigt dies recht unruhige Tage an. Soldaten im Krieg: Eine heftige Auseinandersetzung, viel Streit mit anderen ist unumgänglich.
▷ T: Der Soldat im Traum möchte Sie auffordern, sich im Leben jetzt besser einzuordnen und Disziplin zu wahren. Durch Ihre Selbstdisziplin können Sie so manches Problem bewältigen. In Frauenträumen zeigt er oft sexuelle Bedürfnisse an. → Militär, → Offizier, → Rekrut, → Krieg

Sommer, Sommersprossen

▷ V: Sehen Sie eine Sommerlandschaft, sind Sie voller Zuversicht und Optimismus, und diese Eigenschaft schenkt Ihnen im gegenwärtigen Lebensabschnitt störungsfreie Erfüllungen. Sehen Sie Sommersprossen, haben Sie das Gefühl, andere Menschen sehen Ihnen Ihre Fehler oder Laster förmlich im Gesicht an.
▷ T: Der Sommer zeigt einen Gipfel Ihres Lebens an. Sie stecken voll Kraft und Energie, sind in den besten Jahren (auch in sexuel-

ler Hinsicht), und Ihre Persönlichkeit ist ausgereift. Sommersprossen zeigen, daß Sie die Angst vor eigenen Fehlern und Schwächen plagt und Sie sich deshalb »befleckt« sehen.

Sonne

▷ S: Die Sonne ist Kundgabe und Offenbarung der Gottheit; sie ist unsterblich, Quelle des Lichts, der Wärme und des Lebens, durch sie sind die Dinge erkennbar.

▷ V: Der Traum von der Sonne ist vielleicht der älteste Wunschtraum eines Mannes, Symbol für Kraft und Energie. Auch in Frauenträumen ist sie ein Symbol für Kraft und Optimismus. Sie sehen einen Sonnenaufgang: Ihre Zukunft hat viele Trümpfe zu bieten. Der Sonnenuntergang: Entweder sollten Sie jetzt eine bestimmte Angelegenheit abschließen, oder der Traum ist ein Hinweis auf ein ruhiges, glückliches Alter. Einkehr, Stille und Besinnung sind jetzt gute Helfer auf Ihrem Lebensweg. Eine goldene Sonne: Sie schenkt Ihnen Glück und Freude. Eine blutrote Sonne: Sie werden einen Konflikt nicht umgehen können. Scheint die Sonne ins Zimmer, können Sie jetzt in Ihren eigenen vier Wänden das Glück finden. Ist die Sonne hinter Wolken verschwunden, kündigt dies eine »seelische Regenzeit« mit viel Kummer an.

▷ T: Die Sonne ist das leuchtendste und größte Energiesymbol im Traum, meist löst sie starke Wirkungen von außen aus. Sie schenkt Gesundheit, Erfolg und viel Lebensfreude. Der Sonnenuntergang kann sowohl ernste Lebenskrisen anzeigen als auch das Ende einer bestimmten Lebensphase (→ Licht). Eine Sonnenfinsternis zeigt, daß Sie Ihre Sonnenkräfte vorübergehend nicht zur Verfügung haben (krank, unsicher oder etwas lebensmüde sind)!

Sonnenuhr

▷ V: Sehen Sie eine Sonnenuhr, soll Sie dies daran erinnern, daß die glücklichen Stunden im Leben meist nur kurz sind und Sie Ihre kommende Zeit sinnvoll nutzen sollten. Psychologisch ist sie ein Zeichen für den Wandel der Zeit, für unsere Vergänglichkeit und die kosmischen Gesetze, die uns lenken. Denken Sie öfter an Ihre »Sternstunden« des Lebens! → Uhr

Sonnenschirm
▷ V: Ist er bunt oder aufgespannt, wird eine liebe Freundin Sie bald besuchen.

Sonntag
▷ T: Dieser Tag verkörpert entweder Ihre innere religiöse Verbundenheit mit höheren Mächten (→ Gott), oder er zeigt einfach Ihr momentanes Bedürfnis nach mehr Ruhe, Erholung und innerem Frieden.

Souterrain
▷ T: Im Keller Ihres Bewußtseins sind alle Erinnerungen, alte Gefühlsempfindungen, sämtliche Erfahrungen und »seelischer Abfall« eingelagert, von denen Sie nichts mehr wissen bzw. an die Sie nicht mehr denken. Trotzdem beeinflussen diese Energien noch heute all Ihre Handlungen. Aus diesem Keller steigen sowohl Lebensenergien auf als auch Lebensängste. Auch alle negativen Gefühle (Haß, verborgene Begierden, Triebe, allerhand Gemeinheiten u.ä.) befinden sich dort. Der Traum will Sie auffordern, Ihren »seelischen Keller« endlich mal zu entrümpeln, um Ihr innerstes Wesen erforschen zu können. Ein häufiges Traumsymbol, jedoch keine leichte Aufgabe, denn Sie machen sich zwangsläufig »die Hände schmutzig«. → Grotte, → Gruft, → Höhle, → Keller

Spanische Wand
▷ V: Sehen Sie im Traum eine solche: Entweder haben Sie selbst etwas zu verbergen, oder ein anderer will etwas vor Ihnen verbergen.

Spargel
▷ V: Essen Sie im Traum Spargel, werden sich ganz spezielle Wünsche bald erfüllen, vor allem erotische, doch Sie könnten später bereuen, daß die Leidenschaft mit Ihnen durchgegangen ist.
▷ T: Als Phallussymbol symbolisiert der Spargel vor allem Ihre erotischen Wünsche und Bedürfnisse.

Spaten

▷ T: Mit dem Spaten können wir alles herausarbeiten, was unter der sichtbaren Oberfläche der Persönlichkeit zu finden ist – bei sich selbst und bei anderen. Er symbolisiert im positivsten Fall Ihre mühsame Arbeit an Ihrer eigenen Weiterentwicklung. → Hacke, → Schaufel

Spatz

▷ V: Sie sehen viele Spatzen: Häßlicher Klatsch löst jetzt viel Ärger und Streit aus. Sie fangen einen Spatz: Sie sind ein sehr genügsamer Mensch. Spatzen zwitschern: Sie werden sich bald mit Ihren Freunden treffen und eine kleine Feier genießen.
▷ T: Sehnen Sie sich nach mehr Abwechslung oder Geselligkeit mit anderen? Warnt Sie der Spatz vor Klatsch und Tratsch in Ihrer Umgebung? Finden Sie es heraus!

Speck

▷ V: Essen Sie Speck im Traum, ist das eine kleine Warnung: Sie sollten sich etwas maßvoller ernähren und auf Ihre Gesundheit achten. Dicken Speck sehen: Ein dickes Fell zu haben ist ja manchmal ganz hilfreich, doch bei Ihnen überwiegt der pure Egoismus.
▷ T: Der Speck warnt vor zuviel Egoismus und zeigt Ihre Dickfelligkeit an. Übertreiben Sie beides nicht! → Schinken, → Schwein

Speer

▷ T: Sie neigen leicht dazu, in zornigem Zustand andere Menschen zu verletzen. Oder Sie sollten sich gegen die unsachliche und verletzende Kritik anderer massiv zur Wehr setzen. → Pfeil, → Waffe

Speichel

▷ T: Entweder zeigen Sie sich allzu demütig und unterwürfig anderen Menschen gegenüber – oder der Traum warnt Sie vor den sogenannten »Speichelleckern« in Ihrer Umgebung.

Speicher
→ Dach, → Haus

Sphinx
▷ S: Ein Rätsel aufgebendes Ungeheuer mit menschlichem Kopf und tierischem Leib.
▷ V: Sie sehen eine Sphinx: Diese rätselhafte Figur will Ihnen die Frage stellen, ob Sie sich als Mensch schon bewährt haben oder nur oberflächlich dahinlebten. Sie sollten Ihren Blick mehr nach innen und in die Tiefe richten.
▷ T: Eine Sphinx verkörpert immer das Rätselhafte des menschlichen Lebens, Ihre Frage nach der Herkunft, dem Sinn Ihres Lebens und ob es ein Leben nach dem Tod gibt. Vielleicht schenkt Ihnen die Traum-Sphinx so manche Antwort auf all Ihre Fragen?

Spiegel
▷ S: Zeichen der Eitelkeit, aber auch der Selbsterkenntnis.
▷ V: Sie schauen in den Spiegel: Ihre Mitmenschen haben von Ihnen einen ganz anderen Eindruck als Sie von sich selbst. Sehen Sie einen großen Spiegel, ist das ein Zeichen für baldigen Ruhm oder Erfolg. Ein zerbrochener Spiegel: So manche Ärgernisse werden Ihnen bald zu schaffen machen. Einen Spiegel sehen: Jetzt sollten Sie Selbsterkenntnis betreiben. Sich selbst im Spiegel sehen: Jemand macht Sie auf Ihren Fehler aufmerksam, oder Sie bemerken es rechtzeitig selbst.
▷ T: Der Spiegel zeigt Ihren Versuch, über sich selbst mehr Klarheit zu gewinnen. Denken Sie aber daran, daß Ihnen der Spiegel ein seitenverkehrtes Abbild Ihrer Persönlichkeit zeigt. → Bild, → Selbstbildnis

Spiel, spielen
▷ V: Spielen Sie in der Lotterie, müssen Sie sich auf Unehrlichkeiten vorbereiten und hegen noch zu große Illusionen. Spielen Sie im Traum mit Geld, mahnt Sie dies zur Vorsicht: Betrug und Ärger sind im Anmarsch. Kartenspiele: Sie pflegen recht abgedroschene Gewohnheiten oder sind im Bann einer Leidenschaft gefangen, die Sie

nur verzehrt. Würfelspiele: Ihr eigener Leichtsinn und Ihre Gutgläubigkeit bescheren Ihnen Verluste. Billardspiel: Die Verabredung mit jemandem stößt auf plötzliche Schwierigkeiten. → Schach
▷ T: Entweder will Sie dieser Traum warnen, Ihre etwas zu leichtfertige Lebenseinstellung aufzugeben, damit Ihre Persönlichkeitsreifung nicht weiter behindert wird – oder er fordert Sie dazu auf, das Leben von der leichteren Seite zu nehmen. Die restlichen Traumbilder geben nähere Auskunft, und Sie selbst wissen am besten, ob Sie ein zu ernster oder eher ein recht lebenslustiger Mensch sind.

Spinne, Spinnennetz
▷ S: Bild des bösen Triebes, der aus allem Gift saugt.
▷ V: Sie sehen eine Spinne: Wenn Sie sich jetzt anstrengen und recht fleißig sind, werden Sie bald sehr glücklich sein. Läuft die Spinne über Ihren Körper, werden Sie bald mit einigen Sorgen und Aufregungen konfrontiert, vieles hängt »am seidenen Faden«.
▷ T: Einerseits ist die Spinne geschickt und kunstvoll – ein Glückssymbol –, andererseits ist sie zum Symbol eines verführerischen Weibchens geworden, das die Männer gerne auffrißt. Welche von beiden Möglichkeiten trifft nun auf Sie zu? Die Spinne zeigt oft sexuelle Wünsche an, die zugleich mit Abneigung, Angst oder Schuldkomplexen verbunden sind. Das Spinnennetz symbolisiert eine überbesorgte Mutter, die der Selbstentfaltung ihres Kindes (zumeist der Träumer selbst) im Wege steht. Von solch einem Spinnennetz sollten Sie sich befreien!

Spinnrad
▷ V: Träumen Sie als Frau von einem Spinnrad, werden Sie eine gute Hausfrau, oder Sie bekommen einen guten Ehemann (oder beides). Träumt ein Mann davon, geht eine Angelegenheit geht zwar schnell vorüber, wird ihn aber sehr lange beschäftigen.
▷ T: Entweder besitzen Sie familiäre Geborgenheit und emotionale Wärme, oder Sie sehnen sich nach diesem behaglichen Zustand, in dem alle Beteiligten irgendwie miteinander verwoben sind.

Spion
▷ T: Ein Warntraum, der vielleicht Ihr krankhaftes Mißtrauen gegenüber anderen aufzeigt (im schlimmsten Fall Verfolgungswahn) oder ganz real Menschen, die Sie bespitzeln. Sehen Sie sich selbst als Spion im Traum, dann möchten Sie gerne Ihr eigenes verborgenes Unterbewußtsein »ausspionieren« (erforschen) oder wollen bestimmte äußere Vorgänge oder andere Menschen tiefer durchschauen!

Spirale
▷ S: Symbol der ewigen Wiederkehr, der Wiederholung, des zyklischen Charakters der Evolution.

Spott
▷ V: Werden Sie selbst verspottet, ist dies eine Mahnung, andere nicht zu verspotten und sich selbst nicht so wichtig zu nehmen.

sprechen
▷ T: Dieses Symbol zeigt Ihre sozialen Talente an oder Ihren Wunsch, sich anderen verständlich zu machen. Achten Sie darauf, was gesprochen wird und von wem! → stottern, → stumm

Spreu
▷ T: Trennen Sie Wichtiges von Unwichtigem (die Spreu vom Weizen trennen), denn Sie befassen sich viel zu sehr mit Unwesentlichem. Nehmen Sie diese Dinge oder Angelegenheiten nicht so wichtig. → Sieb

springen
▷ V: Springen Sie im Traum über Hürden, haben Sie jetzt gute Aussichten auf eine berufliche Beförderung. Sie springen über Gräben oder Hecken: Was auch kommen mag, Sie schaffen es, alle Hindernisse zu überwinden.
▷ T: Springen zeigt Ihren Mut zum Risiko an, denn Sie ergreifen eine Chance sofort, ohne alles richtig einschätzen zu können. Der Traum-Sprung kann Probleme ankündigen, die Sie mit »einem

Sprung« lösen könnten, aber auch Ihre Angst vor solchen Herausforderungen des Lebens.

Springbrunnen
▷ V: Sehen Sie einen: In Ihnen schlummern noch Kräfte und Talente, die entweder verkümmert sind oder vernachlässigt wurden. Lassen Sie diese endlich raus, auch wenn es etwas kostspielig wird. → Brunnen, → Wasser

Stab
▷ S: Symbol der Macht und der Kenntnis unsichtbarer Dinge.
▷ V: Sie gehen mit einem Stab oder sehen diesen: Sie haben eine gute innere Führung und sollten genau dort weitergehen, wo Sie vor kurzem gezögert oder innegehalten haben. Stützen Sie sich auf den Stab, haben Sie fest geglaubt, daß Sie sich auf einen Menschen verlassen können, doch jetzt erleben Sie das Gegenteil. Werden Sie damit geschlagen, erhalten Sie entweder einen schmerzhaften »Denkzettel«, oder Sie wollen sich an anderen rächen. Zerbricht der Stab, kündigt dies einen Streit mit nahestehenden Menschen an. → Stock
▷ T: Der Stab als Phallussymbol zeigt meistens Ihre sexuellen Bedürfnisse und Wünsche auf. → Pfahl, → Krücke

Stachel, Stachelbeeren
▷ V: Sie sehen einen Stachel: Andere wollen etwas von Ihnen, und das erzeugt Ihren Widerstand. Sehen Sie als Mann Stachelbeeren, haben Sie entweder schon eine recht streitsüchtige Frau, oder Sie heiraten eine solche. Sieht eine Frau Stachelbeeren, ist sie mit ihrem Ehepartner nicht zufrieden, oder er ist recht zänkisch. Stachelbeeren pflücken oder essen: Ihre Geduld in einer Liebesangelegenheit macht sich bezahlt.
▷ T: Beides kündigt meistens Ärger und Streit an: beim Stachel Ihren Widerstand gegen die täglichen Lebensanforderungen oder als sexuelle Variante etwas masochistische oder sadistische Bedürfnisse; bei den Stachelbeeren Konflikte in einer Liebesbeziehung. In der Regel ist dieser Ärger gottlob kurzlebig.

Stacheldraht
▷ T: Er warnt Sie vor allen »kleineren Liebesaffären«, die Ihre feste Beziehung in Gefahr bringen könnten.

Stadt
▷ V: Sie sehen eine kleine Stadt: Wenn Sie Ihre Ansprüche nicht zu hoch schrauben, haben Sie sehr gute berufliche Aussichten, und das ohne alle Hektik. Eine große Stadt: Jetzt kommen sehr unruhige, hektische Zeiten auf Sie zu. Hat die Stadt viele Türme, könnten Sie sich in nächster Zeit um Ihre zukünftige Selbständigkeit kümmern.
▷ T: Die Stadt zeigt oft einen Wunsch nach mehr Abwechslung. Sehnen Sie sich nach mehr Geselligkeit, nach mehr Kontakt mit anderen Menschen? Ist Ihr Leben zur Zeit etwas langweilig; fehlt es an Anregungen von außen?

Stall
▷ V: Sehen Sie einen Stall mit gesundem → Vieh, werden Sie es in der nächsten Zeit zu Wohlstand bringen. Ein Stall mit gesunden → Pferden kündigt an, daß Sie bald ganz reale Gewinnchancen haben werden.

starr, Erstarrung
▷ T: Auf welchen Meinungen oder Prinzipien beharren Sie? Ihr Dickkopf geht kein Quentchen davon ab, obwohl sich diese Prinzipien sogar als falsch erwiesen und keineswegs bewährt haben. Diese »männliche Härte« sollten Sie schleunigst ablegen!

starren
▷ T: Starren Sie im Traum einen anderen an, möchten Sie gerne dessen Meinung oder Verhalten zu Ihren Gunsten beeinflussen. Starren Sie einfach ins Leere, zeigt sich hier große Konzentrationskraft. → steif

Statue
▷ V: Sie sehen eine Marmorstatue: Sie lieben einen Menschen, doch bei diesem stoßen Sie auf keine Gegenliebe. Wenn Sie selbst

eine sind, sind Sie viel zu hart und steif geworden, vor allem dort, wo Sie jetzt viel zugänglicher sein sollten.
▷ T: Diese Figur symbolisiert Gleichgültigkeit, Gefühlskälte oder gar Überheblichkeit Ihrerseits. Alles in allem Charaktereigenschaften, die zwangsläufig Konflikte mit anderen, aber auch in der eigenen Persönlichkeit hervorrufen.

Staub
▷ T: Im Traum-Staub zeigen sich oft alte Erinnerungen, »verstaubte« Erfahrungen, die wieder in Ihr Bewußtsein treten. Vielleicht wünschen Sie sich auch ein einfacheres Leben und würden dies trotz mancher Unannehmlichkeiten gerne gegen alle Vorteile Ihrer jetzigen Lebenssituation eintauschen! → Dreck, → Schmutz

stechen, Stecknadel
▷ V: Stechen Sie sich an einer Stecknadel, werden Sie bald in recht ungute Ereignisse verwickelt; nichts läuft nach Wunsch, und im Umgang mit Frauen sollten Sie jetzt etwas vorsichtiger sein. Sehen Sie eine Stecknadel, herrschen in Ihrer Umgebung »spitze Zungen«, die gerne sticheln. Etwas damit feststecken: Eine neue menschliche Verbindung wird leider nicht dauerhaft sein – Ihre Hoffnungen werden enttäuscht. → Nadel
▷ T: Das Stechen zeigt, daß Sie durch Ereignisse zu Handlungen angestachelt werden oder daß andere Sie verletzt haben. Die Stecknadel kündigt Sticheleien »lieber Mitmenschen« an. In diesem Fall hilft nur ein dickeres Fell und »abschalten«.

Steg
▷ V: Sehen oder gehen Sie über einen schmalen Steg, sind Sie in Enge und Bedrängnis geraten und müssen sich daraus ganz behutsam befreien. → Pfad, → Weg

steif
▷ T: Sie haben viel zu strenge Prinzipien. Möglicherweise sind Sie auch etwas steif (förmlich) im Umgang mit anderen? Bleiben Sie locker, und üben Sie Toleranz. → starren, → Statue

steil

▷ T: Ein steiler Weg nach oben zeigt an, daß Sie durch viel Mühe zu geistigen Einsichten vorstoßen werden. Der steile Weg abwärts warnt vor Ihrem Abrutscher in »moralische Niederungen« oder zeigt Ihre Versagensängste auf. → Abgrund, → Berg, → Pfad, → Weg

Stein

▷ V: Sie werfen Steine: Sie haben einem Menschen Unrecht getan, und deshalb ernten Sie jetzt eine Menge Unfrieden. Liegen Steine auf der Straße, sollten Sie etwas aufbauen, was schon erledigt, abgehakt oder abgebrochen wurde – Sie sind nämlich bisher an der guten Gelegenheit vorbeigegangen (vielleicht haben Sie sich auch selbst »Steine in den Weg gelegt«?). Sie sehen Steine: Sie haben es im Moment mit recht dickköpfigen Menschen zu tun.
▷ T: Steine zeigen oft Gefühlskälte, Verachtung oder fehlendes Mitgefühl. Ob Sie dabei → Täter oder → Opfer sind, sollten Sie ehrlich analysieren. Oft tauchen Steine im Traum auf, wenn Ihnen ein Mensch »Steine in den Weg« gelegt hat oder andere Hindernisse Ihren Lebensweg blockieren. → Fels

Stelldichein

▷ V: Eine Traum-Verabredung: Sie sollten vorsichtig sein, damit Sie Ihren guten Ruf nicht schädigen. Die Mühe, die Sie jetzt einsetzen, lohnt nicht.

Stempel

▷ T: Sie haben in einer bestimmten Angelegenheit nun eine endgültige Entscheidung getroffen, der Sache Ihren Stempel aufgedrückt (→ Siegel). Sehen Sie auf dem Stempel Ihren eigenen → Namen?

sterben

▷ V: Sie liegen im Sterben: In Ihnen findet gerade ein seelischer Reifeprozeß statt, den Sie bald auch in der Realität an sich fest-

stellen werden. In alten Traumbüchern verspricht das Symbol sogar ein sehr langes Leben.
▷ T: → Tod

Stern, Sternschnuppe
▷ S: Der Stern ist Zeichen und Bringer des Lichts.
▷ V: Sehen Sie Sterne am Himmel, wird bald eine gute Nachricht eintreffen. Sehen Sie deutlich einen Stern vor sich, sollten Sie Ihrer inneren Stimme lauschen, denn sie wird Ihr Schicksal führen. Eine gute Möglichkeit zeichnet sich ab, doch Feinden gegenüber sollten Sie sehr vorsichtig sein. Ein dichter Sternenhimmel bedeutet, daß Sie recht viele Möglichkeiten haben und auch Glücksfälle keineswegs unwahrscheinlich sind, wenn Sie Ihre Ziele und Vorhaben nicht zu hoch stecken. Fällt eine Sternschnuppe auf Sie herab, wird Ihr Liebeswunsch sich bald erfüllen. Sehen Sie einen sternenlosen Himmel, ist das eine Warnung vor einem Unfall oder ein Zeichen, daß Sie die innere Führung nicht beachtet bzw. wahrgenommen haben und sich auf dem falschen Lebensweg befinden. → Himmel
▷ T: Der Stern zeigt eine Ausweitung Ihrer Lebensziele an und Ihr Streben nach höherem, geistigem Wissen. Das wirkt sich negativ aus, wenn Sie gerne »nach den Sternen greifen«. Eine fallende Sternschnuppe weist auch im Traum auf die Erfüllung Ihrer Wünsche hin. → Planet

Steuer, Steuern, Steuermann
▷ V: Sehen Sie das Steuer eines Bootes oder Schiffes, befinden Sie sich in einer Sache leider auf dem falschen Weg – kehren Sie um. Müssen Sie Steuern zahlen, werden Sie sich demnächst sehr eingeschränkt vorkommen, und Sie können nicht selbst bestimmen, was zu tun ist.
▷ T: Die Inhalte Ihrer Persönlichkeit bestimmen die Richtung Ihres Lebens. Das Steuer zeigt Ihre Willenskraft an. Ist der Steuermann ein Lehrer oder Geistlicher, so streben Sie eher geistige Ziele an; ist er Kaufmann, so hegen Sie eher materielle Interessen. Steuert ein Künstler Ihr Lebensschiff, dann möchten (sollen) Sie Ihre Selbstverwirklichung mittels Ihrer eigenen Kreativität erreichen.

Stier

▷ S: Der Stier ist ein Fruchtbarkeitssymbol (Venus). Er gilt immer als Symbol der Männlichkeit, Kraft und Potenz.

▷ V: Sehen Sie einen Stier, ist das eine Warnung, jede Rücksichtslosigkeit zu vermeiden, sonst handeln Sie sich ernste Probleme ein. Werden Sie von ihm verfolgt, haben Sie Angst vor Ihren eigenen Leidenschaften und sollten diese zügeln lernen. Einen Stier töten oder schlachten: Entweder haben Sie einen materiellen Verlust durch eigene Schuld verursacht, oder Sie verlieren einen wohlhabenden Freund. Ein Stierkampf: Wenn zwei Starke sich streiten, sollten Sie sich raushalten und auch nicht vermitteln – sonst wird der Kampf auf Ihre Kosten ausgetragen.

▷ T: Der Stier kündigt unbändige und oft blinde Triebhaftigkeit an. Er zeigt die aufs Sexuelle gerichtete Gefühlserregung und Vitalität. In Frauenträumen zeigt er das Bedürfnis nach einem starken und sexuell aktiven Mann an. Der Stier will Sie aufmuntern, Energien aus Ihrer Triebwelt zu vergeistigen, damit Sie höheren Zielen zur Verfügung stehen. → Tier

Stirn

▷ T: Sehen Sie eine Stirn, dann zeigt diese eine sehr geistige Lebenseinstellung an. Ist ein Mal auf der Stirn, werden Charaktermerkmale deutlich. Sehen Sie mitten auf der Stirn ein Auge, dann zeigt dies sehr viel Weisheit an. → Kopf

Stock

▷ V: Sehen Sie einen Stock, ist größte Vorsicht geboten, denn Sie werden von jemandem bedroht. Vielleicht sollten Sie sich damit verteidigen? Werden Sie mit einem Stock geschlagen, wird Ihnen jemand einen schmerzhaften Denkzettel erteilen. → Stab

stopfen

▷ T: Entweder sind Sie äußerst vorsichtig in allen Finanzangelegenheiten (und sehr sparsam), oder Sie müssen »seelische Wunden« flicken. Sie wissen selbst am besten, was auf Sie im Moment zutrifft.

Storch

▷ S: Der Kinderbringer ist ein Symbol der Kindesliebe.
▷ V: Sehen Sie im Traum einen Storch, ist dies entweder ein Symbol für reichen Kindersegen, oder Sie haben mit vielen Kindern zu tun (nicht nur eigene). Ein Storchennest: In Ihrem Hausstand herrscht Friede und Harmonie. Junge Störche darin: Sie werden Kontakt haben mit einem Kindergarten, Kinderheim oder ein Kinderfest organisieren.
▷ T: Er symbolisiert Ihre Seele und Ihre früheste Kindheit. Bei jungen Träumern zeigt er den Wunsch nach eigenen Kindern an – bei älteren Träumern nach Enkelkindern. → Schwalbe

stottern

▷ T: Sie plagt ein Minderwertigkeitsgefühl, und das erschwert Ihnen den Umgang mit anderen Menschen. Vielleicht können Sie sich nicht verständlich machen, oder Sie trauen sich nicht, Ihre ehrliche Meinung kundzutun. Sagen Sie frei heraus, was Sie auf dem Herzen haben! → sprechen

Strand

▷ V: Sehen Sie sich am Meeresstrand, steht Ihnen entweder ein Urlaub bevor, oder Sie haben ein fernes Ziel im Auge. Sind Wellen und Brandung am Strand, müssen Sie mit einigen Widerständen rechnen, bis Sie in Ihren Bemühungen vorankommen werden.
▷ T: → Meer, → Ufer, → Wasser

Straße

▷ V: Sie sehen eine dunkle Straße: Es liegen noch viele Schwierigkeiten vor Ihnen, und zur Überwindung brauchen Sie vor allem Mut. Gehen Sie auf einer langen Straße, steht Ihnen noch ein mühevoller Weg bevor; jetzt brauchen Sie vor allem Ausdauer und Geduld. Ist die Straße krumm, sollten Sie überprüfen, ob Sie sich auf dem rechten Weg befinden. Ist die Straße menschenleer, werden Sie bei den kommenden Ereignissen ganz auf sich alleine gestellt sein. → Pfad, → Weg
▷ T: Die Straße zeigt die Richtung Ihres Lebens, Ihr Schicksal

und Ihre Ziele an. Die restliche Traumhandlung macht klar, ob Sie sich auf dem richtigen Weg befinden und so Selbstverwirklichung erreichen können. Dieses Traumsymbol ist wichtig, weil es Ihnen immer praktische Konsequenzen eröffnet.

Straßenbahn
▷ V: Steuern Sie als Wagenführer eine Straßenbahn, tragen Sie große Verantwortung für viele Menschen, und Sie sind auch dazu fähig. Wer von der Straßenbahn abspringt, läßt sich in ein gewagtes Vorhaben ein. Eine Straßenbahn sehen: Jemand erinnert Sie an eine wichtige Besorgung, die Sie längst erledigen wollten.
▷ T: → Eisenbahn

Strauß
▷ V: Ein Strauß Blumen: Ihre guten Freunde werden Ihnen stets zur Seite stehen. Erhalten Sie diesen als Geschenk, verehrt Sie jemand sehr. Verlieren oder vergessen Sie einen, sind Liebes- oder Freundschaftserklärungen, die Sie jetzt erhalten, nur einseitig gemeint. Sehen Sie den Vogel Strauß, sollten Sie jetzt Ihre Augen für die Tatsachen des Lebens öffnen.
▷ T: Der Vogel warnt Sie, Ihren Kopf nicht in den Sand zu stecken. Für Blumenstrauß → Blume

Streichholz, Streichhölzer
▷ V: Zündeln Sie im Traum mit Streichhölzern, spielen Sie gern mit den Gefühlen anderer Menschen und sollte daran denken, daß Sie eines Tages → Opfer werden könnten. → Feuer

Strick, stricken
▷ S: Symbol der Verstrickung und der Knechtschaft – ein Attribut des Teufels.
▷ V: Sehen Sie einen Strick, haben Sie leider wenig Aussicht, daß Ihr geplantes Unternehmen wirklich durchzuführen oder durchzusetzen ist. Vielleicht will Ihnen auch jemand eine Falle stellen, über die Sie stolpern sollen? Halten Sie einen Strick, ist Ihre seelische Bindung an einen bestimmten Menschen für Sie ein Ret-

tungsanker, doch ob Ihnen das guttut, bleibt noch abzuwarten.
→ Seil, → Strumpf

▷ T: Der Strick zeigt an, daß Sie in menschliche Bindungen verstrickt sind, die Ihre Selbstverwirklichung hemmen. Im Stricken kündigen sich langweilige und langwierige Aufgaben an, oder Sie sehen eine ganz einfache Sache viel zu kompliziert.

Stroh, Strohhut

▷ V: Sehen Sie Stroh, verzetteln Sie sich mit unwichtigen Dingen und sollten nicht so redselig alles ausplappern. Liegen Sie auf Stroh, werden Sie bald in eine finanziell schlechtere Lage kommen. Tragen Sie einen Strohhut, werden Sie ein paar sorglose Tage genießen können.

▷ T: Manchmal warnt Stroh vor materiellen Risiken oder Notlagen, oder es mahnt Sie, kein »leeres Stroh zu dreschen«. → Heu

Strom

▷ V: Sehen Sie einen Strom, bahnen sich wichtige, aber nicht immer positive Veränderungen an. Fahren oder schwimmen Sie auf dem Strom, sind Sie zwar nicht selbst davon betroffen, doch Sie werden in Dinge hineingezogen, die Unruhe und Probleme auslösen. → Fluß, → Meer, → Wasser

▷ T: Der elektrische Strom könnte geistige Kräfte anzeigen. Fühlen Sie sich wie elektrisiert, dann kündigen sich erotische Gefühle oder ein sexuelles Abenteuer an, obwohl Sie dies selbst noch nicht spüren. Sprühen elektrische Funken, dann wird dieses Abenteuer sehr schnell vorbeigehen!

Strumpf

▷ V: Stricken Sie einen Strumpf, dann wird es Ihnen bald gelingen, die üblen Machenschaften in Ihrer Umwelt aufzudecken. Den Strumpf anziehen und dabei zerreißen: Sie haben ein Vorurteil als falsch erkannt und sollten es jetzt zurücknehmen. Verlieren Sie einen Strumpf, wird Ihr geplantes Liebestreffen gestört oder löst sehr unruhige Tage aus. Socken zeigen alle niedrigen Einstellun-

gen oder Bedürfnisse an (hoffentlich sind sie sauber im Traum). → Fuß
▷ T: Der Strumpf symbolisiert Ihren Wunsch nach Sexualität oder Ihr Bedürfnis nach einer erotischen Liebesverbindung.

Stufen
▷ V: Sie sehen im Traum Stufen: Sie erhoffen sich von einem Vorgesetzten eine Unterstützung oder Protektion auf Ihrer Karriereleiter. Die Stufen als geistiger Aspekt zeigen Entwicklungsstufen an, die Sie meistern sollten. → aufsteigen, → Treppe

Stuhl
▷ T: Der Stuhl zeigt Ihre äußere soziale Stellung in Alltag und Beruf an oder Ihre innere Haltung. Wichtig sind hier die restlichen Traumsymbole und Ihre momentane Lebenssituation. → Möbel, → Sessel

stumm
▷ T: Wenn die Stimme versagt, dann sind Sie zur Zeit unfähig, Ihre Gefühle oder Wünsche zum Ausdruck zu bringen. Hier muß unbedingt Abhilfe geschaffen werden, denn meist leiden Sie auch im Alltag unter diesen Gefühlen. → schweigen, → sprechen

Sturm
▷ V: Erleben Sie einen Sturm, werden Sie bald schwere Kämpfe auszustehen haben. Wer sich rechtzeitig wappnet, kann am besten damit fertig werden. Kämpfen Sie sich im Traum durch den Sturm, kommen große Probleme auf Sie zu, und Verluste drohen. Hören Sie den Sturm heulen, kündigt dies schlechte Nachrichten an. → Luft, → Wind, → Orkan
▷ T: Der Sturm steht für starke Gefühle und Ängste, die Ihre Persönlichkeit aufwühlen oder erschüttern. Der Sturm kündigt meistens Gefahren für Ihre eigene Existenz an, und deshalb sollten Sie dringend etwas tun, damit sich dieser »innere Sturm« legt und Ruhe in Ihnen einkehrt!

Sturz

▷ V: Sie sehen einen Sturz oder stürzen selbst: Ihr Vorhaben und Ihr Wunsch, in einer Sache vorwärtszukommen, stoßen auf unerwartete Blockaden.

▷ T: Schwierigkeiten oder plötzliche Hindernisse stellen sich in Ihren Lebensweg. → Abgrund, → Abhang, → fallen

Sucht, Süchtiger

▷ T: Hier drücken sich Ängste, Gefühle und Abhängigkeiten von anderen Menschen aus. Ihr Leben wird von äußeren Einflüssen bestimmt, doch diese sind nicht Ihrem eigenen Willen und Ihrem Bewußtsein entsprungen. Von all solchen suchtartigen Abhängigkeiten sollten Sie sich schnellstmöglich befreien.

Süden

▷ T: Diese Himmelsrichtung zeigt Ihr Bewußtsein an, das vor allem durch geistige Erfahrungen und Einsichten geprägt wurde. Der Süden ist das Land der Wärme. All dies wird Ihr Leben sehr entscheidend beeinflussen. → Himmelsrichtungen

Sumpf

▷ V: Sie stecken im Sumpf und sinken ein: Sie befinden sich auf einem Irrweg oder wollen diesen jetzt einschlagen. Es ist nie zu spät zur Umkehr! Sehen Sie sumpfiges Gelände, sollten Sie Ihren Plan oder das schon begonnene Unternehmen so schnell wie möglich aufgeben – Mißerfolg kündigt sich an.

▷ T: → Morast, → Schlamm

Suppe

▷ V: Essen Sie im Traum einen Teller Suppe, dann haben Sie sich selbst etwas eingebrockt, das Sie nun auslöffeln müssen.

▷ T: Die Suppe zeigt Ihnen an, was Sie bis zum bitteren Ende »auslöffeln« müssen oder sich selbst eingebrockt haben. Oft kündigt die Suppe Schwierigkeiten oder Probleme an, die Sie selbst verursacht oder ausgelöst haben. Oder hat Ihnen jemand die »Suppe versalzen«? → Nahrung, → Salz

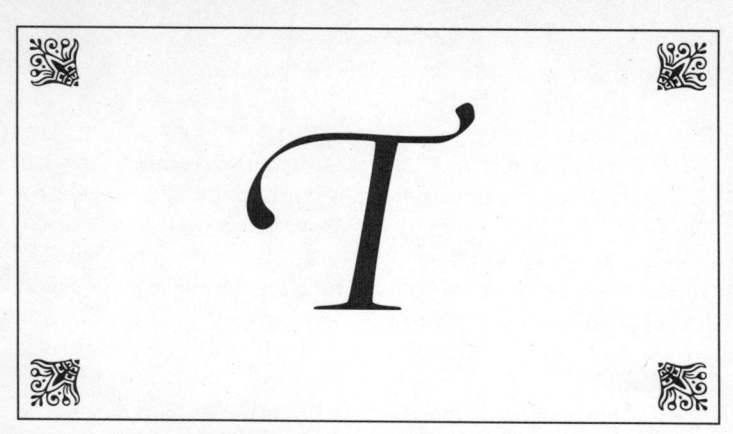

▷ S = symbolisch; ▷ T = tiefenpsychologisch; ▷ V = visionär, voraussagend

Tabak

▷ V: Rauchen Sie Tabak im Traum, betrachten Sie die Wirklichkeit des Lebens eher ängstlich und flüchten gerne in eine Traumwelt. Zieht man sich Tabakrauch in die Lungen, zeigt dies an, daß Sie häufig Negatives förmlich in sich »hineinsaugen«. Rauchen Sie eine Pfeife, werden Sie bald ganz überraschend feststellen, daß es zu Hause sehr gemütlich sein kann.
▷ T: Vor allem Pfeife und Zigarre sind männliche Phallussymbole. Ansonsten zeigt der Tabak, daß all Ihre Bemühungen nutzlos sind, weil Sie quasi »im Nebel verschwinden« werden. → Pfeife, → rauchen, → Zigarre

Tafel

▷ V: Schreiben Sie auf eine Tafel sollten Sie mit Ihren Finanzen besser haushalten und jetzt keine Schulden machen. Eine leere Tafel: In der nächsten Zeit erhalten Sie eine Mitteilung, bitte beachten Sie diese genau. Wischen Sie die Tafel ab, beginnen Sie die neue Aktion sehr viel überlegter als beim letzten Mal.
▷ T: Suchen Sie auf der Tafel nach Rat und Hilfe? Warnen Sie die Hinweise auf der Tafel vor Schaden oder Risiken? Oder mahnt

Ihr Unterbewußtsein zu mehr Planung in einer aktuellen Lebenssituation? Sie wissen die Antwort selbst am besten!

Tag, Tagebuch
▷ T: Der Tag zeigt einen kleinen Abschnitt (Auszug) Ihres Lebens und kann Sie daran erinnern, wie schnell die Zeit vergeht (→ Uhr). Das Tagebuch erinnert Sie an vergangene Erlebnisse, die wichtig genug waren, um nicht übergangen zu werden. Vielleicht tauchen jetzt alte Erlebnisse auf, die Sie noch nicht ganz verarbeitet haben? → Buch, → lernen

Taktstock
▷ V+T: Sie schwingen den Taktstock: Entweder läuft eine Sache nicht richtig, und Sie wünschen sich mehr Einfluß darauf, oder Sie haben sich in letzter Zeit etwas »taktlos« verhalten und sollten Ihr Verhalten anderen gegenüber verbessern.

Tal
▷ V: Sie befinden sich in einem Tal: Ihre Ziele waren viel zu hoch gesteckt; wenn Sie bescheiden bleiben, können in kleiner Form Wünsche in Erfüllung gehen. Ein dunkles Tal: Ihre Extravaganzen fordern förmlich einen Verlust heraus.
▷ T: Das Tal kann die weiblichen Geschlechtsorgane symbolisieren, d.h. Ihre sexuellen Bedürfnisse. Oft zeigt es auch depressive Gefühle oder Tiefpunkte im Leben an, die Sie durchschreiten und überwinden sollten. → Berg, → Höhle

Tango
▷ T: Dieser Tanz verkörpert prickelnde Erotik, leider jedoch keine ernsthafte Beziehung. → Tanz

Tank, Tankstelle
▷ V: Tanken Sie an einer Tankstelle, sind Sie erholungsbedürftig und sollten Ihre »inneren Batterien« bald wieder aufladen. Machen Sie mal Pause!
▷ T: In einem Tank lagern Vorräte, die Ihrer materiellen Sicher-

heit dienen. In einer Tankstelle kann man Energien für sich tanken. Womöglich gehen Ihre »inneren Vorräte« langsam zur Neige, und der Traum rät Ihnen zu Erholung und Erfrischung!

Tanne, Tannenzapfen
▷ V: Sehen Sie eine Tanne, werden Sie einem sehr aufrichtigen, ehrlichen Menschen begegnen. Ein Tannenwald: Sie haben etwas begonnen, das Ihnen Sicherheit bringen kann – Ihre Gesundheit ist stabil. Sehen Sie einen Tannenzapfen, kündigt dies unerwartetes Glück an. Finden Sie Tannenzapfen am Boden, wird der berühmte Zufall in Ihrem Leben demnächst eine recht angenehme Rolle spielen. → Wald
▷ T: Die Tanne (ein Phallussymbol) kann sexuelle Wünsche anzeigen oder Ihr Bedürfnis nach mehr Ruhe und Erholung bewußt machen. Tannenzapfen kündigen meist eine positive Überraschung an, die Sie dem Zufall zu verdanken haben.

Tante
▷ V: Sehen Sie im Traum eine Tante, werden Sie vielleicht eine unverhoffte Finanzspritze oder gar eine Erbschaft erhalten.

Tanz, tanzen
▷ S: Der Tanz sucht die Befreiung aus irdischer Begrenzung.
▷ V: Tanzen Sie im Traum ganz alleine, dann symbolisiert sich darin Ihr Wunsch, daß ein bestimmter Mensch Ihnen mehr Aufmerksamkeit schenkt. Wenn Sie zu zweit tanzen, ist es wichtig, wer geführt hat. Entsprechend sind auch die Rollenverteilungen in der bestehenden oder zukünftigen Partnerschaft. Träumt eine Frau, daß sie beim Tanz herumhopst und Ihr Partner sich nur langsam bewegt, dann sollte sie ihm nicht länger auf der Nase herumtanzen! Sie tanzen ganz selbstvergessen: Meistens Liebesglück, manchmal auch nur von kurzer Dauer. Werden Sie zum Tanz geführt, müssen Sie sich jetzt einer Sache fügen – ob Sie wollen oder nicht. Tanzt ein Mann alleine als Gigolo, hat er ein starkes Bedürfnis nach einem sexuellen Abenteuer. → Ballett, → Musik

▷ T: Entweder fühlen Sie sich momentan innerlich sehr ausgeglichen, oder Sie sollten ein spontanes Gefühl jetzt nicht unterdrücken. Bisweilen äußern sich hier natürlich auch sexuelle Gefühle, oder ein starker Wunsch nach Heiterkeit und Abwechslung wird sich bald in Ihnen bemerkbar machen. Tanzen Sie öfter im Traum, bedeutet das, daß Sie Ihr Leben allzu vergnügungssüchtig oder oberflächlich betrachten!

Tapete
▷ V: Sie tapezieren Ihre Wohnung: Sie wollen Ihr Leben verändern, doch dieser Wunsch schlummert bisher noch im Unbewußten.
▷ T: Die Tapete will Sie ermuntern, sich offener und mutiger zu zeigen und Ihre Absichten, Gefühle und Gedanken nicht hinter einer Maske zu verstecken. → anstreichen, → Maske

Tasche
▷ V: Eine Tasche in Hose, Kleid oder Mantel sehen: Sie bewahren verschiedene Dinge viel zu sorglos auf. Holen Sie etwas aus dieser Tasche, werden Sie plötzlich etwas Verlorenes wiederfinden. Sie verlieren Ihre Tasche: Sie kommen in eine recht peinliche Verlegenheit. Sie finden Ihre Tasche: Eine freudige Überraschung trifft ein.
▷ T: In der Tasche finden sich all Ihre Erfahrungen und Erinnerungen, und dort lagern vielleicht auch Ihre inneren und äußeren Reserven. Ist noch Platz in Ihrer Tasche, so zeigt dies Ihre Aufnahmefähigkeit für neue Eindrücke an, oder ein sexuelles Bedürfnis erwacht.

Taschendieb
▷ T: Der Taschendieb im Traum warnt Sie, Ihre »inneren Reserven« nicht leichtsinnig zu verschleudern oder sich diese von anderen rauben zu lassen! → Dieb, → Raub

Taschenmesser
▷ V: Ein geschlossenes Taschenmesser: Sie sind ein verschwiegener, sehr zurückhaltender Mensch. Geöffnetes Taschenmesser: In

Ihrem Wesen brodeln viel Aggression und Wut, ganz tief innen sind Rachegefühle verborgen, die Sie sich nicht offen eingestehen.
→ Messer

Taschenuhr
▷ V: Sehen Sie eine Taschenuhr im Traum, haben Sie entweder verschlafen oder insgesamt ein schlechtes Zeitgefühl. Achten Sie in Zukunft besser auf Ihre Termine, und halten Sie diese auch ein.
→ Uhr

Tasse
▷ V: Sie sehen eine Tasse: Eine Freundin wird Sie bald besuchen. Sie trinken daraus: Sie werden bald mit einem Menschen zusammensein, und es könnte mehr daraus werden. Zerbrochene Tasse: Mit einem Freund, einer Freundin oder einer geliebten Person kommt es zum Bruch.
▷ T: Die Tasse kann Ihre sexuellen Wünsche anzeigen oder Ihr Bedürfnis nach geselligen Kontakten verkörpern. → Gefäß, → Geschirr, → Schale

Taubheit
▷ V: Sind Sie im Traum taub, wollen Sie auch im Alltag nicht hören, was Ihnen gesagt wird oder was nur Sie betrifft.
▷ T: Verschließen Sie die Ohren vor der Realität? Wollen Sie nicht hören, was andere Ihnen zu sagen haben? Wollen Sie gar nicht wissen, was Ihre Mitmenschen von Ihnen denken? Machen Sie Ihre Ohren lieber auf – Sie werden Interessantes erfahren! Vielleicht sind Sie auch taub gegenüber Ihren eigenen Bedürfnissen, Gefühlen oder Wünschen? → Blindheit

Taube
▷ S: Die Taube war bei den Griechen der Aphrodite heilig und Symbol des sublimierten Eros – in der christlichen Kunst vor allem Symbol des Heiligen Geistes.
▷ V: Sie sehen Tauben: Jetzt haben Sie entweder Glück im Spiel, oder Sie erhalten eine höchst erfreuliche Nachricht. Füttern Sie

Tauben, schätzt man Ihre Hilfsbereitschaft sehr. Sie sehen Tauben auf dem Dach: »Lieber den Spatz in der Hand halten, als die Taube auf dem Dach sehen« – ein Ratschlag zu mehr Zufriedenheit. Gurrende Tauben: Versöhnung zwischen Liebenden, und Sie bekommen einen Rat, den Sie unbedingt befolgen sollten. Fliegende Tauben: Ihr Kontakt zu angesehenen Personen wird eine neue Verbindung ermöglichen.

▷ T: Die Taube ist ein Vogel des Eros, aber auch der Venus; sie zeigt sanfte und zarte Liebesgefühle an – religiös betrachtet ist sie auch ein Symbol des Heiligen Geistes. Sehnen Sie sich zur Zeit nach mehr Frieden, innerer Ruhe oder Harmonie? Geben Sie diesem Bedürfnis nach! → fliegen, → Vogel

Taubenschlag

▷ V: Sehen Sie im Traum einen Taubenschlag, wird in der nächsten Zeit ein Besucher dem anderen die Klinke in die Hand geben. → Taube

tauchen

▷ V: Tauchen Sie im Wasser unter, werden Sie nur mit viel diplomatischen Geschick aus einer schwierigen Situation wieder auftauchen. Tauchen Sie in einem stillen See, möchten Sie einer Sache auf den Grund gehen und neue Selbsterkenntnis gewinnen (mit sich selbst ins reine kommen). → Wasser

▷ T: Sollen Sie jetzt »eintauchen« in Neues, Unbekanntes? Oder sollen Sie lieber im eigenen Unterbewußtsein auf »Tauchgang« gehen, um in die Tiefen Ihrer Seele vorzudringen?

tauen, Tauwetter

▷ T: Eine geistige oder seelische »Schneeschmelze« beginnt. Ihre eingefahrenen Gewohnheiten, starren Prinzipien, harten (vernünftigen) Gefühle beginnen aufzutauen. Dadurch macht sich mehr Gefühlswärme (für sich selbst und für andere) und mehr Mitgefühl in Ihnen bemerkbar. Ein schönes Symbol, denn Ihre Seele taut auf! → Mitleid

Taufe

▷ S: Die Kraft der Taufe ist die Auferstehung zu neuem Leben.
▷ V: Sie halten den Täufling: Irgendwo wartet eine wichtige Verantwortung auf Sie, die Sie übernehmen sollten. Sie könnten jetzt ein wichtiges Unternehmen endlich in Gang bringen. Sind Sie bei einer Taufe anwesend, werden Sie bald den plötzlichen Wunsch verspüren, ein neues Leben zu beginnen. Sie sehen die Taufe: Sie werden in Ihren schweren Stunden einen inneren Halt finden.
▷ T: Ihr Geist vollzieht jetzt tiefgreifende Wandlungen – Vorurteile werden abgebaut, neue Einsichten gewonnen, alte Gefühle »gewaschen« und durch neue ersetzt. Schlummernde Kräfte werden geweckt, und so erhalten Sie neue Chancen in Ihrem Leben – ein schönes Traumsymbol!

Tee

▷ V: Sie trinken Tee: Er rät zur Besinnung, denn Sie werden in recht verworrene Angelegenheiten verwickelt, und diese sind nur mit Geduld und innerer Ruhe zu lösen. → Kaffee
▷ T: Der Tee kann Ihren Wunsch nach Geselligkeit, nach Anregung oder Entspannung symbolisieren. Sie werden interessante Erfahrungen machen können oder neue Ideen und neue Menschen kennenlernen!

Teich (siehe auch Abb. S. 432)

▷ V: Baden Sie in einem Teich, sollten Sie einen Bogen um mysteriöse Gesellschaft machen, die nicht ganz sauber sein dürfte. Sehen Sie einen Teich mit klarem Wasser, könnten Sie einen neuen Freund oder eine neue Freundin finden.
▷ T: Im Teich schwimmen Ihre geheimsten Hoffnungen oder Leidenschaften, die Sie sich selbst kaum eingestehen wollen, weil sie ein bißchen verboten sind. Beachten Sie die restlichen Traumsymbole! → See, → Wasser

Telefon

▷ V: Das Telefon im Traum sagt viel über private »Verbindungen« aus. Klingelt das Telefon, wird es bald auch beim Träumer

Seerosenteich mit Notenständer

In einem Teich lagern immer die Gefühle, die wir uns selbst nicht gerne eingestehen wollen, da sie etwas Verbotenes sind. Da Seerosen auf dem Teich zu sehen sind, handelt es sich wohl um erotische Gefühle, die sich bald bemerkbar machen werden oder schon auf dem Notenblatt stehen. Wenn der Träumende diese Gefühle auftauchen läßt, dann kann er aus ihnen mittels der Noten ein schönes Musikstück komponieren – diese Musik wiederum würde eine harmonische Persönlichkeit, die Verbindung von Geist, Körper und Seele als Endstufe dieser Entwicklung anzeigen!

in irgendeiner Angelegenheit »klingeln«. Führen Sie nur Ferngespräche, oder landen Sie bei »kein Anschluß unter dieser Nummer«, dann zeigt dies Ihre Kontaktprobleme. Bekommen Sie keine Verbindung, so fehlt auch in einem privaten Kontakt die Verbindung. Hören Sie das Klingeln, wird bald eine Absage eintreffen. Führen Sie ein gutes Gespräch, werden Sie einen wichtigen Auftrag bekommen. Wenn sich der Gesprächsteilnehmer nicht meldet, versetzt Sie jemand bei einer Verabredung. Klingelt das Telefon im Traum, doch Sie nehmen nicht ab, haben Sie Angst vor Ihren innersten Gefühlen oder lehnen diese kategorisch ab. → Nachricht

▷ T: Das Telefon kann Ihre mitmenschlichen Beziehungen anzeigen oder Ihren Kontakt mit Ihrem Unterbewußtsein. Leiden Sie unter Einsamkeit? Erhalten Sie im Alltag nur wenig Anrufe? Die restlichen Traumsymbole sind hier sehr wichtig, um tiefere Aussagen oder hilfreiche Hinweise zu erhalten.

Telegramm
▷ V: Das Telegramm kündigt eine baldige Überraschung an. Ob diese positiv oder negativ sein wird, verraten die restlichen Traumbilder.

Teller
▷ V: Ein silberner Teller: Sie werden an einer sehr gepflegten Veranstaltung oder Einladung teilnehmen. Zerbrechen Sie einen Teller, kündigt dies eine sorgenvolle Zeit mit einigen trüben Tagen an. Sehen Sie einen Teller, werden Sie bald zum Essen eingeladen. Ein voller Teller: Sie werden Ihre Aufgaben und Pläne verwirklichen können. Ein leerer: Mißerfolge drohen.
▷ T: Im Teller zeigen sich entweder Ihre Aufgaben und Verpflichtungen oder Ihre Bedürfnisse und Begierden. Was liegt in Ihrem Teller? Ist er randvoll gefüllt oder fast leer? Essen Sie daraus? → Geschirr, → Tasse

Tempel

▷ V: Sie sehen einen Tempel: Er ist eine Stätte der Zuflucht, die Sie an die andere (unsichtbare) Seite des Lebens erinnert, damit Sie sich nicht an die Alltags- und Außenwelt verlieren!
▷ T: Der Tempel ist Ihr Körper, in dem Geist und Seele wohnen. Am Aussehen des Tempels erkennen Sie, wie wichtig Ihnen der eigene Körper, die Seele und Ihr Geist sind. → Haus

Teppich

▷ V: Einen Teppich zu sehen ist eine Mahnung: Sie werden nur Erfolg im Leben haben, wenn Sie ständig an Ihren Fähigkeiten »weiterknüpfen«. Wer sich eine solide Grundlage aneignet, kann sogar zu Wohlstand kommen. Reinigen Sie einen Teppich, wird plötzlich störender Besuch kommen. Ein bunter Teppich: Ihr Leben wird sehr bunt werden – keine Zeit für Langeweile.
▷ T: Der Teppich ist so verwirrend geknüpft wie Ihr eigenes Leben und doch so klar strukturiert. Manchmal zeigt er ein bißchen zuviel Geltungssucht oder geistige Höhenflüge an, wenn er im Traum sehr edel oder wertvoll erscheint. Wollen Sie etwas »unter den Teppich kehren«?

Testament

▷ V: Sie machen im Traum Ihr Testament: Sie werden ein hohes Alter erreichen. Sehen Sie eins, könnten Sie bald eine Erbschaft machen.
▷ T: Das Testament zeigt, daß Sie nun einen wichtigen Lebensabschnitt vollendet oder hinter sich gelassen haben.

Teufel

▷ S: Der Teufel symbolisiert alle Kräfte, die Verwirrung, Dunkelheit und Tod bringen.
▷ V: Sehen Sie diesen Burschen im Traum, befassen Sie sich entweder viel zuviel mit Negativem und Dämonischem in sich selbst, oder ein Mensch in Ihrer Umgebung hat auf Sie eine fast dämonische Wirkung und bedroht Ihre innere Ruhe. Sie werden einer Versuchung ausgesetzt, die schlimme Folgen haben kann. Sie soll-

ten jetzt nicht nachgeben, denn jetzt locken eigene Schwächen »teuflisch«. Werden Sie von Satan bedroht, geraten Sie durch eine unüberlegte Aktion in heftige Streitereien mit anderen.
▷ T: Der Satan verkörpert entweder rein egoistische Inhalte Ihres Unterbewußtseins oder Ihre Ängste, Leidenschaften, Wut oder Haß. Diese Energien führen immer zu inneren und/oder äußeren Konflikten und sollten baldmöglichst umgewandelt werden. Taucht er in Ihrem Traum auf, zeigt dies an, daß Sie einige Gefühle und Begierden zwar innerlich ablehnen, diese sich aber trotzdem in Ihren Handlungen und im Verhalten bemerkbar machen (was Ihnen hinterher leid tut). »Hat Sie der Teufel geritten« in einer bestimmten Sache? Manche Dinge im Leben sind halt sehr verführerisch (teuflisch).

Theater
▷ V: Sie spielen mit im Theater: Denken Sie daran, daß Ihre Umgebung Sie gerade mit sehr kritischen Augen beobachtet. Sie sitzen im Theater: Sie machen sich immer noch viel zu viele Illusionen über das Leben und die Welt.
▷ T: → Bühne, → Schauspieler

Thermometer
▷ T: Es zeigt Ihr Temperament an: Feurige, dynamische Menschen haben eine höhere Temperatur; ruhige, erdverbundene eine mittlere; sehr sensible und weichherzige Menschen frieren meist ein bißchen. Es kann aber auch Ihren momentanen Gefühlszustand anzeigen.

Thermosflasche
▷ T: Mit diesem praktischen Gerät kann man im Traum entweder »warme Gefühle« länger warm halten oder auch »eisige Gefühle« länger kühlen. Was trifft auf Sie zu?

Thron
▷ S: Der Thron symbolisiert Autorität.
▷ V: Sie sitzen darauf: Sie sind etwas hochmütig und möchten

gerne andere Menschen überragen oder befehligen. Etwas mehr kritische Selbstbeurteilung wäre angebracht. Stehen Sie davor, haben Sie ein bestimmtes Ziel viel zu hoch gesteckt.
▷ T: Der Thron zeigt ein verborgenes Macht- und Geltungsstreben. → Kaiser, → König, → Palast, → Schloß, → Prinz

Tiefe
▷ T: Die Tiefe zeigt entweder tiefe Gefühle an oder ist ein Symbol für Ihr Unterbewußtsein. Manchmal kann die Tiefe Sie zu den tiefsten Wesensschichten führen, oder aber sie symbolisiert tiefe Erlebnisse aus Ihrer Vergangenheit. Sie wissen selbst am besten, was auf Sie zutrifft!

Tier
▷ S: Das Tier repräsentiert als → Archetypus die Tiefe des Unbewußten und des Instinkts. Tierträume sind immer verdrängte Symbole unseres Trieblebens – eine Traumsprache des Verbotenen.
Bär: Symbol für Vitalität, Kraft und Ausdauer (vor allem in Frauenträumen). → Bär
Fische: Angst vor Liebesverlust, der Partner flutscht einem unter den Fingern hindurch; aber auch Symbol für eine erfolgreiche Planung (lebende Fische). → Fisch
Hund: stark verdrängtes Triebleben. → Hund
Insekten: verdrängter Ärger, seelische Belastungen, familiäre Probleme. → Fliege, → Insekten
Katze: erotisches weibliches Symbol, manchmal verdrängter Unabhängigkeitswunsch. → Kater
Kuh: weibliche Triebenergie, jedoch mit mehr Geduld und Ruhe ausgestattet. → Kuh
Löwe: verherrlichte Energie der körperlichen Kontakte zwischen Mann und Frau. → Löwe
Maus: Symbol des weiblichen Geschlechts; Angst vor Mäusen drückt sich bei Frauen als Angst vor der eigenen unerweckten Weiblichkeit aus. → Maus, → Ratte
Pferd: unausgelebte körperliche Kräfte machen sich bemerkbar oder gezügelte Vitalität. → reiten, → Pferd

Schlange: männliches Glied; Frauen, die vor Schlangen fliehen, leiden an unausgefüllter Sexualität; kriecht sie am Körper hinauf, wachsen sexuelle Wünsche. → Drache, → Schlange
Kleine Tiere können manchmal Symbol für ein junges Geschwisterchen sein; große Tiere verraten meist eigene Wesenszüge und verborgene Triebe. Sprechende Tiere sind eine Warnung, sich von anderen nicht schaden bzw. übervorteilen zu lassen. Tote Tiere zeigen Veränderungen in Ihren persönlichen Verhältnissen.
▷ T: Das Tier zeigt animalische Persönlichkeitsanteile, z. B. Begierden, Leidenschaften, Triebe oder eine etwas primitive Persönlichkeit. Die restlichen Traumsymbole sind hier äußerst wichtig!

Tiger, Tigerin

▷ V: In Frauenträumen steht dieses schöne Tier immer für die Sehnsucht nach kraftvoller Erotik und Sexualität mit einem Mann, gleichzeitig jedoch für die Angst (in angstvollen Träumen) vor einer derartigen Erfahrung. Ähnliches gilt für Löwenträume. Sehen Sie einen Tiger, sollten Sie jetzt äußerst wachsam sein – ein Mensch schleicht sich an und wartet nur auf die Gelegenheit, Ihnen zu schaden. Werden Sie von einem Tiger verfolgt, wird ein sehr rachsüchtiger Mensch Ihnen schaden. (→ Löwe, → Tier, → Raubtier)
▷ T: Der Tiger symbolisiert einen selbständig gewordenen Trieb. Dieses Übermaß an »tierischer Triebvitalität« könnte Ihnen sehr gefährlich werden, wenn Sie es nicht disziplinieren (bändigen). Die Tigerin weist auf die aggressive Sexualität einer Frau hin – der Tiger zeigt männliche Triebe, Aggression und sexuelle Potenz.

Tinte

▷ V: Sehen Sie im Traum Tinte, sollten Sie alles unternehmen, um mit einem bestimmten Menschen eine Aussöhnung zu erzielen. Legen Sie sich jetzt nicht schriftlich fest, denn diese Voreiligkeit hat böse Folgen. Schreiben Sie im Traum mit Tinte, werden Sie ein wichtiges Schriftstück erhalten. Tinte verschütten: Eine Vereinbarung wird sich sehr ungünstig entwickeln.
▷ T: Die Tinte zeigt oft unbewußte Seeleninhalte, oder eine Begegnung oder Angelegenheit hat in Ihnen ihre Spuren hinter-

lassen. Ein Tintenklecks dagegen zeigt Schuldgefühle oder ein schlechtes Gewissen an. → schreiben

Tisch
▷ V: Träumen Sie von einem leeren Tisch, sollten Sie sich ernsthaft bemühen, in nächster Zeit vermehrt für Haus und Familie zu sorgen. Ein gedeckter Tisch: Jetzt können Sie häusliches Glück und künftigen Wohlstand genießen.
▷ T: Der Tisch zeigt meist Ihre Arbeit und die berufliche Forderung und Verpflichtung an. Was tun Sie am Tisch? → Altar, → Möbel

Tochter
▷ V: Sie träumen von einer Tochter, obwohl Sie keine haben: Sie möchten gerne von einer Frau mehr Anerkennung oder wünschen sich, von ihr umsorgt zu werden.
▷ T: → Kind, → Sohn

Tod
▷ S: Der Totenkopf ist Attribut der kontemplativen Buße, des Überdenkens der Vergänglichkeit alles Irdischen.
▷ V: Träumt eine Witwe von ihrem verstorbenen Mann, so ist dies ein positives Zeichen dafür, daß Sie langsam von der Trauer genesen wird, denn die Traumpsychologie hat nachgewiesen, daß man erst dann vom Tod eines nahestehenden Menschen träumt, wenn man mit dessen Verlust bereits fertig geworden ist. Wer also einen geliebten Menschen verlor, sieht ihn eines Tages im Traum wieder als Schlußbilanz seines Innenlebens. Sehen wir im Traum einen unbekannten Toten, dann symbolisiert dies Trennungsgedanken oder die Überwindung einer schwierigen Lebenssituation. Stehen Sie im Traum an einem offenen Grab, dann ist zwar im realen Leben ein Schlußstrich gezogen worden, doch eine Hoffnung keimt noch in Ihnen, daß Sie diesen Verlust wiedergewinnen können. Träumen Sie, daß es immer dunkler um Sie wird und Sie das Gefühl haben, jetzt sterben zu müssen (oder auch wollen), dann handelt es sich nur um den Abschied einer zurückliegenden

Lebensphase (die Kinder gehen aus dem Haus, Wechseljahre u.ä.). Sehen Sie den Tod als »Sensenmann«, werden Sie bald von einer drückenden Last befreit werden. → Sense
▷ T: Vielleicht ist etwas in Ihnen selbst abgestorben (eine Liebe, ein Gefühl, eine alte Einstellung u.ä.), obwohl es Ihnen noch gar nicht bewußt geworden ist? → Grab, → Friedhof, → Leiche, → sterben

Toilette
▷ V: Sie sehen eine Toilette: Sie sollten Ihre Gefühle ehrlich analysieren. Wer sich auf einer Toilette sitzen sieht, sollte dies nicht als unanständig auffassen. Endlich werden Sie etwas los, können sich von einer inneren oder äußeren Belastung befreien. Sehen Sie menschliche Ausscheidungen im WC oder produzieren diese gerade selbst, dann können Sie mit Gewinn oder Zusatzeinnahmen rechnen. Ein leeres Örtchen zu sehen, kündigt allerdings Unheil an.
▷ T: Dieser Ort symbolisiert Entlastungen seelischer Art: Entledigung von Ballast, innerlich Ordnung schaffen, sich von Druck befreien.

Tomate
▷ S: Die Tomate ist ein Liebessymbol.
▷ V: Eine Tomate im Traum zu sehen verstärkt Ihre Liebesgefühle und -chancen. Essen Sie Tomaten, sind Sie im Begriff, einen Seitensprung zu riskieren, doch dies kann unerwünschte Folgen haben. → Gemüse, → Kapitel »Farben im Traum«: rot
▷ T: Die Tomate zeigt reifende Liebe oder eine Leidenschaft an! Werden Sie »rot wie eine Tomate«, weil Sie beschämt sind?

Ton
▷ V: Sie hören einen Ton: Jetzt ist die richtige Zeit, Ihr wahres Wesen zu ergründen. Sie kneten Ton (Lehm): Sie sind sind künstlerisch talentiert oder sollten schöpferische Pläne verwirklichen, denn jetzt kneten Sie an Ihrem eigenen Schicksal.
▷ T: Zum akustischen Ton → Musik, → Signal. Die Tonerde symbolisiert Ihren Körper und Ihre materiellen Bedürfnisse. → Lehm

Tor

▷ V: Ein offenes Tor: Jetzt freuen sich Bekannte oder Freunde auf Ihren Besuch (oder umgekehrt) – verschließen Sie sich nicht länger dagegen. Das Tor ist verschlossen: Sie werden von einem Menschen recht unfreundlich empfangen.
▷ T: Das Tor zeigt Grenzen und Schranken, die das Leben Ihnen setzt und die Sie überwinden (durchschreiten) sollten.

Tränen

▷ V: Weinen Sie im Traum, werden Sie bald eine kummervolle Zeit erleben, doch diese schlägt unerwartet in Freude um. → weinen
▷ T: Vielleicht sind Sie im Moment sehr deprimiert und reagieren dieses Gefühl im Traum durch Weinen ab? Haben Sie ein zu weiches Herz, zuviel Gefühl, zuviel Mitleid?

Trab

▷ V: Sie sehen ein Pferd im Trab: Jetzt sollten Sie sich beeilen, um Ihre Ziele zu verwirklichen. Ihr langsames Tempo könnte Verluste bringen. → Pferd, → reiten, → Rennbahn

Traube

▷ V: Sehen Sie reife Trauben, erfreuen Sie sich bester Gesundheit. Bei süßen, reifen Trauben winkt Liebesglück. Saure Trauben: Streitigkeiten mit anderen versauern Ihnen die kommende Zeit. Weiße Trauben pflücken: Ihnen steht eine große Freude ins Haus. Blaue oder rote Trauben: Die kommende Zeit wird schwirig, und die Aussichten sind trübe.
▷ T: Die Traube selbst ist ein sinnliches, körperliches Symbol. Diese Begierden werden von Ihrem Geist noch nicht gelenkt. Der vergorene Traubensaft (→ Wein) zeigt die Kraft Ihres Geistes an, die Ihrem Dasein einen Sinn gibt. → Alkohol

Trauerkleider

▷ V: Tragen Sie im Traum schwarze Trauerkleidung, neigen Sie zu Depressionen, Pessimismus und Melancholie: Tragen Sie weiße

Trauerkleidung, sind Sie auf einem »geistigen Weg« und werden einen neuen Entwicklungsschritt vollziehen.

Trauring
▷ V: Einen Trauring sehen verheißt eine baldige Verlobung, eine Hochzeit – oder Treue und Liebe in Ihrer Ehe. Verlieren Sie den Ring, kündigen sich damit Vernachlässigungen in der Ehe oder baldige Trennung an. Stecken Sie den Ring an Ihren Finger, müssen Sie noch lange auf eine Verlobung oder Heirat warten. Ziehen Sie ihn vom Finger, wird Ihr Liebesverhältnis sich auflösen.
▷ T: → Ring

Treppe
▷ V: Sie steigen Treppen hinauf: Sie beginnen einen geistigen Aufstieg, der Sie über die Niederungen des Alltags hinaushebt. Doch auch hier müssen Sie mit Hindernissen fertig werden. Eine Treppe hinuntersteigen: Nach vielen Anstrengungen ist jetzt eine Erleichterung in Sicht, denn Sie erreichen eine gesunde Ebene. Von der Treppe stürzen: Entweder erwachen Sie gerade aus Ihrem Traum, oder Sie werden bald eine schmerzliche Ernüchterung erfahren. → Leiter, → Stufen, → Wendeltreppe
▷ T: Entweder zeigt die Treppe Ihren Wunsch nach ekstatischen Gefühlen (Sexualität) an oder Ihre Bemühungen nach mehr Einfluß, Macht und Autorität. Wollen Sie hoch hinaus? Wenn Sie im Traum mühelos hochsteigen, werden Sie bald neue Einsichten gewinnen!

trinken
▷ V: Trinken Sie aus einer → Quelle, wird jetzt Ihre Gesundheit stabiler. Trinken Sie → Wein, werden Sie gesellige Stunden mit angenehmen Menschen verbringen. Trinken Sie → Schnaps, neigen Sie zur Selbsttäuschung oder Flucht vor der Realität. Sie wollen sich Mut antrinken und erreichen das Gegenteil. Trinken Sie → Milch, sollten Sie Ihr Leben jetzt gesund und einfach genießen.

▷ T: Sie haben einen brennenden Wunsch! Ist es eine Sehnsucht oder gar eine Leidenschaft? Wollen Sie damit rein körperliche Bedürfnisse oder sogar geistige befriedigen?

Trommel
▷ V: Sie sehen oder hören eine Trommel: Die kommende Zeit wird viel unerfreuliche Geschehnisse bringen; große Unruhe wird »aufgewirbelt«. Schlagen Sie die Trommel, erregen Sie unnötiges Aufsehen oder wollen mit Gewalt die Aufmerksamkeit anderer für sich gewinnen. → Baßgeige, → Geige, → Trompete
▷ T: Die Trommel kündigt Ihre Kraft und Energie an, ähnlich dem → Puls. Manchmal meldet sich ein Wunsch nach Selbstbefriedigung hierdurch zu Wort.

Trompete
▷ V: Blasen Sie auf einer Trompete, sollten Sie mit Ihren Äußerungen etwas vorsichtiger sein, sonst droht Ärger mit den Nachbarn. Hört man mehrere Trompeten, trifft entweder bald eine gute Nachricht ein, oder Sie können unerwartet einen fröhlichen Menschen wiedersehen. → Posaune

Trümmer
▷ V: Sie sehen ein Trümmerfeld: Jetzt wird etwas absolut Unerwartetes geschehen, woraus sich völlig neue Aspekte ergeben. Sehen Sie Trümmer eines Hauses, kommt nun eine Zeit des Aufbaus. → Haus

Trunkenheit
▷ V: Sehen Sie einen Betrunkenen, ist Ihre derzeitige Position nicht fundiert genug. Sind Sie selbst betrunken im Traum, sollten Sie bei den kommenden wichtigen Verhandlungen unbedingt ganz nüchtern ans Werk gehen. → Alkohol

Tür
▷ S: Die Tür, das Tor, die Pforte – die ist immer ein Übergang, eine Schwelle zwischen zwei Bereichen.

▷ V: Öffnet ein Mann im Traum gewaltsam eine Tür, will ihn entweder eine Frau endlich ganz besitzen, oder es schlummern sexuell gewaltsame Züge in ihm. Schlüpft ein Mann heimlich durch eine Tür, so ist deutlich ein Wunsch nach einem Seitensprung angezeigt. Sie sehen eine geöffnete Tür: Eine »Liebe« erwartet Sie schon. Gehen Sie durch die Tür, erledigt sich eine Sache wie von selbst. Stehen Sie vor einer geschlossenen Tür, haben Sie zu den Menschen Ihrer Umgebung immer noch keinen rechten Kontakt gefunden. → Tor, → Haus

Tulpe

▷ V: Träumen Sie von einer Tulpe, werden sich in der nächsten Zeit wertvolle Beziehungen für Sie ergeben. Pflücken Sie die Tulpe, ist dies in Männerträumen ein Hinweis, daß Sie eine schöne Frau erobern können.
▷ T: → Blume

Tunnel

▷ V: Fahren Sie durch einen Tunnel, müssen Sie keine Angst haben: Sie sehen eine Lage nur pessimistischer, als sie eigentlich ist – bald wird sich Ihre Situation wieder aufhellen.
▷ T: Die eigene Geburt kann in Ihrer Erinnerung wieder auftauchen, oder Ihr Unterbewußtsein wird symbolisiert, in das Sie »einfahren« sollten, um sich selbst besser zu verstehen. Vielleicht haben Sie auch nur Angst vor der ungewissen, im dunkeln liegenden Zukunft?

Turm, Turmuhr

▷ S: Der Turm ist eine künstliche Achse zwischen Himmel und Erde.
▷ V: Sieht eine Frau im Traum einen hohen Turm (erigierter Penis), dann drückt sie damit eine positive Einstellung zur männlichen Sexualität aus. Träumt eine Frau jedoch, daß sie in einem Turm eingeschlossen ist, so dürfte sie zur männlichen Sexualität ein sehr gestörtes Verhältnis haben. Stehen Sie auf einem Turm, könnten Sie bald eine erfreuliche Position erreichen, auf der Sie

unangreifbar sind. Stürzt der Turm ein, wird sich ein erhoffter Wunsch nicht erfüllen lassen. Wenn die Turmuhr schlägt, sollten Sie eine wichtige Entscheidung fällen. → Säule, → Uhr

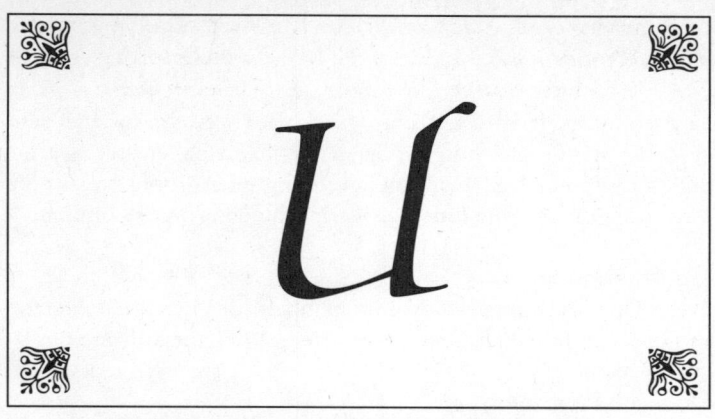

▷ S = symbolisch; ▷ T = tiefenpsychologisch; ▷ V = visionär, voraussagend

Überfahrt, überfahren

▷ V: Träumt ein Mann, daß er überfahren wird, so hat er Angst, im sexuellen Bereich zu sehr in die passive Rolle gedrängt zu werden. Ansonsten bedeutet dieser Traum, daß Sie heil aus einer unangenehmen Lage herauskommen, Sie sollten aber andere nicht mit Ihren Plänen und Vorstellungen überfahren. Erleben Sie eine Überfahrt über großes Wasser, werden sich neue Möglichkeiten eröffnen, mit denen Sie nicht gerechnet haben. Überfahren Sie jemanden, werden Sie viel Geld ausgeben müssen durch Ihre Unachtsamkeit.

▷ T: Wenn Sie von einem Zug, einem Auto oder einer Maschine überfahren werden, dann haben Sie sich in Lebenssituationen hineingewagt, denen Sie nicht gewachsen sind.

Überfall

▷ V: Wenn Sie im Traum überfallen werden, scheitern Ihre Pläne und Vorhaben.

▷ T: Unbewußte Persönlichkeitsanteile oder bisher nicht wahrgenommene Triebe oder Bedürfnisse überfallen plötzlich Ihr Bewußtsein und lösen Unruhe oder Angst in Ihnen aus.

überlaufen

▷ T: Wenn jemand im Traum die Fronten wechselt (Überläufer ist), dann warnt Sie dieses Symbol: Sie sollten Ihre tiefsten Überzeugungen nicht allzu leicht aufgeben, nur weil Sie zu feige sind oder Angst vor Ablehnung oder Widerstand haben. Bleiben Sie sich selbst treu! Der überlaufende Inhalt eines Topfes warnt Sie vor Hindernissen, die Ihnen große Nachteile bringen könnten.

Überraschung

▷ T: Überraschungen im Traum mahnen zur Vorsicht, denn jetzt können sich plötzlich ganz unerwartete Probleme auftun.

Überschwemmung

▷ V: Sehen Sie eine Überschwemmung, haben Sie mit sehr zudringlichen Menschen zu tun, die Sie mit Bitten und Wünschen belästigen. Wird Ihr Zimmer überschemmt, werden Unglück und Streit ausbrechen. Laufen Sie vor dem → Wasser davon, sind Sie jetzt auf der Flucht vor sich selbst.

▷ T: Einzelne Gefühle und Triebe werden jetzt so maßlos, daß Sie davon überschwemmt werden, doch Sie finden Ihre Selbstsicherheit bald wieder.

Ufer

▷ V: Sie befinden sich an einem Ufer: Ihre Gefühlslage wird sich verändern, bisweilen stehen sogar Lebensveränderungen, Umstellungen und eine Richtungsänderung bevor. Sitzen Sie am Ufer eines → Baches, fließen schöne Stunden schnell dahin.

▷ T: Das Ufer steht für Zaudern, denn Sie wissen jetzt nicht, in welche Richtung Ihr Leben weiterlaufen soll. Am Ufer verläuft die Grenzlinie zwischen Ihrem bewußten Ich und dem Unterbewußtsein. Finden Sie etwas am Ufer? Fühlen Sie sich momentan »uferlos«?

Uhr

▷ V: Auf der Uhr ist es kurz vor zwölf: Jetzt werden Sie vor eine wichtige Entscheidung gestellt, zögern Sie nicht! Läuft der große

Zeiger viel zu schnell, sind Sie mit Ihrem bisherigen Leben sehr unzufrieden. Ziehen Sie die Uhr auf, beginnt jetzt ein neuer Lebensabschnitt. Hören Sie die Uhr schlagen, stehen Sie vor einer wichtigen Lebensentscheidung. Bleibt die Uhr stehen, geht eine Bekanntschaft oder ein Zustand zu Ende.
▷ T: Die Uhr symbolisiert Ihre Angst, daß Ihr Leben viel zu schnell verstreicht. Vielleicht ist es auch höchste Zeit, eine wichtige Entscheidung zu treffen? Sie wissen selbst am besten, was im Moment auf Ihre Lebenssituation zutrifft!

Uhu
▷ V: Hören Sie im Traum einen Uhu, haben Sie nicht den besten Umgang, und daraus ergeben sich Schwierigkeiten. In Ihrer Not erhalten Sie Hilfe. → Eule, → Käuzchen
▷ T: Der Uhu symbolisiert all Ihre Erfahrungen, aus denen Sie Weisheit gewinnen können und sollen.

umarmen, Umarmung
▷ V: Umarmen sich in Ihrem Traum zwei Liebende, erwachen gerade Ihre eigene Sehnsucht und Ihr Liebesbedürfnis. Umarmen Sie jemanden, können Sie einen neuen Menschen kennenlernen. → Zärtlichkeit
▷ T: Werden Sie umarmt, will Sie vielleicht ein Mensch völlig »in Besitz nehmen« – auch umgekehrt möglich.

Umweg
▷ T: Sind Sie zu umständlich? Aus eigenem Verschulden können Sie Ihre Ziele nur sehr mühselig erreichen. Sind Sie in Ihrem Verhalten und Vorgehen zu unbeweglich?

Umzug
▷ V: Träumen Sie von einem Umzug, verändern sich entweder Ihre bisherigen Lebensverhältnisse oder Ihre Einstellung zum Leben.

Unfall

▷ V: Haben Sie im Traum selbst einen Unfall, so lauert eine Gefahr (nicht unbedingt im Straßenverkehr). Seien Sie vorsichtig im Umgang mit anderen, auch berufliche Rückschläge sind zu verkraften. → Unglücksfall

▷ T: Plagen Sie reale Ängste vor einem Unfall? Oder haben Sie vielleicht durch Ihr Verhalten andere gekränkt oder verletzt?

Ungeheuer

▷ T: Tauchen Ungeheuer im Traum auf, melden sich hier vielleicht Ängste vor dem eigenen Tod oder Haßgefühle, die sich sogar gegen Sie selbst richten. Seelische oder verborgene Inhalte gewinnen jetzt zu großen Einfluß über Sie. Lernen Sie es nicht, diese Energien zu beherrschen, können sie zu einer ernsten Bedrohung für Sie werden. Holen Sie sich fachkundigen Rat ein, wenn Ungeheuer öfter in Ihren Träumen auftauchen! → Fabeltiere

Ungeziefer

▷ V: In Frauenträumen zeigt das Ungeziefer unbefriedigte sexuelle Wünsche oder manchmal auch die Angst vor einer unerwünschten Schwangerschaft an. Plagt Sie Ungeziefer, fühlen Sie sich von einigen Menschen stark belästigt. Im positivsten Fall könnte ein Glücksgewinn oder Geld eintreffen. → Insekten

Unglücksfall

▷ V: Sind Sie im Traum in einen Unglücksfall verwickelt, zeigt sich Ihre Angst, daß etwas bestraft wird, das Sie getan oder gedacht haben. Haben Sie dieses Unglück im Traum nur als Außenstehender miterlebt, fehlt Ihnen die Geborgenheit und Sicherheit, um den Alltag sicher zu meistern. → Unfall

Uniform

▷ V: Sie sehen sich oder andere in Uniform: Sie sollten sich nicht von Äußerlichkeiten täuschen lassen und jede Eitelkeit oder Geltungssucht bändigen. In Männerträumen symbolisiert die getragene Uniform, daß eine gewisse Ordnung im Leben des Träumers

fehlt. Er fühlt sich nicht wohl in einer Angelegenheit, die nicht in Ordnung ist.
▷ T: Passen Sie sich zu sehr an gesellschaftliche Normen an? Dann zeigt die Uniform Ihre Intoleranz und Sturheit. Oder wünschen Sie sich mehr Einfluß und Macht? → General, → Offizier, → Militär

Universität
▷ T: Dieses Gebäude beinhaltet all Ihre Lebenserfahrungen, aus denen Sie bereits etwas gelernt haben (oder jetzt etwas lernen sollten). Was geschah in der Universität? → Lehrer, → Schule

Unkraut
▷ V: Sie jäten Unkraut: Eine verfahrene Situation können Sie bald wieder in Ordnung bringen – beachten Sie nur das Wesentliche. Sehen Sie Unkraut, werden Sie einen Menschen treffen, der nicht viel wert ist.
▷ T: Jetzt drängen wilde Begierden, Gefühle oder Triebe nach oben, die in Ihrem »Garten des Lebens« die schönen Gewächse zu überwuchern drohen. Schaffen Sie diesen »Wildwuchs« schnell beiseite, jäten Sie gründlich in Ihrer Seele!

Untergang
▷ V: Geht im Traum ein Schiff unter, sollten Sie sich nicht auf riskante Unternehmungen einlassen. Ein Weltuntergang: Jetzt beginnt ein neuer Lebensabschnitt, doch Sie sollten Altes loslassen. → Boot, → Schiff, → Wasser

Unterseeboot
▷ T: Hier zeigen sich all die unbewußten Inhalte Ihrer Persönlichkeit, die meistens ganz leise (fast unbemerkt) Einfluß auf Ihr Verhalten und Ihr Leben gewinnen. → Boot, → Schiff, → tauchen

Unwetter
▷ V: Geraten Sie in ein Unwetter, sind Sie auf dem falschen Weg und sollten umkehren. → Hagel, → Sturm, → Wetter

Uranus

▷ T: Dieser Planet symbolisiert Ihren Einfallsreichtum, Ihre Intuition, schöpferischen Geist, Ihren Forscher- und Erfindergeist und einen Hang zu Reformen aller Art. Mit seiner Energie kann man Neuland betreten und technische oder geistige Systeme absichern. Negativ löst er viel Unruhe, Widerstand und/oder einen revolutionären Geist aus. → Planet

Urin, urinieren

▷ V: Sie urinieren im Traum: Vorsicht – es kann ein realer Harndrang sein. Falls nicht, werden Sie bald Erleichterung verspüren, denn eine schwierige Situation entschärft sich. Machen Sie im Traum ins Bett, sollten Sie mehr Enthaltsamkeit üben. Sie trinken Urin: Diese Kur soll auch im Traum Ihre Gesundheit stärken.
▷ T: Exkremente und menschliche Ausscheidungen bringen Erleichterung und Befreiung. Fühlen Sie sich davon beschmutzt, dann haben Sie Angst, von anderen nicht angenommen zu werden, weil Sie abstoßend auf diese wirken könnten.

Urkunde

▷ V: Sehen Sie im Traum eine Urkunde, werden Sie Ärger mit Behörden bekommen oder einen Prozeß führen müssen. → Papier, → Siegel

Urlaub

▷ V: Träumen Sie von Urlaub, sind Sie der Arbeit überdrüssig oder erholungsbedürftig, doch so schnell läßt man Sie nicht gehen. Sie bekommen im Traum Urlaub: Sie freuen sich auf ein Vergnügen und können doch nicht daran teilnehmen.
▷ T: Sie sind wirklich erholungsbedürftig und sollten sich baldmöglichst von dieser chronischen arbeitsmäßigen Überlastung befreien, bevor Sie völlig erschöpft sind. → Park

Urne

▷ V: Eine Urne kündigt meist eine Krankheit oder einen Todesfall an. → Sarg

Urteil

▷ V: Hören Sie Ihr Urteil, sind einige Unannehmlichkeiten zu bewältigen. Jemand fällt ein Todesurteil, oder es droht Zuchthaus: Sie werden in eine etwas dubiose Angelegenheit verwickelt, und das kann Ihren guten Ruf kosten. Sie fällen selbst ein Urteil: Ein anderer hat recht, und Sie irren sich leider.

▷ T: Im Urteil zeigt sich eine Abrechnung mit sich selbst (als Angeklagter) oder mit Ihrer Umwelt (als Richter). Vielleicht rechnen Sie jetzt im Traum mit einer alten Streitsache ab, oder Sie sind mit sich selbst im Streit, weil einige Wesensanteile andere Teile Ihrer Persönlichkeit verurteilen? Manchmal wird eine aktuelle Rechtsstreitigkeit im Traum verarbeitet. Waren Sie selbst angeklagt, oder fungierten Sie als → Richter? Die restlichen Traumsymbole geben weitere Aufschlüsse.

Urwald

▷ V: Befinden Sie sich in einem Urwald, gleicht Ihr Leben im Moment eher einem Chaos, Sie finden sich nicht mehr zurecht und müssen schwere Kämpfe durchfechten.

▷ T: Der Urwald symbolisiert Unübersichtlichkeit und die Unberechenbarkeit der Menschen, aber auch die Lebensbedingungen einer Großstadt. Ist Ihr Leben im Moment schwer durchschaubar? Ärgert Sie die Wechselhaftigkeit eines bestimmten Menschen? Wissen Sie heute noch nicht, was Sie morgen tun werden, bzw. reagieren Sie zur Zeit völlig unberechenbar? Ist Ihnen das Leben in der Großstadt viel zu unruhig und unübersichtlich geworden? Welche Deutungsvariante trifft auf Ihre jetzige Situation am besten zu?

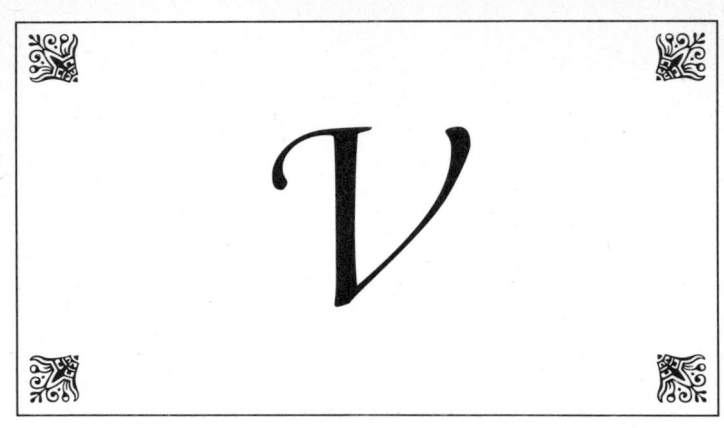

▷ S = symbolisch; ▷ T = tiefenpsychologisch; ▷ V = visionär, voraussagend

Vagabund

▷ V: Sie sehen einen, oder Sie sind selbst einer: Sie leben gerne in einer lockeren Gesellschaft und bevorzugen ein ungeregeltes Leben mit wenig Arbeit und viel Spaß. Verkehren Sie mit einem Vagabunden, entfernen Sie sich von den normalen Moralvorstellungen und sind in schlechte Gesellschaft geraten.

▷ T: Der Vagabund zeigt auf, daß Sie im Leben ziellos dahinvagabundieren, sich von den üblichen Moralvorstellungen entfernen und daher Konflikte auslösen werden. Vielleicht melden sich jetzt Eigenschaften zu Wort, die Sie moralisch schlecht vertreten können und deshalb schnell wieder verdrängen wollen?

Vampir

▷ V: Sie sehen einen Vampir: Ungezügelte Leidenschaften nehmen überhand. Das beherrscht Sie und saugt Sie gleichzeitig aus; entweder Sind Sie es selbst oder ein Mensch in Ihrer Umgebung.

▷ T: Schlechte Instinkte erzeugen ein kaltes Herz. Ängste, Instinkte und primitive Triebe lähmen Ihre Kraft und werden Ihren weiteren Lebensweg behindern, wenn Sie sich nicht baldmöglichst davon befreien! → Ungeheuer

Vase

▷ V: Eine Blumenvase: Sie besitzen viel Schönheitssinn, Ästhetik und haben einen kunstvollen Geschmack. Vielleicht steckt eine Liebe dahinter, oder Sie wollen einer Person besonders gefallen? Zerbrechen Sie die Vase, werden Sie einen Freund oder eine Freundin verlieren.
▷ T: → Gefäß, → Kelch

Vater, Vaterfiguren

▷ V: Der Vater (oder Vaterfiguren) zeigt – vor allem bei Frauen – das Sicherheits- und Schutzbedürfnis an. Bei Frauen, die häufig ihre Partner wechseln, zeigt sich in der Traum-Vaterfigur das eigene personifizierte schlechte Gewissen (besonders wenn in der Kindheit der Vater meist als Strafender fungierte). Sind Sie im Traum selbst ein Vater, werden Sie in der kommenden Zeit eigene Schöpfungen kreieren. Mit dem Vater sprechen: Sie haben die unbewußte Sehnsucht, sich an einen Menschen anzulehnen oder sich führen zu lassen. Den eigenen Vater sehen: Sie bringen Schande über Ihre Familie, und Sie sind Ihrem Vater etwas schuldig. Den verstorbenen Vater sehen: Bald erhalten Sie Hilfe, oder eine plötzliche Freude trifft ein.
▷ T: Eine Vatergestalt in Männerträumen symbolisiert häufig die Auseinandersetzung mit Vorgesetzten, Autoritäten o. ä., durch die man sich eingeengt fühlt (→ Arzt, → Lehrer, → Pfarrer, → Priester). Bisweilen zeigt dieser Traum den Einfluß eines Menschen an, der Sie ein Stück im Leben begleitet oder der Ihnen mit Rat und Tat zur Seite steht. Was hat der reale Vater in Ihnen geprägt – welche Ihrer Wesensanteile sind ihm ähnlich? → Mutter

Vegetarier

▷ T: Vermutlich bearbeiten Sie gerade Ihre Begierden, Instinkte oder Triebe und wollen diese in geistige Energien umwandeln. Das könnte Ihnen positiv gelingen, wenn Sie auch all Ihre Wut- und Aggressionsgefühle und Ihre sexuellen Wünsche nicht verdrängen, sondern weiter »bearbeiten«.

Veilchen

▷ V: Sehen Sie Veilchen im Traum, könnten Sie jetzt Glück erleben, wenn Sie bescheiden bleiben. Vielleicht halten Sie sich auch selbst für ein »bescheidenes Veilchen«, weil Sie oft übersehen werden? Sie pflücken es: Sie könnten ohne viel Worte Ihr Liebesglück genießen. → Blume

▷ T: Das Veilchen erinnert Sie an vergangene (positive oder negative) Erlebnisse. Manchmal zeigt es einfach das Glück Ihrer Familie oder Ehe an – genießen Sie es still!

Venus

▷ T: Dieser »blaue Planet« symbolisiert all Ihre erotischen Bedürfnisse und Gefühle, Ihre sexuellen Leidenschaften, ist aber auch zuständig für Schönheit, Ästhetik, Harmonie, Weiblichkeit, Mütterlichkeit und künstlerische Begabungen. Im negativen Bereich steht die Venus für übertriebene Genußsucht, übersteigerte sinnliche Genüsse und Faulheit. Was wollen Sie erstreben oder bekämpfen? → Planet

Verband

▷ T: Sind Sie im Traum verbunden, zeigt dies eine seelische Verletzung auf, die Sie erleiden müssen oder erlitten haben. Allerdings wird gleichzeitig Ihre Heilung angekündigt. → Mumie, → Pflaster

Verbindung

▷ V: Gehen Sie im Traum eine Verbindung ein, werden Sie neue Freunde gewinnen können. Eine falsche telefonische Verbindung: Sie sind auf jemand hereingefallen oder wurden von diesem »abgehängt«. → Telefon

▷ T: »Zusammen sind wir stark« – dieses Symbol kann hier angezeigt werden. Aber auch Ihre einzelnen Persönlichkeitsanteile müssen in »guter Verbindung« miteinander stehen. Manchmal warnt es auch vor falschen Freunden, wenn die Verbindung im Traum negativ verläuft.

Verbrechen

▷ V: Sie sehen ein Verbrechen: Widerwärtigkeiten oder eine gerichtliche Angelegenheit sind zu klären. Oft ist dieser Traum auch ein Hinweis auf unterbewußte Gewaltsamkeit. → Aggression, → Mord

verbrennen

▷ V: Verbrennt in Ihrem Traum etwas, dann ist es höchste Zeit, mit einer Sache, die Sie belastet, gründlich aufzuräumen. Sie werden selbst verbrannt: Lassen Sie sich nicht auf eine Sache ein, an der Sie sich die Finger verbrennen werden.
▷ T: Wichtig ist hier vor allem, wer oder was verbrannt worden ist. Beachten Sie die restlichen Traumsymbole. → Brand, → Feuer

verehren, Verehrung

▷ T: Wenn Sie im Traum jemanden verehren, dann zeigt dies an, daß Sie sich von einem anderen Menschen leiten lassen, ohne dessen Wert genau überprüft zu haben.

Verein

▷ T: Sind Sie Mitglied in einem Traum-Verein, dann wünschen Sie sich zur Zeit mehr Abwechslung oder mitmenschliche Kontakte. Vielleicht sollten Sie auch nicht dauernd auf andere hören, sondern Ihr Leben selbst in die Hand nehmen!

Verfall

→ Abbruch, → Ruine, → Trümmer

Verfolgung

▷ V: In Männerträumen zeigt die Verfolgung, daß der Träumer mit den sexuellen Verboten seiner Kindheit noch nicht ganz fertig geworden ist. Unbewußt nimmt er Sexualität als etwas Verächtliches wahr und hat immer noch Angst vor Strafe. Sie verfolgen jemanden: Einen alten Fehler können Sie leider nicht mehr ungeschehen machen. Verfolgt werden: Ein Mensch, der Ihnen Unrecht getan hat, möchte Sie um Verzeihung bitten.

Vergewaltigung 456

▷ T: Werden Sie von einem Schuldgefühl verfolgt? Oder behandeln Sie andere Menschen ungerecht. Möglicherweise fühlen Sie sich von Vorurteilen, Meinungen oder Urteilen anderer verfolgt? Ob Sie → Täter oder → Opfer sind wissen nur Sie selbst am besten.

Vergewaltigung
▷ T: Manchmal weist ein Vergewaltigungstraum sogar auf den Wunsch nach aggressiver Sexualität hin. Normalerweise zeigt die Vergewaltigung jedoch symbolisch an, daß andere Menschen sich über Ihre Gefühle und Wünsche einfach hinwegsetzen oder Sie das bei anderen tun! → Aggression, → Beischlaf, → Sexualität

vergiften
▷ V: Werden Sie im Traum vergiftet, sollten Sie jetzt andere nicht ärgern, sonst entsteht daraus Feindschaft. Vergiften Sie jemanden. werden Sie Ihren Sturkopf nicht durchsetzen können.
▷ T: Wollen Sie Ihre Probleme gewaltsam lösen? Hegen Sie Haß gegen andere oder gar auf den eigenen Lebensverlauf? Beides wird Ihre Lage nur noch verschlimmern und Ihnen das Leben »vergiften«!

Vergißmeinnicht
▷ V: Sehen Sie ein Vergißmeinnicht, erinnert sich eine alte Bekanntschaft an Sie, und eine Versöhnung zwischen Ihnen beiden ist möglich. Sie verschenken es: Sie fühlen sich von einem Menschen sehr vernachlässigt. → Blume
▷ T: Dieses Blümchen kann Sie entweder an eine frühere gefühlsmäßige Bindung erinnern, oder Sie fühlen sich von einer Person, die Sie sehr mögen, zur Zeit sträflich vernachlässigt.

vergraben
▷ V: Wird in Ihrem Traum etwas vergraben, plagt Sie ein unbewußtes Mißtrauen gegen Gott und die Welt.
▷ T: Was wollen Sie vor anderen verheimlichen oder verstecken? Meist sind es schlechte Eigenschaften, die man auch sich selbst nicht eingestehen will. Manchmal will man negative Erfahrungen

im Unbewußten vergraben, doch auch das führt nicht zur Lösung! Graben Sie alles wieder aus! → Grab, → Gruft, → Höhle

verhaften, Verhaftung
▷ T: Diese Traumsymbole zeigen an, daß Sie einer bestimmten Verhaltens- oder Handlungsweise, die Sie selbst an den Tag legen, Einhalt gebieten wollen. Denn diese steht nicht im Einklang mit Ihrer innersten Persönlichkeit, oder sie erscheint Ihrer moralischen Grundhaltung (den gesellschaftlichen Normen) bedrohlich. → Gefängnis, → Polizist, → Urteil

Verhör
▷ V: Sie werden verhört: Sie plagt ein schlechtes Gewissen, eine tiefe Selbstprüfung wäre empfehlenswert. Manchmal werden von anderen Menschen Erkundigungen über Sie eingezogen.
▷ T: Ein Aufruf zu mehr Selbsterkenntnis. Sie sollen sich über eine laufende Angelegenheit oder über einen Menschen noch genauer informieren. → sprechen, → lauschen

verhungern
▷ V: Träumen Sie davon zu verhungern, meldet sich entweder tatsächlich Ihr Magen, oder Sie haben Sehnsucht nach Liebe.
▷ T: Sie »hungern« nach Gefühlen oder nach Anerkennung. Diesen Wunsch konnten Sie sich im Alltag und im Umgang mit anderen Menschen noch nicht erfüllen. Tun Sie etwas, damit Sie nicht »seelisch verhungern« – machen Sie sich bemerkbar!

verirren
▷ V: Das Suchen, das Umherirren oder das Sich-Verirren im Traum ist typisch und symbolisch für Ihre innere Verfassung. Sie suchen auch in einer Liebesbeziehung oder sonstigen Angelegenheit nach dem richtigen Weg. Entscheiden Sie sich nach längerem Umherirren für einen Weg nach → rechts oder nach → links? Sich im → Nebel, im Dunkeln (→ Dunkelheit) verirren: Sie haben bis jetzt die Sympathie eines wertvollen Menschen völlig übersehen. Sich im Wald verirren: → Wald.

Verkauf, verkaufen

▷ T: Sie haben sich in Schwierigkeiten hineinmanövriert, weil Sie sich auf dem falschen Weg befinden oder in einer Angelegenheit »in die Irre« laufen. Sie sollten schnell einen Ausweg finden!

Verkauf, verkaufen
▷ T: Haben Sie sich selbst verkauft? Haben Sie wichtige Inhalte oder Ideale wegen eines materiellen Vorteils aufgegeben? Ihre seelische Gesundheit leidet darunter! → Prostitution

Verkehr
▷ V: Sehen Sie im Traum Verkehrsmittel, sind Umstellungen bereits im Gang, und große Anforderungen werden an Sie gestellt. Sehen Sie den Großstadtverkehr, sollten Sie jetzt Ihre Hektik und jeden Streß vermeiden. → Auto, → Eisenbahn

verlassen, Verlassenheit
▷ T: Hier meldet sich lautstark Ihre Isolation oder Einsamkeit zu Wort. Fühlen Sie sich von jemandem verlassen? Konnten Sie sich auf einen anderen Menschen nicht verlassen? Ergründen Sie die weiteren Inhalte dieses Traums, damit Sie schnellstens handeln können! → Einsiedler, → Waise

Verletzung
▷ V: Sehen Sie eine Verletzung, ist dies eine Warnung: Sie sollten im Umgang mit Menschen und Geräten äußerst vorsichtig sein. Hier ist der verletzte Körperteil wichtig. → Körper, → Operation
▷ T: Jemand hat Ihnen etwas angetan (eine Kränkung, eine Ungerechtigkeit oder Enttäuschung), und damit sind Sie noch nicht fertig geworden. Vielleicht haben auch Sie einen anderen Menschen verletzt? → Wunde, → Schmerz, → Verband

verlieben
▷ V: Sind Sie im Traum verliebt, wird bald eine bittere Enttäuschung folgen. Sind andere in Sie verliebt, wird sich ein anderer Mensch als sehr vorteilhaft für Sie erweisen. → verehren

Verlobung

▷ V: Verloben Sie sich im Traum, werden Sie in Ihrer Beziehung schon bald sehr schmerzlich enttäuscht. Andere feiern Verlobung: Singles könnten sich bald verloben oder fester binden – Verheiratete werden eine schöne Freundschaft finden.

▷ T: In Single-Träumen zeigt sich hier Ihr Wunsch nach Liebe, Ehe oder Familie, bei Verheirateten der Wunsch nach einer besseren Beziehung. Möglicherweise wird sich eine neue Bekanntschaft bald vertiefen.

Verlust

▷ V: Verlieren Sie im Traum irgend etwas, soll Sie das daran erinnern, daß Sie etwas versäumt haben. Verlieren Sie Geld, werden Sie bald einen Gewinn auf einem anderen Lebensgebiet machen.

Versammlung

▷ V: Sehen Sie im Traum eine Versammlung, dann haben Sie Ihre Interessen nicht wahrgenommen, und so werden einige Unannehmlichkeiten zu lösen sein. Halten Sie eine ab, dann werden sich in Ihrem Bekanntenkreis unerfreuliche Diskussionen ergeben.

▷ T: → Verein, → Saal

verschenken

▷ T: Vielleicht will der Traum auffordern, endlich Gefühle an andere zu verschenken? Ober haben Sie sich selbst verschenkt? Möglicherweise haben Sie volles Engagement in eine Sache investiert und dabei Ihren Nutzen aus den Augen verloren? Entweder sind Sie ein großer Idealist oder ein Illusionär! Das müssen Sie selbst herausfinden! → Geschenk

verschütten

▷ V: Sind Sie verschüttet, ist zuviel auf einmal über Sie hereingebrochen; Sie sollten es nach und nach aufarbeiten und neu beginnen. → Erde. Verschütten Sie ein Getränk, so sind Sie entweder sehr unachtsam, oder Sie vergeuden jetzt Ihre Kräfte.

Verschwendung
▷ V: Sind Sie im Traum sehr verschwenderisch, waren Sie entweder zu großzügig, oder Sie sollten viel freigebiger werden.

Versicherung
▷ V: Sie schließen im Traum eine Versicherung ab: Sie sollten mehr Selbstvertrauen entwickeln, denn es ergeben sich viel mehr Möglichkeiten, als Sie glauben.

Verspätung
▷ V: Kommen Sie im Traum zu spät, zeigt das an, daß Sie sich auf falsche Hilfsmittel verlassen und besser disponieren sollten. → Uhr
▷ T: Vielleicht haben Sie das unbewußte Gefühl, den Anschluß verpaßt zu haben, oder es plagt Sie eine Angst, zukünftig den rechten Augenblick zu versäumen. Drücken Sie sich öfter vor Entscheidungen? Schieben Sie alles gerne auf die lange Bank? Sitzen Sie Ihre Probleme gerne aus? Packen Sie es endlich an, und zwar sofort!

Verstopfung
▷ T: Haben Sie tatsächlich oft Verstopfung? Oder wollen Sie gerne eine alte Erfahrung, ein früheres Erlebnis loswerden, das Sie noch nicht ganz verdaut haben? Dann sollten Sie es baldmöglichst bearbeiten. → Darm

Verstorbene
▷ V: Sie sehen Verstorbene: Diese Personen meinen es gut mit Ihnen und wollen Ihnen etwas mitteilen, damit Sie unterstützt oder geschützt werden. → Tod

vertauschen
▷ V: Vertauschen Sie im Traum etwas, dürfen Sie sich auf eine angenehme Überraschung freuen – ein Wechsel findet statt.

Vertrag
▷ T: Leisten Sie keinen Widerstand, denn Sie müssen eine lästige Pflicht übernehmen – jede Gegenwehr verschwendet nur unnötige

Energien und wäre völlig sinnlos! → Papier, → lernen, → schreiben

Verwandte
▷ V: Sehen oder sprechen Sie mit Verwandten, wird ein Mensch in Ihrer unmittelbaren Umgebung Sie enttäuschen oder verraten.
▷ T: Oft symbolisiert dieser Traum tatsächlich vorhandene Gefühle zu Ihren Verwandten. Manchmal zeigt er auch eigene Wesensanteile, die noch nicht vollkommen integriert sind. → Onkel, → Tante

Vieh, Viehhändler, Viehmarkt
▷ V: Sie sehen eine Viehherde: Freuen Sie sich, denn Ihre Finanzen verbessern sich kräftig. Verkaufen Sie selbst auf dem Viehmarkt, denken Sie, daß Sie besonders schlau waren – doch andere waren noch schlauer. Verhandeln Sie mit einem Viehhändler, werden Sie bald kräftig übers Ohr gehauen. → Kuh, → Stall
▷ T: Das Vieh verkörpert animalische Anteile Ihrer Person – Instinkte und Triebe. Wichtig ist die restliche Traumsymbolik. Der Viehhändler oder Viehmarkt symbolisieren geschäftliche »Schlitzohren«. Entweder will Sie jemand übers Ohr hauen, oder Sie versuchen das bei einem anderen. → Tier

Vogel, Vogelscheuche
▷ S: Vögel sind ein Symbol der geretteten Seele.
▷ V: Sehen Sie einen Vogel, will jemand Sie betrügen. Eine Vogelscheuche zeigt an, daß Sie an einem Menschen nur wenig schöne Wesenszüge erkennen können. Fliegen Vögel weg, werden Sie bald etwas traurig und alleine sein. Sehen Sie Zugvögel, haben Sie entweder Heimweh, oder Sie fühlen sich sehr verlassen. Singvögel sehen: Gute Nachrichten treffen ein. Raubvögel sehen: Feinde warten auf eine Angriffsmöglichkeit.
▷ T: Der Vogel symbolisiert oft geistige Höhenflüge, Ideale und Intuitionen, oder er zeigt Ihren Wunsch nach Lösung von irdischen und materiellen Zwängen an. Ihre Gedanken flattern wie Vögel umher und kommen nicht zur Ruhe. Sich in die Lüfte zu

erheben, zeigt auch Ihre erotischen Bedürfnisse und Wünsche an. Die Vogelscheuche verrät wert- oder gefühllose Wesensanteile – entweder bei Ihnen selbst oder bei anderen. Selbsttäuschungen oder zu negative Lebenseinstellungen spielen hier oft eine große Rolle. → Adler, → Eule, → Käuzchen, → Rabe, → Taube

Vollmond
▷ V: Sehen Sie im Traum den Vollmond, werden alle Angelegenheiten reibungslos und erfolgreich verlaufen – auch in der Liebe. → Mond

Vorderseite
▷ T: Meistens zeigt diese Seite das tatsächlich oder äußerlich Sichtbare auf, ein Symbol für Bewußtsein und Alltag. → Rücken

Vorhang
▷ V: Sehen Sie einen Vorhang, werden Sie bald ein Geheimnis lüften. Geht der Vorhang auf, können Sie sich auf ein ganz besonderes Ereignis freuen.
▷ T: → Bühne, → Schleier

vornehm
▷ T: Sind Sie selbst vornehm im Traum, dann herrscht noch zuviel Eitelkeit oder gar Geltungssucht in Ihnen. Befinden Sie sich unter vornehmen Menschen oder in einer vornehmen Umgebung, sollten Sie mehr Skepsis entwickeln, denn Sie lassen sich allzu leicht vom äußeren Schein verführen und sollten lieber hinter ihn schauen!

Vorschrift
▷ T: Jetzt will Ihnen Ihr Unterbewußtsein gute Ratschläge erteilen oder hilfreiche Anweisungen vermitteln. Was besagten diese »Traumvorschriften«? Gehen Sie Ihre früheren Erfahrungen durch, und ziehen Sie Nutzen daraus!

Vortrag

▷ V: Halten Sie im Traum einen Vortrag, sind Sie etwas eitel und selbstgefällig, und das bringt Ihnen wenig Sympathien ein. Haben Sie Ihr Konzept vergessen, sollten Sie jetzt lernen, frei heraus zu sprechen – Lampenfieber ist unnötig.

Vorzimmer

▷ V: Sitzen Sie in einem Vorzimmer, sollten Sie mutiger werden, zum Eigentlichen vordringen und nicht immer zaghaft abwarten.
▷ T: Wenn Sie jetzt nicht großspurig auftreten, können Sie Ihre Ziele verwirklichen. → Sekretärin

Vulkan

▷ V: Träumen Sie von einem Vulkan, brodeln in Ihnen gefährliche Leidenschaften, für die Sie ein geeignetes Ventil brauchen, sonst kann es gefährlich werden.
▷ T: Der Traum warnt vor starken Gefühlsausbrüchen, denn jetzt kommen unterdrückte Gefühle und Triebe zum Vorschein. In Ihnen findet jetzt eine kraftvolle Selbstreinigung statt, doch das tut bisweilen auch weh, denn »Bewußtsein entsteht nicht ohne Schmerzen«! → Berg, → Explosion, → Feuer, → Krater

▷ S = symbolisch; ▷ T = tiefenpsychologisch; ▷ V = visionär, voraussagend

Waage

▷ V: Sie stehen auf einer Waage: Sie haben wohl einen Fehler gemacht. Sie wiegen etwas ab: Sie werden bald vor eine Entscheidung gestellt und sollten gegen andere gerecht und ausgeglichen sein.

▷ T: Die Waage symbolisiert Ihren Gerechtigkeitssinn, der entweder zu stark oder zu schwach ausgebildet ist. Sie kann aber auch Ihr Schwanken und Ihre Entschlußlosigkeit in einer aktuellen Sache anzeigen. Wägen Sie sorgfältig ab, was bei Ihnen ehrlicherweise zutrifft, und handeln Sie!

wach, Wächter

▷ V: Sehen Sie einen Wächter, müssen Sie bei einem großen Vorhaben mit Hindernissen rechnen. Einige Mitmenschen legen Ihnen Steine in den Weg, doch Sie können die Gefahr rechtzeitig erkennen (→ Polizist, → Soldat). Träumen Sie, daß Sie hellwach sind, ist dies eine Mahnung Ihres Unterbewußtseins, kommende Probleme rechtzeitig wahrzunehmen und Ihre Chancen nicht zu verschlafen.

▷ T: Ihr Gewissen wacht über Ihr Verhalten. Plagt Sie ein verstecktes Schuldgefühl? Sollen Sie bestimmte Charaktereigenschaften besser überwachen? Suchen Sie nach Schutz? Sie wissen selbst am besten, was auf Sie zutrifft!

Wachs
▷ V: Sie kneten Wachs: Sie möchten gerne andere Menschen für Ihre Ziele einspannen, doch Sie sind selbst zu weich. Brennende Wachskerzen: Eine ernste Feierlichkeit steht an, und Sie sollten jetzt mehr nach innen lauschen und zu sich selbst finden.
▷ T: Das Wachs symbolisiert Ihre weichen, formbaren oder beeinflußbaren Persönlichkeitsanteile. Sie reagieren auf die Einflüsse von außen und innen (aus Ihrem Unterbewußtsein). Vielleicht sind Sie sogar »Wachs in den Händen anderer«, oder Sie möchten einen Mitmenschen nach Ihren Vorstellungen »umformen«. Forschen Sie nach, welche der beiden Varianten auf Sie zutrifft. → Kerze, → Lehm, → Ton

Wacholder
▷ V: Essen Sie Wacholderbeeren, kommen Sie gut voran, und Ihre Gesundheit wird immer stabiler. Sehen Sie einen Wacholderstrauch, besitzen Sie einen treuen Freund. → Beeren

Wade
▷ T: »Knackige Waden« kündigen Ihre sexuellen Bedürfnisse an; behaarte sind ein Zeichen für Männlichkeit oder eine bald eintreffende Überraschung. Schlecht geformte oder dünne Waden weisen auf Schwierigkeiten bei der Durchführung kommender Aufgaben hin. → Bein, → Fuß

Wäsche
▷ V: Saubere Wäsche: Kräftige Gesundheit und zukünftiger Wohlstand. Schmutzige Wäsche: Ihre Verhältnisse sind sehr schwankend, und es mangelt Ihnen an Sorgfalt. Wäsche auf der Leine: Sie sollten endlich reinen Tisch machen. Sie sehen eine Wäscherei: Sie sollten innere Einstellungen »waschen« (korrigieren).
▷ T: Entweder geraten Sie durch andere Menschen in Schwie-

rigkeiten, oder Ihre alten, verkrusteten Einstellungen bereiten Ihnen selbst Probleme und Enttäuschungen. → Seife, → waschen

Waffe
▷ V: Spitze Waffen sehen: Vorsicht, Ihre Umwelt ist angriffslustig. Sie besitzen im Traum selbst Waffen: Sie haben den Wunsch, von anderen respektiert und ein bißchen gefürchtet zu sein. Ist die Waffe unbrauchbar, versuchen Sie vergebens, sich gegen ernste Probleme zur Wehr zu setzen. → Dolch, → Gewehr, → Kanone, → Pistole, → Revolver
▷ T: Meistens steht jetzt eine seelische Entscheidung an, denn die Waffen symbolisieren oft aggressive Gefühle und starke Begierden, die Hindernisse gewaltsam aus dem Weg schaffen wollen – auch die rücksichtslose und aggressive männliche Sexualität!

Wagen
▷ V: Fahren Sie im Traum mit einem Wagen, haben Sie die Chance, beruflich schnell voranzukommen. Verlieren Sie ein Rad, werden Sie bald in eine Verlegenheit geraten – die Sturheit eines Menschen ärgert Sie. Fallen Sie aus dem Wagen, so sind Sie recht ungeschickt, und deshalb schneiden Sie schlecht ab oder verlieren sogar Ihre Stellung. Zieht ein Esel den Wagen, stehen Sie unter dem Einfluß schädlicher (oder dummer) Menschen. Ziehen andere Menschen den Wagen (Rikschafahrer), wollen Sie mehr Einfluß und Macht, oder Sie nutzen andere Menschen aus.
▷ T: → Auto. Bei Pferdewagen: → Pferd

Wahrsager, Wahrsagerin
▷ V: Sie gehen zu einem oder zu einer: Sie suchen Sicherheit und Aufschluß immer an der falschen Stelle – mehr Selbstvertrauen zu sich und zum Leben wäre jetzt angebracht. Sprechen Sie mit ihm oder ihr, ist in einer Sache guter Rat teuer – doch manche der Vorhersagen wird eintreffen.
▷ T: Sie suchen in einer momentanen Lebenslage dringend nach Rat. → Astrologe

Waise

▷ T: Erleben Sie sich als Waise, dann fühlen Sie sich momentan ungeliebt, abgelehnt und einsam. Sie wissen nicht so recht, wo Sie eigentlich hingehören und wem Sie vertrauen sollen. Sie suchen nach Geborgenheit und Sicherheit. Die restlichen Traumsymbole sind hier wichtig, um Lösungsvorschläge zu erkennen. → Eltern, → Kind, → verlassen

Wal

▷ V: Sehen Sie im Traum einen Wal, können Sie ein lohnendes Geschäft bald erfolgreich abschließen. → Elefant
▷ T: Die Psychologie warnt, daß Ihr Selbstbewußtsein nicht allzu groß oder »aufgebläht« erscheint. → Fisch

Wald

▷ V: Ein schöner grüner Wald: Sie haben ein unerschütterliches Gottvertrauen in Ihre Zukunft, und das bringt Ihnen Sicherheit und Wohlstand im Alter. Brennt der Wald, sollten Sie auf alle körperlichen Symptome achten – Ihre Gesundheit ist labil. Nur den Waldrand sehen: Eine Beziehung löst sich auf.
▷ T: Der Wald ist ein Sammelbecken für viele ungeklärte Bewußtseinsregungen und für die Schattenseite Ihrer Seele. Sehen Sie vielleicht »den Wald vor lauter Bäumen nicht«? Man kann sich leicht verirren im »Wald des Lebens«, der aus zahlreichen Erfahrungen und Informationen besteht. → Baum

Wallfahrt

▷ V: Nehmen Sie an einer Wallfahrt teil, dann sind Ihre Vorhaben und Ziele gut, doch Sie brauchen jetzt viel Ausdauer und Selbstlosigkeit, um sie erfolgreich verwirklichen zu können.
▷ T: Entweder äußert sich hier eine tiefverwurzelte Religiosität, oder dieses Symbol zeigt, daß Sie ein Ziel bald erreichen können. → Andacht, → Pilger, → Prozession

Walzer

▷ V: Tanzen Sie im Traum Walzer, werden Sie ein romantisches

Abenteuer erleben, was jedoch recht unromantisch enttäuschend endet.
▷ T: → Musik, → Tango, → Tanz

Wand

▷ V: Stehen Sie vor einer Wand, tun sich unüberwindbare Hindernisse auf, und dagegen kommen Sie eigentlich nicht an (kehren Sie um!). → Fels, → Mauer
▷ T: Die Wand kann Sicherheit bieten (beschützen) oder Hindernisse aufzeigen (behindern). Die restlichen Traumbilder sind hier wichtig, um tieferen Aufschluß zu erhalten. Wollen Sie oft »mit dem Kopf durch die Wand«? Dann lösen Sie Ihre Probleme stets auf die falsche Weise – ändern Sie das!

Wanderung, wandern

▷ V: Sie wandern im Traum: Sie werden im Leben und Beruf nur langsam vorankommen, doch mit Ausdauer und Konzentration schaffen Sie das. Begegnen Sie einem armen Wanderer, kommen Sie auf Ihrem eingeschlagenen Weg nicht weiter – Ihr Ziel können Sie auf einem anderen Kurs erreichen. → Pilger
▷ T: Wichtig ist hier, ob Sie frisch und munter Ihre Wanderung fortsetzen oder ob Sie müde und erschöpft sind. Ist der Weg bergauf, bergab, beschwerlich oder leicht zu schaffen? → aufsteigen, → Abhang, → Berg, → Weg

Wanze

▷ V: Sehen Sie im Traum Wanzen, haben Sie recht zudringliche Bekannte und sollten sich ganz schnell von diesen zurückziehen. Werden Sie gebissen, können Sie den Belästigungen nicht mehr aus dem Weg gehen. → Floh, → Laus
▷ T: Vielleicht liegen Störungen Ihres vegetativen Nervensystems vor? Andernfalls zeigt dieses Ungeziefer die »lieben« kleinen Sticheleien Ihrer Mitmenschen auf (oder lästige Zeitgenossen), auf die Sie nicht zuviel Energie verschwenden sollten. → Ungeziefer

Wappen

▷ V: Schmutzige Wappen: Sie haben etwas getan und sollten sich ehrlicherweise eigentlich schämen. Prächtige Wappen: Zuviel Ehrgeiz kann schaden und macht Sie nicht beliebt. Sie sehen ein Wappen: Stöbern Sie mal in alten Sachen – Sie finden ein altes Andenken.

▷ T: Das Wappen symbolisiert Ihren Charakter und Ihre Persönlichkeit. Es weist auf Ihre Form und Prägung hin, die Sie schon erreicht haben oder (bei einem schönen Wappen) erringen sollten. Sehen Sie Ihr eigenes Familienwappen: → Namen. Ist ein Wappentier darauf zu sehen, siehe unter dem entsprechenden Stichwort, z.B. → Adler

Waren, Warenhaus

▷ V: Sehen Sie viele Waren, verläuft ein Geschäft sehr gut. Stapeln Sie Waren, sollten Sie Ihre Gier und Ihren Geiz erkennen und endlich mäßigen. Befinden Sie sich in einem Warenhaus, können Sie sich jetzt nur schwer entscheiden.

▷ T: → einkaufen

Wartezimmer

▷ V: Sitzen Sie in einem Wartezimmer, sind Sie momentan recht phlegmatisch und können sich nicht entschließen. Ergreifen Sie endlich die Initiative, denn die Gelegenheit ist günstig.

▷ T: → Vorzimmer

Warze

▷ V: Sehen Sie Warzen, kommen in den nächsten Tagen viele Unannehmlichkeiten auf Sie zu, und diese Probleme ärgern Sie sehr. Sie haben selbst Warzen: Man ertappt Sie bei einer Schwäche oder spricht Sie ungeniert auf einen Fehler an.

▷ T: Die Warze zeigt meistens eigene Schwächen an, die Sie vor Ihren Mitmenschen nicht verbergen können. Bisweilen symbolisiert sie »dunkle Stellen« aus Ihrer Vergangenheit, für die Sie sich schämen.

waschen

▷ V: Waschen Sie sich im Traum die Hände, plagt Sie eine unbewußte Reue über eine schlechte Handlung. Schmutzige Sachen waschen: Andere verursachen Scherereien durch falsche Behauptungen. Sie waschen oder baden in der Wanne: Sie sollten sich von »unsauberen« Charaktermerkmalen »säubern«. → Bad, → Seife, → Wasser

▷ T: Meistens will das Waschen im Traum auffordern, sich von schlechten Eigenschaften »reinzuwaschen«, oder es warnt Sie vor Verleumdungen anderer. → Wäsche

Wasser

▷ V: Wasserträume zeigen immer seelische Regungen und Reinigungsvorgänge an. Träumt eine Frau, daß sie selbst genüßlich im Wasser schwimmt, so steht dies für eine gesunde Einstellung zur Sexualität und eine positive Gesamtverfassung. Klares Wasser: Sehr gute Aussichten in Beruf und Privatleben. Trübes Wasser: Lassen Sie sich nicht auf zweifelhafte Geschäfte ein. Sie fischen »im trüben«. Sie trinken frisches Wasser: Sie sind sehr gesund und werden recht alt. Eine unruhige Wasserfläche: Die nächsten Tage werden ebenfalls sehr unruhig. Sie sehen Ihr Spiegelbild im Wasser: Sie machen sich leider selbst etwas vor! → Fisch, → Fluß, → Meer, → See, → Teich

▷ T: Das Wasser ist ein Ursymbol für lebensspendende und erhaltende Energien und drückt immer Ihren jeweiligen Gefühlszustand aus. Stimmungen, Gefühle, Hoffnungen und Wünsche (ob bewußt oder unbewußt) sind in Ihrer Seele verborgen. Der Zustand des Wassers zeigt Ihren negativen oder positiven Seelenzustand an – auch die Färbung des Wassers (→ Kapitel »Farben im Traum«) ist hier sehr wichtig! → schwimmen

weben, Webstuhl

▷ T: Weben symbolisiert positive Eigenschaften wie Fleiß, Ausdauer und Sparsamkeit – entweder besitzen Sie diese schon, oder Sie sollten danach streben. Der Weber zeigt die verknüpften »Fäden Ihres Lebens« (Erfahrungen, Erlebnisse), die ein bestimmtes

Muster ergeben. Möglicherweise sollten Sie Ihre Fähigkeiten, zwischenmenschliche Kontakte zu »weben« (pflegen), jetzt aktiver einsetzen? → Faden, → Teppich, → Wolle

Wecker

▷ V: Im Traum klingelt der Wecker: Unangenehme Überraschungen treffen ein, und es ist höchste Zeit, Ihre Energien neu zu sammeln. → Uhr

▷ T: Meistens ermahnt Sie der Wecker, ähnlich der → Glocke, → Klingel, → Pfeife oder dem → Signal, jetzt hellwach zu sein und nichts zu verschlafen.

Weg

▷ V: Ein gerader Weg: Sie versuchen immer wieder, Ihr Leben möglicht bequem zu gestalten. Der Weg führt bergauf: Jetzt geht's auch in Ihrem Leben hoch hinaus. Ein steiniger Weg: Sie müssen Hindernisse bewältigen, sollten jetzt aber den Mut nicht verlieren. Der Weg geht bergab: Jetzt sollten Sie nicht weitergehen, sonst verlieren Sie noch mehr. Ein gewundener, krummer Weg: Sie müssen leider Kompromisse eingehen, auch wenn's Ihnen nicht gefällt. → Allee, → Pfad, → Straße, → Wanderer

Wegweiser

▷ V: Sie sehen einen: Sie sollten Ihr Leben selbst in die Hand nehmen, nichts dem Zufall überlassen, sondern Pläne gründlich durchdenken, denn im Moment befinden Sie sich auf dem falschen Weg.

▷ T: Der Wegweiser verlangt eine Entscheidung, die Ihren zukünftigen Lebensweg bestimmen wird. In welche Richtung weist er (→ Himmelsrichtung, → Pfad)? Zeigt er nach → rechts oder → links? Zeigt er geradeaus, dann sollten Sie dort weitermachen, wo Sie schon begonnen haben!

Weide, Weidenbaum

▷ V: Grüne Weide mit Vieh: Sie kommen gut voran und werden es zu Wohlstand bringen. Ein Weidenbaum: Sie sollten jetzt stand-

haft bleiben und doch zur richtigen Zeit »biegsam« sein. Sehen Sie eine Trauerweide, ist eine Freundin recht traurig und schüttet ihr Herz bei Ihnen aus. Weidenkätzchen: Ihr Leben verläuft friedlich, und damit sollten Sie zufrieden sein (bescheiden bleiben).
▷ T: Warum sind Sie so biegsam und überaus anpassungsfähig? Stecken Minderwertigkeitsgefühle dahinter oder Ihre Angst vor Vereinsamung? Ist Ihr Selbstbewußtsein und Selbstvertrauen etwas schwach? Oder neigen Sie immer dazu, den leichtesten Weg zu wählen? Ihre Anpassungsfähigkeit ist etwas zu stark ausgeprägt. Das sollten Sie ändern! → Schilf

Weihnachten, Weihnachtsbaum
▷ V+T: Feiern Sie im Traum Weihnachten, stehen Ihnen glückliche Zeiten in der Familie und viel häusliche Geborgenheit bevor. Ein Weihnachtsbaum: Sie werden bald viel Freude erleben.

Wein, Weinflaschen
▷ V: Sie sehen Weinflaschen: Bald wird fröhlicher Besuch eintreffen. Leere oder zerbrochene Weinflaschen: Trübe Gedanken und so mancher Kummer werden sich bemerkbar machen. Verschütten Sie Wein, sollten Sie etwas bedächtiger vorgehen und Ihren Mund nicht so weit aufreißen. Saurer Wein: Die laute Gesellschaft mancher Menschen können Sie jetzt nicht ertragen, denn Sie wollen Ihre Ruhe alleine genießen. Trinken Sie guten Wein, machen Sie die Bekanntschaft eines geistvollen und interessanten Menschen. → Becher, → Glas, → Kelch
▷ T: Wein zeigt viel geistige Energie, aber auch Lebenskraft und -freude an, die Sie besitzen oder jetzt noch mehr praktizieren sollten. → Alkohol, → Traube, → Schnaps

weinen
▷ V: Weinen Sie im Traum, werden Sie Ihren Kummer über eine andere Person bald vergessen und wieder frohe Tage erleben. → Tränen
▷ T: Hier entladen sich oft innere Spannungen und Ängste, die Sie im Alltag unterdrücken. Weinen Sie, weil Sie etwas bereuen?

Dienen »Krokodilstränen« nur dazu, Ihr Selbstmitleid zu vergrößern? Bei leidvollen Tränen hat man meist kurze Zeit nach dem Traum sogar allen Grund zum Lachen – ein hoffnungsvolles Zeichen!

Weiser, Weisheit
▷ T: Weisheit hat nichts mit Intelligenz zu tun, sondern entsteht intuitiv aus innerer Kraft. Entweder sollen Sie mit dieser Kraft jetzt in Verbindung treten, um Ihr Leben besser zu bewältigen – oder Sie leben bereits in Einklang mit Ihrer inneren Weisheit.

Weizen, Weizenkörner
▷ V: Sehen Sie Weizen, werden Sie durch Ihren fleißigen Einsatz zu Wohlstand kommen. Bauen Sie Weizen an, müssen Sie zwar hart arbeiten, doch der Lohn wird dementsprechend gut ausfallen. Sehen Sie Weizenkörner, kommt bald Geld ins Haus. Weizenmehl: Sie können ein Fest feiern oder mal tüchtig schlemmen.
▷ T: → Getreide, → Korn

Welt, Weltall
▷ V: Sie sehen im Traum das Weltall: Sie hoffen leider vergeblich, daß ein Zustand bald beendet werden kann. → Stern, → Planet
▷ T: Die Welt zeigt Ihre realen Gedanken und Ideale an, die Sie jeden Tag körperlich umsetzen – Ihre Alltagsexistenz. Wie sieht Ihre Erde im Traum aus? Die restlichen Traumbilder, die Farbe und der Zustand der Erde oder des Weltalls sind hier wichtig! → Erde

Weltuntergang
▷ V: Erleben Sie den Weltuntergang im Traum, ist dies bei hellseherischen Träumern oft ein Warntraum; in anderen Fällen kündigt sich damit eine schwere seelische Erschütterung an. → Erde
▷ T: Schwere Probleme und Konflikte führen jetzt zu Trennungen – von nahestehenden Menschen oder von alten Einstellungen Ihrerseits. Ihre »bisherige Welt« geht unter!

Wendeltreppe

▷ V: Eine Wendeltreppe sehen: Dieses komplizierte Bauwerk zwingt immer, im engsten Kreis auf- oder abwärts zu gehen. Sie werden auf sich selbst zurückgeworfen und sollten aus diesem engen Zirkel baldmöglichst herausfinden.
▷ T: → Stufen, → Treppe

Werkzeug

▷ T: Werkzeug zeigt immer Ihre praktischen Fertigkeiten bzw. Talente auf. Haben Sie etwas repariert, erneuert oder gar verschönert? Muß auch in Ihrem Alltagsleben etwas verbessert werden? Schlummern noch unbekannte Talente in Ihnen? Sie wissen selbst am besten, was auf Sie zutrifft!

Wespe

▷ V: Sehen Sie im Traum eine Wespe, haben Sie zumindest einen recht bösartigen »Freund« – lassen Sie sich nicht stechen! Sie werden gestochen: Sie haben einen Freund verraten, und dieser rächt sich, indem er Ihnen durch gewisse Kenntnisse schaden wird.
▷ T: Die Wespe ist der Gegensatz zur → Biene – faul, schädlich und sogar recht bösartig. Entweder sind Sie selbst damit gemeint, oder ein Mensch in Ihrer Umgebung ist recht gehässig, blind vor Wut oder hegt sogar Rache- und Haßgefühle. Setzen Sie sich in diesem Fall zur Wehr! → Insekten

Westen

▷ T: Diese Himmelsrichtung zeigt die Verbindung zwischen hell und dunkel, zwischen Geist und Körper, Bewußtsein und Unterbewußtsein. Was geschah in Ihrem Traum dort im Westen? Was sahen Sie im Westen? → Himmelsrichtung

Wette, wetten

▷ V: Sie wetten: Sie sind in Geldangelegenheiten oder sogar im Spiel viel zu risikofreudig. Sie gewinnen eine Wette: Sie haben sich auf eine sehr unsichere Sache eingelassen – Verluste drohen. Sie verlieren eine: Ein unverdientes Glück trifft ein. → Spiel

▷ T: Ihr Unterbewußtsein zeigt an, daß Sie sich auf eine recht unsichere Sache eingelassen haben und sorgfältig überprüfen sollten, ob Sie diese Entscheidung nicht lieber rückgängig machen.

Wetter
▷ T: Das Wetter im Traum zeigt immer Ihre Stimmungslage an – heiterer Sonnenschein zeigt viel Energie, Optimismus, Kraft und Selbstvertrauen an; bewölktes Wetter eher Ihre Ängste, depressive Verstimmungen, Pessimismus; schwere, düstere Wolken sogar tiefste Verzweiflung. Der Regen befreit alle angestauten Gefühle, die entladen werden oder Sie fast überschwemmen; Wind oder Sturm bringen immer unterschiedlich starke Gefühlsausbrüche. Wetterleuchten kündigt baldige Veränderungen in Ihrem Leben an, die sehr tiefgreifend sein könnten. → Luft, → Regen, → Sonne, → Wasser, → Wind

Widder
▷ T: Dieses Hörnertier zeigt vor allem Männlichkeit und Stärke an, aber auch einen enormen Willen, viel Mut, eine gewisse Zähigkeit und Ausdauer – und bei Männern viel Potenz. Entweder besitzen Sie all diese Eigenschaften, oder Sie sollten diese jetzt vermehrt praktizieren! → Mars

Wiege
▷ V: Im Traum eine Wiege sehen: Ledige könnten sich bald verheiraten – Eheleute werden ein frohes Ereignis erleben können. Ein Baby liegt darin: Sie kommen in Verlegenheit und können einen Menschen nur mühselig zum Schweigen bringen.
▷ T: Ihr Wunsch nach Kindern kann sich hinter diesem Traum verstecken oder eine Warnung vor anderen Menschen, die Ihr gesundes Mißtrauen oder Ihre aufmerksame Wahrnehmung am liebsten »einschläfern« wollen – oder umgekehrt!

Wiese
▷ V: Sie sehen eine grüne Wiese: Jetzt sollten Sie Ihrer Lebensfreude freien Lauf lassen. Ist die Wiese abgemäht oder vertrock-

net, sollten Sie Ihre Zeit nicht mit längst überholten Dingen und nutzlosen Zielen vergeuden. Sie sehen eine umzäunte Wiese: Ihr Lebensraum ist Ihnen viel zu eng geworden. → Heu
▷ T: Meist symbolisiert die Wiese Ihren Wunsch nach mehr Ruhe oder Entspannung. Sind Sie wirklich erholungsbedürftig, oder haben Sie nur wenig Lust, am anstrengenden Lebensalltag aktiv teilzunehmen? Sind → Tiere auf Ihrer Wiese zu sehen? Ist Ihre Wiese kräftig grün? → Kapitel »Farben im Traum«: grün, → Gras

Wind, Windmühle
▷ V: Sie spüren einen weichen, warmen Wind: Jetzt sollten Sie ruhig mal »alle fünfe gerade sein lassen« und sich etwas passiv dem »Wind des Lebens« hingeben. Ein scharfer, starker Wind: Wenn Sie jetzt neue Kräfte in sich aktivieren, werden Sie die Hindernisse überwinden können. Zettel flattern im Wind: Sie werden bald ein paar Neuigkeiten erfahren. → Papier. Bläst der Wind in Ihren Rücken, gelingt Ihr berufliches Vorwärtskommen jetzt spielend. Sehen Sie eine Windmühle, warnt Sie dies vor Rücksichtslosigkeit, denn jetzt helfen nur Fleiß und Ausdauer.
▷ T: Der Wind zeigt geistige Energien an, die Ihr Leben unbewußt beeinflussen werden. Bläst er Ihnen ins Gesicht, dann müssen Sie mit Problemen fertig werden. → Luft

Winter
▷ V: Sie träumen vom Winter: Ihre Stagnation und Not wird bald zu Ende sein – der Frühling naht in allen Lebensbereichen. Erleben Sie den Winter, sollten Sie sich ruhig verhalten: Jetzt ist keine gute Zeit für neue Pläne und große Aktionen. → Eis, → Kälte
▷ T: Ein schwerer, kalter Winter symbolisiert viel Einsamkeit oder Ihre seelische Not. Vielleicht erkalten jetzt Gefühle, oder Sie unterdrücken gewisse Eigenschaften (stellen diese kalt)? Oft deutet diese kalte Jahreszeit an, daß Sie sich einige Zeit in sich selbst zurückziehen sollten oder zurückgezogen haben. Nach dieser Rückzugsphase folgt ganz sicher der ersehnte Frühling!

Wirt

▷ V: Sprechen Sie mit einem Wirt, geben Sie zur Zeit viel mehr Geld aus, als Ihr Konto verkraften kann. → Café, → Restaurant
▷ T: Entweder übertreiben Sie es mit Ihrer Vorliebe für Geselligkeit und Vergnügungen – oder Sie sollten öfter daran teilnehmen. Die ehrliche Antwort wissen nur Sie selbst!

Witwe, Witwer

▷ T: Wollen Sie sich aus Ihren mitmenschlichen Beziehungen etwas zurückziehen? Oder sind Sie alten Gefühlserinnerungen zu sehr verhaftet? Sind Sie im Traum eine traurige Witwe, ein lustiger Witwer oder umgekehrt? → Frau → Mann

Wohnung

▷ V: Wie in der Einleitung schon ausgeführt, symbolisieren Wohnungsträume mit offenen Türen vor allem bei Männern verschiedene Frauenbeziehungen. Ist diese Wohnung vor allem mit Holz ausgestattet, dann sehnt sich der Träumer nach einer eher mütterlichen Frau. Eine schöne Wohnung besitzen: Ihre Zukunft sieht äußerst erfreulich aus.
▷ T: → Haus, → Zimmer, → Umzug

Wolf

▷ V: In Männerträumen symbolisiert der Wolf Probleme mit der sexuellen Beherrschung; entweder ist der Träumer sexuell unbeherrscht, oder die Kontrolle seiner Triebe fällt ihm sehr schwer. Sehen Sie einen Wolf, sollten Sie sich vor falschen Freunden in acht nehmen. Greift der Wolf an, wird eine bekannte Person Ihnen viele Schwierigkeiten bereiten.
▷ T: Der Wolf symbolisiert schwere innere Kämpfe mit eigenen Trieben, die gefährlich werden könnten. Dieses Tier wird vornehmlich von Instinkten, Begierden und Aggressionen geleitet (→ Raubtier) und darf Ihre menschlichen Seelenanteile nicht überfallen bzw. auf keinen Fall die Führung übernehmen (→ Tier). Sie sollten lernen, diese instinktiven Triebe und → Aggressionen in sich selbst zu beherrschen – ein wichtiger Warntraum!

Wolke

▷ V: Weiße Wolken: Die nächste Zeit verläuft reibungslos und sehr erfreulich. Dunkle Wolken: Sie plagen viele Sorgen, oder eine seelische Belastung trübt Ihre Lebensfreude. Sie erleben einen Wolkenbruch: Jetzt passiert Unvorhergesehenes, und durch eine Enttäuschung »fallen Sie aus allen Wolken«.
▷ T: → Himmel, → Wetter

Wolkenkratzer

▷ V: Träumt eine Frau von Wolkenkratzern ohne Fenster, so zeigt dies an, daß sie zu ihrem Beziehungspartner keinen menschlich-seelischen Kontakt findet. Ein Wolkenkratzer symbolisiert die seelische Frustration; das Gebäude an sich die rein sexuelle Befriedigung. Fühlen Sie sich isoliert? Ist Ihr Leben viel zu anonym?
▷ T: Wohnen Sie in einem Hochhaus, dann zeigt dieser Traum, daß Sie im falschen Haus wohnen, denn diese anonyme Isolation bekommt Ihrer Seele nicht. Im anderen Fall will Sie Ihr Unterbewußtsein mahnen, daß Ihre Bäume »nicht in den Himmel wachsen« sollen bzw. können. → Haus

Wolle

▷ V: Sie sehen Wolle: Sie können einen materiellen Gewinn erwirtschaften. Sie scheren Wolle: Wenn Sie recht fleißig arbeiten und sparsam sind, dann bringen Sie es zu Wohlstand.
▷ T: Entweder verläuft Ihr Leben momentan recht sanft und wohlig dahin, oder Sie selbst besitzen ein sanftmütiges Wesen. Beide Varianten sind als Symbol recht angenehm! Was haben Sie mit Ihrer Traum-Wolle gemacht? → Schaf, → Strick

Worte

▷ T: Hören Sie Worte im Traum, dann sollten Sie genauestens auf diese Botschaften Ihrer Seele hören: Sie enthalten wichtige Mitteilungen oder Ratschläge. Sie sehen Ihren Namen: → Namen. Sie sehen nur einzelne Buchstaben: → Kapitel »Buchstaben im Traum«.

Wrack

▷ V: Sehen Sie im Traum ein Wrack, wird ein großes Vorhaben leider scheitern, und die laufenden Unternehmungen werden gestört. Wichtig ist, ob es sich um das Wrack eines → Autos, eines → Schiffes oder um ein »körperliches« Wrack handelt.
▷ T: Meistens symbolisiert das Wrack größere Mißerfolge, auf die Sie zusteuern. Bisweilen fühlt man sich zeitweise »wie ein Wrack«, weil die Energien ausgepumpt sind. → Ruine, → Trümmer

Würfel

▷ V: Sie sehen Würfel: Sie sind enorm leichtsinnig und riskieren so offenen Auges große Verluste und Streitigkeiten. → Quadrat
▷ T: Fallen die Würfel im Traum günstig für Sie, dann könnte sich bald eine gute Chance ergeben. Verlieren Sie beim Würfeln Geld, dann werden Ihre Hoffnungen wohl bald enttäuscht werden.

Wüste

▷ V: Sie gehen durch eine Wüste: Ihre beruflichen Ziele werden Sie mühsam und langsam erreichen, doch Ihr Rückzug von anderen Menschen bringt nur Einsamkeit. Sehen Sie eine Wüste, werden Sie etwas entbehren müssen oder in der nächsten Zeit viel alleine sein.
▷ T: In Ihrem Leben herrscht zuviel nüchterne Vernunft und zu wenig Gefühl und Intuition. Die Wüste zeigt an, daß Ihre Seele ausgetrocknet und unfruchtbar ist. Sie braucht dringend Wasser (Gefühle und Emotionen)! Vielleicht befinden Sie sich momentan in einer sehr ausweglosen Situation? Klammern Sie sich nicht an enge (wüstentrockene) Vorurteile, die nur als »Steine« Ihren Lebensweg beschweren. Wer in die Wüste geht, wird bald Durst bekommen (nach Gefühlen). Jagen Sie gar einer »Fata Morgana« (einem intellektuellen Hirngespinst) nach, das häufig in der Wüste auftaucht? Leben Sie sehr einsam oder isoliert? Der Wüstentraum will Ihnen Denkanstöße geben für eine positive Lebensveränderung hin zu mehr (fruchtbarer) Lebendigkeit. Analysieren Sie Ihre momentane Lebenssituation ehrlich (alle Symbole beachten) – es ist sehr gewinnbringend!

Wunde

▷ V: Sie haben Wunden: Jemand hat Sie beleidigt oder sehr verletzt, und über diese »seelische Wunde« sind Sie noch nicht hinweg. → Pflaster

▷ T: Die Wunde zeigt Ihre unklare oder verletzte Position an, weil in Ihrer Seele irgend etwas nach Klarstellung oder Heilung drängt. → Verletzung, → Schmerz

Wurm

▷ V: Sie sehen einen: Ein Freund oder Bekannter wird Ihnen von Tag zu Tag unsympathischer. Möglicherweise will jemand Ihre Stellung untergraben. Eine seltsame Vorahnung plagt Sie, doch Sie »graben noch im dunkeln«, was das sein könnte.

▷ T: Würmer zeigen meistens eine starke nervöse Erregung an oder aber sexuelle Bedürfnisse. Im übrigen symbolisieren sie die eher niedrigen menschlichen Instinkte oder Triebe. → Erde, → Graben

Wurst

▷ V: Sie sehen oder essen Wurst: Sie werden zwar eine Bekanntschaft machen, doch diese hat auf Dauer keinen inneren Wert für Sie. → Fleisch, → Metzger, → Schinken

▷ T: Die Wurst als Phallussymbol kündigt meistens sexuelle Bedürfnisse an oder eine sehr materialistische Lebenseinstellung.

Wurzel

▷ V: Sehen Sie im Traum Wurzeln, besitzen Sie Eigenschaften, die Sie bisher noch nicht richtig gepflegt haben. Bodenwurzeln sehen: Langsam begreifen Sie die Zusammenhänge einer Angelegenheit. Graben Sie diese aus, werden Sie einer Sache auf den Grund gehen können und sehr erstaunt über Ihren Fund sein. Sie sehen eine Zahnwurzel: Jemand tut Ihnen durch eine Kränkung absichtlich weh. → Zahn

▷ T: Die Wurzel ist der Urgrund Ihrer Persönlichkeit: Ihre grundlegenden Bedürfnisse und Verhaltensweisen. Hier kommen auch Ihre Bindungen an Dinge und Menschen zum Vorschein, die für Sie unentbehrlich geworden sind. Bisweilen könnte Ihr Wunsch ausgedrückt sein, einer Sache oder einem Menschen auf den Grund zu gehen.

Wut

▷ V: Sie geraten in Wut: Wenn Sie momentan mit jemandem im Streit liegen, dann hilft jetzt nur Milde und Sanftheit, um das Ganze harmonisch zu beenden. Sie bringen andere in Wut: Eine Auseinandersetzung kann beendet werden, doch das befriedigt Sie nicht ganz. → Aggression

▷ T: Entweder erleben Sie momentan viele Konflikte mit anderen Menschen, oder Sie liegen »im Clinch mit sich selbst«. Sie wollen und sollen diese Spannungen endlich beseitigen, und das schaffen Sie auch bald!

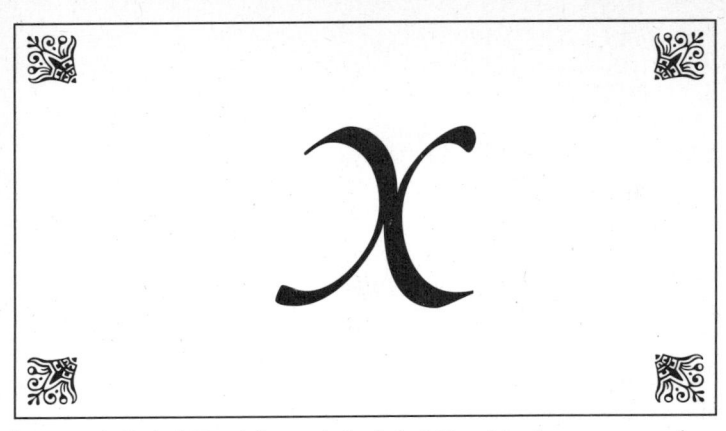

▷ S = symbolisch; ▷ T = tiefenpsychologisch; ▷ V = visionär, voraussagend

Xanthippe
▷ V: Sehen Sie im Traum eine Xanthippe, droht in der Liebe oder Ehe jetzt viel Streit und Zank – Sie sehnen sich nach Ruhe und Harmonie.
▷ T: Auch die Tiefenpsychologie sieht in der Xanthippe Ehe- und Beziehungsprobleme angekündigt. Sie sollten ehrlich erforschen, ob sich dieses Symbol auf Sie selbst bezieht oder auf Ihren Partner!

X-Beine
▷ V: Sie sehen diese: Eine Kritik von anderen ist Ihnen äußerst peinlich. Haben Sie im Traum selbst X-Beine, werden Ihnen Probleme angelastet, die Sie nicht selbst erzeugt haben.
▷ T: Die X-Beine symbolisieren Ihre Probleme, die im Alltag auftauchen und beseitigt werden sollten.

Xylophon
▷ T: Entweder treiben andere Menschen mit Ihren Gefühlen ein böses Spiel (Sie sind das → Opfer) – oder Sie selbst spielen mit den Gefühlen eines anderen Menschen gerne (Sie sind der → Täter). Beiden Varianten sollten Sie sich entschieden entgegenstellen.

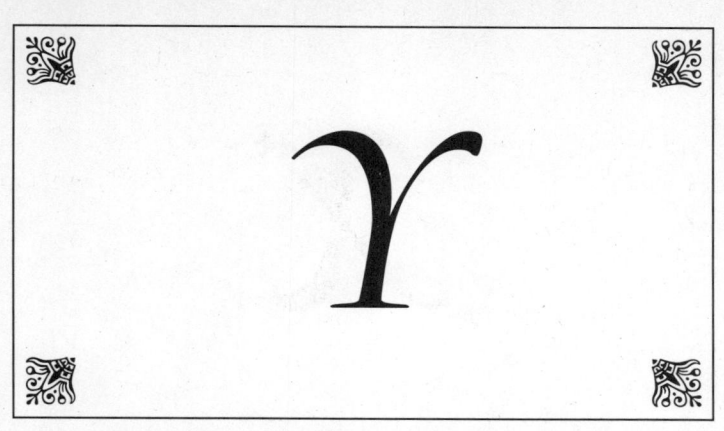

▷ S = symbolisch; ▷ T = tiefenpsychologisch; ▷ V = visionär, voraussagend

Yankee
▷ T: Der amerikanische Yankee, der sich vom Cowboy unterscheidet, zeigt vor allem einen wachen Geschäftssinn, eine vorwiegend materialistische Lebenseinstellung und eine gewisse Rücksichtslosigkeit. Entweder sind das Ihre eigenen Charaktermerkmale, oder Sie leiden unter diesen »trockenen Wesensmerkmalen« einer anderen Person. Verabschieden Sie sich – der Yankee-Charakter gefährdet Ihre seelische Gesundheit.

Yoga, Yogi
▷ V: Frauen, die träumend in einer bestimmten Yogastellung verharren oder einem anderen Menschen bei Yogaübungen zusehen, deuten hiermit ein unbefriedigendes Sexualleben an: Entweder kommt der Partner zu früh zum Orgasmus, oder die körperliche Vereinigung erscheint Ihnen zu wenig phantasievoll. Sehen Sie einen sitzenden Yogi, sollten Sie mehr an sich selbst arbeiten, Ihre innere Ruhe und Zentriertheit finden.

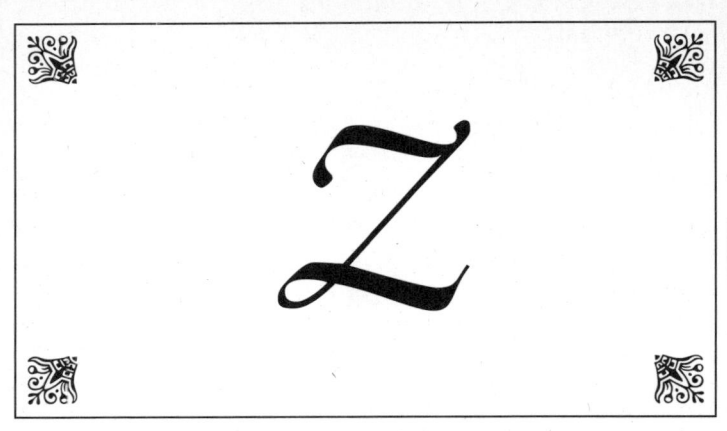

▷ S = symbolisch; ▷ T = tiefenpsychologisch; ▷ V = visionär, voraussagend

Zärtlichkeit

▷ V: Tauschen Sie im Traum mit jemandem Zärtlichkeiten aus, verspüren Sie recht leidenschaftliche Gefühle für eine bestimmte Person, doch das wird nicht von Dauer sein.

▷ T: Entweder erhalten Sie zuwenig Zärtlichkeit, und so muß sich dieser unerfüllte Wunsch im Traum bemerkbar machen – oder Sie sehnen sich ganz bewußt danach. Womöglich sind Sie auch ein »zart besaiteter« Mensch, sind viel zu schnell beleidigt, nehmen alles viel zu ernst? Überprüfen Sie mal ehrlich, was hiervon auf Sie zutrifft. → verlieben

Zahl, zahlen

▷ S: Die heiligen Zahlen spielen schon bei den Neupythagoreern und den Neuplatonikern eine bedeutsame Rolle – sie repräsentieren die kosmische Ordnung.

▷ V: Sie müssen zahlen: Jetzt sollten Sie sich von einer alten Schuld befreien und wieder Ordnung in Ihr Leben bringen. Träumen Sie von besonderen Zahlen, sind dies oft Glückszahlen für eine Lotterie, mit denen Sie Geld gewinnen könnten. → Kapitel »Zahlen im Traum«

Zahn, Zahnarzt

▷ V: Sehen Sie gesunde Zähne, müssen Sie sich in einer Sache oder Angelegenheit »durchbeißen«, sie zu Ende bringen, doch das schaffen Sie! Ihnen fallen die Zähne aus: Jetzt werden Verluste zu verkraften sein. Lockere Zähne: Sie haben Angst, Menschen oder Dinge zu verlieren, die Sie zu Ihrem »Besitz« zählen. Sehen Sie die Zähne anderer, befinden sich Freunde oder Angehörige in einer gefährlichen Lage oder reagieren aggressiv. Gehen Sie zum Zahnarzt, brauchen Sie dringend einen fachmännischen Rat. Ein Zahn muß gezogen werden: Sie haben sich verspekuliert – ein Verlust droht. Sie haben Zahnschmerzen: Eine große Geldausgabe wird Ihr Konto stark belasten. Einer Ihrer Zähne muß plombiert werden: Sie haben in einer Problemlösung Fehler gemacht. Wer falsche Zähne hat: Sie werden nur Scheinerfolge erzielen, denn Ihr Geltungsbewußtsein (oder Ihre Heuchelei) ist noch viel zu groß.

▷ T: Verliert eine Frau ihre Zähne, so hat sie Angst, den geliebten Menschen zu verlieren. Männer, die ihre Zähne verlieren, fürchten um ihre sexuelle Potenz. Zähne symbolisieren entweder sexuelle Wünsche oder Ihre materiellen Ziele. In welchem Lebensgebiet wollen Sie sich durchbeißen? Hat Ihnen jemand »die Zähne gezeigt«, oder sind Sie auch selbst manchmal »bissig«? Wer sich nur schlecht im Leben durchbeißen – also behaupten – kann, wird des öfteren von Zähnen träumen! Der Zahnarzt zeigt Ihre Angst, daß Ihnen jemand Schmerzen bereitet, oder Sie hoffen auf Hilfe in einer schwierigen Lage.

Zahnausfall

▷ V: In Frauenträumen zeigt dieser Traum an, daß Sie vielleicht einmal (als Kind?) einem onanierenden Mann zugesehen haben und diese versunkene Erinnerung nun wieder auftaucht durch Ihren Wunsch nach erotischen Erlebnissen mit einem Mann.

▷ T: → Zahn

Zahnziehen

▷ V: Nach Freud steht das Zahnziehen in Männerträumen für die Lustgefühle der Onanie. Ziehen Sie anderen Zähne, werden Sie aus

der Notlage eines anderen einen Nutzen für sich gewinnen. Wird Ihnen ein Zahn gezogen, haben Sie sich gründlich verspekuliert.
▷ T: → Zahn

Zange

▷ V: Sie sehen eine große Zange: Bald werden Sie in eine recht schwierige Situation hineinmanövriert.
▷ T: Die Zange symbolisiert meistens Ihre moralische Zwangslage, in der Sie sich momentan befinden. Wer oder was nimmt Sie »in die Zange« – in welcher Klemme stecken Sie? Ziehen Sie Konsequenzen!

zaubern, Zauberer

▷ V: Sehen Sie einen Zauberer im Traum, wird zu Ihrer großen Verblüffung bald ein unvorhergesehenes Ereignis eintreffen. Sie sollten trotzdem nicht alles für bare Münze nehmen, was man Ihnen erzählt bzw. vormacht. Sind Sie selbst ein Zauberer, können Sie in der Realität weder zaubern noch »verzaubern« und auch nicht heimlich Ihre Ziele erreichen.
▷ T: Entweder neigen Sie zur Selbstüberschätzung und meinen, Sie könnten Zaubereien vollbringen, oder Sie erwarten in einer schwierigen Situation Ihres Lebens ein »Wunder«. – Vielleicht wollen Sie diesem Wunder durch eigene List etwas nachhelfen?

Zaun

▷ V: Sie stehen vor einem Zaun: Mit viel Umsicht können Sie jetzt aufkommende Hindernisse überwinden. Sie klettern darüber: Jetzt schaffen Sie das Hindernis spielend. Verletzen Sie sich beim Überklettern, können Sie mit einigen Blessuren zwar Ihr Ziel verwirklichen, doch Sie haben sich alles ganz anders vorgestellt.
→ Mauer, → Wand
▷ T: Der Zaun kann Schutz und Hindernis sein. Hindert er Sie am Weitergehen, so sollten Sie diese Hürde mutig überwinden. Grenzt er Ihren Besitz (Ihr Haus, Ihren Garten) ein? Oder sind Sie vielleicht sogar in Ihren eigenen Möglichkeiten von außen eingeengt? Beachten Sie die restlichen Traumsymbole!

Zeche

▷ V: Müssen Sie im Traum Ihre Zeche zahlen, sollten Sie jetzt keine Verpflichtungen eingehen, deren Tragweite Sie gar nicht übersehen können. → Geld, → Schulden
▷ T: → Café, → Restaurant, → Wirt

Zehen

▷ V: Sie sehen Zehen: Sie brauchen jetzt gesunde Füße, denn Sie müssen viel laufen, oder eine Reise wird anstrengend für Ihre Füße.
▷ T: → Bein, → Finger, → Fuß

zeichnen, Zeichnung

▷ V: Sie zeichnen: Wenn Sie jetzt mehr auf Ihre Sprache und Ihren Ausdruck achten, können Sie Ihre Mitmenschen beeindrucken; oft hat eine kleine Ursache eine große Wirkung. Sie sehen eine Zeichnung: Man wird Sie vor eine vollendete Tatsache stellen. → malen, → schreiben
▷ T: Hier ist wichtig, was Ihre Traum-Zeichnung darstellt; entweder handelt es sich um eine aktuelle Angelegenheit, oder eine alte Erinnerung wird Ihnen noch mal bewußt und kann bearbeitet werden! → Bild

Zeiger

▷ T: Der Zeiger einer Uhr ist vor allem wegen der gezeigten Zahlen interessant. → Uhr, → Kapitel »Zahlen im Traum«

Zeitung

▷ V: Sie lesen Zeitung: Sie erfahren bald interessante Neuigkeiten, doch wem sollen Sie glauben (jeder erzählt was anderes)? Sehen Sie die Zeitung nur, zeigen Sie wenig Aufmerksamkeit für das, was um Sie herum passiert, und sollten achtsamer sein. Sie lesen Ihren Namen darin: Vorsicht, jemand plant eine üble Nachrede. → Blatt, → Name, → Papier
▷ T: Aus der Zeitung erfährt man immer Neues – vielleicht ist Ihnen vor kurzem etwas bewußt geworden (meist nichts Wichtiges). Allerdings sind die Informationen aus der Zeitung nicht

überschaubar, denn sie stellen immer unterschiedliche Möglichkeiten dar. Dies kann Ihre jetzige Unsicherheit anzeigen, was Sie glauben sollen oder nicht. In der Zeitung werden Dinge enthüllt – eine letzte Variante, wenn Sie Angst haben, daß ein verborgenes persönliches Geheimnis plötzlich bekannt wird.

Zelt

▷ S: Wohnstätte und Zeichen der Hirten, Nomaden, Soldaten und Wanderer.
▷ V: Schlafen Sie in einem Zelt, sollten Sie in der kommenden Zeit etwas bescheidener und sparsamer leben. Kriechen Sie hinein, werden Sie in einer Notsituation bei jemandem Unterschlupf finden.
▷ T: Das Zelt ist Ihr »Lebensgebäude«, das Sie auf unsicherem Fundament gebaut haben. Sind Sie ein »seelischer Nomade«, immer auf der Suche nach einem festen Platz? Oder sind Sie so risikofreudig und abenteuerlustig, daß Sie ohne unnötigen Ballast durchs Leben reisen wollen, weil man ohnehin nichts mitnehmen kann auf seiner letzten Reise?

Zeppelin

▷ V: Sie sehen einen: Ihr Aufstieg geht hoch hinaus. Sie fliegen damit: Sie klettern ganz nach oben auf Ihrer Karriereleiter. Wer abstürzt, wird zur Vorsicht gemahnt – Ihre Existenz ist in Gefahr!
→ fliegen, → Luftschiff
▷ T: Werden sexuelle Bedürfnisse vergeistigt, dann stehen Ihnen eine Menge kreativer Energien zur Verfügung, um sich bald über den grauen Alltag erheben zu können oder Besonderes zu leisten.

Zeremonie

▷ V: Sie nehmen an einer Zeremonie teil: Nehmen Sie berufliche Verpflichtungen nicht auf die leichte Schulter – Sie werden bald sehr beansprucht werden. → Ritual
▷ T: Die Zeremonie zeigt bestimmte Verhaltensformen und Einstellungen an, die Ihrem Leben eine bestimmte Form geben, d. h., nach diesen Ritualen vollziehen Sie Ihren Lebensalltag!

Zerstörung

▷ T: Meist zeigt dieses Traumsymbol zerstörte Hoffnungen, Gefühle oder bestimmte Einstellungen an. Manchmal kann auch ein negativer Einfluß (z. B. eines Menschen, in der Arbeit oder Wohnung) zerstörerisch für Ihre Persönlichkeit sein. Beachten Sie die restlichen Traumsymbole genau!

Zettel

▷ T: Sehen Sie einen im Traum, so mahnt Ihr Unterbewußtsein, sich nicht zu »verzetteln«, sondern das Wesentliche anzupacken.
→ Blatt, → Papier, → schreiben

Zeuge, Zeugin

▷ V: Sind Sie Zeuge vor Gericht, wird Sie demnächst jemand zur Rechenschaft ziehen. Bleiben Sie äußerst wachsam, damit die Sache nicht zu Ihrem Nachteil ausgeht. → Eid, → Gericht, → Meineid

Zeugnis

▷ T: Müssen Sie sich demnächst bewähren, Ihre Fähigkeiten beweisen oder demonstrieren? Dann überprüfen Sie Ihre Einstellungen und Erwartungen, damit Sie diese Probe glänzend bestehen können!

Ziege

▷ S: Symbol für eine aufmerksam lauschende, erkennende Kreatur.
▷ V: Springende Ziegen: Jetzt sollten Sie jeden Übermut oder Leichtsinn vermeiden. Ziegen werden gemolken: Ihre Bescheidenheit wird jetzt zur Klugheit, wenn Sie demnächst äußerst vorsichtig haushalten. Sie hören Ziegen: So sehr Sie sich anstrengen – jemand meckert ständig an Ihnen herum.
▷ T: Das weibliche Tier symbolisiert Ausdauer, Bescheidenheit, ein genügsames Wesen und kann schwierige Situationen spielend bewältigen. Die Ziege als Opferlamm zeigt auch, welche Opfer Sie in Ihrem Leben schon gebracht haben. Welche Variante trifft

auf Ihre momentane Lebenssituation am besten zu? → Ziegenbock

Ziegel

▷ V: Haben Sie im Traum mit Ziegelsteinen zu tun, sollten Sie entweder Aus- oder Umbauten oder aber geistige Gedanken des Aufbaus in die Tat umsetzen.
▷ T: Besitzen Sie viele Ziegel im Traum, dann ist Ihre Existenz solide abgesichert. Sehen Sie Dachziegel, so wünschen Sie sich mehr Sicherheit und Geborgenheit (sowohl seelisch als auch räumlich). → Dach, → Haus, → Ton

Ziegenbock

▷ V: Sie sehen einen: Entweder sind Sie selbst gerade recht »bockig« und leisten unnötigen Widerstand, oder ein boshafter Mensch macht Ihnen durch sein stures Verhalten zu schaffen.
▷ T: Das männliche Tier zeigt meist ein aggressiv-halsstarriges Verhalten. Suchen Sie nach einem Sündenbock? Oder benutzt man Sie als »Sündenbock« in einer Angelegenheit? → Bock, → Ziege

ziehen

▷ V: Sie ziehen einen Wagen oder größeren Gegenstand: Sie müssen jetzt zwar arbeitsmäßig enorm viel leisten, doch dafür fällt Ihr Verdienst auch dementsprechend aus. Werden Sie selbst gezogen, sollten Sie jetzt einer Aufforderung Folge leisten oder sich endlich zu Handlungen aufraffen.
▷ T: Was ziehen Sie im Traum? Ist es schwer, dann mühen Sie sich ab, um Schwierigkeiten auf dem Weg zu Ihrem Ziel zu bewältigen. Ziehen andere etwas, dann möchten Sie gerne aus den Bemühungen anderer einen Nutzen für sich ziehen.

Zigarre

▷ V: Rauchen Sie im Traum eine Zigarre, sollten Sie in einer Angelegenheit Diskretion wahren – dann können Sie ein Geschäft erfolgreich abschließen. → rauchen, → Tabak

▷ T: Als Phallussymbol weist sie meist auf etwas primitive sexuelle Bedürfnisse hin – bisweilen auch auf Männlichkeit allgemein.

Zigarette
→ rauchen

Zigeuner, Zigeunerin
▷ V: Sehen Sie einen Zigeuner, arbeitet unbewußt ein starker Freiheitsdrang in Ihnen. Sprechen Sie mit einem oder mit einer, sehen Sie die Entwicklung einer Sache richtig voraus. Lassen Sie sich gegen Bezahlung Ihre Zukunft voraussagen, führt Sie jemand schamlos an der Nase herum. Hören Sie Zigeunermusik, werden Sie bald ein romantisches Abenteuer erleben.
▷ T: Zigeuner verkörpern symbolisch Ihren Drang nach Freiheit, nach Individualität und Intuition (die der Verstand nicht lenken kann). Vielleicht möchten Sie sich auch über gesellschaftliche Normen hinwegsetzen? Manchmal warnt dieses Symbol vor der Hinterlist anderer. → Astrologe, → Wahrsager

Zimmer
▷ V: Sehen Sie im Traum ein Zimmer, wird sich in Ihrem Leben etwas verändern. Leben Sie darin, könnte sich ein Ortswechsel ergeben. Ein leeres Zimmer: Wenn Sie Ihren Lebensstil verbessern wollen, geht das nicht ohne Eigenleistung. → Haus
▷ T: Das Zimmer ist ein Teil Ihres Hauses, also Ihrer Persönlichkeit. Wichtig ist, was Sie dort machen und wie es aussieht.

Zipfel
▷ V: Halten Sie einen Zipfel in der Hand (Decke, Kissen o.ä.), sollten Sie jetzt etwas festhalten, was Ihnen angeboten wird – es ist Ihr Glück! → Bett, → Kissen

Zirkel
▷ T: Der Zirkel symbolisiert wie der Kreisel, daß Sie sich bei einem Problem »im Kreis drehen«. Durchbrechen Sie diesen Ring aus Gedankenspielen! → Kreis

Zirkus

▷ V: Sehen Sie im Traum einen Zirkus, sind Sie drauf und dran, sich lächerlich zu machen. Erleben Sie eine Vorstellung darin, mahnt dies zur Vorsicht, denn jetzt kann man Sie leicht in eine kostspielige Sache verwickeln.

▷ T: In Ihrem Unterbewußtsein schlummern noch Talente, die Sie geistig kontrollieren könnten. Wollen Sie diese nicht endlich mal zur Schau stellen?

Zither

▷ V: Sie sehen eine Zither oder spielen darauf: Sie haben eine unangenehme Sache in den Griff bekommen – halten Sie durch!

▷ T: Ein schönes Zitherspiel könnte Ihre harmonische Gefühlsbeziehung zu einem anderen Menschen anzeigen.

Zitrone

▷ V: Essen Sie eine Zitrone, steht Ärger mit Behörden an. Eine ausgepreßte Zitrone: Sie werden ausgenutzt und können sich nicht zur Wehr setzen.

▷ T: Sind Sie sauer? Auf sich selbst oder einen anderen? So sauer die Zitrone auch schmeckt, so gesund ist sie. Entweder ist Ihre Wut und Verbitterung jetzt gerecht oder psychisch gesund, weil Sie diese rauslassen. Vielleicht braucht Ihr Körper auch mehr Vitamin C?

Zoo

▷ T: Hier wohnen all Ihre Instinkte und Triebe, die Sie entweder gut beherrschen oder aber unterdrücken. Aus der restlichen Traumhandlung erkennen Sie Ihre aktuelle Situation! Sehr oft zeigen eingesperrte Tiere, daß Sie Ihre eigenen Triebe und Instinkte im Moment verdrängen. → Tier

Zopf

▷ V: Flechten Sie einen Zopf, ist Ihnen Ihr Verstand in einer Liebesangelegenheit abhanden gekommen. Schneiden Sie ihn ab, wollen Sie jetzt gern lästige Angewohnheiten ablegen – tun Sie

das! Sehen Sie einen Zopf, dann haben Sie nicht den Mut, etwas Neues auszuprobieren und klammern sich zu sehr an alte Gebote.
▷ T: Sie hängen an alten Zöpfen, die neue Denkanstöße kaum zulassen werden. Schneiden Sie diesen alten Zopf schnellstens ab!
→ Haare, → Schere

Zucker

▷ V: Essen Sie Zucker, sind Sie sehr empfänglich für Schmeicheleien. Kaufen Sie ihn ein, wollen Sie jemanden für Ihre eigenen Pläne gewinnen (einwickeln). → Salz
▷ T: Was wollen Sie versüßen? Negative Lebenserfahrungen, eigene Schwächen, Ihr Leben selbst? Ob es sich um Selbstbetrug handelt oder gerade sinnvoll ist, sollten Sie ehrlich ergründen!

Zug
→ Eisenbahn

Zunge

▷ V: Jemand streckt Ihnen die Zunge entgegen: Vorsicht, Sie sind recht ungeschickt und machen sich lächerlich. Gehen Sie jedem Gerede aus dem Weg. Sehen Sie eine, sollten Sie jetzt Ihre Zunge hüten. Verbrennen Sie sich die Zunge, löst Ihr Geschwätz recht negative Reaktionen von anderen aus.
▷ T: Manchmal zeigt die Zunge als Phallussymbol sexuelle Bedürfnisse an. Die Zunge brauchen wir zum Sprechen, zur Pflege unserer sozialen Kontakte. Sollen Sie mehr von sich erzählen oder vielleicht schweigsamer sein? → Mund

Zweig

▷ S: Ehrerweisung für einen Sieger oder Herrscher – Wunsch nach Unsterblichkeit für ihn.
▷ V: Grüne Zweige: Ihre Hoffnungen werden sich erfüllen – Sie können einen erfolgreichen Abschluß erzielen. Vertrocknete Zweige: Ihre Vergangenheit verfolgt Sie immer noch, und Sie halten an Dingen fest, die längst vorbei sind – so schwinden Ihre Hoffnungen. → Ast, → Baum

▷ T: Grüne, saftige oder gar blühende Zweige zeigen Ihre positiven Charakterzüge oder Lebenserfahrungen an; verdorrte dagegen abgestorbene Hoffnungen, Ideale oder alte Erfahrungen und Wesensanteile, die Sie überwunden haben.

Zwerg

▷ V: Sehen Sie einen Zwerg, sollten Sie jetzt mehr Selbstvertrauen entwickeln, denn es gibt keinen Grund, sich selbst »klein zu machen«. Vielleicht begegnen Sie einem Menschen, der Ihnen im Vergleich zu sich »riesig groß« vorkommt? → Riese, → klein
▷ T: Leiden Sie unter Minderwertigkeitsgefühlen, oder wurde Ihr Ego oder Geltungsbedürfnis von anderen nicht genügend befriedigt?

Zwiebel

▷ V: Sehen Sie im Traum Zwiebeln, ist dies immer ein Zeichen für Kummer und Tränen. Zwiebeln schälen: So langsam klären sich alle Geheimnisse auf. Gekochte Zwiebeln essen: Einen kleinen Kummer werden Sie bald ganz tapfer überwunden haben, nur Mut!
▷ T: Die Zwiebel zeigt an, daß nach einer depressiven Phase bald neuer Mut erwachen wird. Durch Tränen kann Ihre Seele diesen Schmerz abreagieren. Übrigens waren Zwiebeln und Knoblauch im alten Ägypten heilig und wurde fast wie Götter verehrt!

Zwillinge

▷ V: Sie sehen Zwillinge: In einer aktuellen Angelegenheit werden sich zwei gute Möglichkeiten ergeben. Jetzt sollten Sie schnell einen Entschluß fassen, sonst kommt es noch zu Verwechslungen.
▷ T: Vorsicht, jetzt kann es leicht zu fatalen Verwechslungen kommen. Der Zwilling kann aber auch den Schatten Ihrer eigenen Persönlichkeit anzeigen (»zwei Seelen wohnen in Ihrer Brust«)!

Zwirn

▷ V: Sehen Sie Zwirn, mahnt Sie dies zur Vorsicht: Jemand will Sie umgarnen. Spulen Sie ihn auf, werden sich verworrene Angelegenheit nach und nach aufklären. → Faden, → Schnur

Zylinder

▷ V: Der Hut oder Zylinder symbolisiert in Männerträumen das eigene Geschlechtsorgan. Häufig träumen Männer von zylinderförmigen Gegenständen, wenn sie auf sexuellem Gebiet nicht mehr so leistungsfähig sind wie früher. Sie tragen einen: Bald werden Sie Erfolge erzielen oder Anerkennung finden – offizielle Anlässe stehen an. → Hut

▷ T: Wenn es sich um den Zylinder eines Motors handelt, dann zeigt dieser Ihre Kraft und Energie an, die Sie für ein gestecktes Ziel, eine Arbeit benötigen oder einsetzen werden.

Farben im Traum

Blau
Blau hat immer mit Ihren geistigen oder spirituellen Erlebnissen oder Erkenntnissen zu tun, denn es zeigt Ihre Denkfunktionen. Blau ist die Polarität zum emotionalen Rot, denn es hat etwas Kühles und Überlegenes. Das weiche, zarte Blau ist eine typisch weibliche Farbe. Blau symbolisiert Ihre seelische Entspannung, eine innere Gelöstheit, die Sie vielleicht besonders jetzt anstreben sollten, oder es zeigt an, daß Ihre Lebensführung und -gestaltung milde und überlegen stattfindet. Blau steht für Ihre geistigen Ziele und Einsichten, für Ihre Religiosität, Ihren Glauben oder Ihre geistige Reife.
▷ F: Blau wirkt antiseptisch, kühlend, zusammenziehend. Es wirkt heilend bei Schilddrüsenüberfunktion, Halsschmerz, Entzündung, Fieber, Ohreninfektion, geistiger Erschöpfung, Nervosität, Koliken, hoher Blutdruck und leichter Erregbarkeit.
▷ T: Blau weist in die Weite, ins Ferne, in die Unendlichkeit; es symbolisiert Treue, Sehnsucht und Entspannung, aber auch Hinwendung zum eigenen Inneren, Rückzug zum Ich.

Rot
Rot ist eine sehr aktive und wirksame Farbe. Sie ist voll Leidenschaft und Emotion; sie ist auch die Farbe des Blutes und des Feuers. Rot zeigt in milder Ausführung die Liebe Ihres Herzens, aber auch Barmherzigkeit und Nächstenliebe an. Das intensive Rot kann aber auch (un)bewußten Haß widerspiegeln. Wo Rot aufleuchtet, ist unsere Seele aktionsbereit; hier setzt entweder Bewunderung oder Leiden ein. Das leidenschaftlichrote Kleid, das man im Traum anzieht oder trägt, verrät starke sexuelle Wün-

▷ F = nach der Farbtherapie, ▷ T = tiefenpsychologisch

sche. Rot ist aber auch Laster, Wut und Teufel. Dunkelrot ist Symbol für Leidenschaft, Begierde, Energie und Zorn. Hellrot steht für Wärme und lebendige Zuneigung.

▷ F: Rot wirkt positiv bei Depression, Energiemangel, fehlendem Realitätsbezug, niedrigem Blutdruck, Blasenentzündung, blasser Haut, Blutarmut, Durchblutungsstörungen, Impotenz und Frigidität.

▷ T: Rot kann Glück, Freude, Energie und Aktivität anzeigen, aber auch Haß, Blut, Leidenschaft, Begierde, Reizbereitschaft, Reizentladung und Willenskraft.

Grün

Grün ist schon immer die Farbe der Vegetation, der Natur und des Wachstums (saftig grün = astrolog. Stier/Venus). Sie erinnert uns an den Frühling; nur das giftige Grün stößt ab. Erscheint in Ihren Träumen das Grün in maßloser Form, so zeigt dies eine Überschwemmung der Naturgewalten in Ihnen an. (Vielleicht leben Sie nur noch von Ihren Hoffnungen?) Grün ist die Farbe unserer Empfindungswelt. Taucht es im Traum häufiger auf, sollten Sie dem natürlichen Leben wieder mehr Beachtung schenken. Grün ist Wachstum, Naturverbundenheit und Unschuld. Dunkelgrün symbolisiert Ihre Abneigungen, Ihren Ekel oder sogar Neid.

▷ F: Grün ist gut bei Herzschmerzen, Herzanfällen, hohem Blutdruck, einer negativen Lebenseinstellung, Ermüdungen, Atmungsproblemen, Anspannungen, Schlafstörungen, Ärger, Krebs und Paranoia.

▷ T: Grün ist Beruhigung, Erfrischung, Freundlichkeit, Natur, Hoffnung, Willensspannkraft, Selbstsicherheit und Zufriedenheit.

Gelb

Gelb ist eine heitere, aufmunternde und trotzdem sanfte Farbe; doch sie kann leicht ins Unangenehme rutschen, denn durch die leiseste Beimischung wird sie schnell entwertet, unschön, giftig grün oder schmutzig. Gelb ist die Farbe der (so leicht zu irritierenden) Intuition, sie zeigt Ihre (Vor-)Ahnungen, Ihren Spürsinn auf, und in ihr steckt ja auch (bei warmem Gelb) die strahlende Kraft der Sonne: eindringend, erhellend und wärmend zugleich.

▷ F: Gelb ist gut bei Verdauungsproblemen, Leber, Galle, Diabetes, Nahrungsmittelallergien, Blutzuckermangel, zuviel sexueller Energie, Muskelverspannung und -verkrampfung, Asthma und Depressionen.

▷ T: Gelb zeigt Ihren Optimismus, Ihre innere Sonne, das Licht, die Lust, den Geist, Ihr Interesse für Neues; sie ist auch Galle, Neid, lebhafte Extraversion, Stärke des Antriebs und der Aktivität.

Orange
Orange symbolisiert jugendlichen Idealismus und Begeisterungsfähigkeit. Dunkles Orangerot deutet auf Vorurteile und Zynismus hin.

▷ F: Orange ist gut bei Nierenschwäche, Verstopfung, zuwenig Energie, Umweltallergien, Muskelkrämpfe und Verspannungen, Unterdrückung, Repressionen und emotionale Verspannungen.

▷ T: Orange ist die Mischung aus Rot und Gelb – sie zeigt Vergnügen an, Erfrischung, Geselligkeit, Wärme, Aktivität und Feuer.

Indigo
Indigo symbolisiert einen wachen Geist und Ihren Wunsch nach Bewußtsein. Die Schwingung von Indigo ist im Dritten Auge (der Zirbeldrüse, Epiphyse) lokalisiert.

▷ F: Gut für Augen, Nase, Ohren, gegen alle Arten von Schmerzen, Durchfall, Darmbeschwerden, Asthma, Bronchitis, Lungenerkrankungen, nervöse und seelische Erschöpfung.

▷ T: Diese Mischung aus Grün und Blau zeigt an, daß Ihre geistigen Kräfte sehr ausgeprägt sind. Nur so kann man ein vertieftes, erweitertes oder positiveres Bewußtsein aufbauen. Entweder haben Sie das schon getan oder sollten es jetzt tun!

Violett
Violett ist die Vereinigung von roter und blauer Seelenhaltung. Es kann Ihre Resignation anzeigen, aber es ist auch die Farbe der inneren Einkehr, der religiösen Bindung, der Buße und Sühne.

Violett deutet auf Ihren Wunsch nach Selbsterkenntnis und geistiger Führung hin.
▷ F: Violett wirkt vor allem im geistigen und spirituellen Bereich, kontrolliert die Hypophyse, ist gut bei Depressionen, Migräne, Parasiten, Glatze und Schuppen.
▷ T: Diese Mischung aus Rot und Blau zeigt Glaube an, Extravaganz, Magie, Zweideutigkeit und viel Feminismus.

Weiß
Weiß ist eigentlich gar keine Farbe. Es kann Reinheit symbolisieren, aber meist jenseits des Irdischen. Das weiße Pferd, der »Schimmelreiter« taucht auf, wo der Tod wartet oder eine Vorahnung verspürt wird. Vermutlich enthält das Weiß im Traum die Aufforderung, spezielle Dinge oder Probleme des Lebens aufzulösen. Weiß ist weiblich, Jungfrau – es symbolisiert die Frau, Jungfräulichkeit, aber auch Gefühlskälte und Unreife.
▷ T: Weiß ist Vollkommenheit, Ideal, Reinheit, Unschuld, Eleganz, Braut, Öffnung, Anfang und Ende aller Farben.

Schwarz
Schwarz ist die Farbe der völligen Unbewußtheit, des Versinkens in ein Dunkel, in die Trauer oder in die Finsternis. Der schwarze Mann, das dunkle Haus, die dunkle Schlange – alles düstere Dinge mit wenig Hoffnung. Schwarz ist männlich, Nacht, beunruhigend, ist unbewußt.
▷ T: Schwarz ist Abgrenzung, Trauer, Tabu, Magie, Härte, konservativ, alt, Hemmung, Blockierung, Melancholie, Abwehr und Verzicht.

Braun
Braun ist schon immer die Farbe der Erde. Dieser Farbton ist warm, ruhig und eher mütterlich-weiblich. Wer im Traum ein braunes Kleid trägt oder anzieht, der hat sich ein einfaches, naturnahes Leben ausgesucht oder wünscht sich dieses.
▷ T: Braun ist eine Mischung aus Schwarz und Orange. Die Farbe zeigt Ihre Erdverbundenheit, Schlichtheit, Unverwüstlich-

keit an; sie symbolisiert Natur, Erde, Kot, psychische Widerstandskraft, ist passiv aufnehmend und doch hartnäckig.

Silber
Silber steht für Zurückhaltung, Höflichkeit, Stille, Kühle, Mond.

Gold
Gold steht für Reichtum, Macht, Stolz, Luxus, Ruhm, Eleganz, Festlichkeit.

Zahlen im Traum

Begegnen uns Zahlen im Traum, weisen sie uns oft auf etwas hin, was mit früheren oder kommenden Erlebnissen in Verbindung steht. Die Zahl kann ein bestimmtes Geburtsdatum, eine Hausnummer oder eine Jahreszahl meinen. Es handelt sich um bedeutende Geschehnisse, denn sonst würde Ihr Unterbewußtsein Sie nicht darauf aufmerksam machen. Zahlen werden uns manchmal sogar als hellseherische Eingebung im Traum übermittelt, die wir im Lotto, Toto oder in der Lotterie verwenden sollten.
Schließlich hat jede Zahl auch eine eigene, tiefe Bedeutung, die aus der Numerologie und Kabbala zu erklären ist und im folgenden ausgeführt wird.

Eins
Die Eins symbolisiert die ursprüngliche Einheit, sie ist ein Symbol des Göttlichen. Sie ist als Ordnungszahl der Ausgangspunkt und das Ranghöchste; sie ist die Symbolzahl der SONNE.
Eins steht für Kraft, aber nicht für das, was Sie damit anfangen. Die Eins deutet auf einen starken Willen hin, auf Verstandeskraft, Beherrschung wie auch auf Triebkraft und das Bestreben, unabhängig zu sein. Der Einser-Mensch ist sehr oft der typische Einzelgänger, der zwar zu großen Erfolgen fähig ist, doch mit derselben Verbissenheit auch sein Leben zugrunde richten kann. Freundschaften sind für ihn zwar angenehm, aber nicht gerade lebensnotwendig! Diese Menschen sind schöpferisch, haben ausgeprägte Eigenschaften, sind »Originale«: zäh, durchsetzungsfähig, eigenwillig und ehrgeizig. Ist die Zahl Eins nicht auf Ihre Persönlichkeit selbst bezogen, dann verbirgt sich dahinter immer ein Anfang, ein Fundament, das man nicht mit anderen teilen kann. Alles entsteht aus der Eins – sie verkörpert Männlichkeit, Individualität und eine

eigenständige Persönlichkeit. Der Geist, die Vernunft ist hier stark ausgeprägt, sie sind wagemutig. Wollen Sie »eins mit sich selbst« werden oder mit einer anderen Person? Wollen Sie einen Anfang, ein Fundament errichten? Dann packen Sie es an! → Sonne

Einser-Menschen haben am 1., am 10., und am 28. eines Monats Geburtstag.

Zwei
Zwei symbolisiert die Partnerschaft, die Zweiheit, den Gegensatz, das Helle und das Dunkle, die Polarität, das Licht und die Finsternis. Die Zwei wird symbolisch dem MOND zugeordnet und ist weiblich. Zwei steht für Sanftheit, ein zartfühlendes Wesen, rege Phantasie, künstlerische Begabung, Idealismus und Romantik. Zweier sind körperlich weniger kräftig als Einser-Menschen, doch sie besitzen viel Geduld und Ausdauer. Sie haben ein schwaches Durchsetzungsvermögen, sind überempfindlich und neigen zur Melancholie. Die Zwei zeigt Ausgewogenheit, Harmonie und Mäßigung, doch auch Passivität und Nachgiebigkeit. Sie nehmen Freundschaften wichtig und pflegen diese.
Ist die Zahl Zwei nicht auf Ihre Persönlichkeit selbst bezogen, dann verstecken sich dahinter vielleicht das Gesetz der Polarität, die Gegensätze, das Gute und das Böse, Geist und Materie. Die Zwei repräsentiert Weiblichkeit, Aufnahme- und Hingabebereitschaft und die Entscheidungsfreiheit. Bei dieser Zahl sollten Sie die Einsicht gewinnen, daß alles auf dieser Welt zwei Seiten hat, und versuchen, diese Gegensätze und Widersprüche in sich und in Ihrem Umfeld zu verbinden oder diese auszugleichen. → Mond

Zweier-Menschen haben am 2., 11. (Meisterzahl), 20. oder 29. des Monats Geburtstag.

Drei
Die Drei hat etwas Kämpferisches, Männliches. In allen Religionen zeigt sich das Göttliche in Trinität (Gott Vater, Gott Sohn und Heiliger Geist). Wo die Drei auftaucht, kommt Energie auf; sie ist eine

wirksame, heilige und auch gefährliche Zahl. In vielen Träumen, die Neues ankündigen, ist es kurz vor drei Uhr. Drei ist die Zahl des JUPITER. Dreier streben nach Einfluß, fügen sich aber den Bestimmungen Vorgesetzter und führen ihre Arbeiten aus Verantwortungsbewußtsein und persönlichem Ehrgeiz willig aus. Schöpferische Kraft und Standfestigkeit zeichnet den Dreier-Menschen aus; er feiert, tanzt und liebt gern – die Dreiheit erzeugt alle Dinge. Ist die Zahl Drei nicht auf Ihre Persönlichkeit selbst bezogen, dann versteckt sich dahinter vielleicht etwas Neues, das aus der Verbindung von zwei bereits vorhandenen Dingen hervorgehen wird. Negatives und Positives kann verbunden werden – im äußeren Leben oder in Ihrer eigenen Persönlichkeit. Möglicherweise äußert sich auch ein Kinderwunsch (Zwei wollen etwas Neues erschaffen), oder Sie könnten eine Firma, ein neues Projekt mit anderen zusammen gründen oder starten. → Jupiter

Dreier-Menschen haben am 3., am 12., 21. oder 30. des Monats Geburtstag.

Vier

Vier ist im Traum meist eine positive Symbolik. Vier Elemente sind auf unserer Erde, vier Jahreszeiten hat ein Jahr, vier psychologische Funktionen scheinen im Menschen zu wirken. In der Vier vollzieht sich die Wandlung der menschlichen Persönlichkeit. Die Zahl Vier gehört zu URANUS – diese Menschen wollen revolutionieren, sind Geisteswissenschaftler, religiöse und soziale Erneuerer, Nonkonformisten und Künstler. Sie machen es sich und anderen nicht leicht. Sie grübeln, greifen Probleme auf, besitzen aber auch einen schlagfertigen Witz. Die Vier beginnt zu analysieren und zu gliedern. So stellt sie sich gegen die unbeschwerte Mentalität der Drei und fügt die göttliche Eins hinzu. Vierer verfügen über die Klarheit, die sie zum Erkennen des eigenen Ichs und der Zusammenhänge des Lebens brauchen; andererseits können sie auch in dieser Ordnung ersticken. Dauerhaftigkeit und Willensstärke besitzen sie, aber auch bisweilen ein schwermütiges, melancholisches Wesen.

Ist die Zahl Vier nicht auf Ihre Persönlichkeit selbst bezogen, dann versteckt sich dahinter vielleicht eine große innere Festigkeit, eine Kraft und Stärke, viel Ausdauer, Sinnlichkeit und eine angeborene Naturverbundenheit. Entweder sollen Sie jetzt diese Wesensqualitäten noch mehr fördern, oder Sie brauchen diese Talente vermehrt, um ein wichtiges Lebensziel zu verwirklichen. → Uranus

Vierer-Menschen haben am 4., 13., 22. (Meisterzahl) oder am 31. Geburtstag.

Fünf
Fünf ist die Zahl des natürlich frischen Lebens. Tritt sie im Traum auf, dann wendet sich die Seele des Träumers einem beruhigten, kräftigen und helleren Leben zu. In China zählt sie zu den absoluten Glückszahlen. Ein Fünfer-Mensch ist impulsiv, schlagfertig, besitzt kaufmännische Intelligenz, eine rasche Auffassungsgabe und liebt Geselligkeit über alles. Es fehlt ihm an Ausdauer, und man kann ihn sehr leicht reizen oder erzürnen. Der Fünfer-Mensch sollte lernen, die Menschen, mit denen er verkehrt, besser auszuwählen. Fünf steht symbolisch für den Planet MERKUR. Die Fünf im Menschen deutet auf seine Triebe und Gelüste hin; er ist die Summe aller möglichen Eigenschaften – verpackt in einer ruhelosen, nervösen und unbeständigen Art.
Ist die Zahl Fünf nicht auf Ihre Persönlichkeit selbst bezogen, dann versteckt sich dahinter vielleicht die Vielfalt des Seins, die ganz unterschiedlichen Mixturen von Elementen entspringt. In der Fünf erkennt man den menschlichen Körper mit dem Kopf, zwei Armen und zwei Beinen. Bisweilen gilt diese Zahl als Symbol für die Ehe oder steht für Ihren Kinderwunsch. → Merkur

Fünfer-Menschen haben am 5., 14. oder 23. eines Monats Geburtstag.

Sechs
Sechs taucht nur selten in Träumen auf. Sie symbolisiert die VENUS. Sechs Richtungen (vier in der Ebene, eine nach oben und

eine nach unten) bilden die höchste Form des Möglichen. Sechser-Menschen besitzen ungewöhnliche Ausstrahlung, und die »Liebe« spiegelt sich überall wider. Die ideellen, mütterlichen Aspekte der Liebe sind deutlich ausgeprägt, aber auch die sinnlichen. Künstlerisches Gestaltungsvermögen, harmonische Häuslichkeit, Diplomatie, Romantik und Schwärmereien zeichnen sie aus. Harmonie und Häuslichkeit sind ihre Stärken; sie suchen Erfüllung in der absoluten Vereinigung – beim Sex, in der Liebe oder in der Freundschaft. Negativ ist ihre Umständlichkeit und eine Neigung zu konventionellen, oft trivialen Lösungen.

Ist die Zahl Sechs nicht auf Ihre Persönlichkeit selbst bezogen, dann versteckt sich dahinter vielleicht Harmonie und Symmetrie. Die Sechs verkörpert die Einheit zwischen Körper, Geist und Seele. Diese Zahl kann deshalb immer wieder Ihre Gesundheit symbolisieren oder darauf hinweisen, daß Schäden oder Krankheiten drohen. → Venus

Sechser-Menschen haben am 6., 15. oder 24. eines Monats Geburtstag.

Sieben
Die Sieben trägt einen Heiligenschein – auch in der Mythologie. Sieben Tage hat die Woche, vier mal sieben ist ein Mondmonat. Es gibt sieben Todsünden und sieben Tugenden. Symbolisch ist sie dem NEPTUN zugeordnet. Siebener-Menschen haben Sehnsucht nach Abenteuern – von reiner Sinneslust über Reise- und Entdeckerlust bis hin zu kultivierten geistigen Genüssen. Sie lieben Geselligkeit und sind doch tief innen Einzelgänger mit eigenartigen Interessen (Mystik, Philosophie, Religion, Kunst). Es sind Menschen mit starker Intuition und großer Einbildungskraft, die oft zurückhaltend oder introvertiert wirken. Der Geist herrscht über die Materie, doch die Seele fasziniert sie ebenso. Durch die starke Sensibilität können sie zu Mystikern werden – oder zu Tagträumern.

Ist die Zahl Sieben nicht auf Ihre Persönlichkeit selbst bezogen, dann versteckt sich dahinter vielleicht innere oder kosmische

Schwingung. Die menschliche Entwicklung entspricht einem Sieben-Jahres-Zyklus (Kindheit, Schulzeit, Pubertät usw.). In der chinesischen Medizin gibt es sieben Energiezentren – die Sieben steht aber auch mit Farben und Tönen in Verbindung. → Neptun

Siebener-Menschen haben am 7., 16. oder 25. eines Monats Geburtstag.

Acht

Acht hat immer mit der Vier zu tun, weil sie deren Verdoppelung ist. So scheint auch sie eine Glückszahl zu sein. In Träumen hat sie jedoch oft den Sinn von »Achtung« oder »achtgeben«. Symbolisch wird sie dem SATURN zugeordnet, und sie hat immer mit »Karma« zu tun. Achter-Menschen werden oft verkannt, doch sie sind eher Einsiedlernaturen mit Hang zum Fanatismus, tapfer und kompromißlos. Man hält sie oft zu Unrecht für gemütskalt und unnahbar, denn die Acht offenbart ihre Empfindungen nicht so gerne. Achter sind Macher, betriebsam und dynamisch, sie haben in jeder Situation den Erfolg im Auge. Die große Energie, die sie für ihre Ziele einsetzen, kann leicht in Rücksichtslosigkeit und verbissenen Kampf ausarten.

Ist die Zahl Acht nicht auf Ihre Persönlichkeit selbst bezogen, dann verstecken sich dahinter vielleicht Tod und Wiedergeburt, die Abwärtsbewegung des unteren Teils, damit die Aufwärtsbewegung des oberen erfolgen kann. Die Acht kann aber auch den Höhepunkt einer Entwicklung anzeigen, aus dem etwas Neues aufkeimen wird, weil das Alte nach dem Gipfel keine weitere Entwicklung mehr zuläßt. Oft steht die Acht auch für Zerfall und Zeugung – manchmal für Gerechtigkeitssinn. → Saturn

Achter-Menschen haben am 8., 17. oder 26. eines Monats Geburtstag.

Neun

Neun ist eine dreifache Drei; sie ist nahe am Schöpferischen. Symbolisch ist sie dem Planeten MARS unterstellt. Neuner sind Kämpfer und gehen keinem Konflikt aus dem Weg. Willens- und Durchsetzungskraft und Streben nach Selbständigkeit zeichnet sie aus. Negativ: Herrschsucht, Jähzorn, Leichtsinn – in untergeordneten Tätigkeiten werden sie leicht mutlos. Ihre Impulsivität, ihre unbedachten scharfen Worte können empfindsame Menschen schnell seelisch verletzen. Starke Energien zeichnen sie aus – große Leidenschaft und Impulsivität. Viele guten Eigenschaften ließen sich vollenden, wenn sich große Konzentration und starker Wille hier paaren würden.

Ist die Zahl Neun nicht auf Ihre Persönlichkeit selbst bezogen, dann versteckt sich dahinter vielleicht das Ende einer bestimmten Entwicklungs- und Wachstumsphase in Ihrem Leben. Die Neun steht am Ende der Zahlen – danach beginnt alles auf einer höheren Ebene. So ist z. B. auch eine Schwangerschaft im neunten Monat beendet. → Mars

Neuner-Menschen haben am 9., am 18. oder 27. eines Monats Geburtstag.

Zehn

Die Zehn kommt in Träumen nicht sehr häufig vor. Manchmal scheint sie mit der Eins und der dahinterstehenden Null die Einsamkeit des Träumers anzudeuten. Nun beginnt eine höhere Entwicklungsphase, die aus der Leere (Null) hervorgehen wird. Sie beginnen nun etwas im Leben von vorne, sollten aber auf Ihren früheren Erfahrungen aufbauen. So kann die Zehn eine Art Wiedergeburt oder Karriere anzeigen.

Zehner-Menschen → Eins

Elf

Elf ist eine Meisterzahl und verstärkt die Wirkung der Zwei. Sie symbolisiert manchmal einen illegalen Zusammenhang von zwei einzelnen Personen. Ihre Entwicklung schreitet voran. Es ist elf Uhr – Zeit zum Handeln. Bisweilen symbolisiert diese Zahl Ihren

Wunsch nach guten, langdauernden zwischenmenschlichen Verbindungen, oder sie weist auf Veränderungen und/oder Störungen im vegetativen Nervensystem hin.

Zwölf
Zwölf ist verbunden mit den Tierkreisbildern und zeigt ein geschlossenes Jahr, die zwölf Monate, die zwölf Stunden an, sowie die Zahl der Jünger Jesu. Es gibt zwölf Tierkreiszeichen, zwölf Ritter an Artus' Tafelrunde, zwölf Stämme des auserwählten Volkes Israel. Die Zwölf ist eine sehr wichtige Zahl. Ist es im Traum fünf vor zwölf, dann ist es wirklich höchste Zeit für Sie! Die Zwölf zeigt die Erfahrungen Ihres Lebens an, damit sich Ihre Seele weiterentwickeln kann. Sie zeigt Ihre Möglichkeiten auf, Ihre Hoffnungen und Sehnsüchte, all Ihre niedrigen Instinkte und Triebe, aber auch Ihre hohen Ideale, Ihre Vernunft, Ihre Liebe, alle Zweifel und Intuitionen, kurzum – die ganze Vielfalt eines menschlichen Lebens!

Was ist dran an der Unglückszahl 13?
Viele Menschen haben eine festverwurzelte Abscheu vor der Zahl 13. Diese Zahl galt in alten Kulturen als eine gewaltige, bedeutende Zahl und war eher positiv besetzt. In Überlieferungen heißt es: »Wer die Bedeutung der Zahl 13 kennt, besitzt den Schlüssel zu Macht und Herrschaft«!
Der Hüter der kirchlichen Ordnung waren jedoch Gegner des Okkultismus und trugen wesentlich dazu bei, daß diese Zahl in schlechten Ruf geriet. Sie behaupteten, daß die 13 immer Unglück bringen würde, weil beim letzten Abendmahl Christi 13 Personen am Tisch vereint waren. So entwickelte sich die Volksmeinung, daß bei einer Versammlung von 13 Personen einer davon noch im gleichen Jahr sterben würde.
So kommt es auch heute noch vor, daß es in einem Hotel kein Zimmer mit der Nummer 13 gibt. Wer italienische Theater besucht, wird keinen Sitzplatz mit der Nummer 13 finden. Doch diese Scheu vor der Zahl 13 gibt es nur in wenigen Gegenden der Erde – vor allem dort, wo die christliche Kirche großen Einfluß hat.

»Im indischen Pantheon befinden sich 13 Buddha-Statuen. Die meisten indischen und chinesischen Pagoden sind von 13 scheibenförmigen Verzierungen umgeben. Im Tempel von Atsusa (Japan) wird ein ›heiliges Schwert‹ aufbewahrt, dessen Knauf aus 13 Darstellungen der Mysteriengeschichte geformt ist. 13 war die heilige Zahl der Mexikaner, und sie kannten auch 13 Schlangentöter laut ihrer Überlieferung. Die Vereinigten Staaten von Amerika wurden aus 13 Mitgliedsstaaten gebildet, deren lateinisches Leitwort ›E Pluribus Unum‹ (Aus vielem das eine) auch aus 13 Buchstaben gebildet ist. Die Schwingen des nordamerikanischen Wappens (des Staatsadlers) umfassen je 13 Federn. Als George Washington die republikanische Standarte zum ersten Mal hißte, wurde er mit 13 Salutschüssen begrüßt.« (Cheiro, Das Buch der Zahlen).

Bildet man aus der 13 die Quersumme, erhält man die Zahl Vier (1 + 3 = 4) – eine »revolutionäre« Zahl. Vierer-Menschen fühlen sich oft mißverstanden und fordern unbewußt geheime Neider und Feinde heraus, da sie nur selten geneigt sind, Autoritäten anzuerkennen, die diese Macht nicht tief in sich begründet haben, sondern nur zur Schau stellen oder mißbrauchen. Und wer gegen Normen, Gebote und Autoritäten vorgeht oder den Mund aufmacht, war noch nie besonders beliebt beim Volk und noch weniger bei regierenden Autoritäten!

Die Zahl 13 symbolisiert die Vier auf einer höheren Ebene und somit in stärkerer Betonung. Das revolutionäre Prinzip ist hier noch deutlicher ausgeprägt – ebenfalls das Streben nach sozialen Reformen und Gleichberechtigung. Die 13 verkörpert die Ganzheit Ihrer Persönlichkeit, die Vollendung Ihres Lebens. Lassen Sie sich nicht verrückt machen – die 13 ist keine Unglückszahl, sondern sie will revolutionieren im Sinne von Reformen, die die Welt dringend benötigt.

Buchstaben im Traum

A Etwas Einmaliges, der gute Anfang einer neuen Sache
B Selbstisolierung, im Innern Verborgenes
C Materie, die den Geist umgibt, Sprache, Kehle
D Symbol für Nahrung und Wachstum
E Vermittler zwischen Körper und Geist, Aufruf zur Vereinigung
F Außen- und Innenwelt, Einsicht, Hoffnung, Verständnis
G Waffe, Stab und Zepter – Eroberung und/oder Beherrschung
H Ausgewogenheit, Arbeit an sich selbst
I Das menschliche Bedürfnis nach Schutz und Geborgenheit
J Hinweisender, mahnender oder drohender Zeigefinger
K Energische Vitalität, zupackende Tatkraft, viel Energie
L Greifender Arm, materielles und/oder geistiges Besitzstreben
M Mutter, Frau, Fruchtbarkeit, schöpferische Kraft
N Die Befruchtung des männlichen Geistes durch das Weibliche
O Der Kreis, die unüberwindbaren Grenzen des Schicksals
P Pleiten, Pech und Pannen – Enttäuschungen, negative Erfahrungen
Q Das Ergebnis unserer Handlungen, unsere Sprache
R Männliche Energie, mit der wir kraftvoll unsere Ziele verfolgen
S Waffen, Werkzeuge, Technik oder geistige Hilfsmittel
T Das Kreuz, der Ursprung unserer Kraft
U Der Becher, der Kelch, der Ablauf unserer Zeit
V Erfolge und Siege, unser Streben nach Vollkommenheit
W Keine tiefere Symbolik auffindbar, evtl. die Wellen des Lebens
X Die Zehn, ankreuzen und durchkreuzen
Y Das Unbekannte, bisweilen auch sexuelle Bedürfnisse
Z Risikoreiche Entscheidungen, der Blitz, die Elektrizität

Schlußwort

Die Symbole, Metaphern oder Archetypen, die in Ihren Träumen auftauchen, sind kein »Zufallsprodukt«, sondern haben meist tieferen Sinn und eine wertvolle Bedeutung.
Manche Träume dienen lediglich der Verarbeitung von Tageserlebnissen. Die meisten jedoch vermitteln Botschaften der eigenen Seele, unverarbeitete Erlebnisse und Gefühle, die noch im Unterbewußtsein lagern, oder sie geben »visionäre Empfehlungen«. Deshalb ist es so wichtig, den Inhalt Ihrer Träume zu entschlüsseln. Der beste Spezialist für diese Traumdeutung sind jedoch Sie selbst! Der Fachmann oder Psychotherapeut könnte lediglich als »Hebamme« fungieren oder fachmännische Hilfe bieten, wenn bestimmte Trauminhalte deutlich darauf hinweisen, daß Sie im Moment seelisch erkrankt sind oder psychologische Unterstützung benötigen.
Das Traumsymbol zeigt meistens mehrere Möglichkeiten auf. Die Frage, ob jemand Opfer oder Täter ist, spielt hierbei eine große Rolle, die Sie nur mittels ehrlicher Selbstanalyse beantworten können. Traumdeutung ist keine Spielerei, die man sich ab und zu gönnt, sondern Sie wird erst dann sinnvoll werden, wenn Sie – ähnlich der Körperpflege – täglicher Bestandteil Ihrer »seelischen Hygiene« geworden ist. Doch die Mühe lohnt sich. Kein Weg ist besser und wird direkter sein Ziel erreichen, als Ihr Weg der Selbstanalyse hin zur Selbsterkenntnis. Nur so können Sie ein glückliches und erfülltes Leben führen, weil Sie sich im Einklang mit sich selbst befinden.
Ihr Unterbewußtsein ist oft der beste Freund, den Sie im Leben finden können, denn es gibt Ihnen konkrete Ratschläge oder Hinweise, wie Sie dieses oder jenes Problem am besten lösen sollten. Die Weisheit Ihres Unterbewußtseins eröffnet Ihnen sogar einen

Blick in Ihre Zukunft, damit Sie die Weichen dementsprechend stellen können.

Die sprunghaft angestiegene Zahl seelisch kranker Menschen ist zum Großteil sicher darauf zurückzuführen, daß heute Geld, Besitz und Leistungsstreben so wichtig geworden sind. Ein Mensch, der mit Hilfe seiner Träume jedoch ständig im Kontakt mit seinem Unbewußten steht und dessen Botschaften im Leben praktisch umsetzen kann, wird nicht so leicht gegen natürliche Grundbedürfnisse seiner Seele verstoßen. Der beste Schutz gegen die stark zunehmenden Depressionen, die Ängste und die vielen seelischen Krankheiten, die häufig körperliche Folgen haben, ist eine effektive Traumdeutung.

Literatur

Gerd Heinz-Mohr: Lexikon der Symbole. Herder Verlag
Hanns Kurth: Lexikon der Traumsymbole. Goldmann Verlag. München
Aristoteles: Über Träume und Traumdeutung. Übers. v. Hermann Bender
Sigmund Freud: Die Traumdeutung. Leipzig 1930
Erich Fromm: Märchen, Mythen, Träume. Zürich 1957
Carl Gustav Jung: Gesamtwerk in neun Bänden
E. Kretschmer: Psychotherapeutische Studien. Stuttgart 1949
Wilhelm Stekel: Die Sprache des Traums. Wiesbaden 1911
G. Zenker: Traumforschung. Leipzig 1928
J. Schwarz-Winklhofer u. H. Biedermann: Das Buch der Zeichen und Symbole. Verlag für Sammler
Dion Fortune: Die mystische Kabbala. H. Bauer Verlag. Freiburg
Cheiro: Das Buch der Zahlen, H. Bauer Verlag. Freiburg 1989
Christa Muths: Farb-Therapie – Mit Farben heilen. Heyne Verlag. München 1990
Max Lüscher: Der 4-Farben-Mensch. Goldmann Verlag. München 1991